全国高等教育自学考试指定教材

行政法与行政诉讼法

（2023年版）

（含：行政法与行政诉讼法自学考试大纲）

全国高等教育自学考试指导委员会　组编

主　编　湛中乐
撰稿人　（按撰写章节先后排序）
　　　　沈　岿　杨建顺　湛中乐
　　　　莫纪宏　马怀德

图书在版编目(CIP)数据

行政法与行政诉讼法:2023年版/湛中乐主编. —北京:北京大学出版社,2023.10
全国高等教育自学考试指定教材
ISBN 978-7-301-34502-3

Ⅰ.①行… Ⅱ.①湛… Ⅲ.①行政法—中国—高等教育—自学考试—教材 ②行政诉讼法—中国—高等教育—自学考试—教材 Ⅳ.①D922.1 ②D925.3

中国国家版本馆CIP数据核字(2023)第178849号

书　　名	行政法与行政诉讼法（2023年版） XINGZHENGFA YU XINGZHENG SUSONGFA（2023 NIAN BAN）
著作责任者	湛中乐　主编
责 任 编 辑	张　宁　吴佩桢
标 准 书 号	ISBN 978-7-301-34502-3
出 版 发 行	北京大学出版社
地　　　址	北京市海淀区成府路205号　100871
网　　　址	http://www.pup.cn
新 浪 微 博	@北京大学出版社　@北大出版社法律图书
电 子 邮 箱	编辑部 law@pup.cn　总编室 zpup@pup.cn
电　　　话	邮购部 010-62752015　发行部 010-62750672　编辑部 010-62752027
印 刷 者	河北涿县鑫华书刊印刷厂
经 销 者	新华书店
	787毫米×1092毫米　16开本　21.75印张　529千字 2023年10月第1版　2023年10月第1次印刷
定　　　价	59.00元

未经许可，不得以任何方式复制或抄袭本书之部分或全部内容。
版权所有，侵权必究
举报电话：010-62752024　电子邮箱：fd@pup.cn
图书如有印装质量问题，请与出版部联系，电话：010-62756370

组编前言

21世纪是一个变幻难测的世纪,是一个催人奋进的时代。科学技术飞速发展,知识更替日新月异。希望、困惑、机遇、挑战,随时随地都有可能出现在每一个社会成员的生活之中。抓住机遇,寻求发展,迎接挑战,适应变化的制胜法宝就是学习——依靠自己学习、终身学习。

作为我国高等教育组成部分的自学考试,其职责就是在高等教育这个水平上倡导自学、鼓励自学、帮助自学、推动自学,为每一个自学者铺就成才之路。组织编写供读者学习的教材就是履行这个职责的重要环节。毫无疑问,这种教材应当适合自学,应当有利于学习者掌握和了解新知识、新信息,有利于学习者增强创新意识,培养实践能力,形成自学能力,也有利于学习者学以致用,解决实际工作中所遇到的问题。具有如此特点的书,我们虽然沿用了"教材"这个概念,但它与那种仅供教师讲、学生听,教师不讲、学生不懂,以"教"为中心的教科书相比,已经在内容安排、编写体例、行文风格等方面都大不相同了。希望读者对此有所了解,以便从一开始就树立起依靠自己学习的坚定信念,不断探索适合自己的学习方法,充分利用自己已有的知识基础和实际工作经验,最大限度地发挥自己的潜能,达到学习的目标。

欢迎读者提出意见和建议。

祝每一位读者自学成功。

全国高等教育自学考试指导委员会
2022 年 8 月

目 录

组编前言

行政法与行政诉讼法自学考试大纲

大纲前言 2
Ⅰ 课程性质与课程目标 3
Ⅱ 考核目标 5
Ⅲ 课程内容与考核要求 6
Ⅳ 关于大纲的说明与考核实施要求 41
附录 题型举例 44
大纲后记 45

行政法与行政诉讼法

编者的话 49
第一章 绪论 51
    第一节 行政法的概念 51
    第二节 行政法关系 59
    第三节 行政法在法律体系中的地位和作用 65
    第四节 行政法学的发展及其学科体系 67

第二章 行政法的基本原则 72
    第一节 行政法基本原则的含义 72
    第二节 行政合法性原则 73
    第三节 行政合理性原则 75
    第四节 行政应急性原则 79

第三章 行政法律关系主体 84
    第一节 行政法律关系主体概述 84
    第二节 国家行政机关 92
    第三节 被授权的组织与受委托的组织和个人 101
    第四节 公务员 105
    第五节 行政相对人 112

第四章 行政行为概述 ……………………………………………………… 117
第一节 行政行为的含义与特征 ………………………………………… 117
第二节 行政行为的内容与效力 ………………………………………… 120
第三节 行政行为的分类 ………………………………………………… 124
第四节 行政行为的成立要件与合法要件 ……………………………… 128
第五节 行政行为的无效、撤销与废止 ………………………………… 132

第五章 行政行为（一）
——抽象行政行为 …………………………………………………… 136
第一节 抽象行政行为概述 ……………………………………………… 136
第二节 行政立法行为 …………………………………………………… 138
第三节 其他抽象行政行为 ……………………………………………… 146

第六章 行政行为（二）
——依申请的具体行政行为 ………………………………………… 152
第一节 行政给付 ………………………………………………………… 152
第二节 行政许可 ………………………………………………………… 154
第三节 行政奖励 ………………………………………………………… 160
第四节 行政确认 ………………………………………………………… 162
第五节 行政裁决 ………………………………………………………… 166

第七章 行政行为（三）
——依职权的具体行政行为 ………………………………………… 171
第一节 行政征收 ………………………………………………………… 171
第二节 行政命令 ………………………………………………………… 173
第三节 行政监督检查 …………………………………………………… 175
第四节 行政处罚 ………………………………………………………… 177
第五节 行政强制 ………………………………………………………… 190

第八章 行政行为（四）
——特殊类型的行政行为 …………………………………………… 196
第一节 行政规划 ………………………………………………………… 196
第二节 行政合同 ………………………………………………………… 198
第三节 行政指导 ………………………………………………………… 205

第九章 行政程序法 …………………………………………………………… 213
第一节 行政程序法概述 ………………………………………………… 213
第二节 行政程序法的历史发展 ………………………………………… 218
第三节 行政程序法的基本原则和基本制度 …………………………… 222

第十章　行政违法与行政责任 ······ 230
第一节　行政违法 ······ 230
第二节　行政责任 ······ 237
第三节　行政责任的种类与方式 ······ 244

第十一章　行政复议 ······ 249
第一节　行政复议概述 ······ 249
第二节　行政复议法律关系 ······ 255
第三节　行政复议的受案范围和管辖 ······ 259
第四节　行政复议的程序 ······ 261

第十二章　行政赔偿与行政补偿 ······ 271
第一节　行政赔偿概述 ······ 271
第二节　行政赔偿的范围 ······ 273
第三节　行政赔偿请求人和赔偿义务机关 ······ 277
第四节　行政赔偿程序 ······ 279
第五节　行政赔偿的方式、标准和费用 ······ 282
第六节　行政补偿 ······ 286

第十三章　行政诉讼概述 ······ 290
第一节　行政诉讼的概念 ······ 290
第二节　行政诉讼的作用 ······ 291
第三节　行政诉讼的宪法依据与理论基础 ······ 292
第四节　行政诉讼的原则 ······ 294

第十四章　行政诉讼的受案范围 ······ 301
第一节　行政诉讼的受案范围 ······ 301
第二节　行政诉讼的排除范围 ······ 302

第十五章　行政诉讼的管辖 ······ 305
第一节　级别管辖 ······ 305
第二节　地域管辖 ······ 306
第三节　裁定管辖 ······ 307

第十六章　行政诉讼参加人 ······ 309
第一节　行政诉讼当事人概述 ······ 309
第二节　原告 ······ 309
第三节　被告 ······ 311
第四节　共同诉讼人 ······ 312
第五节　第三人 ······ 313

第六节　诉讼代理人 ……………………………………………………… 314

第十七章　行政诉讼的证据 ……………………………………………………… 317
　　第一节　证据概述 ………………………………………………………… 317
　　第二节　行政诉讼的举证责任 …………………………………………… 317
　　第三节　行政诉讼的证据规则 …………………………………………… 318
　　第四节　行政诉讼的证据保全 …………………………………………… 318

第十八章　行政诉讼的程序 ……………………………………………………… 320
　　第一节　第一审程序 ……………………………………………………… 320
　　第二节　第二审程序 ……………………………………………………… 321
　　第三节　审判监督程序 …………………………………………………… 322

第十九章　行政诉讼的法律适用 ………………………………………………… 324
　　第一节　行政诉讼的法律依据 …………………………………………… 324
　　第二节　行政诉讼中的"参照规章" ……………………………………… 325
　　第三节　行政诉讼中的规范冲突及其选择适用 ………………………… 326

第二十章　行政诉讼的裁判与执行 ……………………………………………… 329
　　第一节　行政诉讼判决 …………………………………………………… 329
　　第二节　行政诉讼裁定 …………………………………………………… 330
　　第三节　行政诉讼决定 …………………………………………………… 333
　　第四节　行政诉讼的执行 ………………………………………………… 335

第二十一章　涉外行政诉讼 ……………………………………………………… 337
　　第一节　涉外行政诉讼概述 ……………………………………………… 337
　　第二节　涉外行政诉讼的原则 …………………………………………… 337
　　第三节　涉外行政诉讼的类型 …………………………………………… 338

后记 ………………………………………………………………………………… 340

全国高等教育自学考试

行政法与行政诉讼法 自学考试大纲

全国高等教育自学考试指导委员会　制定

大 纲 前 言

为了适应社会主义现代化建设事业的需要,鼓励自学成才,我国在20世纪80年代初建立了高等教育自学考试制度。高等教育自学考试是个人自学,社会助学和国家考试相结合的一种高等教育形式。应考者通过规定的专业课程考试并经思想品德鉴定达到毕业要求的,可获得毕业证书;国家承认学历并按照规定享有与普通高等学校毕业生同等的有关待遇。经过40多年的发展,高等教育自学考试为国家培养造就了大批专门人才。

课程自学考试大纲是规范自学者学习范围、要求和考试标准的文件。它是按照专业考试计划的要求,具体指导个人自学、社会助学、国家考试及编写教材的依据。

为更新教育观念,深化教学内容方式、考试制度、质量评价制度改革,更好地提高自学考试人才培养的质量,全国考委各专业委员会按照专业考试计划的要求,组织编写了课程自学考试大纲。

新编写的大纲,在层次上,本科参照一般普通高校本科水平,专科参照一般普通高校专科或高职院校的水平;在内容上,及时反映学科的发展变化以及自然科学和社会科学近年来研究的成果,以更好地指导应考者学习使用。

全国高等教育自学考试指导委员会
2023年5月

Ⅰ 课程性质与课程目标

一、课程性质和特点

行政法与行政诉讼法是全国高等教育自学考试法律事务(专科)、治安学(专升本)专业的课程。

行政法与行政诉讼法是研究行政法与行政诉讼法的科学,其任务是研究行政法与行政诉讼法的基本原则和规范,研究行政法与行政诉讼法的历史发展规律,研究行政法与行政诉讼法的本质、内容和形式,研究行政法与行政诉讼法的制定、执行和遵守,研究人们关于行政法与行政诉讼法的观念和学说的理论。它是法学体系中一门独立的学科。行政法与行政诉讼法在我国的法学体系中占据着重要的地位。

二、课程目标

设置本课程的具体目标是使得考生能够:

1. 了解和掌握行政法与行政诉讼法的基本概念、基本知识、基本理论,熟悉有关的行政法律、法规。
2. 增强行政法治观念,学习运用法治思维和法治方式分析和解决问题。
3. 提高运用行政法与行政诉讼法知识解决行政立法、行政执法、行政司法和行政诉讼等领域中的法律问题的能力。
4. 为维护自身合法权益或者为帮助他人维护权益打下一定的法律基础。

三、与相关课程的联系与区别

行政法与行政诉讼法研究的是法现象中的一种特定现象——行政法现象。行政法与行政诉讼法是法学的一个分支学科,因而法学的基本原理、原则也适用于行政法与行政诉讼法。行政法与行政诉讼法虽然与其他法学学科有着不完全相同的理论基础和历史发展背景,但既然同为法学的分支学科,也就有着共同的理论基础。法理学、法史学是行政法与行政诉讼法和其他法学分支学科的共同的基础课程。

行政法与行政诉讼法与其他法学分支学科的关系是平行的部门法关系。但是行政法与行政诉讼法同宪法学的关系比较特殊,二者的研究对象有着密切的联系。有学者认为,行政法是动态的宪法,甚至是宪法的一个部分。也有学者认为,行政法是宪法原则的具体化,是执行宪法的部门法。可见两者关系的密切程度。虽然民法、刑法、诉讼法等部门法都可以认为是执行宪法的部门法,都与宪法有密切的联系,但是行政法与宪法有着更为紧密的联系。因为宪法、行政法都属于狭义上的公法范畴。民法属于私法范畴,刑法、诉讼法属于广义上的公法范畴。此外,行政法与行政诉讼法的许多规范直接源于宪法,如有关国家行政机关的基本组织、主要职权职责、主要活动原则、主要管理制度都是由宪法直接规定的。行政法与行政诉讼法的许多其他法源,如行政复议法、行政诉讼法、国家赔偿法等也直接以宪法为根据。行政法与行政诉讼法同宪法的这种密切关系,决定了以之为研究对象的两个学科的特殊密切的关系。宪法学在广泛的领域为行政法与行政诉讼法提供理论根据,行政法与行政诉讼法也在广泛的领域为宪法学提供实证研究的素材。

四、课程的重点和难点

本课程的重点是有关行政法与行政诉讼法的具体法律制度,如公务员法律制度、行政许可法律制度、行政强制法律制度、行政处罚法律制度、行政程序法律制度、行政复议法律制度、行政诉讼法律制度、行政赔偿(国家赔偿)法律制度。要熟悉和了解这些法律制度的主要内容及其特点,提高运用这些法律制度分析问题、解决问题的能力。本课程的难点是有关行政法与行政诉讼法的一些基本原理和学说,以及将原理与现行的制度、规范结合起来进行相关分析。所以重点、难点章应当是与之相对应的第三章、第六章、第七章、第九章、第十一章、第十二章、第十三章、第十四章、第十六章、第十七章、第十八章和第十九章。

Ⅱ 考核目标

本大纲在考核目标中,按照识记、领会、应用三个层次规定其应达到的能力层次要求。三个能力层次是递进关系,各能力层次的含义是:

识记(Ⅰ):要求考生能够对大纲各章中知识点,如对有关行政、行政法、行政权、行政职权、行政职责、行政主体、行政行为、行政处罚、行政强制等名词识记,对行政立法、行政复议、行政诉讼等概念定义的记忆和理解等。

领会(Ⅱ):能对行政权与公民权、行政职权与行政职责之间的关系等作出正确理解,并清楚这些知识点之间的联系和区别,能作出正确的表述与解释,它是较高层次要求。

应用(Ⅲ):在对一些重要概念、基本原理和方法熟悉和深入理解的基础上,综合相关的知识点,分析和解决比较复杂的问题。例如结合行政复议法、行政诉讼法、国家赔偿法和其他单行法如行政处罚法、行政强制法、行政许可法等去综合分析行政行为过程中行政相对人的权利保护问题,或者分析被诉行政行为的合法性问题。有的时候还可能结合某个具体领域的单行法律法规来作分析,强调的是综合分析与判断能力,是综合解决问题的能力,有一定的复杂性和综合性。

Ⅲ 课程内容与考核要求

第一章 绪 论

学习目的与要求

了解行政法的概念、渊源和分类;弄清行政法律关系和监督行政法律关系的特点以及行政法的特点;掌握行政法在法律体系中的地位和作用。

课程内容

第一节 行政法的概念

（一）行政的含义
（二）行政权力与公民权利
（三）行政法的概念
（四）行政法的渊源
（五）行政法的分类
（六）行政法的特点

第二节 行政法关系

（一）行政法律关系
（二）监督行政法律关系

第三节 行政法在法律体系中的地位和作用

（一）行政法在法律体系中的地位
（二）行政法在法律体系中的作用

第四节 行政法学的发展及其学科体系

（一）行政法与行政法学
（二）国外行政法学的发展概况
（三）我国行政法学的发展概况

考核知识点与考核要求

（一）行政法的概念
识记：(1) 行政；(2) 行政权；(3) 行政法的概念。
领会：(1) 行政权的内容；(2) 行政权的特点；(3) 行政权的双重作用；(4) 行政权与公民权利的关系；(5) 行政法的调整对象；(6) 行政法的渊源；(7) 行政法的分类；(8) 行政法的特点。
（二）行政法关系
识记：(1) 行政法律关系；(2) 监督行政法律关系；(3) 行政法关系。
领会：(1) 行政法律关系的特征；(2) 监督行政法律关系的特征。
（三）行政法在法律体系中的地位和作用
应用：(1) 行政法在法律体系中的地位；(2) 行政法的特殊社会作用。
（四）行政法学的发展及其学科体系
领会：(1) 行政法与行政法学的联系与区别；(2) 大陆法系国家行政法学的特点；(3) 英美法系国家行政法学发展的特点。

本章重点和难点

本章重点和难点是结合对行政、公共行政的理解，认识行政法学所研究的行政的范围和种类，在此基础上，进一步了解行政法的概念、渊源和分类；注意分析行政法、行政法律关系和监督行政法律关系的特点；掌握行政法在法律体系中的地位和作用。

第二章 行政法的基本原则

学习目的与要求

明确行政法的基本原则及其具体内容；掌握合法性原则、合理性原则和应急性原则的基本要求。

课程内容

第一节　行政法基本原则的含义

第二节　行政合法性原则

（一）行政合法性原则的含义
（二）行政合法性原则的具体内容

第三节　行政合理性原则

（一）行政合理性原则的含义
（二）行政合理性原则的具体内容

第四节　行政应急性原则

（一）行政应急性原则的含义
（二）行政应急性原则的具体内容

考核知识点与考核要求

（一）行政法的基本原则
领会：行政法的基本原则。
（二）行政合法性原则
识记：(1) 行政合法性原则；(2) 法律保留原则；(3) 法律优先原则。
领会：行政合法性原则的含义及其具体内容。
（三）行政合理性原则
识记：(1) 行政合理性原则；(2) 行政公开原则；(3) 行政公正原则；(4) 比例原则；(5) 信赖保护原则；(6) 禁止不当联结原则；(7) 尊重和保障人权原则。
领会：行政合理性原则的含义及其具体内容。
（四）行政应急性原则
识记：行政应急性原则。
领会：行政应急性原则的含义及其具体内容。

本章重点和难点

本章重点和难点是掌握行政法基本原则的意义；了解行政法基本原则在行政法的制定与实施过程中的作用。

第三章　行政法律关系主体

学习目的与要求

了解行政法律关系主体的概念；明确公务员的法律地位和行政相对人的法律地位；掌握有关行政主体的基本知识。

课程内容

第一节　行政法律关系主体概述

（一）行政主体
（二）行政相对人

第二节　国家行政机关

（一）国家行政机关的概念、性质和特征
（二）国家行政机关与相关概念的区别
（三）具有行政主体资格的国家行政机关
（四）几种有关国家行政机关类型的划分方法及理论思考

第三节　被授权的组织与受委托的组织和个人

（一）行政授权和行政委托
（二）行政机关以外行政主体的具体形态
（三）接受委托的组织和个人

第四节 公 务 员

（一）公务员的概念和范围
（二）公务员法律关系
（三）公务员的权利
（四）公务员的义务
（五）公务员的责任

第五节 行政相对人

（一）行政相对人的概念
（二）行政相对人在实体法上的地位
（三）行政相对人在程序法上的权利
（四）行政相对人的公法行为

考核知识点与考核要求

（一）行政法律关系主体概述
识记：(1)行政主体；(2)行政职权；(3)行政职责；(4)行政权限；(5)行政相对人；(6)行政优先权；(7)行政优益权。
领会：(1)行政职权的内容；(2)行政职责的内容；(3)行政职权与行政职责的关系；(4)行政主体与行政机关的关系；(5)行政主体与公务员的关系。
应用：确立行政主体概念的意义。
（二）国家行政机关
识记：(1)国家行政机关；(2)中央行政机关；(3)地方国家行政机关。
领会：(1)国家行政机关的特征；(2)国家行政机关与其他国家机关的区别；(3)国务院的职权；(4)国务院各部、委员会的职权；(5)地方国家行政机关的性质；(6)地方国家行政机关的法定职权。
（三）被授权的组织与受委托的组织和个人
识记：(1)行政授权；(2)行政委托；(3)行政机构。
领会：(1)行政授权与行政委托的特征与区别；(2)行政机构的特征；(3)行政机构成为行政主体的具体类型。
（四）公务员
识记：(1)公务员；(2)公务员法律关系；(3)行政赔偿责任。
领会：(1)我国公务员的概念和范围；(2)公务员法律关系发生的情形；(3)公务员法律关系消灭的原因；(4)公务员的权利；(5)公务员的义务；(6)公务员的责任。

（五）行政相对人

领会：(1) 行政相对人在实体法上的地位；(2) 行政相对人在程序法上的权利。

本章重点和难点

本章重点和难点是要熟悉行政主体的基本理论，要了解行政职权与行政职责的辩证关系；要从总体上把握行政职权与行政职责的内容及其特点；既要了解行政主体的类型及其表现形式，又要明确行政主体与公务员之间的法律关系，既要了解不同主体之间的外部关系，也要了解主体内部的种属关系或内部关系。

第四章 行政行为概述

学习目的与要求

了解行政行为的含义、特征与分类；明确行政行为的内容、效力；弄清行政行为的成立要件与合法要件；掌握行政行为的无效、撤销与废止。

课程内容

第一节 行政行为的含义与特征

（一）行政行为的概念
（二）行政行为的特征

第二节 行政行为的内容与效力

（一）行政行为的内容
（二）行政行为的效力

第三节 行政行为的分类

（一）内部行政行为与外部行政行为

（二）抽象行政行为与具体行政行为
（三）羁束行政行为与自由裁量行政行为
（四）依职权的行政行为与依申请的行政行为
（五）授益行政行为与不利行政行为
（六）单方行政行为与双方行政行为
（七）要式行政行为与非要式行政行为
（八）作为行政行为与不作为行政行为
（九）行政立法行为、行政执法行为与行政司法行为
（十）自为的行为、授权的行为与委托的行为

第四节 行政行为的成立要件与合法要件

（一）行政行为的成立要件
（二）行政行为的生效规则
（三）行政行为的合法要件

第五节 行政行为的无效、撤销与废止

（一）行政行为的无效
（二）行政行为的撤销
（三）行政行为的废止

考核知识点与考核要求

（一）行政行为的含义与特征
识记：(1) 行政行为；(2) 行政行为的效力先定性。
领会：行政行为的特征。
（二）行政行为的内容与效力
识记：(1) 行政行为的内容；(2) 行政行为的确定力。
领会：(1) 行政行为的具体内容；(2) 行政行为的一般效力。
（三）行政行为的分类
识记：(1) 抽象行政行为；(2) 具体行政行为；(3) 内部行政行为；(4) 外部行政行为；(5) 羁束行政行为；(6) 自由裁量行政行为；(7) 要式行政行为；(8) 非要式行政行为；(9) 行政立法行为；(10) 行政执法行为；(11) 行政司法行为；(12) 依职权的行政行为；(13) 依申请的行政行为；(14) 单方行政行为；(15) 双方行政行为；(16) 作为行政行为；(17) 不作为行政行为。

(四)行政行为的成立要件与合法要件

识记:(1)即时生效;(2)受领生效;(3)公告生效;(4)附条件生效。

领会:(1)行政行为的成立要件;(2)行政行为的生效规则;(3)行政行为的合法要件。

(五)行政行为的无效、撤销与废止

识记:(1)行政行为的无效;(2)行政行为的撤销;(3)行政行为的废止。

领会:(1)行政行为无效的条件;(2)行政行为无效的法律后果;(3)行政行为撤销的条件;(4)行政行为撤销的法律后果;(5)行政行为废止的条件;(6)行政行为废止的法律后果。

本章重点和难点

本章重点和难点是要从整体上了解行政行为的基本理论。具体包括行政行为的含义、特征与分类,行政行为的内容、效力,行政行为的成立要件与合法要件;应当重点掌握行政行为的无效、撤销与废止的具体情形及其法律后果。

第五章 行政行为(一)
——抽象行政行为

学习目的与要求

了解抽象行政行为的概念、特征与分类;弄清抽象行政行为有效成立的要件;明确行政立法的概念、特点、分类和行政立法的主体、权限、原则、程序;掌握其他规范性文件的概念、特征、作用等。

课程内容

第一节 抽象行政行为概述

(一)抽象行政行为的概念与特征

(二)抽象行政行为的分类

(三)抽象行政行为有效成立的要件

第二节 行政立法行为

（一）行政立法的概念与特点
（二）行政立法的分类
（三）行政立法的主体及其权限
（四）行政立法的原则
（五）行政立法的程序
（六）对行政立法的监督

第三节 其他抽象行政行为

（一）其他规范性文件的概念和特征
（二）制定其他规范性文件的作用
（三）制定其他规范性文件存在的主要问题
（四）完善制定其他规范性文件的程序
（五）对其他规范性文件的监督

考核知识点与考核要求

（一）抽象行政行为概述

识记：抽象行政行为。

领会：(1)抽象行政行为的分类；(2)行政立法有效成立的要件；(3)其他抽象行政行为的成立要件。

（二）行政立法行为

识记：(1)行政立法；(2)一般授权立法；(3)特别授权立法；(4)中央行政立法；(5)地方行政立法；(6)执行性立法；(7)补充性立法；(8)试验性立法。

领会：(1)行政立法的"行政"性质；(2)行政立法的"立法"性质；(3)行政立法的主体；(4)行政立法的原则；(5)行政立法的程序；(6)对行政立法的监督。

应用：行政立法权限的划分。

（三）其他抽象行政行为

识记：其他规范性文件。

领会：(1)其他规范性文件的特征；(2)其他规范性文件与行政立法的关系；(3)其他规范性文件与抽象行政行为的关系；(4)其他规范性文件与具体行政行为的关系；(5)对其他规范性文件的监督。

应用：(1)制定其他规范性文件的作用；(2)制定其他规范性文件存在的主要问题；(3)其他规范性文件制定程序的完善。

本章重点和难点

本章重点和难点是要了解以行政立法为核心的抽象行政行为的概念、特征与分类;弄清抽象行政行为有效成立的要件;要重点理解行政立法的概念、分类、特点和行政立法的主体、权限、原则、程序;在此前提下进一步掌握其他规范性文件的概念、特征、作用等。

第六章 行政行为(二)
——依申请的具体行政行为

学习目的与要求

了解一些最常见且极重要的具体行政行为形式,这些行政行为的一个共同特点便是均属于依申请的具体行政行为,如行政给付、行政许可、行政奖励、行政确认、行政裁决,了解它们的概念和特征;明确这些具体行政行为形式的作用;掌握这些具体行政行为的实施程序。

课程内容

第一节 行政给付

(一)行政给付的概念与特征
(二)行政给付的内容和形式
(三)行政给付的程序

第二节 行政许可

(一)行政许可的概念与特征
(二)行政许可的程序

第三节 行政奖励

(一)行政奖励的概念与特征
(二)行政奖励的构成要件

(三) 行政奖励的内容和形式
(四) 行政奖励的程序

第四节　行政确认

(一) 行政确认的概念与特征
(二) 行政确认的主要形式和基本分类

第五节　行政裁决

(一) 行政裁决的概念与特征
(二) 行政裁决的种类
(三) 行政裁决的程序

考核知识点与考核要求

(一) 行政给付
识记:(1) 行政给付;(2) 抚恤金。
领会:(1) 行政给付的特征;(2) 行政给付的内容和形式;(3) 行政给付的程序。
(二) 行政许可
识记:行政许可。
领会:行政许可的特征。
应用:(1) 行政许可的一般程序;(2) 行政许可的特别程序。
(三) 行政奖励
识记:行政奖励。
领会:(1) 行政奖励的特征;(2) 行政奖励的构成要件;(3) 行政奖励的内容和形式;(4) 行政奖励的程序。
(四) 行政确认
识记:(1) 行政确认;(2) 认可;(3) 鉴证;(4) 行政鉴定。
领会:(1) 行政确认的特征;(2) 行政确认的主要形式和基本分类。
应用:(1) 行政确认与行政许可的联系和区别;(2) 行政确认与行政裁决、行政处罚的关系。
(五) 行政裁决
识记:(1) 行政裁决;(2) 行政仲裁;(3) 行政复议;(4) 行政审判。
领会:(1) 行政裁决的特征;(2) 行政裁决与行政仲裁的区别;(3) 行政裁决与行政复议的区别;(4) 行政裁决与行政审判的区别;(5) 行政裁决的种类;(6) 行政裁决的程序。

本章重点和难点

本章重点和难点是了解行政给付、行政许可、行政奖励、行政确认、行政裁决的概念和特征;特别值得指出的是,应当结合《行政许可法》的明确规定,结合具体个案进行深入的分析,提高运用法学原理和法律规范分析问题和解决问题的能力。

第七章 行政行为(三)
——依职权的具体行政行为

学习目的与要求

了解一些最常见且极重要的具体行政行为形式,这些行政行为的一个共同特点便是均属于依职权的具体行政行为,如行政征收、行政命令、行政监督检查、行政处罚、行政强制,了解它们的概念和特征;明确这些具体行政行为形式的作用;掌握这些具体行政行为的实施程序。

课程内容

第一节 行政征收

(一) 行政征收的概念与特征
(二) 行政征收的内容与分类
(三) 行政征收的方式与程序

第二节 行政命令

(一) 行政命令的概念与特征
(二) 行政命令的分类

第三节 行政监督检查

(一) 行政监督检查的概念与特征

（二）行政监督检查的分类
（三）行政监督检查的方法
（四）行政监督检查的程序

第四节　行　政　处　罚

（一）行政处罚的概念与特征
（二）行政处罚的原则
（三）行政处罚的种类与形式
（四）行政处罚的管辖
（五）行政处罚的适用
（六）行政处罚的决定程序
（七）行政处罚的执行程序

第五节　行　政　强　制

（一）行政强制的概念与特征
（二）行政强制行为的种类
（三）行政强制与相关概念的区别

考核知识点与考核要求

（一）行政征收
识记：(1)行政征收；(2)行政征用。
领会：(1)行政征收的特征；(2)行政征收与公用征收的联系与区别；(3)行政征收与行政征用的区别；(4)行政征收的内容与分类。
（二）行政命令
识记：行政命令。
领会：行政命令的特征。
应用：责令改正或限期改正与行政处罚的区别和联系。
（三）行政监督检查
识记：行政监督检查。
领会：(1)行政监督检查的特征；(2)行政监督检查的分类；(3)行政监督检查的方法；(4)行政监督检查的程序。
（四）行政处罚
识记：(1)行政处罚；(2)处罚法定原则；(3)一事不再罚原则；(4)过罚相当原则；

(5) 人身自由罚;(6) 行政拘留;(7) 行为罚;(8) 财产罚;(9) 声誉罚。

领会:(1) 行政处罚的特征;(2) 行政处罚的原则;(3) 行政处罚的种类和形式;(4) 行政处罚的管辖规则;(5) 行政处罚适用的条件;(6) 行政处罚适用的方法。

应用:(1) 行政处罚的简易程序;(2) 行政处罚的一般程序;(3) 行政处罚的听证程序;(4) 行政处罚的执行程序。

(五) 行政强制

识记:(1) 行政强制;(2) 行政强制措施;(3) 代履行;(4) 执行罚。

领会:(1) 行政强制的特征;(2) 行政强制行为的种类;(3) 代履行的要件;(4) 执行罚的要件;(5) 直接强制执行措施的形式。

应用:(1) 行政强制与行政诉讼强制措施的区别;(2) 行政强制与行政处罚的区别。

本章重点和难点

本章重点和难点是了解行政征收、行政命令、行政监督检查、行政处罚、行政强制的概念和特征;特别值得指出的是,应当结合《行政处罚法》《行政强制法》的明确规定,结合具体个案进行深入的分析,提高运用法学原理和法律规范分析问题和解决问题的能力。

第八章 行政行为(四)
——特殊类型的行政行为

学习目的与要求

了解行政规划、行政合同、行政指导的概念、特征;明确行政规划、行政合同、行政指导的种类、意义与作用;掌握行政合同双方的权利义务以及行政合同的缔结、变更、解除和终止以及建立、健全我国行政指导制度的有关知识。

课程内容

第一节 行政规划

(一) 行政规划的概念与特征
(二) 行政规划的种类

（三）行政规划的作用

第二节 行政合同

（一）行政合同概述
（二）行政合同的种类与作用
（三）行政合同的缔结、变更和解除

第三节 行政指导

（一）行政指导的概念与特征
（二）行政指导的种类、意义与作用
（三）建立、健全我国的行政指导制度

考核知识点与考核要求

（一）行政规划
识记：行政规划。
领会：(1) 行政规划的特征；(2) 行政规划的种类；(3) 行政规划的作用。
（二）行政合同
识记：(1) 行政合同；(2) 科研合同；(3) 国家订购合同；(4) 公用征收合同；(5) 土地等国有资源的使用和开发利用合同；(6) 企业承包管理合同；(7) 招标；(8) 拍卖；(9) 邀请发价；(10) 直接磋商。
领会：(1) 行政合同的特征；(2) 行政合同的种类；(3) 行政合同的作用；(4) 缔结行政合同的原则与方式；(5) 履行行政合同应遵循的原则。
应用：(1) 行政合同双方的权利义务；(2) 行政合同变更和解除的方式及其法律后果；(3) 引起行政合同终止的若干情形。
（三）行政指导
识记：(1) 行政指导；(2) 宏观行政指导；(3) 促进性行政指导；(4) 限制性行政指导；(5) 管制性行政指导。
领会：(1) 行政指导的特征；(2) 行政指导的种类；(3) 行政指导的意义。
应用：(1) 行政指导在我国行政管理中的作用；(2) 我国行政指导制度的建立健全。

本章重点和难点

本章重点和难点是要从整体上了解行政规划、行政合同、行政指导这几类特殊类型的行政行为的特征,明确其在现代行政行为理论中的地位与作用;更为重要的是要结合中国实际,了解我国行政规划、行政合同、行政指导领域的法律实践情况。

第九章　行政程序法

学习目的与要求

了解行政程序的概念和种类;弄清行政程序法的历史发展和我国行政程序法的状况;掌握行政程序法的基本原则和基本制度。

课程内容

第一节　行政程序法概述

（一）行政程序的概念和种类
（二）行政程序法的概念和作用

第二节　行政程序法的历史发展

（一）外国行政程序法的历史发展阶段
（二）我国行政程序法的状况

第三节　行政程序法的基本原则和基本制度

（一）行政程序法的基本原则
（二）行政程序法的基本制度

考核知识点与考核要求

（一）行政程序法概述
识记:(1)行政程序;(2)内部行政程序;(3)外部行政程序;(4)抽象行政程序;(5)具体行政程序;(6)法定行政程序;(7)行政立法程序;(8)行政执法程序;(9)行政裁判程序;

(10) 行政程序法。
领会:(1) 行政程序的种类;(2) 行政程序法的地位;(3) 行政程序法与行政实体法的关系。
应用:行政程序法的作用。
(二) 行政程序法的历史发展
领会:(1) 外国行政程序法的历史发展阶段;(2) 我国《行政处罚法》对行政程序的规定。
应用:我国行政程序法的状况。
(三) 行政程序法的基本原则和基本制度
识记:(1) 程序公正原则;(2) 相对人参与原则;(3) 效率原则。
领会:(1) 行政程序法的基本原则;(2) 程序公正原则的保障制度;(3) 相对人参与原则的保障制度;(4) 效率原则的保障制度。
应用:行政程序法的基本制度在行政处罚中的适用。

本章重点和难点

本章重点和难点是从整体上了解行政程序的基本概念和种类;了解行政程序法在当代行政法学中的地位与作用。更为重要的是要结合外国行政程序法的历史发展和我国行政程序法的现状,深刻领会与掌握现代行政程序法的若干基本原则和基本制度。

第十章 行政违法与行政责任

学习目的与要求

了解行政违法的概念、特征、分类、构成要件和行政不当的概念、特征;明确行政责任的概念、特征、构成要件;掌握不同违法主体应当承担的行政责任的形式。

课程内容

第一节 行政违法

(一) 行政违法的概念及特征
(二) 行政违法的构成要件
(三) 行政违法的分类

（四）行政不当
（五）行政违法与行政不当的法律效果

第二节　行政责任

（一）行政责任的概念及特征
（二）行政责任的构成要件
（三）行政侵权责任的概念
（四）行政责任的追究和免除

第三节　行政责任的种类与方式

（一）行政主体承担行政责任的方式
（二）公务员承担行政责任的方式
（三）行政相对人承担行政责任的方式

考核知识点与考核要求

（一）行政违法
识记：(1)行政违法；(2)违法行政；(3)作为行政违法；(4)不作为行政违法；(5)行政不当。
领会：(1)行政违法的特征；(2)行政违法的构成要件；(3)行政违法的分类；(4)行政不当的特征。
（二）行政责任
识记：(1)行政责任；(2)行政侵权责任；(3)责任法定原则；(4)正当防卫；(5)紧急避险。
领会：(1)行政责任的特征；(2)行政责任的构成要件；(3)追究行政责任的原则；(4)行政责任的追究和免除。
（三）行政责任的种类与方式
识记：(1)行政处分；(2)行政赔偿。
领会：(1)行政主体承担行政责任的方式；(2)公务员承担行政责任的方式；(3)行政相对人承担行政责任的方式。

本章重点和难点

本章重点和难点是要了解行政违法、行政不当的基本含义与特征；明晰行政违法与行政责任之间的关系,特别是要熟悉行政责任的构成要件;掌握不同违法主体应当承担的行政责任的形式。尤其是要结合《公务员法》《监察法》等法律规定,明确公务员行政违法后应当承担的法律责任的种类与形式。

第十一章 行政复议

学习目的与要求

了解行政复议的概念、特点、基本原则、作用和意义;明确行政复议法律关系的概念、特点及其内容;弄清行政复议的受案范围和管辖;掌握行政复议的申请、受理、审理和决定等程序。

课程内容

第一节 行政复议概述

（一）行政复议的概念及其特点
（二）我国行政复议制度的产生与发展
（三）行政复议的基本原则
（四）行政复议的作用和意义

第二节 行政复议法律关系

（一）行政复议法律关系的概念和特点
（二）行政复议法律关系的主体
（三）行政复议法律关系的内容
（四）行政复议法律关系的客体
（五）行政复议法律关系的发生、变更和消灭

第三节 行政复议的受案范围和管辖

（一）行政复议的受案范围
（二）行政复议管辖的概念和种类

第四节　行政复议的程序

（一）行政复议的申请
（二）行政复议的申请期限
（三）行政复议的受理
（四）行政复议的审理
（五）行政复议的决定
（六）行政复议决定的执行
（七）行政复议中的法律责任

考核知识点与考核要求

（一）行政复议概述
识记：行政复议。
领会：行政复议的基本原则。
应用：行政复议的作用与意义。
（二）行政复议法律关系
识记：(1) 行政复议法律关系；(2) 行政复议机关；(3) 行政复议参加人。
领会：(1) 行政复议法律关系的特点；(2) 行政复议法律关系的主体；(3) 行政复议法律关系的内容；(4) 行政复议法律关系的客体；(5) 行政复议法律关系的发生、变更和消灭。
（三）行政复议的受案范围和管辖
识记：(1) 行政复议受案范围；(2) 行政复议管辖。
领会：(1) 行政复议受案范围的种类；(2) 行政复议管辖的种类。
（四）行政复议的程序
识记：(1) 行政复议程序；(2) 行政复议的申请；(3) 行政复议的受理；(4) 行政复议的审理；(5) 行政复议的决定。
领会：(1) 申请复议的法定条件；(2) 行政复议决定的种类；(3) 行政复议决定的依据；(4) 行政复议中的法律责任。

本章重点和难点

本章重点和难点是结合《行政复议法》《行政复议法实施条例》等法律、行政法规的规定，全面了解我国的行政复议法律制度的内容及其特点。能够熟练运用法学原理和制度规范，结合具体事例或案例，对行政复议的受案范围和管辖，行政复议的申请、受理、审理和决定等程序进行深入、细致的分析,以提高分析问题和解决问题的能力。

第十二章　行政赔偿与行政补偿

学习目的与要求

了解行政赔偿的概念、特征;弄清行政赔偿的范围、行政赔偿请求人和行政赔偿义务机关;明确行政赔偿程序;掌握行政赔偿的方式和计算标准,并在此基础上理解行政补偿的性质与种类,掌握行政补偿的程序。

课程内容

第一节　行政赔偿概述

（一）行政赔偿的概念及特征
（二）行政赔偿的归责原则
（三）行政赔偿责任的构成要件

第二节　行政赔偿的范围

（一）侵犯人身权的行为
（二）侵犯财产权的行为
（三）国家不承担赔偿责任的情形

第三节　行政赔偿请求人和赔偿义务机关

（一）行政赔偿请求人
（二）行政赔偿义务机关

第四节　行政赔偿程序

（一）单独赔偿程序
（二）一并提出赔偿请求的程序

（三）行政赔偿请求的时效
（四）行政追偿

第五节 行政赔偿的方式、标准和费用

（一）行政赔偿的方式
（二）行政赔偿的计算标准
（三）行政赔偿费用

第六节 行政补偿

（一）行政补偿的概念与特征
（二）行政补偿的程序

考核知识点与考核要求

（一）行政赔偿概述
识记：行政赔偿。
领会：(1) 国家承担行政赔偿责任的构成要件；(2) 行政赔偿的特征。
（二）行政赔偿的范围
领会：(1) 对侵犯人身权的行政赔偿；(2) 对侵犯财产权的行政赔偿；(3) 国家不承担赔偿责任的情形。
（三）行政赔偿请求人和赔偿义务机关
识记：(1) 行政赔偿请求人；(2) 行政赔偿义务机关。
领会：(1) 行政赔偿请求人的范围；(2) 行政赔偿义务机关的确认。
（四）行政赔偿程序
识记：(1) 行政赔偿程序；(2) 行政追偿。
领会：(1) 单独提出行政赔偿请求及先行程序；(2) 一并提出行政赔偿请求；(3) 行政赔偿义务机关处理赔偿申请的期限。
（五）行政赔偿的方式、标准和费用
领会：(1) 行政赔偿的方式；(2) 行政赔偿的计算标准；(3) 行政赔偿费用。
（六）行政补偿
识记：行政补偿。
应用：行政补偿的程序。

本章重点和难点

本章重点和难点是结合《国家赔偿法》和其他相关法律法规,熟悉我国的行政赔偿法律制度和行政补偿法律制度。全面了解我国行政赔偿的范围、行政赔偿请求人和行政赔偿义务机关、行政赔偿程序、行政赔偿的方式和计算标准等。注意区分行政赔偿与行政补偿的差异,结合具体案例,具体分析当事人获得行政补偿的程序与途径。

第十三章 行政诉讼概述

学习目的与要求

了解行政诉讼的概念;明确行政诉讼的作用、原则;掌握行政诉讼的宪法依据与理论基础。

课程内容

第一节 行政诉讼的概念

第二节 行政诉讼的作用

第三节 行政诉讼的宪法依据与理论基础

(一)行政诉讼的宪法依据
(二)行政诉讼的理论基础

第四节 行政诉讼的原则

(一)行政诉讼与其他诉讼共有的一般原则
(二)行政诉讼的特有原则

考核知识点与考核要求

（一）行政诉讼的概念
识记：行政诉讼。
（二）行政诉讼的作用
领会：行政诉讼的作用。
（三）行政诉讼的宪法依据与理论基础
应用：行政诉讼的宪法依据与理论基础。
（四）行政诉讼的原则
识记：(1)对行政行为进行合法性审查原则；(2)被告负举证责任原则；(3)人民法院特定主管原则；(4)行政诉讼期间行政决定不停止执行原则；(5)不适用调解原则；(6)司法变更权有限原则。
领会：(1)诉讼的一般原则；(2)行政诉讼的特有原则。
应用：结合案例分析行政诉讼原则的具体运用。

本章重点和难点

本章重点和难点是了解行政诉讼的基本含义、作用，从理论上掌握我国行政诉讼制度确立的宪法依据与理论基础。

第十四章　行政诉讼的受案范围

学习目的与要求

了解可诉性行政行为；明确可诉性行政行为的特征；掌握不可诉行为的内涵。

课程内容

第一节　行政诉讼的受案范围

（一）可诉性行政行为

（二）可诉性行政行为的特征

第二节　行政诉讼的排除范围

考核知识点与考核要求

（一）行政诉讼的受案范围
领会：可诉性行政行为的特征。
应用：可诉性行政行为的类型。
（二）行政诉讼的排除范围
领会：不可诉行为的内涵。

本章重点和难点

本章重点和难点是了解行政诉讼的受案范围；结合《行政诉讼法》的规定，从可诉性行政行为和不可诉行为两方面来掌握行政诉讼的受案范围，以提高分析问题和解决问题的能力。

第十五章　行政诉讼的管辖

学习目的与要求

了解级别管辖；明确地域管辖；掌握裁定管辖。

课程内容

第一节　级别管辖

（一）基层人民法院管辖的第一审行政案件
（二）中级人民法院管辖的第一审行政案件

（三）高级人民法院管辖的第一审行政案件
（四）最高人民法院管辖的第一审行政案件

第二节 地 域 管 辖

（一）一般地域管辖
（二）特殊地域管辖
（三）共同地域管辖

第三节 裁 定 管 辖

（一）移送管辖
（二）指定管辖
（三）移转管辖

考核知识点与考核要求

（一）级别管辖
识记：级别管辖。
领会：(1)基层人民法院管辖的第一审行政案件；(2)中级人民法院管辖的第一审行政案件；(3)高级人民法院管辖的第一审行政案件；(4)最高人民法院管辖的第一审行政案件。
（二）地域管辖
识记：(1)一般地域管辖；(2)特殊地域管辖；(3)共同地域管辖。
领会：(1)特殊地域管辖的两种具体情形；(2)共同地域管辖的三种情形。
（三）裁定管辖
识记：(1)裁定管辖；(2)移送管辖；(3)指定管辖；(4)移转管辖。
领会：移转管辖与移送管辖的区别。

本章重点和难点

本章重点和难点是了解行政诉讼管辖的三种类型，明确不同的管辖类型所适用的条件和情况；能够结合个案熟练分析如何确定行政诉讼管辖的具体法律问题。

第十六章 行政诉讼参加人

学习目的与要求

了解行政诉讼当事人的概念,行政诉讼当事人的特征;明确原告、被告、共同诉讼人、第三人、诉讼代理人的概念、类别等。

课程内容

第一节 行政诉讼当事人

(一)行政诉讼当事人的概念
(二)行政诉讼当事人的特征

第二节 原 告

(一)原告资格及其转移
(二)原告的类别
(三)原告的诉讼权利与诉讼义务

第三节 被 告

(一)被告的概念
(二)被告的类别
(三)被告的诉讼权利与诉讼义务

第四节 共同诉讼人

(一)共同诉讼的概念和构成条件
(二)共同诉讼的种类

第五节　第　三　人

（一）第三人的概念
（二）第三人的类别

第六节　诉讼代理人

（一）诉讼代理人的概念和特点
（二）诉讼代理人的种类

考核知识点与考核要求

（一）行政诉讼当事人概述
识记：行政诉讼当事人。
领会：行政诉讼当事人的特征。
（二）原告
识记：原告的条件。
领会：(1)行政诉讼中的原告资格及其转移；(2)行政诉讼中的原告类别；(3)行政诉讼中原告的诉讼权利与诉讼义务。
（三）被告
识记：被告的条件。
领会：(1)行政诉讼中的被告资格；(2)行政诉讼中的被告类别；(3)行政诉讼中被告的诉讼权利与诉讼义务。
（四）共同诉讼人
识记：(1)共同诉讼人；(2)必要的共同诉讼；(3)普通的共同诉讼。
领会：(1)共同诉讼的构成条件；(2)共同诉讼的种类。
（五）第三人
识记：第三人。
领会：(1)行政诉讼中第三人的条件；(2)行政诉讼中第三人的类别。
（六）诉讼代理人
识记：(1)法定代理人；(2)委托代理人；(3)指定代理人。
领会：(1)诉讼代理人的特点；(2)诉讼代理人的种类。

本章重点和难点

本章重点和难点是了解行政诉讼当事人的概念、行政诉讼当事人的特征,明确原告、被告、共同诉讼人、第三人、诉讼代理人的概念和类别,掌握原告、被告的诉讼权利和诉讼义务。

第十七章　行政诉讼的证据

学习目的与要求

了解行政诉讼证据的种类;明确行政诉讼的举证责任和证据规则;掌握行政诉讼的证据保全。

课程内容

第一节　证据概述

(一)证据的概念
(二)证据的种类

第二节　行政诉讼的举证责任

(一)被告的举证责任
(二)原告的举证责任

第三节　行政诉讼的证据规则

第四节　行政诉讼的证据保全

(一)证据保全的概念
(二)证据保全的措施

考核知识点与考核要求

（一）证据概述

识记：证据。

领会：证据的种类。

（二）行政诉讼的举证责任

识记：被告的举证责任。

领会：原告的举证责任。

（三）行政诉讼的证据规则

领会：(1)提供证据的规则；(2)调取证据的规则。

（四）行政诉讼的证据保全

识记：证据保全。

领会：证据保全的措施。

本章重点和难点

本章重点和难点是了解行政诉讼证据的种类；明确被告的举证责任和原告需要承担举证责任的三种情形；掌握行政诉讼提供证据的规则、调取证据的规则；掌握证据保全的适用条件。

第十八章　行政诉讼的程序

学习目的与要求

了解行政诉讼的第一审程序；明确行政诉讼的第二审程序和审判监督程序。

课程内容

第一节　第一审程序

（一）开庭前的准备

（二）开庭审理

(三) 第一审程序中需要注意的几个问题

第二节　第二审程序

(一) 第二审程序的概念
(二) 第二审程序的特征

第三节　审判监督程序

(一) 审判监督程序的概念
(二) 审判监督程序的提起
(三) 审判监督程序的审理

考核知识点与考核要求

(一) 第一审程序
领会:(1) 开庭前的准备;(2) 第一审程序中需要注意的几个问题。
(二) 第二审程序
识记:第二审程序。
领会:(1) 上诉成立的条件;(2) 上诉的提起和受理;(3) 上诉的审理和判决;(4) 上诉案件的审理期限。
(三) 审判监督程序
识记:审判监督程序。
领会:(1) 审判监督程序的提起;(2) 审判监督程序的审理。

本章重点和难点

本章重点和难点是了解行政诉讼第一审程序、第二审程序和审判监督程序的内容。

第十九章　行政诉讼的法律适用

学习目的与要求

了解行政诉讼的标准及其法律适用;明确行政诉讼法律依据的概念和内容;掌握行政诉

讼中"参照规章"的内涵,规范冲突及其选择适用。

课程内容

第一节　行政诉讼的法律依据

（一）行政诉讼法律依据的概念
（二）行政诉讼法律依据的内容

第二节　行政诉讼中的"参照规章"

（一）"参照规章"的内涵
（二）判断规章合法性的依据

第三节　行政诉讼中的规范冲突及其选择适用

（一）行政诉讼中行政法律规范的冲突状况
（二）规范冲突的选择适用

考核知识点与考核要求

（一）行政诉讼的法律依据
识记:行政诉讼的法律依据。
领会:宪法在行政诉讼中的作用。
（二）行政诉讼中的"参照规章"
领会:判断规章合法性的依据。
（三）行政诉讼中的规范冲突及其选择适用
识记:行政法律规范冲突的类型。
领会:(1)规范冲突选择适用遵循的原则;(2)《立法法》关于法律适用的规定。

本章重点和难点

本章重点和难点是了解行政诉讼的法律依据,掌握宪法是如何对法院的行政诉讼工作起到根本指导作用的。领会人民法院审查判断规章可参照性的标准以及"参照规章"对行政诉讼的积极意义。熟悉行政法律规范冲突的情况及其处理原则,能够结合《立法法》的相关规定来分析案例,提高解决问题的能力。

第二十章　行政诉讼的裁判与执行

学习目的与要求

了解行政诉讼判决、裁定、决定的概念、种类等;掌握行政诉讼中的执行和非诉行政案件的执行。

课程内容

第一节　行政诉讼判决

（一）行政诉讼判决的概念
（二）行政诉讼判决的种类

第二节　行政诉讼裁定

（一）行政诉讼裁定的概念及特征
（二）行政诉讼裁定的范围、种类及适用条件
（三）行政诉讼裁定的形式
（四）行政诉讼裁定的效力

第三节　行政诉讼决定

（一）行政诉讼决定的概念与特点
（二）行政诉讼决定的种类及适用范围
（三）行政诉讼决定的形式
（四）行政诉讼决定的效力

第四节　行政诉讼的执行

（一）行政诉讼中的执行

（二）非诉行政案件的执行

考核知识点与考核要求

（一）行政诉讼判决

识记：(1) 行政诉讼判决；(2) 撤销判决；(3) 履行判决；(4) 变更判决；(5) 判决驳回诉讼请求；(6) 行政赔偿判决；(7) 确认判决；(8) 给付判决。

（二）行政诉讼裁定

识记：(1) 行政诉讼裁定；(2) 行政诉讼裁定的特征。

领会：(1) 行政诉讼裁定的范围；(2) 行政诉讼裁定的种类及适用条件；(3) 行政诉讼裁定的形式；(4) 行政诉讼裁定的空间效力；(5) 行政诉讼裁定的时间效力。

（三）行政诉讼决定

识记：(1) 行政诉讼决定；(2) 行政诉讼决定的特点。

领会：(1) 行政诉讼决定的种类及适用范围；(2) 行政诉讼决定的形式；(3) 行政诉讼决定的效力。

（四）行政诉讼的执行

识记：行政诉讼中的执行。

领会：(1) 行政诉讼中的执行的特点；(2) 非诉行政案件执行的适用范围；(3) 行政机关申请执行的条件。

本章重点和难点

本章重点和难点是结合《行政诉讼法》和相关司法解释的规定，了解我国行政诉讼判决的类型；掌握我国行政诉讼裁定的种类和适用条件；熟悉行政诉讼决定的种类和适用范围；掌握行政诉讼执行的特点和非诉行政案件执行的适用范围。

第二十一章 涉外行政诉讼

学习目的与要求

了解涉外行政诉讼的概念和特征；明确涉外行政诉讼的原则；掌握涉外行政诉讼的类型。

课程内容

第一节 涉外行政诉讼概述

（一）涉外行政诉讼的概念
（二）涉外行政诉讼的特征

第二节 涉外行政诉讼的原则

（一）平等原则
（二）对等原则

第三节 涉外行政诉讼的类型

（一）国际贸易行政案件
（二）反倾销、反补贴行政案件

考核知识点与考核要求

（一）涉外行政诉讼概述
识记：涉外行政诉讼。
领会：涉外行政诉讼的特征。
（二）涉外行政诉讼的原则
领会：(1)平等原则；(2)对等原则。
（三）涉外行政诉讼的类型
领会：《最高人民法院关于审理国际贸易行政案件若干问题的规定》的适用范围。

本章重点和难点

本章重点和难点是明确涉外行政诉讼的原则；掌握涉外行政诉讼的类型。

Ⅳ 关于大纲的说明与考核实施要求

一、课程自学考试大纲的目的和作用

课程自学考试大纲是根据专业自学考试计划的要求,结合自学考试的特点而确定的。其目的是对个人自学、社会助学和课程考试命题进行指导和规定。

课程自学考试大纲明确了课程学习的内容以及深广度,规定了课程自学考试的范围和标准。因此,它是编写自学考试教材的依据,是社会助学组织进行自学辅导的依据,是自学者学习教材、掌握课程内容知识范围和程度的依据,也是进行自学考试命题的依据。

二、课程自学考试大纲与教材的关系

课程自学考试大纲是进行学习和考核的依据,教材是课程知识内容与范围的详细讲解,是对大纲所规定的课程知识和内容的扩展与发挥。

大纲与教材所体现的课程内容应基本一致;大纲里面的课程内容和考核知识点,教材里一般也要有。反过来教材里有的内容,大纲里则不一定体现。

三、关于自学教材

《行政法与行政诉讼法》,全国高等教育自学考试指导委员会组编,湛中乐主编,北京大学出版社,2023年版。

四、关于自学要求和自学方法的指导

本大纲的课程基本要求是依据考试计划和专业培养目标而确定的。课程基本要求还明确了课程的基本内容,以及对基本内容掌握的程度。基本要求中的知识点构成了课程内容的主体部分。因此,课程基本内容掌握程度、课程考核知识点是高等教育自学考试考核的主要内容。

本课程共 5 个学分。

我们结合自己的教学经验和体会,提出三点有关学习方法的建议,供大家参考。

(一)系统学习、深入重点

自学者首先应系统地学习各章内容,掌握要求识记的概念,深入理解和掌握基本理论和基本方法,在此基础上深入知识点,掌握重点。

(二)掌握科学的学习方法,明确相关概念、方法之间的关系

通过梳理已经学习过的内容,明确一些基本概念、理论及方法之间的关系,便于记忆、加深理解,从而掌握分析方法。

(三)深入理解教材例题,注意理论与实践相结合

行政法与行政诉讼法的案例分析,是特别值得注意的一个问题。自学者对大纲中的有

关法律制度应作深入理解,而且要注意理论联系实际进行案例分析。例如第十一章、第十二章、第十四章等章节,都跟行政复议法、国家赔偿法、行政诉讼法等有着密切的联系,自学者要在吃透案情的基础上,掌握分析方法。对案例中所涉及的主要法律问题作深入分析,以提高自己分析问题和解决问题的能力,这样就可以使得自学者做到学以致用。

五、对社会助学的要求

社会助学者应根据大纲规定的课程内容指导自学者全面系统地学习指定教材,掌握课程内容和考核知识点。根据本大纲列出的考核目标,对自学者进行切实有效的辅导,将识记、领会、应用三者结合起来,培养和提高他们分析问题、解决问题的能力。

（一）帮助自学者梳理重点和一般内容之间的关系

社会助学者在辅导时应帮助自学者梳理重点内容和一般内容之间的关系,在全面掌握全部课程内容的基础上,深入分析行政行为的各种样态形式与行政行为特点之间的关系,注意行政行为形式中几种具有典型意义的行政许可、行政处罚和行政强制行为的特征,结合相关法律,对行政许可制度、行政处罚制度和行政强制制度有较为深入的了解,从而掌握这些行为的种类与法律设定、行政行为的实体要求与程序要求等具体规范所构成的制度体系。

（二）注意培养自学者应用知识的能力

行政法与行政诉讼法的理论方法的应用性比较强,助学者应帮助自学者了解行政法的基本原则、行政主体理论、行政行为理论等基础知识和行政救济途径的选择和应用,适当增加一些现实生活中的案例或实例分析,以培养自学者对方法应用的兴趣,深入理解基础理论,提高他们的分析应用能力。

六、对考核内容的说明

1. 本课程要求考生学习和掌握的知识点内容都作为考核的内容。课程中各章的内容均由若干知识点组成,在自学考试中成为考核知识点。因此,课程自学考试大纲中所规定的考试内容是以分解为考核知识点的方式给出的。由于各知识点在课程中的地位、作用以及知识自身的特点不同,自学考试将对各知识点分别按三个认知（或叫能力）层次确定其考核要求。

2. 在考试之日起 6 个月前,由全国人大、全国人大常委会和国务院颁布或修订的法律、行政法规都将列入本课程的考试范围。凡大纲、教材内容与现行法律法规不符的,应以现行法律法规为准。

3. 按照重要性程度不同,考核内容分为重点内容和一般内容,在本课程试卷中对不同考核内容要求的分数比例大致为:重点内容占 60% 左右,一般内容占 40% 左右。

七、关于考试命题的若干规定

1. 本课程的考试方法为闭卷笔试,满分为 100 分,60 分为及格。考试时间为 150 分钟。

2. 本大纲各章所规定的基本要求、知识点及知识点下的知识细目,都属于考核的内容。考试命题既要覆盖到章,又要避免面面俱到。要注意突出课程重点、章节重点,加大重点内容的覆盖度。

3.不应有超出大纲中考核知识点范围的试题,考核目标不得高于大纲中所规定的相应的最高能力层次要求。应着重考核自学者对基本概念、基本知识和基本理论是否了解或掌握,对基本方法是否会用或熟练。避免出现与基本要求不符的偏题或怪题。

4.本课程试卷中对不同能力层次要求的分数比例大致为:识记占30%,领会占40%,应用占30%。

5.试卷要合理安排难易结构,试题的难度可分为易、较易、较难和难四个等级。每份试卷中不同难易度试题的分数比例一般为易占20%,较易占30%,较难占30%,难占20%。

6.本课程考试试卷的主要题型一般有单项选择题、多项选择题、名词解释题、简答题、论述题、案例分析题等题型。

附录 题型举例

一、单项选择题：在每小题列出的备选项中只有一项是最符合题目要求的,请将其选出。

1. 税务机关依照法定的税种、税率对某企业征税,这一行为属于
   A. 抽象行政行为　　　　　　　　B. 羁束行政行为
   C. 双方行政行为　　　　　　　　D. 自由裁量行政行为

二、多项选择题：在每小题列出的备选项中至少有两项是符合题目要求的,请将其选出。错选、多选或少选均无分。

2. 下列属于无效行政行为的有
   A. 某地区暴发禽流感期间,该地方政府认为本地鸡肯定没有感染,为维护本地养鸡企业的利益,作出决定,即使有病禽,也可以不屠宰销毁
   B. 根据地质专家预测某地将暴发大规模泥石流。该地市政府作出决定,凡在泥石流可能经过区域的厂矿企业应限期搬迁
   C. 某镇政府为招待上级领导,命令村民猎杀适量国家保护的珍稀动物
   D. 某公安机关吊销某烟草公司的营业执照
   E. 某市场监督管理部门在张某的暴力威胁下向张某颁发营业执照

三、名词解释题

3. 行政行为

四、简答题

4. 简述行政主体承担行政责任的方式。

五、论述题

5. 试述建立行政赔偿制度的意义。

六、案例分析题

6. 某市 B 区公安局在处理一起伤害案中,根据被害人王某口头提供的有关受伤情况的证据,对加害人张某作出行政拘留 15 天的处罚决定。被处罚人张某对此不服,向市公安局(所在地:某市 A 区)申请复议。市公安局在复议中发现仅根据被害人王某口头提供的受伤情况的陈述,证据不够确凿充分,遂在复议决定中根据医院提供的病历,即被害人王某的伤情记录,维持了区公安局处罚决定。被处罚人张某仍不服,向人民法院提起行政诉讼。

问题:
(1) 某市 B 区人民法院对此案是否有管辖权?请说明理由。
(2) 如果本案被告对管辖有异议,应在多长期限内以何种方式提出?请说明理由。

大 纲 后 记

《行政法与行政诉讼法自学考试大纲》是根据《高等教育自学考试专业基本规范（2021年）》的要求，由全国高等教育自学考试指导委员会法学类专业委员会组织制定的。

全国考委法学类专业委员会对本大纲组织审稿，根据审稿会意见由编者做了修改，最后由法学类专业委员会定稿。

本大纲由北京大学湛中乐教授担任主编；参加审稿并提出修改意见的有北京大学姜明安教授、中共中央党校（国家行政学院）胡建淼教授、清华大学于安教授。对参与本大纲编写和审稿的各位专家表示感谢。

全国高等教育自学考试指导委员会

法学类专业委员会

2023 年 5 月

全国高等教育自学考试指定教材

行政法与行政诉讼法

全国高等教育自学考试指导委员会　组编

编 者 的 话

我国自学考试已经走过了42个年头。1990年,全国第一本统编自学考试教材《行政法学》出版,它是由张尚鹫教授任主编、杨海坤教授任副主编,北京大学出版社出版的。该书的体系与结构为:全书共25章。第一章至第五章介绍行政法的基本概念与理论;第六章介绍行政机关组织法和编制法;第七章介绍国家公务员法;第八章至第十三章介绍行政行为,从概述到行政立法,再到具体行政行为形式,如行政处罚、行政强制执行等;第十四章介绍行政复议;第十五章至第二十一章介绍行政诉讼;第二十二章至第二十五章介绍行政监督或行政法制监督。

第二本统编自学考试教材是由罗豪才教授任主编,湛中乐教授任副主编,北京大学出版社1996年出版的。该书体系与结构有了较大的变化,全书仅12章。第一章是绪论;第二章是行政法律关系;第三章是行政行为概述;第四章是抽象行政行为;第五章是具体行政行为;第六章是行政合同;第七章是行政指导;第八章是行政程序;第九章是行政违法与行政责任;第十章是行政赔偿与行政补偿;第十一章是行政复议;第十二章是司法审查。该书自1996年出版以来经过了2006年的修改与补充。

第三本统编自考教材由湛中乐教授担任主编(罗教授当选为国家政协副主席等职务后有相关要求所致)。本书的体系与结构又有部分发生了变化,在内容上也有所更新。这次新编教材的创新之处及主要特色有:(1)维持体系的完整性与结构的合理性。考虑到旧版教材的体系和结构相对合理,符合当时学界对行政法体系的基本认知,因此,本教材并没有对1996年版教材的体系和结构进行大的修改和调整。(2)反映行政法学的最新理论。本教材吸收行政法学最近几年的研究成果,如协商行政、合作行政、软法理论、风险治理、行政规制等理论,力争使学生在掌握基础知识的同时,能够对行政法学的最新发展有所了解。(3)反映行政法治的最新实践。本教材紧密围绕我国行政法治的最新发展,特别是在制度建设方面取得的重大成就,如《行政复议法实施条例》《政府信息公开条例》《国家赔偿法》以及行政诉讼法的相关司法解释,及时更新具体制度方面的知识框架和内容。(4)以基础知识为主,兼顾行政法学理论与制度实践。作为自学考试教材,书本的内容不宜过于复杂、过于理论,应既能囊括行政法学的基本知识,又能反映行政法学的理论与制度实践。

2012年修改重编的教材的编写分工为(按章节编写顺序):

湛中乐教授,负责撰写第一、二、四、五、六、七、八、十二、十三章和全书的统稿、定稿;沈岿教授,负责撰写第一、二章;杨建顺教授,负责撰写第三、九、十章;莫纪宏教授,负责第十一章;马怀德教授,负责第十四章;该书由刘莘教授,莫于川教授和余凌云教授担任审稿人。

2023年,全国高等教育自学考试指导委员会对有关专业课程与相应的专业考试科目进行了必要的调整。

全国高等教育自学考试指导委员会法学类专业委员会推荐湛中乐教授来担任新课程行政法与行政诉讼法的主编。这门课程作为法律事务(专科)、治安学(专升本)和监所管理(专升本)专业的课程。由于新的考试课程名称已经改为行政法与行政诉讼法,这样我们就在原班人员的基础上,根据考委的要求,对原行政法学的课程大纲和体系进行了必要的调整,同时要求各撰写人员对相应内容进行必要的修改和完善。将过去司法审查的部分,进行了必要的拓展。再结合近年来行政法学理论的新发展和有关法律和行政法规的修改与完善(如2012年以来,《立法法》《行政诉讼法》《行政处罚法》《政府信息公开条例》等法律法规和相关司法解释的修改),大幅度地增加或修改了相应的内容,从而使得新出版的《行政法与行政诉讼法》能够适应自学考试者的需要。对于这次新编写的课程大纲和教材,全国考委法学类专业委员会专门邀请了行政法学界的三位知名教授进行了审阅。北京大学法学院的姜明安教授担任主审人。其他两位分别是清华大学的于安教授和国家行政学院(中共中央党校)的胡建淼教授。后来该书作者又在听取审稿会修改意见的基础上对课程大纲及教材内容进行了相应的修改与完善。对以上三位专家表示特别的致谢。

现在这本《行政法与行政诉讼法》的具体分工是:沈岿教授(北京大学法学院)负责撰写第一、二章;杨建顺教授(中国人民大学法学院)负责撰写第三、九、十章;莫纪宏教授(中国社会科学研究院法学研究所)负责撰写第十一章;马怀德教授(中国政法大学法学院)负责撰写第十二章;湛中乐教授(北京大学法学院)负责撰写第四、五、六、七、八、十三、十四、十五、十六、十七、十八、十九、二十、二十一章和全书的统稿、定稿。

《行政法与行政诉讼法》教材编写组

2023 年 5 月

第一章 绪 论①

第一节 行政法的概念

一、行政的含义

学习行政法碰到的第一个概念就是行政,要理解什么是行政法,就必须首先对什么是行政有一个清晰的认识。

"行政"一词在日常生活中含义较多,一般是指"执行事务""政务的组织和管理"等。在此意义上,行政又通常可分别表示国家与公共事务的行政和社会组织、企业的行政。前者通称为"公共行政",后者则称为"私人行政"。最为典型的公共行政,当属国家行政机关从事的领域广阔、层级结构分明的管理和服务。但是,公共行政除了国家行政以外,还包括其他非国家机关的公共组织的行政,如公用企业、事业单位、社会团体、行业组织、基层群众性自治组织等从事公共管理和公共服务的行政。

近代意义的行政是国家权力分立的产物,而现代国家权力又出现交叉和混合的状况,故要确定行政的含义十分困难,国内外学者至今从未形成统一的见解,各有各的说法。总结来看,最重要的观点有两种:第一种观点认为,行政是行政机关行使的国家职能。国家的机关可以分为立法机关、行政机关和司法机关。行政就是行政机关的一切活动。这种观点建立在三权分立的基础上,以行使国家职能的机关作为区分国家职能的标准,通常称为"形式意义的行政说""机关意义的行政说"。② 可是,由于现代行政的发展,出现了较多的行政机关委托私人或非政府组织以及法律授权非政府组织履行公共行政职能的现象。所以,用"形式意义的行政说"来表述行政,在行政法学上存在局限。

第二种观点认为,行政是为了达到某种公益目的而逐日进行的具有连续性的具体活动,而立法是制定普遍性规则的活动,司法是适用法律解决争议的活动。这种观点也是建立在国家职能的分工、国家作用的分类的基础上,但它以国家职能的实质内容和目的作为区分标准,故通常被称为"实质意义的行政说"。③ 这种观点对于理解行政及立法、司法活动的特征有较大意义,但由于其所描述的行政除主要指向行政机关的管理活动外,还有可能包括立法机关、司法机关内部的行政管理,同时,它又不能涵盖行政机关行使准立法职能、准司法职能的活动,故这种观点也存在着较大不足。

虽然形式行政说和实质行政说各有其缺陷,但行政法学对公共行政的界定,基本上采取形式行政的标准,只是将形式行政的主体扩大到国家行政机关以外的其他公共行政组织。

---

① 本章的撰写参考了罗豪才主编:《行政法学》(修订版),中国政法大学出版社1999年版,第一章;罗豪才主编:《行政法学》,北京大学出版社1996年版,第一章。
② 参见王名扬:《法国行政法》,中国政法大学出版社1988年版,第7—8页。
③ 参见同上书,第4—6页。

由此，行政机关和其他公共行政组织行使职能的活动，无论在实质意义上是严格的执法活动，还是具有准立法、准司法性质，甚至是指导性质的活动，都属于行政法学上公共行政的范围。

综上所述，我们认为，行政是指国家行政机关和其他公共行政组织对国家与公共事务的决策、组织、管理和调控。这个定义包含以下几层意思：(1) 行政活动的主体是国家行政机关和其他公共行政组织①；(2) 行政活动的范围逐步扩大，现代行政已不限于管理国家事务，还越来越广泛地管理公共事务；(3) 行政活动的目的是为了实现对国家事务和公共事务的组织与管理；(4) 行政活动的方法和手段是决策、组织、管理和调控。正是在这些方面，行政与立法、司法存在着原则的区别。

二、行政权力与公民权利

行政法不仅与行政有密切的联系，而且直接规定行政权力、公民权利的具体拥有和行使。因而，在此必须对行政权力、公民权利及它们之间的关系有一些基本的认识。

（一）行政权

1. 行政权的含义

行政权是由国家宪法、法律赋予或认可，国家行政机关和其他公共行政组织执行法律规范，对国家和公共事务实施行政管理活动的权力，是国家政权和社会治理权的组成部分。这个定义具有三层意思：第一，行政权的合法来源是宪法和法律；第二，行政权由国家行政机关和其他公共行政组织行使；第三，行政权系国家政权和社会治理权的组成之一。一方面，现代行政权仍然保留了传统国家政权的特色，是治理国家和服务社会的公权力的一种；另一方面，现代行政权还包括社会组织对社会公共事务的治理权，这些治理权有的来自国家法律的直接赋予或行政机关的委托，有的起源于社会组织的自治而后得到国家法律的承认。②

2. 行政权的内容

现代国家行政机关部门林立，纷呈繁杂的国家行政事务，具体到不同行政机关的行政职权也就多少不等，内容相异。但就总体而言，行政权大致有下列内容：行政立法权、行政命令权、行政决定权、行政监督检查权、行政制裁权、行政强制执行权、行政奖励权、行政裁决权、行政仲裁权、行政调解权、行政指导权、行政合同订立、履行权等。

3. 行政权的特点

行政权与其他国家权力和社会组织、公民个人的权利不同。相对于其他国家权力——如立法权、司法权——而言，它具有裁量性、主动性和广泛性等特点；相对于一般的社会组织、公民个人而言，它则具有强制性、单方性和优益性等特点。理解和掌握行政权的基本特

---

① 在我国，其他公共行政组织主要是指法律、法规、规章授权行使行政职能的组织和行政机关委托行使行政职能的组织。当然，更为广义的行政活动主体，还包括国家行政机关和其他公共行政组织下属的工作人员。只是，在法律上，这些工作人员绝不能以自己个人的名义行使行政管理职权。

② 在此有必要对本书下面的行文作一说明。如上所述，行政活动的主体、行政权的主体不仅单指国家行政机关，还包括非国家机关的社会组织。但是，一方面，国家行政机关的行政在整个公共行政中仍然占据主导地位，本书的论述多是站在国家行政机关的行政角度去展开的；另一方面，若是在每次涉及行政活动主体、行政权主体的地方，都注明"其他公共行政组织"，也不利于行文的方便和简洁。基于这些考虑，本书下面的行文一般都只提及"行政机关"，但这并不意味着现代行政仅限于国家行政。

点,有助于我们深刻地理解行政行为的特点,有助于我们阐释和发展行政法上的一般原则和具体规则。值得注意的是,随着现代行政职能的扩张和转变,行政权的上述特点也发生了一定的变化。

首先,行政的强制性有所弱化。传统行政法学理论认为,行政行为与民事行为的最大差别在于其强制性。事实上,这种认识有一定的片面性。即使是传统的国家管理,行政除了具有德国学者毛雷尔所称的具有强制力要素的"高权"行政以外①,也具有法国学者狄骥所称的基本不具有强制力要素的"公共服务"行政②。现代社会,行政的直接强制性色彩进一步有所淡化,而公民的协商、参与、合作日益成为行政的基本模式或重要特征之一。该模式或特征与强制性、命令—控制型行政模式是现代行政相得益彰的两个"面向"。

其次,行政的单方性也在相对地缩小其范围,双方甚至多方参与并形成合意的行政方式逐渐增多。传统行政法学理论认为,行政主要是行政主体对行政相对人实施的单方行为,其并不需要得到行政相对人的同意,故在这一点上与民事行为主要侧重双方或多方合意的契约相区别。在现代社会,尽管行政的单方性仍然占据主导地位,但是,行政机关和行政相对人(直接相对人或间接相对人)之间通过双方或多方的讨论甚或合意(如订立合同)的方式,完成公共行政任务的情形,不断地增加。③

最后,行政的优益性受到更多的限制。为了有效地维护公共利益,法律往往要赋予行政机关有效行使行政职权的保障条件,包括职务上的优先权和物质上的受益权。在现代社会,为了避免行政优益权的滥用,行政优益权的行使受到了诸多限制,如时间限制、公务目的限制、手段必需的限制等。特别是在私人选择能力所及的领域,公权力的介入受到严格限制,附随于公权力之行政优益性的空间也自然大大缩小。④

4. 行政权的双重作用

现代社会中,人们之间的交往越来越错综复杂,社会成员(个人、组织)的个体利益之间,社会成员个体利益与社会公共利益之间的矛盾、冲突也日益增多。为了维护社会秩序,增进公共利益,保障公民、法人或其他组织的合法权益,现代国家赋予了行政机关广泛的职权,并保障其有效地行使,充分发挥其积极能动的作用。在西方主要国家,行政权的适度扩张及其积极作用的日益显著已是公认的事实;在我国,从计划经济向市场经济的转型,使得行政权的范围有所萎缩,但行政权不可能完全退缩至西方早期自由资本主义时期"守夜人式的行政"状态,其仍然在社会、经济生活中扮演重要角色。

但是,行政权的行使也会带来相当的消极作用。这种消极作用主要表现在:腐败和滥用权力;官僚主义和效率低下;对民主、自由和人权的威胁等。正是由于行政权的行使和膨胀可能造成上述消极影响,因而必须对其进行监督,保证行政权的行使符合公益目的。行政权

---

① 〔德〕哈特穆特·毛雷尔:《行政法学总论》,高家伟译,法律出版社2000年版,第15页(并参阅该页正文下的"译者注")。
② 〔法〕莱昂·狄骥:《公法的变迁》,郑戈等译,辽海出版社、春风文艺出版社1999年版,第13页。
③ 关于合作行政,可参见〔美〕朱迪·弗里曼:《合作治理与新行政法》,毕洪海、陈标冲译,商务印书馆2010年版;赵宏:《合作行政与行政法的体系变革》,载姜明安主编:《行政法论丛》第17卷,法律出版社2015年版。
④ 罗豪才、宋功德曾经指出,私人选择失灵之处亦即行政优益原则通行之处,在私人选择能力所及领域,公共行政缺乏介入的必要性,行政优益自然亦无立足之地。参见罗豪才、宋功德:《行政法的治理逻辑》,载《中国法学》2011年第2期。

的积极功能和消极作用的共同存在,决定了我们在制度建构和重塑的过程中,必须采取激励与制约的双重机制,从而维护行政权与公民权在整体上的结构性均衡。

(二) 公民权利

公民权利(这里泛指公民、法人或其他组织的权利),是指国家通过宪法、法律确认的,由相应的义务所保证的公民的资格、利益、自由和权能。公民权利的内容十分广泛,包括政治权利和自由、宗教信仰自由、人身权利和自由、文化教育权利、社会经济权利等。现代社会,公民权利的范围日趋扩大,权利的规定日趋细密,并形成有机的权利体系。广泛确认公民权利,充分保障公民权利的行使是社会文明和进步的表现。充分保障权利的真实性,更是人民当家做主的民主法治国家应当承担的任务。

但是,公民权利也不是无限的、绝对的。公民权利的行使必须限定在法律确定的限度之内,不得损害公共利益和他人的利益。权利与义务必须统一,不可分割,否则,权利就会发生异化,成为一种特权。违法行使权利,滥用权利,侵犯公共利益和他人利益,要受到法律的追究。这是法治的一项基本要求。

(三) 行政权与公民权利的关系

一切国家权力都直接或间接来源于公民权利,权力是权利的一种特殊形式。近现代国家的民主政治正是按此理念进行实际运作的。我们知道,公民通过选举,产生自己的代表机关或专门的制宪机关来制定宪法,宪法再根据一定的权力分立的原则,将行政权从统一的国家权力中分解出来,并组成政府,统一行使该行政权力。可见,行政权力作为国家权力的一个重要组成部分,亦源于公民权利,是公民权利的一种特殊的转化形式。而行政权一旦形成,便与公民权利结成一种既相互依存,又相互对立的关系。在行政主体与相对人形成的关系中,一方权利(权力)的实现,要求另一方履行相应的义务。每一方既是权利主体又是义务主体,双方的权利义务在总体上应是平衡的。一方重权利(权力)、轻义务,另一方重义务、轻权利(权力),势必破坏现代社会所要求的个体利益与公共利益之间应有的平衡。行政主体与相对人之间的关系,极其复杂,正是这些关系以及调整这些关系的原则、规则和制度构成了行政法学的基本内容。[①]

三、行政法的概念

(一) 行政法的含义

行政法是国家重要的部门法之一,是调整行政关系以及在此基础上产生的监督行政关系的法律规范(包括法律原则和规则)的总称,或者说是调整因行政主体行使其职权而发生的各种社会关系的法律规范的总称。这个定义有两层含义:第一,行政法是一系列法律规范的总称;第二,这一系列法律规范调整的对象是行政关系和监督行政关系,而不是别的社会关系。所谓调整行政关系和监督行政关系,就是规定行政关系和监督行政关系各方当事人之间的权利义务关系。对于行政法的此类定义还可表述为关于行政权的设定、行使、作用以

[①] 与"行政权和公民权利关系"主题相关的,是"行政权和行政相对方权利的关系",此方面的论述,参见罗豪才、崔卓兰:《论行政权、行政相对方权利及相互关系》,载《中国法学》1998年第3期。

及对行政权的监督的法。表述不同,内容是一致的。①

（二）行政法的调整对象

每一个部门法都有其特定的调整对象。行政法的特定调整对象是行政关系和监督行政关系。这里,行政职权是关键要素,只有与行政职权的行使直接或间接发生联系的社会关系才是行政关系及监督行政关系。行政关系或监督行政关系经过行政法的调整后就形成行政法律关系和监督行政法律关系。两者互相关联,密不可分。

（三）现代行政的变革与行政法的回应

在不同国家的不同发展阶段,公共行政面对的社会背景不同,要解决的问题也可能大相径庭。行政法也就应当采取不同的方式和手段予以回应。

19 世纪末 20 世纪初以来,随着现代国家行政权的功能性扩张,带来了行政法疆域的相应拓展;从管制型政府向服务型政府的转变,为福利行政法、给付行政法的发展创造了空间;公私合作(Public-Private Partnership,PPP)、政府服务外包、建设—经营—转让(Build-Operate-Transfer,BOT)的发展,催生了合作行政法的兴起;合意行政、协商行政、柔性治理的兴起,直接推动了行政法治模式和行政自由裁量权控制模式的变革;行政过程受到民主性、科学性的压力,促使公众参与、专家咨询等成为行政程序法关注的焦点问题。简单梳理,我们便可窥见公共行政范式变迁和行政法转型的紧密互动关系。

四、行政法的渊源

行政法由一系列行政法规范组成,而这一系列规范又通过丰富的法律形式表现出来。行政法的渊源就是指行政法规范的表现形式,亦即行政法规范的载体。

行政法的渊源很多,为了把握其脉络,我们可以将其分为一般渊源与特殊渊源两大类。行政法的一般渊源,是指国家权力机关或行政机关制定的载有行政法规范的立法性文件;行政法的特殊渊源,则是指载有行政法规范的法律解释、国际条约、惯例、判例与指导性案例、软法等。行政法的这两种渊源有一定区别,前者是主流,后者则是辅助性的。

我国行政法的一般渊源,按照制定主体、效力层次、制定程序的差别,可分为下述几种形式:

1. 宪法

宪法是国家的根本大法,规定国家的基本制度,具有最高的法律地位和法律效力,是所有立法的依据。宪法中确认了一系列行政法规范和原则,例如,关于国家行政机关组织和职权的规范,关于国家行政机关活动基本原则的规范,以及关于公民基本权利自由和对这些基

---

① 由于所持的依据和标准不同,国内外学者对行政法所下的定义也不相同。对众说纷纭的行政法定义表述细加分析和归纳后可知,关于行政法的定义主要有四类。除了我们所主张的一类外,还有三类:第一,认为行政法是关于行政的法。此类界定触及了行政法的含义,但它只是停留在对事物本质把握的表面层次上,没有进一步深刻揭示行政法的内涵和外延,失于笼统、模糊。第二,认为行政法是调整行政关系的法律规范的总称,或是有关行政权的设定、行使、作用的法律规范的总称。此类定义明确把行政法所调整的基本社会关系限于或主要限于行政主体对相对人的管理关系,忽略或轻视了监督行政关系亦是行政法调整的基本领域,从而极易在逻辑上引导出行政法以行政为中心,是关于行政主体的特权法这一管理主义的结论。第三,认为行政法是控制行政权的法。此类定义弥补了上述第二类界定的缺漏,承认监督行政行为是行政法应有的基本内容,它的欠缺在于以监督行政为行政法的主要或唯一内容,奉司法审查法为行政法的核心部分,从而轻视或忽略了行政权在经济与社会生活中的积极的能动作用,以及社会对积极行政的要求。

本权利自由提供保障的规范等。宪法确认的这些规范通常是基础性的、纲领性的、指导性的,对所有其他的行政法规范具有统率的作用。可以说,其他形式的行政法规范都是以此为基础发展起来的。

2. 法律

法律是国家最高权力机关,包括全国人民代表大会(以下简称"全国人大")和全国人民代表大会常务委员会(以下简称"全国人大常委会")制定的规范性文件,如《国务院组织法》《行政诉讼法》《药品管理法》等。有的法律可能在整体上具有行政法的性质,有的法律则仅有部分规范属于行政法规范。法律中包含的行政法规范的效力低于宪法所确认的行政法规范,但高于其他形式的行政法规范。

3. 行政法规、监察法规、国务院部门规章

行政法规是国务院根据宪法和法律,经国务院常务会议审议或者国务院审批,由总理签署国务院令公布施行的规范性文件。监察法规是国家监察委员会根据宪法和法律、全国人大常委会的有关决定制定的与监察有关的,由国家监察委员会主任签署命令公布施行的规范性文件。[①] 部门规章则是指国务院各职能部门根据法律和行政法规,经部务会议或者委员会会议决定,由本部门首长签署命令公布施行的规范性文件。部门规章的法律效力低于行政法规。目前,这两种行政法规范的数量较多,调整的领域非常广泛,是我国重要的行政法渊源。

4. 地方性法规、地方政府规章、自治条例、单行条例

地方性法规,是指省、自治区、直辖市、设区的市、自治州的人民代表大会及其常委会,在不与上位法相抵触的前提下,所制定的通常具有章、节、条、款、项、目等法条结构要素的规范性文件。地方政府规章,是指省、自治区、直辖市、设区的市、自治州的人民政府,根据法律、行政法规或地方性法规,经政府常务会议或者全体会议决定,由省长、自治区主席、市长、州长签署命令公布施行的规范性文件。自治条例和单行条例是民族自治地方的人民代表大会,依照宪法、民族区域自治法和其他法律规定的权限,结合当地的政治、经济和文化的特点,所制定的规范性文件。地方性法规、地方政府规章、自治条例、单行条例是行政法的一个渊源,在研究中央行政与地方行政的关系、研究地方行政法时,意义尤其重大。

5. 军事法规、军事规章

军事法规是中央军事委员会根据宪法和法律制定的、由中央军委主席签署命令予以发布的规范性文件。军事规章是中国人民解放军各战区、军兵种根据法律、军事法规、中央军委的决定和命令,制定适用于本战区、本军兵种的,由战区、军兵种军政主官签署命令发布的规范性文件。[②] 军事行政和军事行政法是比较特殊的领域,军事法规、军事规章在贯彻依法治军原则方面发挥着重要作用,是军事行政法的重要渊源。

以上我们简述了行政法的一般渊源。而行政法的特殊渊源,在我国目前有以下几种:

1. 法律解释

法律解释在这里指有权机关就法律规范在具体适用过程中,为进一步明确界限或进一

---

① 参见《立法法》2023 年 3 月 13 日修改时新增的第 118 条。
② 参见《立法法》(2023)第 117 条和《军事立法工作条例》(2017)。

步补充,以及如何具体运用所作的解释,即有权解释,不包括学理解释等无权解释。根据全国人大常委会1981年通过的《关于加强法律解释工作的决议》,有权解释包括立法解释、司法解释、行政解释和地方解释。这些解释中涉及与行政有关的法律规范适用问题的,具有规范性,是行政法的补充渊源。

2. 国际条约、惯例

随着国际法的发展,国际行政法规范也不断增多。国际行政法是行政法的一个特殊渊源。国际条约、惯例时常会涉及一国国内的行政管理,成为调整该国行政机关与公民、组织及外国人和外国组织之间关系的行为准则。它们一经我国承认,便成为我国行政法的一个渊源。当然,凡是我国承认时予以保留的条款,都不能成为我国行政法规范的组成部分。

3. 判例与指导性案例

判例是行政法的重要渊源之一。不仅英美法系国家如此,在部分大陆法系国家,例如法国、德国等,亦同。在我国,尚未开始施行与西方国家类似的判例制度,但经最高人民法院审判委员会审定、登载于《最高人民法院公报》的案例对审判实践确有重要的指导作用。2010年最高人民法院通过了《关于案例指导工作的规定》,正式确立了指导性案例在司法审判中的地位。根据该规定,最高人民法院发布的指导性案例,各级人民法院审判类似案例时应当参照。因此,指导性案例将在日后成为行政法的重要渊源。

4. 软法规范

法律有硬法与软法两种基本表现形式,其中"硬法"是指那些需要依赖国家强制力保障实施的法律规范,而"软法"则指那些效力结构未必完整、不依靠国家强制保障实施,但能够产生实际约束力的法律规范。[①] 在我国行政实践中,国家立法中的软规范,执政党的各级组织、政治协商会议的各级组织以及拥有公权力的社会团体和事业单位等制定的柔性规则,也是行政法的一种法源。

五、行政法的分类

由于行政法调整的领域十分广泛,其规范也就浩如烟海。为了便于研究和实施行政法,对其进行分类是很有必要的。目前,我国学者对行政法作了多种分类,这些分类各有其不同的意义。我们认为,最重要、最有价值的有以下三种分类。

(一)一般行政法与特别行政法

这是以行政法调整对象的范围为标准对行政法所作的划分。

一般行政法是对一般的行政关系和监督行政关系加以调整的法律规范的总称,如行政组织法、公务员法、行政处罚法、行政许可法、行政强制法、行政程序法、行政诉讼法等。一般行政法调整的行政关系和监督行政关系的范围广,覆盖面大,具有更多的共性,通常是其他行政法规范的基础。

特别行政法是对特别的行政关系和监督行政关系加以调整的法律规范的总称,如教育

---

① 关于"软法",参见罗豪才、宋功德:《认真对待软法——公域软法的一般理论及其中国实践》,载《中国法学》2006年第2期;罗豪才、毕洪海:《通过软法的治理》,载《法学家》2006年第1期;罗豪才主编:《软法与公共治理》,北京大学出版社2006年版;罗豪才主编:《软法与协商民主》,北京大学出版社2007年版;罗豪才、宋功德:《软法亦法:公共治理呼唤软法之治》,法律出版社2009年版。

行政法、卫生行政法等。相对于一般行政法而言,特别行政法比较具体、细密,很多时候就是一般行政法的具体化、细密化。当然,特别行政法根据其调整对象的不同,也有其互相区别的特殊性。

在行政法学领域,人们通常在行政法总论中研究一般行政法,而在行政法分论中研究特别行政法。

(二)实体行政法与程序行政法

这是以行政法规范的性质为标准对行政法所作的划分。

实体行政法是规范当事人在某种法律关系中的存在、地位或资格和权能等实体性权利义务的行政法规范的总称。程序行政法则是规定实施实体行政法规范所必需的当事人程序性权利义务的行政法规范的总称,如行政诉讼法、行政程序法等。

在行政法领域,行政实体法与行政程序法总是交织在一起。前者是行政行为的内容,后者是行政行为的表现形式,二者是统一的。行政诉讼法作为程序行政法的一类,又总是同行政实体法与行政程序法交织在一起。20世纪40年代以来,行政法的一个重要发展就是行政程序的法典化。

(三)行政组织法、行政行为法和监督行政行为法

这是以行政法的作用为标准对行政法所作的划分。

行政组织法,即有关行政组织的规范,基本上可以分为两部分:一部分规范规定行政机关的设置、编制、职权、职责、财务等,其中关于行政职权、职责的范围,是行政组织法的核心内容;另一部分规范规定国家行政机关与其公务员双方在录用、培训、考核、奖惩、职务升降、交流中的权利(职权)、义务(职责)关系,这部分规范往往表现于公务员法中。

行政行为法,又称行政活动法,即有关行政行为的规范。这类行政法规范中,最主要的是关于行政机关在进行行政管理、实施行政活动的过程中,与作为相对人的个人、组织之间的权利(职权)、义务(职责)关系的规范。

监督行政行为法,即关于监督主体监督行政行为的规范,其中包括行政诉讼法规范。这类规范在行政法上数量不多,但至为重要,被认为是行政法学研究的重点之一和行政法制建设的重点之一。

除了以上三种分类外,人们对行政法的分类还有很多,如平时行政法与战时行政法,中央行政法与地方行政法,等等。在这里就不一一介绍了。

六、行政法的特点

行政法作为一个部门法,无论在形式上还是在内容上都有区别于其他部门法的特点。

(一)行政法在形式上的特点

1. 行政法没有统一、完整的法典

由于行政法涉及的社会生活领域十分广泛,内容纷繁复杂,又有较强的技术性、专业性,再加上行政关系变动较快,因此,制定一部系统、完整、无所不包的行政法典是不可能的。当然,通过统一的行政程序法或行政基本法,将行政机关职权配置和行使的共通性规则编纂于一个法律文件之中,实现部分的法典化,是可能的,也是必要的。

2. 行政法规范数量特别多,属各部门法之首

行政法与民法、刑法等不同。民法、刑法通常只能由最高权力机关制定,法律形式单一,法律文件有限且数量不多。而行政法有多种多级的立法者,不仅最高权力机关或地方权力机关可以规定,而且有权的行政机关也可以制定。这就使得行政法的表现形式繁多,种类不一,即具有多种法律渊源。行政法的这种多头、多级立法体制,是由行政法内容的广泛性、技术的复杂性、专业的细致性决定的,是为适应行政管理的现实需要而产生的。

(二)行政法在内容上的特点

1. 行政法的内容广泛

行政法的内容从行政组织、行政管理到行政救济,从民政管理、卫生管理到教育文化管理,包罗万象。这是由现代行政的发展所决定的。现代行政已不像18、19世纪的行政那样仅限于治安、国防、税收、外交等领域,而是扩展到包括卫生保障、环保绿化、劳动保护等在内的几乎所有的社会生活领域,触及社会的每一个角落。

2. 效力位阶较低的行政法规范易于变动

一般说来,法律规范都具有一定的稳定性。在行政法规范中,以宪法、法律形式表现的那部分法律规范具有相当的稳定性;而数量较多、地位重要,但效力位阶低的规范性文件的稳定性就相对差得多了。这是因为,虽然以宪法、法律为渊源的行政法规范也涉及较多领域,但它们规定的是最基本的内容,具有很强的原则性、抽象性以及适应性,故变动不频繁;而以行政法规、规章为渊源的规范性文件涉及的内容太多、太具体,面对日新月异、变化快速的社会生活,如果不作及时调整,就会产生消极的后果。

3. 实体性规范与程序性规范往往交织在一起

民法与民事诉讼法、刑法与刑事诉讼法通常都是分别作为实体法与程序法而分开的,国家对它们单独制定法典,使其形成不同的法律部门。而行政法就不同了。首先,行政法的程序性规范并不仅限于诉讼领域,它还包括有关行政管理活动程序的规范,即行政程序法。其次,行政诉讼法虽然可以独立立法,但由于没有相应的统一的"行政实体法典",而行政诉讼毕竟与行政法的有关实体内容密不可分,这就使得行政诉讼法包含了许多实体性条文。最后,行政程序法是行政法特有的一类行为规范。由于行政机关种类繁多,分担各具特殊性的不同的职权,其职权具体如何行使存在较大差异,即使有代表共性的行政程序法律规范,也难以完全调整好具体行政机关的具体行为。所以,具体的、特殊的程序性规范更是经常地与规定行政机关具体职权的实体性规范共存于一个法律文件之中。

第二节 行政法关系

前面我们讲到,行政法关系是指经过行政法调整之后,具备了权利义务内容的社会关系。具体而言,可以从以下几个方面来理解:

(1)受行政法调整的社会关系主要是行政关系和监督行政关系。行政关系是国家行政机关在行使行政职能过程中,对内对外发生的各种关系。监督行政关系是国家有权机关在监督行政行为过程中与行政机关形成的关系。行政关系和监督行政关系共同构成行政领域特殊的社会关系,这种社会关系经行政法调整后,形成行政法关系。

(2) 行政法关系是由行政法调整而形成的。不同的社会关系经不同部门的法律调整后,往往形成不同的法律关系,如民事法律关系、刑事法律关系等。行政法关系是对由行政法调整的社会关系的一种概括,区别于其他社会关系。当然,同一社会关系也可能受不同部门的法律调整,从而形成不同的法律关系,但那只是例外情况。

(3) 行政法关系具有行政法上的权利义务内容。任何法律关系都是以权利义务为内容的,行政法关系也是如此。只是,行政上的权利义务关系总是基于行政权力的运作而引起的,故除了少数情形之外通常具有非对等性,这一特点和其他部门的法律关系有很大不同。

行政法关系主要有两类法律关系,分别介绍如下。

一、行政法律关系

(一) 行政法律关系的含义

行政法律关系是指经过行政法调整之后、具备了权利义务内容的行政管理关系。国家行政机关因行使职能而发生的行政关系是多种多样的。根据行政法治原则的要求,大多数的行政关系——行政机关实施制裁行为、许可行为、强制行为而引起的行政关系等——应转化为行政法律关系。但有些行政关系是基于对行政机关和相对人的自律要求而引起的,则不必转化为行政法律关系。随着现代行政的发展以及民主与法治的进步,越来越多的原来不受行政法调整的行政关系被纳入了行政法调整的范围。如行政指导行为,虽然对相对人的权利义务不产生直接的影响,但对作出这一行为的行政机关却有约束力。现代行政法治原则就要求对这类行为引起的行政关系加以规范和调整。

(二) 行政法律关系的分类

1. 内部行政法律关系和外部行政法律关系

内部行政法律关系,是指上下级行政机关之间、行政机关内部组成机构之间、行政机关与其工作人员之间发生的受行政法调整的行政关系。外部行政法律关系,是指行政机关或其他公共行政组织与公民、法人或其他组织之间发生的受行政法调整的行政关系。内部行政关系和外部行政关系分别由两类不同的行政法规范调整,这两类不同的行政法规范一般不可交叉适用。

2. 行政实体法律关系与行政程序法律关系

实体和程序是同一行政主体的行为的两个方面,相互影响、相互依存。前者是行为的内容,后者是行为的形式。行政行为,作为一种管理行为,同时要受行政实体规范和行政程序规范的制约,从而形成两种不同的法律关系。在行政实体法律关系中,行政机关同时是行政职权和行政职责的主体,实施某种行为对行政机关来说,既是行使权力(相对于相对人而言)又是履行义务(相对于国家而言)。由于程序性规范是对行政机关选择和决定行为程序的一种限制,在此意义上,对行政机关而言,行政程序规范更多地是义务性规范,而对相对人而言,则更多地是权利性规范。因此,在行政程序法律关系中,行政机关更多是义务主体而相对人更多是权利主体。认识行政实体法律关系和行政程序法律关系,有利于我们把握现代行政法律关系的平衡性。

(三) 行政法律关系的构成要素

行政法律关系由行政法律关系的主体、客体、内容等要素构成。

1. 行政法律关系主体

行政法律关系主体,亦称行政法律关系当事人,指行政法律关系中权利的享有者和义务的承担者,包括行政主体和行政相对人。

行政法律关系主体和行政法主体是两个不同的概念。行政法主体是指行政领域的法律关系中权利的享有者和义务的承担者,除了行政主体和相对人外,还包括监督行政法律关系中的监督主体,如立法机关、其他行政机关、司法机关等。可以说,受行政法规范的享有行政法上权利并承担相应义务的组织或个人都是行政法主体。

我们称行政法律关系双方当事人为行政法律关系主体,是因为两者都享有行政法上的权利同时承担相应的义务。

行政主体享有并行使国家行政权力,在具体的法律关系中往往占有主导的地位。与行政主体相对的另一方当事人,我们称之为行政相对人。行政相对人有直接相对人和间接相对人之分。传统行政法理论中曾经有一种观点认为,享有行政权力的行政机关及法律法规授权的组织(行政主体)才是行政法律关系的主体,而行政相对人是行政权力作用的对象,是行政客体。这种观点否定了行政相对人在行政法律关系中应当享有的与行政主体在法律上平等的地位,有失偏颇。现代行政法在承认行政主体在行政法律关系中的主体资格和主体地位的同时,也应赋予行政相对人在行政法律关系中制约行政权力的主体资格和监督行政行为的主体地位。

2. 行政法律关系的客体

行政法律关系的客体是行政法律关系当事人的权利义务所指向的对象。行政法律关系客体的范围很广泛,可以概括为以下三种:

(1) 物质财富

物质财富是客观存在的,它本身没有意识,不能成为行政法律关系的主体。但物质财富的存在往往会在主体之间引起以之为对象的权利义务关系,主体权利义务指向的物质财富便成了行政法律关系的客体。

(2) 精神财富

精神财富主要是指一定形式的智力成果,如著作、专利、发明等。尽管精神财富经常转换成物质财富,但在法律上仍是一种独立的法律关系客体。有时,主体的名誉也可以被视为精神财富而成为行政法律关系的客体。保护健康、科学的精神财富是保护和发展社会生产力的要求,是行政法的一项基本任务。

(3) 行为

行为是指行政法律关系主体有目的、有意识的活动,如征税、征地、违章建房、阻碍交通等。行为包括作为和不作为。不是所有的行为都是行政法律关系的客体,只有具有法律意义的行为或受行政法规范的行为,才能成为行政法律关系的客体。

3. 行政法律关系的内容

行政法律关系的内容,是指行政主体和行政相对人在行政法律关系中享有的权利和承担的义务。这方面的具体内容在以后的章节中有详细的论述。值得一提的是,我们在讲行政法律关系的内容时,不能只强调行政主体的权利,而不强调其应承担的义务;不能只讲相对人的义务而不讲相对人的权利,更不能视相对人为客体。行政法律关系主体之间的权利义务关系总体上应该是平衡的。

(四)行政法律关系的特征

行政法律关系包括行政实体法律关系和行政程序法律关系等。行政法律关系研究起来相当复杂,但行政法律关系具有一些区别于其他法律关系的特征。把握这些特征,有利于我们深入认识和理解行政法律关系的本质。

1. 行政法律关系中必有一方是行政主体

行政职权的行使是行政关系得以发生的客观前提。没有行政职权的存在及行使,行政关系无从产生,行政法律关系也就不可能形成。行政主体是行政职权的行使者。因此,行政主体总是行政法律关系的其中一方。

2. 行政法律关系具有平等但非对称性

行政法律关系的平等性问题在历史上曾经有过多次争论。传统上,一直认为行政法就是调整不平等主体之间的权利义务关系。① 在现代社会,这种观点基本上少有支持者。但许多学者对于行政法主体之间的权利义务结构不对称性还存在认识上的分歧。我们认为,行政法律关系的平等性与民事法律关系的平等性有着结构上的差异。民事法律关系是平等且对称的,而行政法律关系则是平等但非对称的。例如,在行政处罚、行政强制等主要体现为命令—服从模式的行政法律关系中,行政机关拥有更多的权力,行政相对人与行政机关之间不存在对立等同的关系,因此,二者的权利义务结构是不对称的。而在合作行政中,行政机关与相对人主要通过协商达成合意,双方的权利义务基本上是对等的,双方的权利义务结构也大致是对称的。尽管在具体的行政法律关系中,可能存在着行政机关与行政相对人权利义务结构和功能不对称的情形,但从整体上看,它们之间的法律地位还是平等的,权利义务总体上也是趋向于平衡的。②

3. 行政法律关系主体的权利义务一般是法定的

行政法律关系主体之间原则上不能相互约定权利义务,不能自由选择权利和义务,而必须依据法律规范取得权利并承担义务。例如,相对人申请经营许可证只能向法定的主管机关申请,而主管机关也只能严格按法定条件审查批准。但是,行政法律关系主体权利义务的法定性也不是绝对的。在法律允许缔结行政协议的场合,行政机关与行政相对人仍然存在经过协商约定权利义务的情形。例如,行政机关为完成公共工程建设,可以与行政相对人签订合同。

4. 行政主体实体上的权利义务是重合的

行政主体在行政法律关系中具有双重地位,对社会实施行政管理时体现为权利主体,而相对于国家而言则体现为义务主体。行政主体的职权和职责是密不可分的。例如,维护治安既是公安机关的权利,也是公安机关的义务。这种实体权利义务的双重性决定了行政职权的不可放弃性。例如,当公安机关放弃治安职权时,就意味着失职,要受到法律的追究。

5. 行政法律关系争议往往由行政机关或行政裁决机构依照行政程序或准司法程序先行加以解决,但法院通过司法程序解决争议,原则上是可供争议当事人选择的最终机制

---

① 参见〔德〕奥托·迈耶:《德国行政法》,刘飞译,商务印书馆2002年版,第120—121页;〔日〕和田英夫:《现代行政法》,倪健民、潘世圣译,中国广播电视出版社1993年版,第211页。

② 更为详尽的讨论,参见罗豪才等:《行政法平衡理论讲演录》,北京大学出版社2011年版,第二讲、第三讲。

行政法律关系引起的争议通常具有专业性强、技术性高、层次复杂等特点,仅靠法院难以胜任解决行政争议的需要。因此,各国都寻求司法之外的解决渠道。但是,为了充分体现争议解决的公正性,保护个人或组织的合法权益,维护和监督行政机关依法行使职权,除非法律明确规定不能提起行政诉讼的情形,原则上,司法解决是可供争议当事人选择的最终机制。

（五）行政法律关系的产生、变更与消灭

行政法律关系的产生,是指行政法律关系主体及其权利义务的实际形成。行政法律关系的变更,是指行政法律关系的主体、内容或客体发生了变化。行政法律关系的消灭,是指行政法律关系主体双方的权利义务行使和履行完毕,或由于某种事实的发生而导致双方的权利义务无法行使或履行。

行政法律关系的产生、变更和消灭,必须有行政法规范的根据和相关法律事实的出现。不然,行政法律关系不会自行产生、变更或消灭。

法律事实包括行为和事件。事件是不以人的意志为转移的客观现象,如战争、天灾、出生、死亡等。事件的发生和人们的行为都可能导致行政法律关系的产生、变更或消灭。两者所不同的是,事件不具有合法与否的属性,而行为有合法和非法的区别。合法或非法的行为都可能引起行政法律关系的产生、变更与消灭,但两者的效果不同。例如,违章驾驶可能引起行政处罚法律关系,安全守法驾驶达一定期限则可能引起行政奖励法律关系。

二、监督行政法律关系

就行政领域的法律关系而言,仅探讨行政法律关系是不够的。行政法律关系是行政主体运用行政权力实施一定管理行为而与行政相对人形成的关系,只是行政法的基本关系之一。现实中还存在着另一种以行政主体为监督对象的法律关系,即监督行政法律关系。

监督行政法律关系的形成是基于对行政权力控制的需要。随着行政权的膨胀,现代行政已不限于简单地执行法律,行政机关兼有立法、司法等职能。为了使行政行为合乎法律要求,平衡国家的权力结构,保护行政相对人的合法权益,很多国家都建立各种监督制度,以多种方式经常性地监督行政行为。例如,议会的监督、法院的监督、监察机关的监督、检察机关的监督,等等。这些对行政主体进行监督的国家机关,我们称之为监督主体。监督主体和行政主体在监督与被监督的过程中形成的法律关系,便是我们所讲的监督行政法律关系。

（一）监督行政法律关系的含义

监督行政法律关系,是指在监督行政行为的过程中,国家有权机关与行政主体以及有关的公民、法人或其他组织之间形成的受行政法规范调整的各种关系。我们可以从以下几个方面理解这一概念:

首先,监督行政法律关系是指国家有权机关在监督行政的过程中与行政主体以及有关的公民、法人或其他组织之间发生的关系。这些国家机关包括国家立法机关、监察机关、国家司法机关（检察机关、审判机关）、审计机关以及行政复议机关等。其次,监督行政法律关系是在监督行政主体的行政行为的过程中形成的。国家有权机关和有关的公民、法人或其他组织同行政主体或其工作人员之间,基于其他原因或以其他形式形成的关系,不属于监督行政法律关系。再次,监督行政法律关系是一种受行政法规范调整的关系。国家有权机关在监督行政行为的过程中,与行政主体之间形成的关系若不受行政法规范调整,就不是监督行政法律关系。最后,监督行政法律关系的客体主要是行政主体的行政行为。若国家有权机关的监督对象不是行政主体的行政行为,而是行政主体的民事行为,由此而形成的法律关系,也不属于监督行政法律关系。

监督行政法律关系和行政法律关系之间既有区别又有联系。它们的区别主要有:(1)在行政法律关系中,行政主体始终处于主导地位;而在监督行政法律关系中,监督主体处于主导地位,行政主体处于受监督地位。(2)在行政法律关系中,相对于行政主体的另一方是公民、法人或其他组织;而在监督行政法律关系中,相对于行政主体的另一方主要是监督主体。(3)行政法律关系的客体是指行政法律关系主体的权利义务所指向的对象,包括物质财富、精神财富、行为等;而监督行政法律关系的客体主要是行政主体的行政行为。

监督行政法律关系和行政法律关系的联系主要有:(1)监督行政法律关系是在行政法律关系的基础上产生的,没有行政法律关系也就没有监督行政法律关系。(2)监督行政法律关系和行政法律关系之间可以相互影响。监督行政法律关系的变化可能导致行政法律关系的产生、变更与消灭。反之,行政主体的行政行为,也可能导致监督行政法律关系的产生、变更或消灭。(3)相对于行政主体而言,监督行政法律关系的非对等性和行政实体法律关系中的非对等性是倒置的。这两种倒置的法律关系和非对等的行政程序法律关系结合在一起体现了行政法平衡的精神。

(二)监督行政法律关系的特征

监督行政法律关系是在行政法律关系的基础上形成的,和行政法律关系有着密切的联系,但它是一种独立的法律关系,具有自己的特征。

第一,监督行政法律关系是一种多重的、复杂的法律关系。例如,立法机关监督行政主体的立法行为,监察机关监督行政主体工作人员的违法乱纪问题,司法机关审查行政主体行政行为的合法性,等等。在这些监督主体监督行政主体的行政行为的过程中,分别形成各种不同的相应的监督行政法律关系。而且这些监督行政法律关系并非完全分离,更多的时候是相互交叉的。

第二,监督行政法律关系包含着行政诉讼法律关系。行政诉讼法律关系是以审判机关为监督主体的监督行政法律关系中的主要关系。审判机关监督行政主体的行政行为主要是通过行政诉讼来实现的,但行政诉讼不是审判机关监督行政主体的行政行为的唯一方式,如通过审查没有强制执行权的行政机关的申请,决定是否对相对人实施强制执行等。

第三,监督行政法律关系主体之间的权利义务关系具有非对称性。有权机关在监督行政主体的行政行为的过程中,若发现行政机关的行为违法或不当,有权依法作出撤销、变更行政行为或者确认其违法或无效的决定。因此,行政主体在实体行政法律关系中享有较多的权利,承担较少的义务,而在监督行政法律关系中享有较少的权利,承担较多的义务。

(三)监督行政法律关系的主体

监督行政法律关系的主体,是指在监督行政法律关系中享有权利和承担义务的自然人或组织。我国监督行政法律关系的主体主要有国家立法机关、监察机关、司法机关、审计机关、上级行政机关以及被监督的特定行政主体。在法律规定的情形下,公民、法人或其他组织进入监督行政过程，也可以成为监督行政法律关系的主体。虽然上述国家机关是监督行政法律关系中的主体，但这些国家机关并非在每一个具体的监督行政法律关系中都是主体。在具体的监督行政法律关系中，只有有权监督的国家机关才能成为特定的法律关系主体。

（四）监督行政法律关系主体的权利和义务

监督行政法律关系主体的权利和义务的内容十分庞杂。各个国家的法律制度不同，其内容各不相同，很难详尽地论述。例如，在以审判机关为监督主体的监督行政法律关系中，人民法院的权利主要有：受理权；审理权；指挥诉讼权；判决、裁定、决定权；排除诉讼障碍权；强制执行权；等等。公民、法人或其他组织享有的权利有：起诉权；辩论权；被代理权；质证权；使用本民族语言的权利；获得公正、公开和公平审判的权利等。作为行政诉讼法律关系一方主体的、接受监督的行政机关，除起诉权、使用本民族语言的权利以外，也同样享有这些权利。同时，作为监督行政法律关系的主体，在享有一定权利的同时，也必然承担一定的义务。立法机关、监察机关、司法机关等监督行政主体的行政行为既是这些监督主体的权利，又是这些监督主体的职责，该监督的不监督或任意放弃监督权，都是法律所不允许的。

（五）监督行政法律关系的产生、变更与消灭

监督行政法律关系的产生，是指主体之间抽象的监督与被监督关系变成具体的监督与被监督关系。监督行政法律关系的变更是指这种关系的内容发生了变化。监督行政法律关系的消灭是指已经形成的权利义务关系不再存在。引起监督行政法律关系的产生、变更与消灭的事实即所谓的法律事实。法律事实的出现是监督行政法律关系产生、变更与消灭的具体条件和根据。法律事实分为行为和事件两类。前者既可能是行政机关的行政行为、监督主体的行为，也可能是相对人的行为；后者包括战争、天灾等。

第三节　行政法在法律体系中的地位和作用

一、行政法在法律体系中的地位

法律体系是一国各部门法所组成的有机整体。行政法是法律体系的一个组成部分，具有重要的地位和影响。这是因为：

第一，从行政法的调整对象来看，行政法调整着广泛而重要的社会关系，这类社会关系与国家权力、公民权利息息相关，是公民权利与国家权力关系的重要组成部分。行政关系是当代最重要的社会关系之一。现代政府的活动领域广，行政关系触及面大。因此，无论从深度还是从广度上看，行政关系的影响都要比民事关系、刑事关系的影响更为深远。由此我们可以看到，调整行政关系及在其基础上产生的监督行政关系的行政法，地位相当显著。

第二，从行政法与宪法的关系来看，行政法是宪法的重要的实施法。西方学者霍兰德甚至把宪法典叫作"静态的宪法"，而把行政法叫作"动态的宪法"。我国也有不少学者称行政法为"小宪法"，原因在于：首先，行政法是实施有关现代国家机构之间关系的宪法规范的主要法律，具有保障和监督对社会有广泛影响的行政管理的作用。其次，行政法是实施宪法确定的各项国家政策的主要法律。

第三,从行政法与其他基本法律部门的关系来看,行政法对其他部门法的影响越来越大。现代国家的行政机关已经越来越多地"干预"民事活动;行政法的调整范围也逐渐扩及某些传统上认为应属民法调整的领域。例如,传统上,人们认为民事纠纷应属民法调整范围,但现在,包括我国在内的许多国家普遍建立了行政裁决制度,使得行政法也可以调整这方面的社会关系。可见,行政法正在不断地影响着其他部门法。

综上所述,可以断言,行政法的确是仅次于宪法的一个重要的法律部门。

二、行政法在法律体系中的作用

就同属于法的范畴这一点而言,行政法与其他部门法一样,具有法的规范作用和一般社会作用。但是,行政法毕竟是特殊的部门法,它的社会作用亦有其特殊性。我们认为,行政法作为一个独特的法律部门,具有如下两方面独特的作用:一方面,行政法具有保障行政管理有效实施的作用;另一方面,行政法具有保护公民个人、组织的合法权益的作用。行政法这两个方面的作用是有机统一的。

(一)行政法具有规范行政权、促进行政管理和服务有效实施的作用

行政法对行政管理和服务有效实施的促进主要是通过确认和赋予行政机关管理和服务权能来实现的,体现为五个方面:第一,行政法确认行政权的相对独立性,确认行政权由国家行政机关享有和行使。因此,其他国家机关不得侵越行政机关的行政权,也不得无故干涉行政机关行使职权的活动。第二,行政法确立行政机关相对于公民、法人及其他社会组织的行政权力,并在相当大的范围内赋予行政权以优益性、强制性等属性。第三,行政法保障行政机关对其公务员的管理权。行政法通常授权行政机关负责处理对其公务员的录用、考核、惩戒等事项,从而有助于确保行政机关内部的协调一致,并保证由行政机关督促其公务员提高依法行政的质量。第四,行政法出于公共利益的需要维护行政机关在特别情形下的特殊地位。例如,行政公开是现代政治生活的一项重要的民主原则,但许多国家的行政法通常都规定,行政机关可以国家安全为由拒绝向申请人公开有关的政府文件。第五,随着社会发展的需要,行政法不断赋予行政机关新的管理和服务职能。例如,20世纪以来,越来越多的国家用行政法确立了行政立法权、行政司法权。

(二)行政法具有保护公民、组织的合法权益的作用

行政法对公民、组织的合法权益的保护是通过建立一系列制度来实现的。行政法创设的以民主、公正为主要价值目标的行政程序制度帮助公民参与行政决策,影响行政决策,以保护自己的权益。其中,听证制度是一种相当重要的、新兴的程序制度。行政法确立的行政诉讼制度则是更加全面地保护公民、组织的合法权益的制度,公民、组织借此可以使违法的行政决定得以撤销或变更,使自己的损害得到补救。暂缓执行制度也是有效地保护公民、组织的合法权益的行政法制度,公民、组织对即将给自己带来重大或无法补救的损失的行政决定,可以向有权机关申请暂缓执行。此外,行政公开制度、行政申诉制度、国家赔偿制度等,也都是行政法创设的,用来保护公民、组织合法权益的制度。这些制度的确立和有效运作使行政法保护公民、组织合法权益的作用得以充分发挥。

行政法的上述两方面作用是对立统一的,二者互相依赖,不可偏废。过分强调保障行政管理有效实施而忽视或轻视公民权的保护,或者过分强调保护公民权而忽视或轻视对行政

机关依法行政的保障,都是对行政法作用的片面理解,都会影响到有机、和谐的行政法律秩序的建立和完善。当然,我们在正确认识行政法作用的基础上,也应该看到,在我国目前民主与法治还不健全的情况下,强调行政法保护公民、组织的合法权益的作用,现实意义尤为突出。

第四节 行政法学的发展及其学科体系

一、行政法与行政法学

行政法与行政法学是两个既有联系又有区别的范畴。行政法属于法律的范畴,是一系列调整行政关系和监督行政关系的法律规范和原则的总称,这些规范和原则有机地构成一个法律部门。行政法学的任务是研究行政法的基本原则和规范,研究行政法的历史发展规律,研究行政法的本质、内容和形式,研究行政法的制定、执行和遵守,研究人们关于行政法的观念和学说的理论。因此,行政法学是有关行政法的学问,而行政法则是行政法学产生的基础,二者有联系,但又存在本质上的区别。

二、国外行政法学的发展概况

行政法学的研究受行政法发展的制约,而行政法学的研究对行政法的发展,又起着积极的推动作用。就行政法的发展而言,不同国家的行政法与其本国的经济、政治、文化环境有紧密的联系,植根于各自不同的宪法和法律体系,呈现出迥然相异的传统和特色。我们在这里只是简单地介绍一下世界两大法系行政法学发展的基本情况。

大陆法系国家的人们较早地认识到了行政法,行政法学也就随之在这些国家较早地产生了。只是,尽管资产阶级革命于18世纪末已经兴起并传播了民主、法治理念,但当时的人们更多注意的是新型国家的建构问题和宪法问题,行政法学主要是蕴涵在国家学和宪法学的研究之中。大约在19世纪中后期,法国、德国等国家的学者才开始逐步使行政法学独立化,提出了一些行政法的一般理论。直到20世纪初,行政法学在大陆法系国家逐渐形成体系。由于大陆法系国家的法学偏重于逻辑理性,比较追求理论的完整性、系统性和统一性,所以,其行政法学体系也体现出类似的特点。一般而言,行政法学总是在介绍行政法基本概念的基础上,展开为"行政组织法""行政作用(活动)法"和"行政救济法"三个相互关联的、在逻辑上缺一不可的部分。而且,较早时期的大陆法系国家比较强调行政管理的需要,国家学也以行政组织特别是不同行政部门的任务和活动为出发点,故行政组织法始终是其行政法学体系中至关重要的一个部分。[①] 在这一点上,与英美法系国家的行政法学有着明显的不同。在行政法学的内容方面,随着制度的变迁和人权观念的不断深入,大陆法系国家行政法学也逐渐从偏重对行政管理、行政权力和行政效率的保护,转向行政管理与公民权利之间的平衡发展。最为突出的表现就是德国、日本等国家的特别权力关系理论,在第二次世界大战前后有了显著的变化,特别权力关系适用的范围不断地缩小,即便是在保留的特别权力关系

[①] 以上论述涉及行政法学历史和体系的部分,参见王名扬:《法国行政法》,中国政法大学出版社1988年版,第28—29页;〔德〕哈特穆特·毛雷尔:《行政法学总论》,高家伟译,法律出版社2000年版,第18—19页。

领域内,对公民权利保障的重视程度也日益加强。从20世纪50年代开始延续至今的"欧洲一体化"进程,再次为大陆行政法学提供了新的研究主题。作为一个超国家的组织,欧盟行政法的发展正在对德、法等大陆法系国家代表产生深刻影响。

与大陆法系国家相比,英美法系国家的行政法学研究起步较晚。这主要是与英美法系国家最初因误解大陆法系的行政法而否认行政法的态度有关。英国宪法学家戴雪就是一个著名的否认行政法价值的学者。由于他的学术地位颇高,其学说的影响也就非常深远,从而造成英国直到20世纪之后才逐步形成行政法学的专门研究。而在美国,20世纪初只有少数几个学者借鉴大陆法系行政法学研究的成果,写过几本行政法学专著。其行政法学的真正重大发展是在20世纪30年代以后,尤其是第二次世界大战之后。受到普通法传统、判例法传统以及维护公民权利不受政府权力专断的传统的影响,英美法系国家早期的行政法学研究,把重点放在对行政权的控制方面,在逻辑上通常以司法审查为观察的视角和构建体系的出发点,探讨行政立法的权限、行政机关的运作程序以及司法审查的程序和标准等。而行政组织部分,始终被认为是公共行政的问题而不是行政法的问题,是政治学家而不是法学家研究的对象。[①]

不过,随着当代行政国家的发展,尤其是行政规制在经济与社会生活中的重要性日益突显,传统的注重司法审查、注重司法权对行政权进行消极制约的行政法理论,在英美法系国家也不断地受到质疑。更多的学者开始把目光集中在对行政规制的合法性依据、行政规制的成功与失败、行政规制的成本与效益分析、行政规制的参与程序以及行政规制的多种管理方法与模式的问题上。传统的以司法审查为核心的行政法学体系和理论,逐渐开始转型。此外,与大陆法系国家以及英国行政法学对欧共体的研究类似地,美国学者也开始日益关注全球经济一体化和国际交往、国际条约对美国规制立法、政策和措施的影响,关注国际化的行政法与国内行政法之间的关系。[②]

国外行政法学的产生和发展,在一定程度上影响了我国行政法学的形成与发展。我国行政法学正是在总结自己的实践经验,借鉴外国行政法学研究成果的基础上形成和发展起来的。

三、我国行政法学的发展概况

1949年以前,我国的行政法和行政法学深受大陆法系国家的影响。有关行政法的最早出版物是1903年商务印书馆出版的日本学者清水澄的《行政法汜论》。进入20世纪二三十年代,在行政法学研究领域,学者群体已然具有相当规模,论著(包括翻译、编译本和中国学者自著本)则如雨后春笋层出不穷,范围涉及行政法总论和分论各个部分。当时中国行政法学研究的主要特征是:(1)研究的领域和体系基本定型,但实为日本行政法学的摹本;(2)初步探讨了行政法学方法论问题,重视"以理说法"而不是简单地编辑所有法令,并对法令给出注释;(3)立足本国特殊情境的理论研究本土化的努力初显端倪,典型地体现在以孙中山先生的三民主义、五权宪法理论和建国大纲等作为中国行政法理论的基础;(4)基本接受西

[①] 参见[美]伯纳德·施瓦茨:《行政法》,徐炳译,群众出版社1986年版,第1—2页。
[②] 参见[美]理查德·斯图尔特:《21世纪行政法》,沈岿译,载罗豪才主编:《行政法论丛》(第7卷),法律出版社2004年版。

方步入福利国家以后的行政法理论;(5)行政组织和各部门行政法的研究占据相当重要的地位。

20世纪50年代,我国在建设和研究行政法方面主要是照搬苏联模式。但即便如此,由于"法律虚无主义"和"阶级斗争为纲"的影响,同其他部门法一样,行政法建设和行政法学研究尚未充分展开就受到了漠视。中国共产党十一届三中全会以后,随着经济、政治改革的深入,行政法制建设受到了高度重视,行政法学研究逐步得到恢复和发展。自那以后,我国制定了大量的法律、法规、规章及有关规范性文件,行政法制日臻完善,有力地推动了行政法学研究的蓬勃发展。

1983年,司法部法学教材编辑部组织编写的高等院校法学试用教材《行政法概要》问世,这是1949年以来公开出版的第一部行政法教材,对促进我国行政法学的教学研究、建立行政法学学科、普及和发展行政法学有着重要的意义。自此直至1987年,由于行政管理领域中的机构改革和公务员制度建设等方面的现实需要,我国行政法学界把研究重点放在行政组织和行政机关活动的基本原则以及公务员的管理制度上,当时学者们一般强调行政法保障行政机关行政管理的作用,而忽视或轻视行政法监督与控制行政权的作用,在一定程度上反映出"重实体、轻程序,重义务、轻权利,重管理、轻救济"的倾向。1987年到1989年,行政法学者普遍突破了苏联行政法的管理模式及相应的行政法学体系,试图按照行政法学本身的性质和特征构造行政法学的理论体系,着重研究行政法的基本概念、基本原则、法律关系、行政行为及监督行政行为等方面的理论与实践问题。为适时地反映行政法学的新进展,1989年,司法部法学教材编辑部重新编审了一本高等学校试用教材《行政法学》,对《行政法概要》的体系和观点作了重大的修改和补充。

1989年《行政诉讼法》的颁布,使得我国行政法学进入了一个新的发展阶段:(1)强化了对监督行政、行政责任和行政救济的理论研究;(2)开拓了传统理论上未曾深入研究的领域,如行政主体、行政程序、行政许可、行政立法、司法审查、经济行政法等;(3)在有关专题的研究上取得了某些突破,如行政法的理论基础、行政法律关系和监督行政法律关系、行政法治原则、行政自由裁量的法律控制、行政行为的一般理论等;(4)从行政诉讼的角度研究行政法学的理论问题,成为重要的新的研究方法;(5)加强了对国外行政法的研究和行政法学研究的国际交流。尤其值得一提的是,行政法学基础理论的研究在20世纪90年代中后期有了明显的发展,"平衡论""公共权力论""新服务论""新管理论""新控权论""公共利益本位论""政府法治论"等学说相继提出。这些理论的发展表明,行政法学者在探索具体问题的基础上开始对行政法进行反思性的、整体性的、创造性的思考,从而力图在借鉴西方行政法学理论的同时,建构既能适合本国国情又能反映世界范围内行政法发展共同趋势的基本理论。[①]

进入21世纪以后,中国行政法学又迎来了关于"新行政法"的讨论。众多学者围绕着这一定义并不十分明确的概念,在反思传统行政法范式的基础上,对行政法的新发展阐述各自

---

① 以上关于行政法学历史的描述,参见罗豪才、甘雯、沈岿:《中国行政法学》,载罗豪才、孙琬钟主编:《与时俱进的中国法学》,中国法制出版社2001年版。

的见解。① 在此反思过程中,20 世纪七八十年代改革开放以后,通过借鉴和本土化的双重努力而形成的当代中国行政法之传统特点日益彰显,包括:偏重于对命令—控制型行政的关注和警惕,偏重于监督、控制行政权,偏重于确保行政权的合法行使,偏重于司法的事后审查和救济制度之完善。这就忽视了或者至少是轻视了行政如何有效完成行政任务的一面。随着行政任务的多元化、复杂化,行政管理和服务模式逐渐摆脱单一的命令—控制型,行政任务实现的组织形式、手段方式更加多样化,行政裁量的空间和自由度日益增大,"面向司法"的行政法范式开始显得捉襟见肘,新的"面向行政所面向"的行政法应运而生,行政有效性关切愈加成为行政法之重要使命,与行政合法性关切具有同等的意义。② 新行政法如何发展、形塑,还有待进一步探究。

行政法学研究取得的许多重大成果,都对我国的行政法制建设起了积极的促进作用。在理论研究的推动下,我国先后出台了《行政监察条例》(1990 年发布,1997 年《行政监察法》出台后废止,2018 年颁布的《监察法》又取而代之)、《行政诉讼法》、《行政复议条例》(1990 年发布、1994 年修订,1999 年《行政复议法》出台后废止)、《国家公务员暂行条例》(2005 年《公务员法》出台后废止)、《国家赔偿法》《行政处罚法》《立法法》《行政许可法》《行政强制法》等重要的行政法律、法规。

可以说,在理论联系实际,借鉴国外行政法学研究的成果,建设有中国特色的行政法学,促进我国行政法制建设的思想指导下,我国行政法学界出现了百花齐放、百家争鸣的大好局面。

四、本书的体系安排

行政法学是发展中的学科,其内容和体系尚处于逐步成熟的过程之中。我们在构思本书的体系安排时,主要以我国的实际国情和国内外行政法的现状与发展趋势,以及我们对行政法的性质和作用的认识为根据,并参考了国内外的一些教材。我们认为,行政法学的研究对象主要是行政法,而行政法则是因调整特定的社会关系而产生、发展起来的。所以,本书的体系以对行政法的调整对象以及行政法律规范和原则的分析为基础。

正如前文所述,行政法所调整的主要社会关系是行政关系和监督行政关系,这两类关系是互相关联、不可分割的,偏重其中任何一类关系而忽略另一类关系都有失全面。基于以上认识,我们以为,行政法学体系既应包容对上述两类关系及两类规范的阐析,又应对它们适当地分而论之。由此,我们把本书的体系大致分为三个部分:第一部分为"基本理论",重点阐述行政法的基本概念、基本法律关系和基本原则;第二部分是"行政主体和行政行为",集中阐述关于行政权组织和行使的规范,即调整行政关系的规范;第三部分是"监督行政行为",着重论述关于监督行政的规范,即调整监督行政关系的规范。各部分又分为数量不等的章节。

---

① 例如,参见罗豪才、王锡锌等:《"新概念行政法"研讨》,载姜明安主编:《行政法论丛》第 11 卷,法律出版社 2008 年版。

② 参见朱新力、唐明良等:《行政法基础理论改革的基本图谱:"合法性"与"最佳性"二维结构的展开路径》,法律出版社 2013 年版;沈岿:《行政法理论基础:传统与革新》,清华大学出版社 2022 年版。

【思考题】

1. 什么是行政法？行政法有何特点？
2. 行政法的渊源有哪些？
3. 什么是行政法律关系？其特征有哪些？
4. 什么是监督行政法律关系？其有何特征？
5. 行政法的作用有哪些？

第二章 行政法的基本原则

第一节 行政法基本原则的含义

行政法作为一个独立的部门法,是一个有机的整体。成千上万的行政法律规范之间有着内在的必然的联系,体现着相同的原理或准则,即行政法的原则。研究这些原则,具有重要意义。

行政法上确立的原则很多,根据不同的层次,大致可以分为两类。一类是行政法的一般原则,亦即基本原则。在各国,这类原则可以由宪法(包括成文宪法或不成文宪法)确认,如英国不成文宪法早已有议会至上原则,而美国成文宪法中的三权分立原则,经常是美国人探讨当代行政合法性基础时必须解读的原则。这类原则也有相当部分是由法院判例确立起来的,如英国的越权无效原则、美国的司法审查原则、德国的比例原则等。法院的判例既有历史上长久积淀下来的,也有在当代以解读宪法的方式完成的。在我国目前的情况下,行政法基本原则通常由宪法和基本法律加以体现。如《宪法》第 5 条第 4 款规定:"一切国家机关和武装力量、各政党和各社会团体、各企业事业组织都必须遵守宪法和法律。一切违反宪法和法律的行为,必须予以追究。"该款实际上确立了法治原则,行政机关作为国家机关之一应当依法行政,是这一条款明确表示的。1999 年《宪法修正案》又增加了"实行依法治国,建设社会主义法治国家"的规定,更加明确地直接使用"法治"概念。我国法院在发展行政法基本原则方面的作用也已经有所体现。另一类是行政法的特别原则。这类原则位于基本原则之下,对局部的行政法规范及其适用具有指导作用。例如,行政诉讼不停止执行、被告负举证责任等原则。行政法的基本原则是行政法原则中最主要、最具有普遍价值的原则,是行政法存在的基础,离开这些原则,也就无所谓行政法了。

行政法的基本原则是行政法治原则,它是贯穿于行政法关系之中,指导行政法的立法与实施的根本原理或基本准则。行政法治原则作为行政法的基本原则,具有其他原则所不能替代的作用:(1) 行政法治原则可以指导行政法的制定、修改、废止工作。改革开放初期,由于我们不能把握行政法治原则,立法工作一直存在偏差。例如,很多人认为行政法是行政机关对行政相对人进行管理的总结,制定行政法仅仅是行政政策的法律化。现在,行政法治原则无论是对权力机关的立法还是行政机关的立法都有重大的指导意义。(2) 行政法治原则有助于人们对行政法的学习、研究及解释。(3) 行政法治原则可以指导行政法的实施,发挥执法者的主观能动性,防止发生执法误差或错误执法。(4) 行政法治原则可以弥补行政法规范的漏洞,直接作为行政法适用。

行政法治原则作为法治原则在行政法上的反映,涵盖了对行政法关系所有主体的要求。法治原则就其本义而言,自然包括对所有个人或组织的要求,即任何个人或组织都必须遵守法律,一切违反法律的行为都要受到追究。反映到行政法领域,"公民必须守法""公民应当依照法定程序、通过法定有权机关来纠正违法行政行为""除非法律规定的特别情形,即便行政机关违法,公民亦不得暴力抗法"等,都可以视为行政法治原则的内在要求,也是"法律安定性原则"的体现。在法律安定性原则之下,讨论公民为什么应当守法、为什么在大多数情形下应当尊重已经作出的行政行为,而在什么情形下又可以对抗某些明显重大违法的行政行为,都是具有实际价值的。

但是,由于历史的原因和现实的需要,我们在谈及行政法治原则时,经常更突出地强调其对行政主体的要求。因为,自有法律规则始,普通民众必须守法的要求就一直存在。并且,法律规则的执行者通常拥有比较强大的资源来对付普通民众的违法。而执政者也必须依法行政的要求,却是近代人类政治文明发展的结果。现实生活中,由于各种因素的影响,行政机关违法行政以及侵害公民、法人或其他组织合法权益的现象总会发生。若不能通过比较完善的制度,防止、减少和矫正行政机关的违法行为,法治文明就无法得到充分的实现。

行政法治原则对行政主体的要求可概括为依法行政,具体可分解为行政合法性原则、行政合理性原则和行政应急性原则。

第二节 行政合法性原则

一、行政合法性原则的含义

行政合法性原则是指行政权的存在、行使必须依据法律,符合法律,不得与法律相抵触。行政合法性原则在行政法中具有不可替代的地位,可以说,在任何一个推行法治的国家,行政合法性原则都是其法律制度的重要原则。行政合法性原则又称行政合法原则。行政合法原则要求行政机关实施行政管理不仅应遵循宪法、法律,还要遵循行政法规、地方性法规、行政规章、自治条例和单行条例等。合法不仅指乎实体法,也指合乎程序法。

二、行政合法性原则的具体内容

行政合法性原则的具体内容因各国法律制度的不同而有所不同。在我国,行政合法性原则已经越来越多地被表述为法律保留原则和法律优先原则,其内含"行政应有法律依据""行政不得违反法律"的基本要求。

1. 法律保留原则

法律保留原则是指行政活动的作出必须取得法律的授权,必须有法律的明文依据,否则不得为之。法律保留原则中的"法律"一词是狭义的,指立法机关制定的法律。由于现代行政的发展,使得立法机关不可能对所有的行政活动都作出明确的授权和规定,若严格遵循法律保留原则,行政管理就会出现无法可循、无据可依的问题。所以,法律保留原则并不是绝对的,除了涉及基本政治经济制度、公民基本权利,必须由立法机关制定法律予以调整的以外,许多国家立法机关一般都通过法律授予行政机关制定必要规则、调整相应管理和服务活动的权力。换言之,并非所有的行政行为、行政活动的所有实体内容和程序环节,都必须以立法机关制定的法律规范为依据。

法律保留原则在我国《立法法》上有所体现。《立法法》第11条规定:"下列事项只能制定法律:(一)国家主权的事项;(二)各级人民代表大会、人民政府、监察委员会、人民法院和人民检察院的产生、组织和职权;(三)民族区域自治制度、特别行政区制度、基层群众自治制度;(四)犯罪和刑罚;(五)对公民政治权利的剥夺、限制人身自由的强制措施和处罚;(六)税种的设立、税率的确定和税收征收管理等税收基本制度;(七)对非国有财产的征收、征用;(八)民事基本制度;(九)基本经济制度以及财政、海关、金融和外贸的基本制度;(十)诉讼制度和仲裁基本制度;(十一)必须由全国人民代表大会及其常务委员会制定法律的其他事项。"第12条又规定:"本法第十一条规定的事项尚未制定法律的,全国人民代表大会及其常务委员会有权作出决定,授权国务院可以根据实际需要,对其中的部分事项先制定行政法规,但是有关犯罪和刑罚、对公民政治权利的剥夺和限制人身自由的强制措施和处罚、司法制度等事项除外。"通常认为,《立法法》第11条确立了法律保留原则,第12条又区分了法律绝对保留和法律相对保留。有关犯罪和刑罚、对公民政治权利的剥夺和限制人身自由的强制措施和处罚、司法制度等事项,属于法律绝对保留的范围,其他任何性质的规范都不得规定之;而除此以外又属于第11条所列事项的,则在法律相对保留的范围之内,在法律未作规定的情况下,可授权国务院的行政法规予以规范。

法律保留原则也会在单行法律之中体现。例如,根据《行政强制法》第10条第1款、第2款:"行政强制措施由法律设定。尚未制定法律,且属于国务院行政管理职权事项的,行政法规可以设定除本法第九条第一项、第四项和应当由法律规定的行政强制措施以外的其他行政强制措施。"而第9条第1项是指"限制公民人身自由"的强制措施,第4项是指"冻结存款、汇款"。这就意味着,这两类行政强制措施只能由法律设定(法律绝对保留),其他规范都不能设定。第9条第1项与《立法法》的规定一致,而第4项则是《立法法》没有明确的。《立法法》未明确的还有行政强制执行的设定,《行政强制法》第13条规定该事项绝对保留给法律。

2. 法律优先原则

法律优先原则是指行政应当受现行法律的约束,不得采取任何违反法律的措施。具体而言,该原则有以下含义:(1)法律优先行政。在现代国家,具有法律上约束力的规范,并不完全出自立法机关之手,有相当一部分源自行政机关。法律优先行政的应有之义就是行政机关制定的规范在效力上低于立法机关制定的规范。在我国,这就意味着全国人大及其常委会制定的法律的效力高于行政法规、规章及其他行政规范性文件。同理,设区的市以上的地方人大及其常委会制定的地方性法规的效力高于同级人民政府制定的地方政府规章。(2)行政不得违法。换言之,行政机关无论是制定行政法规、规章或其他行政规范性文件还是作出行政行为,都不得与现行法律相抵触,否则,就会有不利的法律后果。

法律优先原则和法律保留原则不同,前者是消极地禁止行政机关违反现行法律,后者是积极地要求行政活动必须有法律依据。在此意义上,法律保留原则的要求比法律优先原则更加严格。但是,法律保留原则不能完全适应现代行政的广泛性、多样性和灵活性等特点。一方面,如上所述,要求行政机关所有的行为依据都由立法机关制定,是不现实的,部分行政机关在法律授权的范围内也可制定相应的规范,作为行政行为的依据;另一方面,有些对行政相对人不具有强制性的行政活动,如行政指导、行政调解,并不见得都需要有明确的规范依据,行政机关可视情况需要,裁量决定是否从事此类活动。因此,在现代国家,法律保留原则的适用,主要限于行政机关的行为或活动涉及特定重要事项的情形。相较之下,法律优先原则可以得到普遍的适用,因为行政机关不得违反现行法律是行政法治的基本要求。同法律相抵触的行政行为,属于无效或者可撤销的行政行为。

第三节 行政合理性原则

一、行政合理性原则的含义

行政合理性原则是行政法治原则的另一个重要组成部分,指行政行为的内容要客观、适度、合乎理性。

行政合理性原则产生的主要原因是由于行政裁量权的存在。行政裁量权是指在法律规定的条件下,行政机关根据其合理的判断,决定作为或不作为,以及如何作为的权力。根据法律对行政裁量权限制程度的不同,行政机关裁量权的行使有以下几种情况:(1)在法律没有规定限制条件的情况下,行政机关可以不违反宪法和法律采取必要的措施。(2)法律只规定了行政权行使的模糊标准,而没有规定明确的范围和方式,行政机关可以根据实际情况和对法律的合理解释,采取具体措施。(3)法律规定了行政权行使的具体明确的范围和方式,但范围和方式都具有可选择性,而不是严格的羁束性,行政机关可以根据具体情况选择采用。

当代行政的最大特点是行政裁量权广泛存在,其根源就在于,基于社会、政治、经济和文化发展的需要,政府应民众需求而承担起的管理和服务职能数量多、领域广、问题繁杂,且专业性和技术性强,立法者无法事先给出详细具体的规则,让行政机关只需按图索骥、照章办事即可。在很大程度上,立法者不得不授权或听任行政机关根据其自身判断来作出决策。正是因为行政机关自己判断的空间十分广阔,这就既给了行政机关灵活、高效应对复杂的行政管理问题的可能性,但也潜在地为行政机关在行使权力时掺杂进个人因素或其他不合理的因素制造了更多的机会。承认和保护行政裁量权十分必要,但行政裁量权也有被滥用的可能,应当对裁量权的行使加以控制。合理性原则要求行政机关必须合理地行使裁量权。所以,合理性原则的出现和运用是行政法的一个重大发展,它在当代行政法中日益凸显其重要的地位。

行政合理性原则和行政合法性原则既有区别又有联系。行政合法性原则适用于行政法的所有领域,行政合理性原则主要适用于行政裁量领域。通常一个行为如果触犯了行政合法性原则,就不再深究其合理性问题;而一个行政裁量行为,即使没有违反合法性原则,也可能引起合理性问题。

二、行政合理性原则的具体内容

行政合理性原则作为一个普遍适用的行政法基本原则,有一些具体的内容:(1)行政行为应符合立法目的;(2)行政行为应建立在正当考虑的基础上,不得考虑不相关因素;(3)平等适用法律规范,不得对相同情形给予不同对待;(4)符合自然规律,如符合法律规定的"合理采伐森林""合理利用土地"等;(5)符合公序良俗,如职业道德、社会公德等。随着行政法治的发展,行政合理性原则已经延伸出若干更加具体的、相对成熟而有其独立含义的子原则。

1. 行政公开原则

行政公开,现已成为各国行政法的一项基本原则。它至少具备三项功能:(1)减少或消除腐败。"阳光是最好的防腐剂",保证行政官员在透明环境中办事,可以最大限度地消除暗箱操作、防止滥用权力和腐败。(2)保障知情权。通过行政公开,个人或者组织可以更多地了解掌握在政府手中的与自己生存、发展有关的信息。(3)加强政府与个人或组织的合作。政府可以公开有关信息,引导经济发展和社会选择,个人或组织可以借此调整自己的生产、经营以及其他行为模式。

行政公开的具体要求包括:(1)行政行为内容公开。行政行为涉及外部公共管理事项的内容,在最终形成之后,原则上应当以适当的形式公开。(2)行政过程公开。行政行为的作出,都需要经历一定的过程。行政过程的公开并不意味着行政机关作出行政行为的所有环节,都要向公众开放。但是,由于行政行为通常涉及外部的行政相对人权益,无论是行政立法或制定其他行政规范性文件的行为,还是具体的行政执法行为,在作出之前都应该听取有关的利益相关人之意见,告知相关的信息,必要时说明作出行政行为的依据和理由。行政过程的公开,其含义就在于此。(3)行政信息公开。行政行为内容公开、行政过程公开,在相当程度上也意味着行政信息的公开。只是,行政机关掌握的信息不止这些,行政机关在履行其职权的过程中还会形成和获得大量的其他信息。在日益强调保护公民权利、提倡政府透明、重视行政机关与个人或组织加强合作的时代,行政机关所掌握的信息——包括原始信息以及行政机关对原始信息进行分析处理后形成的信息,除属于法定保密范围的以外,一般都应当公开。而且,法定保密的范围也渐趋受到限制。

基于民主社会公众知情权和社会监督的需要,现代各国都加强了行政公开的立法。立法上有关行政公开的具体规则,行政机关都应予以遵守,这是合法性原则(尤其是法律优先原则)的要求。然而,若具体的立法缺乏明确的公开要求时,行政公开原则也应成为行政机关需要恪守的行政法基本原则。当然,在法律未予明定的情况下,行政公开原则在特定情境中究竟有哪些具体的要求,需要结合具体情况而作判定,但这并不意味着行政机关可以完全无视行政公开原则的约束。

2. 行政公正原则

公正原则的基本精神是公平、合理地对待行政相对人和处理行政管理事项,在学理上可以分为实体公正和程序公正。

所谓实体公正,就是行政机关作出的行政行为,在内容上必须达到不徇私情、不存偏见、不武断专横。具体而言:(1)不徇私情意味着行政机关及其工作人员不能假公济私,在对待行政相对人时,不应由私情占据主导地位,作出厚此薄彼的行政行为。(2)不存偏见意味着行政机关及其工作人员不能让先入之见过分地影响其对行政相对人或事项作出的行政行为。应该尽可能做到:相同情况,相同对待;不同情况,不同对待。(3)不武断专横意味着行政机关在行使裁量权的时候,应该合理考量相关因素,不考量不相关因素。"相关因素"包括法律和法规规定的条件、政策的要求、社会公正的准则、行政相对人的个人情况、行为可能产生的正面或负面效果等。行政机关不考量应该考量的相关因素或者考量了不应该考量的因素,主观地、任意地作出决定和实施行政行为,就属于违反行政公正原则的武断专横行为。

所谓程序公正,就是行政机关在作出行政行为时,必须遵循形式上符合正义要求的程序。行政机关工作人员也是有血有肉、有着七情六欲的人,在行政决定的实体内容上要求其完全排除私情、偏见、疏忽是不可能的,在有权机关事后对行政行为进行审查时,也很难有非常一致的标准或者有非常确凿的证据,来衡量实体公正性。所以,行政法在制度设计上也更多地强调程序上看得见的公正,具体包括:(1)不做自己案件的法官。行政机关及其工作人员不得决定与自己切身利益有关的事项。(2)不单方接触。行政机关在对两个以上行政相对人,尤其是有着相互冲突之利害关系的行政相对人作出行政行为时,不得在一方当事人不在场的情况下单独与另一方当事人接触(包括接受一方当事人的宴请,私下接待一方当事人的求见等)和听取其陈述,接受其证据。(3)作出不利决定前听取行政相对人的意见。行政机关在作出对行政相对人不利的行政行为(如行政处罚、要求相对人履行某种特别义务等)之前,应当事先通知相对人,听取相对人对有关事实、理由的陈述、解释或申辩(紧急情况下和法律规定的有关特殊情况除外)。

程序公正的这些要求,也可以在学理上将其归入单列的"自然正义原则"(natural justice)和"正当法律程序原则"(due process of law)的应有之义。尽管它们不能保证行政行为在实体上一定是公正的,但在其约束之下,行政行为可以更大可能地接近公正。

3. 比例原则

比例原则是指行政机关在采取某项措施时,必须权衡公共利益目标的实现和个人或组织合法权益的保障,若为了实现公共利益目标而可能采取对个人或组织权益不利的措施时,应当将不利影响限制在尽可能小的范围和限度之内,而且要保持二者之间适度的比例。在传统上,比例原则具体包含三个要求:(1)适当性要求,即行政机关采取的措施必须能够实现其所宣称的目的,或者至少有助于目的的实现。(2)必要性要求,即行政机关采取的是在可选择的几个适当措施之中对于个人或组织合法权益造成侵害最小的措施。(3)狭义的比例性要求,又称均衡要求,即行政机关采取的措施与目的之间是成比例关系的,行政机关采取的措施对个人或组织合法权益造成的侵害越多,实现的公共利益价值就应该越大。若侵害多而实现的公益价值小,就如同"大炮打蚊子",不符合均衡要求。

较新的研究认为,比例原则还应该包括目的正当性要求,即立法者、行政者的公权力行为必须出于正当的目的。至于目的正当性审查,需要判断:(1)是否有明显不正当的目的,如出台具有地方保护主义或种族保护主义目的的规定;(2)目的是否明确违反具有约束力的国际文件、宪法、法律等规定;(3)目的是否符合宪法、法律所确定的价值。[①]

4. 信赖保护原则

信赖保护原则,是指行政机关对其行为应守信用,个人或组织对行政行为的正当信赖应当予以合理保护,以使其免受不可预计的不利后果。信赖保护原则的基础在于法律稳定、政府诚信以及公民权利保障。若行政机关随意改变其已经作出的行为、反复无常,那么,不仅法律秩序难以在一段时间内保持安定状态,政府在民众中失去信用,更会让公民权利难以得到正当的保护。

---

① 参见刘权:《目的正当性与比例原则的重构》,载《中国法学》2014年第4期。

信赖保护原则的具体适用比较复杂,但大致必须符合以下条件:(1)信赖的基础是行政机关作出的一定行为,包括作为、不作为以及承诺,而不管该行为是否合法。(2)个人或组织对该行政行为存在信赖,这种信赖是通过个人或组织采取的某种行为表现出来的。(3)个人或组织的信赖是值得保护的正当信赖。如果是当事人通过恶意欺诈、胁迫、贿赂或其他不正当方法导致行政机关作出行为的,或者当事人对重要事项提供不正确资料或不完全陈述而导致政府行为的,或者当事人明知政府行为违法或者出于重大过失而忽视政府行为违法性的,那么,个人或组织的信赖就是不正当信赖,法律不予保护。

如果适用信赖保护原则的这些条件满足,信赖保护可以采取两种方式。一是存续保护的方式,即政府不得撤销、变更或废止已经作出的行为;二是补偿保护的方式,即政府在权衡公共利益和个人或组织的信赖利益之后,认为公共利益明显大于个人或组织的信赖利益,必须撤销、变更或废止已经作出的政府行为,否则,公共利益会受到重大损失,那么,政府可以撤销、变更或废止,但同时应当对个人或组织由此而受到的合法权益损失予以适当的补偿。

5. 禁止不当联结原则

禁止不当联结原则在许多国家都存在,只是形式与内涵有同有异。它的主要目的是防止国家没有限制地结合各种手段和方式对付人民。它的基本要求是禁止公权力行为者考虑与事件没有实质内在关联的因素,让人民承受无端的、没有正当理由的负担。在行政法领域,禁止不当联结原则适用于:(1)行政机关的单方处理行为。即要求行政裁量不得考虑与事件不相关的因素,行政机关作出处理、附加条件时必须符合立法授权此行为的目的、且与目的有正当合理的联结。(2)行政机关与行政相对人的双方行为。即行政机关在与行政相对人缔结行政协议时,双方承担的给付应该有正当合理的关联。(3)行政机关制定规则的行为。针对不特定多数人民作抽象、一般性规定时也必须确保手段与目的的正当合理联结。

禁止不当联结原则未明确写在我国法律文本之中,我国行政法理论对于该原则的研究,以及承认该原则应是法治原则和比例原则之衍生、可位列行政法乃至公法之一般原则,也是较为晚近之事。即便如此,鉴于现实生活中层出不穷的行政管理手段的肆意联结,以及人民因此而产生的意见,不少论者纷纷以该原则为批评的利器。被诟病的现象包括:公务员为其拆迁户亲属负拆迁到位之连带责任,机动车年检之前必须把交通违法和交通事故处理完毕,为报考法官、检察官职位的考生设定身高条件,命令交通违法当事人担任交通协勤员并只有在抓到下一个违法者之后才能"下岗",以及在"一处失信处处受限"方针引导下任意联结的失信惩戒措施,等等。[①]

6. 尊重和保障人权原则

2004 年,我国的《宪法修正案》首次将"国家尊重和保障人权"写入宪法。这就意味着,尊重和保障人权原则已经明确地成为宪法基本原则,也因此成为行政法治原则之下的一个重要原则。人权是每个自然人维系其生存尊严、满足其发展需求所应享有的各种基本权利的总称。根据国务院新闻办 2021 年发表的《全面建成小康社会:中国人权事业发展的光辉

---

① 参见胡建淼:《法治禁止不当联结》,载《学习时报》2019 年 8 月 21 日第 003 版;欧爱民、谢雄军:《不当联结之禁止原则及其适用方案》,载《湖南师范大学社会科学学报》2008 年第 5 期;郭庆珠:《论不当联结禁止原则对行政管理创新的规制——以创新的法律界限为归宿》,载《学术探索》2010 年第 6 期;沈岿:《社会信用惩戒的禁止不当联结》,载《暨南学报(哲学社会科学版)》2021 年第 11 期。

篇章》白皮书，我国以全面建成小康社会作为中国人权事业发展的基础，并致力于体现中国人权观念体系的"消除绝对贫困实现基本生活水准权""以发展促人权增进经济社会文化权利""实行良法善治维护公民权利和政治权利""促进社会公平保障特定群体权益"等各项事业的发展。

国家尊重和保障人权，当然意味着国家立法机关应该尽可能地通过各个领域的立法，不断地推动人权事业的发展。在立法明确的情况下，尊重和保障人权原则就可以为行政合法性原则所吸收。行政机关就应该按照行政合法性原则的要求，在履行其职责的过程中，依法维护行政相对人的人权。例如，根据《国家赔偿法》（2012年修正）的规定，行政机关对于行政相对人，不得有任何形式的殴打、虐待等行为，也不得唆使、放纵他人实施殴打、虐待等行为。然而，即使在立法未予明确的情况下，尊重和保障人权也应成为行政机关履行职责应当遵循的一项基本原则。行政机关及其工作人员始终应该将尊重和保障人权视为其行使行政裁量权时应当予以考量的重要因素。例如，在立法未明确行政机关将其羁押的精神病人释放时必须通知家属或监护人到场的情况下，行政机关也应该出于保护该精神病人安全的考虑，通知其家属或监护人将其领走。在此意义上，尊重和保障人权就是行政合理性原则的内在要求。

当然，除了上述原则，行政合理性原则的具体内容或者可以进一步延伸出来的子原则，还有继续探索的必要以及可能。此外，行政合理性原则如何具体地适用于行政审判过程之中，也有深入研究的必要。总之，行政合理性原则既有利于保障行政权的合法行使，又有利于维护公民、法人和其他组织的合法权益，它必将推动我国行政法学的进一步发展，推动我国行政法治的进程。

第四节 行政应急性原则

一、行政应急性原则的含义

行政应急性原则是一项比较特殊的行政法治原则，指在特殊情况下，国家安全、社会秩序、公共利益或者个体重大权益正在遭受突发事件或紧急态势威胁或损害，行政机关可以采取相应的、适当的、没有明确法律依据的或者与法律相抵触的措施，以防止损害的发生或扩大。①

行政应急性原则之所以存在，主要原因是有的时候，突发事件或紧急态势的发生会使得行政合法性原则的坚持面临巨大挑战，行政机关若一味以法律保留原则、法律优先原则为不可撼动之圭臬，就有可能会使得面临威胁的国家安全、社会秩序、公共利益或个体重大权益遭受损害。虽然突发事件或紧急态势并不是日常生活的常态，但却也时不时会发生，尤其是在人类进入风险社会，自然风险、技术风险、制度风险等无处不在的背景下。2003年的"非典"、2020年至2023年的新冠疫情，只是其中典型的、世界瞩目的事例。更为重要的是，立法

---

① 在我国的法律文本中，"紧急"和"应急"这两个术语都被广泛使用，需要区别宪法意义上的"紧急状态"和一般法律意义上的"紧急情形"或"应急状态"。在此，我们探索行政应急性原则的含义与具体内容，基本不涉及宪法意义上的"紧急状态"，尽管在实践中二者有交织的可能性。

者基于曾经发生过的突发事件或紧急态势而确立的应急法律制度,仍然有可能在面对新的突发事件或紧急态势时出现疏漏、滞后、预见不周的问题,或者只能通过授予行政机关非常宽泛的、空白支票式的紧急权来应对;在此情形下,担负相应紧急处理责任的行政机关仍然有可能出现"无法可依"或"依法却无能"的问题,或"滥用空白支票式授权"的问题。也就是说,立法者并非万能、并非先知先觉的事实始终是存在的。在这个意义上,"突发事件或紧急态势"不仅是指事件或态势本身的属性,也同时隐含法律制度的属性,即事件或态势发生时有效的法律制度出现"捉襟见肘"的窘境。立法者不可能预见所有突发事件或紧急态势,也不可能因此预见而事先给予行政机关相应的采取具体措施的明确而具体的授权,行政应急性原则也就应运而生了。

行政应急性原则与行政合法性原则、行政合理性原则并列,是因为:第一,行政应急性原则与形式上的行政合法性原则相悖,即并非前述主要包括法律保留原则、法律优先原则内容的行政合法性原则所能容纳;第二,行政应急性原则也无法归入前述的行政合理性原则范畴。表面上看,我们可以说,突发事件或紧急态势发生时,行政机关采取的措施虽然可能没有明确的法律依据或与法律相抵触,但其确实防止了重大损害的发生或扩大,具有"合理性"。然而,这里所说的合理性可以归入实质法治或实质合法性(也可称实质的可接受性)的范畴,却无法为行政合理性原则所涵盖,后者基本是在满足形式合法性原则的前提下适用的。

二、行政应急性原则的具体内容

对于行政应急性原则是否应作为行政法基本原则,学界存在不同的认识。即便是肯定该原则的学说,对其具体内容也同样有差异性的见解,表现在适用领域(涉及突发事件或紧急态势的外延的厘定)、适用阶段(是否包含事前、事后)、内涵(是否在法外行使紧急权)、与宪法及宪法权利的关系(是否可以突破或停止宪法)、理论基础等问题上。[①]

在"紧急不避法治"的理念指引下,更多通过事先立法的方法使得对突发事件或紧急态势的应对"有法可依",在世界范围内已经形成较为普遍的做法。例如,在我国,这方面的法律和行政法规有:《突发事件应对法》《传染病防治法》《生产安全事故应急条例》《重大动物疫情应急条例》《铁路交通事故应急救援和调查处理条例》《电力安全事故应急处置和和调查处理条例》《破坏性地震应急条例》《突发公共卫生事件应急条例》《核电厂核事故应急管理条例》等。在此背景下,行政机关若依据既有的应急法律法规,对突发事件或紧急态势采取法定的具体措施,一般并不涉及行政应急性原则的适用。换言之,此类应急处置是完全可以在当时有效的法律框架内实施的,也可以收到立法者预期的实际效果。若需审查该应急处置,行政合法性原则、行政合理性原则已经足以提供判断标准。

但是,这并不意味着,在有应急法律制度的情况下,行政应急性原则绝对不予适用。如前所述,针对某个突发事件或紧急态势,既有的应急法律制度或者只给予行政机关空白支票式授权,如何行使该紧急权,没有任何具体明确的指示(以下简称"概括授权情形"),或者已经给出的应急处置措施是难以应对该突发事件或紧急态势的(以下简称"限定措施情形")。

---

① 参见刘莘:《行政应急性原则的基础理念》,载《法学杂志》2012年第9期。

在概括授权情形下,若以行政机关是在法律允许的框架下行事为由,承认行政机关采取的任何措施的合法性,就极易纵容紧急权的滥用,对公民、法人或其他组织的个体权益造成过度侵害;在限定措施情形下,若以行政机关采取的措施与法律相抵触为由,宣称其不符合行政合法性原则,就极易导致国家安全、社会秩序、公共利益或个体重大权益的损害发生或扩大。

综上,行政应急性原则的具体内容可从以下几个方面来把握:

1. 突发事件或紧急态势的发生或持续存在。相比于常态而言,具体的、有其特殊属性的突发事件或紧急态势的发生往往是我们事先无法预见的,但是,一旦发生,就会给社会的常态运作带来重大影响。当然,突发事件或紧急态势都是暂时性的,都是有始有终的,而不可能永久地、常态地存在,即便这种情形可能在一段时间内持续存在,如2020年的新冠疫情持续了三年时间。

2. 突发事件或紧急态势已经使国家安全、社会秩序、公共利益或个体重大权益受到威胁或者损害。并非所有的突发事件或情势都需要启动行政应急处置体制,如在荒无人烟处发生地震或火山喷发,或者某个企业的内部网络系统突发故障。只有在突发事件或紧急态势使得国家安全、社会秩序、公共利益或个体重大权益受到威胁或者损害时,才有适用行政应急性原则的必要性。而且,若损害尚未发生,仅仅是受到威胁,那么,该威胁必须是具体的、确定的、明显的、可见的,而不是抽象的、潜在的。在这个意义上,行政应急性原则与风险预防原则①是有所区别的,后者往往要求在没有确定证据证明危害发生或扩大可能性的情况下,仍然要采取一定的预防措施。当然,这种区别也是相对而言。若突发事件或紧急态势已经形成损害,在不采取没有法律依据或与法律相抵触的措施、损害是否会进一步扩大的问题上并没有确定无疑的答案的情况下,行政应急性原则与风险预防原则的适用就会发生交集。

3. 有效防止损害发生或扩大的措施,或者没有明确的法律依据,或者与法律相抵触。并非所有需要启动行政应急体制的突发事件或紧急态势,都有适用行政应急性原则的必要。在应急法律制度框架下,立法有可能已经就行政机关可以采取的措施给出较为明确的指示,而这些措施也足以应对突发事件或紧急态势的威胁或损害,那么,就无须适用行政应急性原则了。至于这些措施是否合法、合理,诉诸之前论及的行政合法性原则、行政合理性原则进行审查和判断即可。因此,只有在可以有效防止损害发生或扩大的措施要么没有明确法律依据、要么违反既有法律的情况下,行政应急性原则才有其用武之地。

4. 行政机关采取的措施应是相应的、适当的。行政应急性原则并非排斥任何的法律控制,也并不意味着行政机关在突发事件或紧急态势下可以任意采取其认为有效的措施,不受任何限制的行政应急权力是行政法治原则所不容许的。因此,当以上三项条件都满足的情况下,行政应急性原则的核心要求就是行政机关采取的措施应是相应的、适当的。至于何谓相应、适当,需要分为以下两种情形。

在"概括授权情形"下,行政机关行使紧急权采取任何措施,在形式上都会满足法律允许的要求。但是,由于立法的这种允许没有任何限制性要求,为避免紧急权滥用遁入合法性轨

---

① 风险预防原则有多个版本,不同版本的强弱程度不同。尽管在风险社会中其重要性是不言而喻的,但由于其主要适用于风险行政领域,不宜作为行政法基本原则对待。

道,就需要行政应急性原则确立紧急权行使的底线标准。具体而言,行政机关行使紧急权,通过决定、命令等形式确定普遍的、可反复适用的措施的,在程序上,(1)可以简化甚至删减步骤或环节,但必须由行政机关首长签署发布,体现行政首长负责制;(2)签署发布后应当报送授权机关备案并说明理由;(3)应当在发布适用后对其实施效果进行跟踪评估,广泛听取各方利害关系人的意见;(4)应当根据跟踪评估的情况适时地调整效果欠佳或没有必要的措施;(5)跟踪评估和调整情况都要及时向授权机关报告。而行政机关仅对特定对象或特定事项进行紧急处理的,在程序上,(1)有必要也有可能听取当事人意见的,应当简要地听取意见;(2)处理措施应当经行政首长或负责的副职首长批准。

无论是普遍的、可反复适用的措施,还是针对特定对象或事项的具体处理措施,在内容上,都必须符合前述的平等对待的公正原则、比例原则、禁止不当联结原则以及尊重和保护人权原则。尤其是,(1)尊重和保护人权原则的应有之义是即便在紧急情况下也应保护那些不可克减的权利[①];(2)公正原则、比例原则、禁止不当联结原则等的适用,都必须与突发事件或紧急态势的特殊属性及其变化联结起来,保证措施在防止特殊损害发生或扩大上的对应性、匹配性。

在"限定措施情形"下,行政应急性原则允许行政机关采取与法律抵触的有效措施。由于这同形式上的行政合法性原则相违背,因此,需要有特别的程序要求。行政机关通过决定、命令等形式确定普遍的、可反复适用的"违法"措施的,应当(1)首先向被抵触法律的制定机关请求法律修改;(2)制定机关无法快速修法的,可以通过发布授权令的方式,允许行政机关确定采用"违法"措施;(3)由于情况过于紧急,请求快速修法或授权的程序都会阻碍有效措施的及时确定和采用的,行政决定、命令等可以不经请求、由行政首长签署发布,但必须向制定机关备案并说明理由;(4)制定机关应当在接受备案的同时确定行政机关决定、命令的有效期,在有效期截止前,制定机关应当通过快速程序进行修法;制定机关不修法的,除非其通过决定明确延长有效期,否则,有效期届满后行政机关的决定、命令自动失效;(5)在有效期或其延长期届满前,行政机关也应该对措施实施情况进行跟踪评估、适时调整并报告制定机关。而行政机关仅对特定对象或特定事项进行紧急处理的,在程序上,除了必要、可能的情况下听取当事人意见,以及经行政首长或负责的副职首长批准外,还应当向制定机关报告抵触的情况,并请求制定机关的事后追认。在"限定措施情形"中采取的措施,在内容上也要同理地遵循平等对待的公正原则、比例原则、禁止不当联结原则以及尊重和保护人权原则。

行政应急性原则的具体内容还须进一步研究和探讨,但其要求可以通过立法确定下来,尤其是程序方面的要求。如此,才能在有效应对突发事件或紧急态势与保护个人或组织合法权益之间寻求平衡。

【思考题】
1. 如何理解行政法治原则是行政法的基本原则?
2. 行政合法性原则的含义及其基本内容是什么?
3. 行政合理性原则的含义及其基本内容是什么?

---

① 参见彭錞:《再论行政应急性原则:内涵、证立与展开》,载《中国法学》2021年第6期。

4. 如何理解法律保留原则？
5. 如何理解法律优先原则？
6. 行政公开原则的具体内容是什么？
7. 行政公正原则的具体内容是什么？
8. 如何理解行政法上的比例原则？
9. 如何理解行政法上的信赖（利益）保护原则？
10. 如何理解行政法上的禁止不当联结原则？
11. 如何理解尊重和保障人权原则？
12. 行政应急性原则的含义及其基本内容是什么？

第三章 行政法律关系主体

第一节 行政法律关系主体概述

一、行政主体

(一) 行政主体的概念

在中国,"行政主体"是一个学术用语,而非实定法上的概念。尽管人们对"行政主体"的定义在表述上有所不同,但是,通常人们所把握的"行政主体"这个概念主要是指行政机关和法律、法规授权的组织。一般认为,行政主体是指享有国家行政权,能以自己的名义行使行政权,并能独立地承担因此而产生的相应法律责任的组织。

一般说来,行政主体的上述概念可以从如下几个层面来理解(行政主体的判断标准):

第一,行政主体是享有国家行政权的组织。

行政主体是组织,但并不是所有的组织都能成为行政主体。是否享有国家行政权,是决定某组织能否成为行政主体的一个决定性条件。行政机关是最重要的行政主体,但行政机关并不等于行政主体。除行政机关外,一定的行政机构和其他社会组织,依照法定授权,也可以成为行政主体。被授权的组织既可以是行政机构,也可以是其他社会组织。总之,行政主体只能是国家行政机关和被授权的组织。

第二,行政主体是能够以自己的名义行使行政权的组织。

"以自己的名义行使行政权",是指在法律规定的范围内依照自己的判断作出决定,发布命令,并以自己的职责保障这些决定和命令的实施,独立采取行政行为等。能够以自己的名义行使行政权,是判断行政机关及其他组织能否成为行政主体的主要标准。

第三,行政主体是能独立承担法律责任的组织。

能否独立承担法律责任,是判断行政机关及其他组织能否成为行政主体的一个关键性条件。某组织仅仅行使国家行政权,实施国家行政管理活动,但并不承担因行政权的行使而产生的法律责任,则它不是行政主体,只不过是行政管理活动的实施主体。实施主体和行政主体有时是可以分离的。要成为行政主体,必须是享有行政权,并以自己的名义去实施行政权,同时还必须能够独立地承担因实施行政权而产生的法律责任。

第四,行政主体是行政法律关系中的一方特殊主体。

行政主体是与行政相对人相对应的概念。在行政法律关系中,行政主体是享有行政权、行使行政权,并能独立承担法律责任的一方当事人,是一方特殊的主体。一般说来,行政主体处于管理者、命令者的地位,同时,随着现代参与型行政理念的发展和普及,行政主体往往也是行政指导者,乃至行政合同的缔结者。

(二) 行政主体的职权与职责

行政法学对行政组织的研究,重要的在于确立哪些行政组织具有行政主体资格以及行政主体的职权与职责,从中概括、抽象出保障和监督行政权的公正行使、保障相对人的合法权益不因违法和不当行政权的行使而受到侵害的基本原则。

行政职权是行政主体所享有的行政权的具体表现,行政优益权是行政主体有效行使行政权的条件保障,行政职责是行政主体履行法定义务的具体表现。因此,一般可以从行政主体的行政职权、行政优益权和行政职责三方面来理解行政主体的法律地位。

1. 行政职权

行政职权是国家行政权的转化形式,是行政主体实施国家行政管理活动的资格及其权能。根据不同标准,行政职权可以有很多种分类。行政职权一般可分为固有职权和授予职权两大类。前者自行政主体的设立而产生,并随行政主体的消灭而消灭;后者来自法律、法规或者有权机关的授权行为。授予职权既可因法律、法规的修改、废止或者授权机关撤回授权而消灭,也可因被授权组织的消灭而消灭。固有职权主要赋予行政机关,授予职权主要授予行政机构、公务组织和其他社会组织。

行政职权的内容和形式因行政主体的不同而有一定的差异,不同行政主体的行政职权的范围也不一样。尤其是由于行政主体本身的层级性,决定了其行政职权在形式上具有广泛性、多样性和相互补充性等特点。总的说来,按照行政职权在实践中的逻辑规律,大致可以将其归类为如下内容:行政立法权,行政决策权,行政决定权,行政命令权,行政执行权,行政制裁权,行政强制措施权,行政强制执行权,行政委托、监督权,行政司法权和行政组织法上的其他行政职权。当然,这种逻辑排序并不一定具有普适性,各种行政职权相互之间往往处于流动、交互的关系。在这种认识的基础上,我们可以对这些行政职权作如下分析。

(1) 行政立法权。行政主体的行政立法权,即根据宪法、法律和法规的规定,特定的行政主体制定和发布行政法规、部门规章和地方政府规章等法律规范的权力。并不是所有行政主体都享有行政立法权,在我国,只有国务院及其所属各部委,省、自治区、直辖市以及省、自治区的人民政府所在地的市,经济特区所在地的市,国务院已经批准的较大的市以及其他设区的市,自治州的人民政府拥有行政立法权。除此之外的其他行政主体,均不享有行政立法权。

(2) 行政决策权。所谓行政决策权,是指行政主体依法对其所辖领域和范围内的重大行政管理事项作出决策的权力。行政决策权和前述的行政立法权之间具有非常强的交互性。和后述行政决定权相比,二者在本质上没有多少差异,都是行政主体的意思表示得以形成和实现的重要途径或者手段。这里主要是着眼于其程度上的不同而分为行政决策权和行政决定权。例如,根据我国《宪法》第89条的规定,国务院享有"规定行政措施"权,这就是宪法明确授予国务院的行政决策权。县级以上地方人民政府重大行政决策的作出和调整程序,适用国务院《重大行政决策程序暂行条例》。

(3) 行政决定权。所谓行政决定权,是指行政主体依法对其所辖领域和范围内的行政管理事项作出决定的权力。如前所述,行政决策权是对重大事项形成和实现意思表示的途径或者手段,因而,行政决定权是对除了重大事项以外的行政管理事项形成和实现意思表示的途径和手段。行政决定权包括两种情形,即行政主体依法对行政管理中的具体事宜的处理权以及法律、法规和规章等法律规范未明确规定的事项的规定权。后者往往被看作行政立法权的补充,其内容属于行政解释。由于其所指向的对象多是较为具体的,我们可以将其

（4）行政命令权。所谓行政命令权，即在国家行政管理过程中，行政主体通过一系列的行政决定，依法要求特定的人或者不特定的人作出一定行为或者不作出一定行为，而命令相对人必须服从之的权力。行政命令权和行政决定权往往是同一个意思表示的不同阶段或者侧面。例如，行政许可权，着眼于其意思形成的侧面即是行政决定权，着眼于其对外部进行意思表示的侧面则是行政命令权。

（5）行政执行权。所谓行政执行权，即行政主体根据有关法律、法规和规章的规定或者有关上级部门的决定和命令等，在它所辖范围内具体执行行政事务的权力。如税务机关收取税款，行政主体行使行政执行权，有关组织或者个人有协助执行或者提供方便的义务，而行政主体负有严格依法履行公务的义务。

（6）行政制裁权。所谓行政制裁权，即行政主体对其所辖范围内的行政相对人违反有关法律规范的行为（包括某些未依法履行义务的行为），依法对其实施处罚等法律制裁的权力。可见，行政制裁权主要是指行政处罚权。根据行政法律规范所设定的行政处罚权，行政主体实施申诫罚、财产罚、行为（能力）罚和人身罚等行政处罚行为。值得注意的是，行政制裁权主要是指行政处罚权，但并不限于行政处罚权。为了实现行政管理的目的，除了法定的处罚种类外，行政主体还依法享有采取其他制裁方式的权力。例如，公布违法事实等。

（7）行政强制措施权。所谓行政强制措施权，是指行政主体在行政管理过程中，为制止违法行为、防止证据损毁、避免危害发生、控制危险扩大等情形，依法对公民的人身自由实施暂时性限制，或者对公民、法人或者其他组织的财物实施暂时性控制的权力。[①] 行政强制措施权的行使，必须有法律、法规的根据，并严格按照法律、法规的规定进行。《行政强制法》对行政强制措施的设定、行使、运作和救济作了严格规定。[②]

（8）行政强制执行权。所谓行政强制执行权，是指在行政法律关系中，作为义务主体的行政相对人不履行其应履行的义务时，行政机关或者行政机关申请人民法院裁定，依法强制其履行义务或者达到与履行义务相同状态的权力。[③] 根据行政法律规范所赋予的行政强制执行权，行政主体可以对逾期不履行义务的相对人实施加处罚款或者滞纳金，划拨存款、汇款，拍卖或者依法处理查封、扣押的场所、设施或者财物，排除妨碍、恢复原状，代履行，以及其他行政强制执行。[④] 需要注意的是，我国行政强制执行权归属于人民法院和行政机关，公民、法人或者其他组织对行政行为在法定期限内不提起诉讼又不履行的，或者不履行最终裁决的行政复议决定的，行政机关可以依法强制执行，或者依法申请人民法院强制执行。[⑤]

（9）行政委托、监督权。所谓行政委托、监督权，即行政主体为了更好地完成组织、管理、指挥和监督国家事务和相应的公共事务的任务，将某些行政职权依法委托给其他机关、单位、团体或者公民个人行使，并负责对其监督、检查的权力。需要注意的是，这里的行政监

[①] 参见我国《行政强制法》第 2 条第 2 款。
[②] 参见我国《行政强制法》第 10 条、第 11 条。
[③] 参见我国《行政强制法》第 2 条第 3 款；杨建顺：《行政强制法 18 讲》，中国法制出版社 2011 年版，第 88 页。
[④] 参见我国《行政强制法》第 12 条。
[⑤] 参见我国《行政诉讼法》第 97 条以及《行政强制法》第 2 条第 3 款、第 13 条第 2 款，《行政复议法（修订）（征求意见稿）》第 87 条和本书第五章。

督权是指在委托基础上的监督权,与通常行政系统内的层级监督权以及法制监督意义上的监督权不同。

(10) 行政司法权。行政司法权是一个复合概念,是指行政主体作为某项纠纷的第三人,对当事人双方的纠纷进行调解、仲裁、裁决和复议的权力。换言之,行政调解权、行政仲裁权、行政裁决权和行政复议权总称为行政司法权。

行政调解权,是指国家行政机关以国家政策、法律规范等为依据,以自愿为原则,通过说服教育的方法,促使双方当事人友好协商,达成协议,从而解决争议的权力。[①] 我国《道路交通安全法》第 74 条确立了公安机关交通管理部门对交通事故损害赔偿的争议的行政调解权。

行政仲裁权,是指行政机关设立的特定行政仲裁机构,依法按照仲裁程序对双方当事人之间的特定的民事或者经济纠纷作出公断的权力。目前,一般认为劳动争议仲裁具有一定的行政仲裁色彩。至于人事部门实施的人事仲裁的定性问题,尚待进一步研究。

行政裁决权,是指依法由行政主体依照法律规范授权,对当事人之间发生的、与行政管理活动密切相关的、与合同无关的民事纠纷进行审查,并作出裁决的权力。行政裁决的对象是特定的民事纠纷,如权属纠纷、侵权纠纷和损害赔偿纠纷等,而不是行政纠纷。广义上的行政裁决权和行政决定权相似,这里是从狭义上来理解这个概念的。

行政复议权,是指行政主体根据相对人的申请,依照法定程序对行政行为以及行政主体的其他活动进行复核、审查的权力。一般说来,行政复议的对象只能是行政主体与行政相对人之间发生的行政争议案件。而行政争议复杂多样,对行政复议权所涉及的行政争议案件的范围,各国并不相同。我国《行政复议法》在将受案范围限定为具体行政行为的同时,还设置了对规章以下规定"一并审查"制。

(11) 行政组织法上的其他行政职权。前述对行政职权的列举,主要着眼于"行政主体"对外部的关系,而行政主体在对内部的关系上,享有极其广泛和层次多样的行政组织管理权、公务员管理权等。例如,我国《国务院组织法》第 11 条规定:"国务院可以根据工作需要和精简的原则,设立若干直属机构主管各项专门业务,设立若干办事机构协助总理办理专门事项。"此外,根据我国宪法和有关组织法的规定,国务院行使《宪法》第 89 条规定的职权。这些职权不仅包括对外部的,而且也包括对内部的。例如,规定行政措施,制定行政法规,发布决定、命令等,都同时也包括对内部的组织、管理、指挥和监督的权限,此处不再赘述。

2. 行政优益权

(1) 行政优益权的概念

行政职权具有优先性的特点,即行政主体在行使行政职权时,依法享有一定的行政优先权和行政受益权。行政优先权和行政受益权,组合构成行政优益权。行政优益权,是国家为确保行政主体有效地行使职权,切实地履行职责,圆满地实现公共利益的目标,而以法律、法规等形式赋予行政主体享有各种职务上或者物质上优益条件的资格。职务上的优益条件属于行政优先权,物质上的优益条件属于行政受益权。行政优益权在性质上不属于行政职权,但它与行政职权具有密切联系,是行政职权有效行使的保障条件。

[①] 参见《合同争议行政调解办法》(1997 年 11 月 3 日国家工商行政管理局令第 79 号)。

(2) 行政优先权

一般说来，所谓行政优先权，是指国家为保障行政主体有效地行使行政职权而赋予行政主体许多职务上的优先条件，即行政权与其他社会组织及公民个人的权利在同一领域或者同一范围内相遇时，行政权具有优先行使和实现的效力。行政优先权的内容主要包括以下几个方面：

第一，行政先行处置权。

在现代法治国家，依法行政的原理得以广泛确立，行政主体行使行政职权，实施行政行为，都必须遵循法定的程序。例如，我国1996年《人民警察使用警械和武器条例》第9条第2款规定："人民警察依照前款规定使用武器，来不及警告或者警告后可能导致更为严重危害后果的，可以直接使用武器。"这里的"直接使用武器"也是行政先行处置权的具体体现。进而，我国《行政强制法》在为行政强制措施实施程序设置一般规定时，对因情况紧急而当场实施行政强制措施的相关程序和时限作出规定，为行政先行处置权提供了更为充分的规范。[①]

第二，获得社会协助权。

行政主体享有获得社会协助权，即行政主体在从事紧急公务时，有关组织或者个人有协助执行或者提供方便的强制性义务，违反者将承担法律责任。

行政主体从事公务时，有关机关、个人均有协助的义务。但一般的协助与作为行政优先条件下的社会协助不同，后者义务性强，违反者须承担法律责任，而前者违反时未必会引起法律责任；前者适用于一般公务活动，而后者则适用于特殊公务（紧急公务）活动。

例如，我国《国家安全法》第75条规定："国家安全机关、公安机关、有关军事机关开展国家安全专门工作，可以依法采取必要手段和方式，有关部门和地方应当在职责范围内提供支持和配合。"该法第77条规定，公民和组织应当履行向国家安全机关、公安机关和有关军事机关提供必要的支持和协助等维护国家安全的义务。《人民警察法》第13条规定，公安机关的人民警察在依法执行紧急任务的情况下，经出示相应证件，可以优先乘坐公共交通工具，遇交通阻碍时，优先通行等。类似的还有我国《消防法》第47条、《道路交通安全法》第53条等。

这些法律规定均体现了行政优先条件下的社会协助义务。并且，在行政优先条件下的社会协助义务必须得以履行，否则将追究相应的法律责任。

第三，行政行为的推定有效（公定力）。

为了保障行政秩序的稳定性和连续性，行政法律规范承认行政行为具有公定力，即是指行政行为一旦成立，除了其成立具有重大且明显的瑕疵，因而被认为绝对无效的情形以外，原则上推定其有效乃至合法，且在有权行政主体或者法院予以撤销、废止或者变更之前，相对人、行政主体以及法院，都必须将其作为合法、有效的行为加以尊重和服从，而不能否认其效力。在行政复议和行政诉讼期间，只要没有法律上的特别规定，原则上不停止该行政行为的执行。

(3) 行政受益权

行政受益权，是指行政主体享受国家所提供的各种物质优益条件。为了保证行政主体

---

① 参见我国《行政强制法》第19条、第20条。

有效行使行政职权,维护行政秩序,国家向行政主体提供各种物质条件,如财政经费、办公条件、交通工具等。

3. 行政职责

(1) 行政职责的定义

现代民主政治是以责任为基础的,作为行政职权的享有者的行政主体,必须对赋予其权力的人民、国家负责。行政职责是指行政主体在行使国家所赋予的行政职权,实施国家行政管理活动的过程中,所必须承担的法定义务。

(2) 行政职责与行政职权的关系

行政职责随行政职权的产生、变更或者消灭而变化,任何具有行政职权的行政主体,随之享有行政优先权,同时也必须履行行政职责。换言之,行政职权与行政职责,是行政主体的权利和义务的具体体现,二者是辩证统一、密不可分的。因此,行政职责和行政职权被称为"孪生兄弟"。正如中共中央总书记、中央军委主席习近平所指出:"我们要健全权力运行制约和监督体系,有权必有责,用权受监督,失职要问责,违法要追究,保证人民赋予的权力始终用来为人民谋利益。"[①]这是现代行政法治原理的内在要求。

(3) 行政职责的内容

行政职责是行政主体必须履行的义务,因此不能放弃和违反,否则会引起对法律责任的追究。行政责任正是违反行政职责所引起的法律后果。行政职责的核心是"依法行政",其主要内容包括依法履行职务、遵守权限规定、符合法定目的和遵循法定程序等。

第一,依法履行职务、遵守权限规定。行政主体所享有的职权必须有法律规范的明确规定,行政主体必须按照法定职权,在法定的权限范围内履行职务。否则,可能构成行政失职、越权或者权力滥用。

第二,符合法定目的。行政主体的一切行政管理活动,都必须在法律规定的范围内进行,并且,都必须符合法定目的,遵循合理、适当的原则,避免不相关因素的干扰。因此,没有考虑相关因素,或者考虑了不相关因素,其法定目的适合性都会受到质疑。例如,我国《农业机械化促进法》的目的应在于"鼓励、扶持农民和农业生产经营组织使用先进适用的农业机械,促进农业机械化,建设现代农业"。因此,为管理而管理的限制性措施,都应该尽量避免之。

第三,遵循法定程序。随着民主法治建设的不断发展和公开、公平、公正理念的不断深入人心,现代国家中的一切行政活动,除要求实体上合法、合理外,还必须严格遵循法定程序,确保程序上合法、合理。

4. 行政权限

我们说行政主体有遵守权限、不越权的义务,那么,行政权限又应如何理解呢?

任何行政职权的行使都附有各种条件,其中就有范围上的限定。行政权限是指法律规范所规定的行政主体行使职权所不能逾越的范围或者界限。换言之,行政权限就是行政职权的限度。行政主体行使职权超越该"限度",便构成行政越权,一般情况下,行政越权将被视为无效。

---

① 习近平:《在首都各界纪念现行宪法公布施行30周年大会上的讲话》(2012年12月4日)。

着眼于行政权限相互之间的关系,可以将行政权限分为纵、横两大类。

纵向行政权限是指有隶属关系的上下级行政主体之间权力行使范围的划分。例如,我国《土地管理法》第 46 条第 1 款和第 2 款对国务院和省级人民政府的土地征收权进行了划分:"征收下列土地的,由国务院批准:(一)永久基本农田;(二)永久基本农田以外的耕地超过三十五公顷的;(三)其他土地超过七十公顷的。征收前款规定以外的土地的,由省、自治区、直辖市人民政府批准。"这便是对纵向权限的划分。其中,"基本农田"是根据土地属性划分土地征用批准权限的标准,"三十五公顷"和"七十公顷"则分别是根据数量来划分基本农田以外的耕地和其他土地的征用批准权限的标准。

横向权限是指无隶属关系的行政主体之间权力行使范围的划分。这种权限又可分为区域管辖权限和公务管辖权限。前者如甲市公安局与乙市公安局按地域划分管辖范围,后者如某市公安局与市场监管局之间权限的划分,其地域管辖范围相等,但所管辖的公务内容却不同。

（三）行政主体与其他相关概念

1. 行政主体与行政法主体、行政法律关系主体

我国行政法学界对行政主体与行政法主体、行政法律关系主体的关系有着不同的理解,尤其是对行政法主体和行政法律关系主体的理解存在很大的分歧。有人认为,行政法律关系主体亦称行政法主体,或称行政法律关系当事人,它是指在行政法律关系中享有权利和承担义务的组织或者个人。[①] 也有人认为,行政法律关系主体和行政法主体是两个不同的概念,其理由是行政法主体除了行政主体和行政相对人外,还包括监督行政法律关系中的监督主体。在这层意义上,行政法主体是指受行政法规范的调整,享有行政法上权利并承担相应义务的组织或者个人。[②] 学术界之所以会存在对同一概念的如此分歧,主要源于各自视角不同。后者的特点在于强调了监督行政法律关系及该关系中的监督主体,虽然没有跳出"行政法律关系"的范畴,与前者没有本质上的差异,但从表述的角度看更为明确和全面,尤其是在探讨"行政主体"这个概念时,采用后者的观点更有利于在与行政相对人相对应的关系上把握之。简而言之,行政法主体中包括行政法律关系主体,行政法律关系主体中包括行政主体,行政主体是行政法律关系中的特殊的一方主体。

2. 行政主体与行政机关

行政主体只能是国家行政机关和被授权的组织。由于行政机关和行政机构、行政组织的概念在实定法上和学理上都存在混用的现象,不可以将"行政机关"一概视为行政主体。例如,政府成立的临时性机构,虽然人们有时也称之为"行政机关",但它一般仅仅是协调性机构,不对外行使国家行政权,所以不是行政主体,除非其接受法定授权。行政机关能否成为行政主体,不仅要看其是否享有行政权,而且还要看其从事某种活动时是否运用行政权,即看其以何种身份从事活动。因此,不能一概而论。

此外,如前所述,行政机关不等于行政主体,除行政机关外,一定的行政机构和其他社会组织,依照法定授权,也可以成为行政主体。

[①] 参见胡建淼:《行政法学》,法律出版社 1998 年版,第 28 页;姜明安主编:《行政法与行政诉讼法》,法律出版社 2003 年版,第 71 页。

[②] 参见罗豪才主编:《行政法学》,北京大学出版社 1996 年版,第 19 页。

3. 行政主体与公务员

行政主体与公务员联系紧密，不可分割，但不能因此将行政主体和公务员等而视之。归根结底，国家行政权是由成千上万的公务员具体实施的。但是，公务员与国家之间存在着一种行政职务关系，在与国家行政机关的对应关系上，公务员享有一系列法定的权利，同时也负有法定的义务，如忠于宪法，模范遵守、自觉维护宪法和法律，自觉接受中国共产党领导；忠于职守，勤勉尽责，服从和执行上级依法作出的决定和命令，按照规定的权限和程序履行职责，努力提高工作质量和效率[①]；在与行政相对人的对应关系上，公务员是代表行政主体实施行政权的，只能以行政主体的名义从事公务活动，其职务行为的一切后果均归属于所属国家行政机关或者授权组织，公务员并不直接承担因此而产生的法律后果。并且，行政主体只能是组织，各个具体的公务员欠缺成为行政主体的客观要件，所以公务员不能成为行政主体。

（四）确立行政主体概念的意义

从行政法的角度来确立行政主体这一行政法学上的基本概念，不仅对于明确行政权的归属、保障行政权的公正行使、确保行政相对人的合法权益得到充分救济具有重大的意义，而且对于我国行政法学研究的发展也具有深远的积极意义。归纳起来，可以从如下四个方面来理解：

第一，是依法行政的需要。

行政管理活动是行使国家行政权的活动，这种活动必然对社会产生一定的影响。行政管理部门在实施对社会经济生活组织管理时，有可能损害相对人的合法权益，因此要求行政管理部门必须依法行政。依法行政不仅要求行政管理部门依照法律、法规和规章行使行政权，而且还要求其必须承担因其行为所引起的相应法律后果，承担法律后果就必须明确主体。如果主体不明确，则必然权限不清、职责不明，因而也无法承担责任。所以，依法行政首先要求对复杂多样的行政管理部门进行行政主体资格的确定。

第二，是确定行政行为效力的需要。

行政行为是由行政机关和授权组织代表国家作出的，它具有国家强制力，直接影响着相对人的权利和义务。通常认为，行政行为具有公定力、拘束力和执行力。因而，对于合法成立的行政行为，相对人具有必须服从的义务。所谓合法成立，其中就包括主体资格的合法。如果行政机关及其他组织不具有行政主体的资格，那么，其行为便不具有行政行为的效力，也不能实现所希望的法律后果，并且可能导致该行为无效或者被撤销的后果。确定行政机关及其他组织的行为是否是行政行为，是否具有行政行为的效力，标准之一就是确立行政机关及其他组织是否具备行政主体资格。不具备行政主体资格的行政机关和组织的行为就不是行政行为，不具有行政行为的效力，或者是无效的行政行为。

第三，是确定行政复议被申请人以及行政诉讼被告人的需要。

根据我国《行政复议法》和《行政诉讼法》的有关规定，行政复议和行政诉讼都是以行政行为为争议标的的解决纠纷的活动。一般而言，要请求行政复议或者提起行政诉讼，请求行政救济或者司法救济，必须首先确定行政机关及其他组织能否成为行政复议的被申请人、行

---

① 参见我国《公务员法》第14条第1项、第4项。

政诉讼的被告人,以及对受委托组织或者个人的行为申请行政复议或者提起行政诉讼时应以哪些机关或者组织为被申请人、被告人,这就必须确定该行政机关及组织是否具有行政主体资格。例如,治安管理处罚绝大多数是由公安局的工作机构治安处(科)具体负责,但是,如因此引起行政诉讼,则必须以公安局而不是公安局的治安处(科)为被告人。因为治安处(科)不是行政主体,公安局才是行政主体。

第四,是保证行政管理活动连续性、统一性的需要。

行政活动是由公务员具体实施的,但公务员并不直接承担其行政职务的履行所引起的法律后果。因为公务员与国家之间存在着行政职务关系,其职务履行所引发的法律后果应归属于它所代表的国家。那么,如何保证众多公务员行为的连续性和统一性,由谁来具体承担各个公务员行为的责任呢?行政组织的多层级性和复杂多样性,也决定了各层级、各机构的活动需要保持相应的连续性、统一性。依法行政的原则要求有行政主体存在,由行政主体把众多的先后不一的公务员的行为以及各不相同的层级或者机构的诸多行为统一连续起来,并承担由各个公务员的行为所引发的法律后果。

二、行政相对人

行政相对人是行政法律关系中的一方主体。无论是包括行政机关在内的国家机关,还是公民、法人或者其他组织以及外国人、无国籍人、外国组织,都可以作为行政法律关系的行政相对人参加行政法律关系,享受一定的权利,并承担一定的义务。但是,行政主体只能是国家行政权的享有者、行政权的行使者和为此而承担相应法律责任者。除国家行政机关和接受法定授权而成为行政主体的组织外,行政相对人一般情况下是不能以行政主体的资格参加行政法律关系的,因为其不具备行政主体资格。

在传统的行政法学中,论述的重点被置于行政主体,而对行政相对人的权利义务的论述或者是不够充分,或者是只强调其义务而忽视其能动性的一面。随着行政法治意识的提高和民主参与意识的不断普及,现代各国较为普遍地倡导参与型行政,通过协调、对话、参与、互动等,相对人在行政法律关系中的地位和作用越来越受到人们的关注,作为行政法律关系的一方主体,对其权利义务的剖析,成为现代行政法学中一个重要的领域。因此,在本章中,我们将设专节来论述行政相对人的权利和义务。

第二节 国家行政机关

一、国家行政机关的概念、性质和特征

(一)国家行政机关的概念

国家行政机关,又称国家行政管理机关,即狭义上的人民政府,是指国家根据其统治意志,按照宪法和有关组织法的规定设立的,依法享有并运用国家行政权,负责对国家各项行政事务以及相应的社会公共事务进行组织、管理、指挥和监督的国家机关。

国家行政机关,是国家为实现对国家政治、经济、社会和文化等诸领域以及相应的社会公共事务的有效管理而设置的,其职能随着时代的变化和社会的变迁而发展、变化。随着科

学技术的发展和行政职能的扩大,现代国家中政治、经济、文化等各个领域的管理事务越来越纷繁复杂,国家行政机关的地位也越来越重要。因为在瞬息万变的现代社会中,国家行政机关较其他国家机关具有更强的适应性和应变能力,国家行政机关能否有效地行使其组织、管理、指挥和监督等行政权力,能否及时对相关权利、利益施行保护和救济,关系到能否确保国家和社会的安全与安定,关系到整个社会能否健康而迅速地发展。

（二）国家行政机关的性质

在实行权力分立的国家,行使行政权的国家行政机关与行使立法权的立法机关和行使司法权的司法机关相互独立、相互制衡。无论其政体是内阁制、议会内阁制,还是总统制、半总统制、委员会制,行政权都属于国家行政机关。如《美国宪法》规定:行政权属于美利坚合众国总统（第2条第1项）；《日本国宪法》规定:国家"行政权属于内阁"（第65条）。

在社会主义国家,一切国家权力属于人民,国家行政机关由国家权力机关产生,是国家权力机关的执行机关,行使国家行政管理权,对国家权力机关负责并报告工作。在我国,根据宪法和相关法律规定,国家行政机关从属于国家权力机关,是根据国家权力机关的决定和授权,按照宪法、组织法和有关法律的规定设立的,依法对国家行政事务及相应的社会公共事务行使组织、管理、指挥和监督等行政权力的国家机关。①

（三）国家行政机关的特征

1. 国家行政机关具有高度政治性和权威性

在阶级社会中,政府必然代表一定阶级的利益和体现统治阶级的意志,具有鲜明的政治性。在现代国家,随着法治国家理念和宪法思想的普及,要求统治阶级的意志必须通过法律的形式体现出来,于是,充分尊重并严格遵守作为"全体国民总体意思表示"的宪法和法律,便成为国家行政机关政治性的最突出的体现。

与其他社会组织相比,国家行政机关具有高度的权威性。国家行政机关通过法定的行政权力,对国家政治、经济、文化和社会各个领域实行最广泛的干预和领导,其权力的覆盖面涉及每个公民和组织,其政策、方针、法规、规章和命令等,在其管辖范围内的每一个组织和任何个人都必须遵守和执行。任何政党和组织都必须在宪法和法律的范围内活动,即使是执政党,其执政方针或者政策,也只有通过法定的途径转化为法律、法规或规章,才能够对国家行政机关产生法定的拘束力。

2. 国家行政机关具有执行性和法律从属性

在我国,国家行政机关是国家权力机关的执行机关,其活动内容与目的,必须严格从属于国家权力机关,或者直接执行国家权力机关制定的法律和决议,或者为执行该法律和决议而采取组织、管理、监督和指挥等措施。有时,行政机关也可依法制定行政法律规范,为行政管理活动设立行为准则。无论是采取具体措施,还是制定普遍性规范,行政机关的一切活动都具有强烈的执行性,都不得违背权力机关的意志,即不能违反宪法和法律。

3. 国家行政机关具有相对独立性

国家行政机关是按照宪法和组织法的规定设立的,其一切活动必须在法定授权范围内

---

① 当然,由于行政机关内部的层级性,决定了行政机关行使职权的依据并不限于宪法和法律。这里是从整个行政机关层面来理解的。

进行。国家行政机关的设置及其宗旨和目的、人员编制、行为规范、管理方法和方式、财政预算等都应该是法定的。此外,国家行政机关必须依法行使职权,无论是采取法律手段,还是采取其他经济或者行政手段,都不得与法律规定相违背。国家行政机关在其职权范围内所为的一切行为的法律后果,都归属于其所代表的国家。

一方面,国家行政机关具有从属性,从属于国家权力机关。另一方面,国家行政机关具有相对独立性,行政权由国家行政机关行使,其他国家机关不得行使行政机关的行政权,也不得无故干涉国家行政机关行使职权的活动。

4. 国家行政机关具有适应性和创造性

国家行政机关的任务是管理国家、社会、经济和文化等各个领域,面临国内外风云变幻,必须采取随机应变、机敏适宜的措施,或者变换机构设置,或者改变管理方式,以适应不断出现的新的行政需要。

同时,国家行政机关具有极强的创造性,特别是高层级的行政机关更多地承担着行政决策的职能,其决策活动无一不是新的创造。与高层级的行政机关相比较,下层级的行政机关在执行法律、法规和政策过程中,虽然创造性相应地不是很突出,但是,依然需要决策与指挥,依然具有相应的创造性。总而言之,行政机关在法律规定的范围内享有广泛的裁量权,能动地而且富有创造性地执行法律。这是现代国家行政机关最突出的特征之一。

5. 国家行政机关具有统一性和层级性

为实现行政目的,国家行政机关首先必须实行统一管理,保证政令统一。国家行政机关要实行统一管理,以保证指挥灵便,让行政指令和信息在纵向渠道上迅速传递,必须逐级授权,依次分工,分级负责,明确关系,保持平衡。现实中,从中央到地方,国家行政机关存在若干层级,以国家最高行政机关为顶点,形成金字塔形的行政组织系统。

6. 国家行政机关具有社会性、专业性和服务性

任何时代、任何性质的国家行政机关,都具有管理社会公共事务的职能,具有极强的社会性。尽管国家行政机关在本质上都必然代表一定阶级的利益,但是,任何政府要达到维护阶级统治、稳定社会秩序的目的,都必须对经济、科技、文教、卫生、交通、电讯、社会保障、环境保护等领域展开有效的管理。

现代行政的特点决定了国家行政机关具有高度技术性和专业性。为了圆满完成对纷繁复杂的行政事务和社会公共事务施行科学有效的管理之任务,行政机关不仅应具备结构合理的行政系统,而且还必须具备相应的专门性、技术性能力。

服务性是现代行政的重要特征之一。公共服务是现代政府的重要职能之一。随着我国从管制型向服务型政府的转变,国家行政机关将对某些社会公共事务的组织和管理进行调整,在促进公民个人、市场机制和中介机构等分别发挥相应作用的过程中,同样将承担主体培育、规则制定等重要的服务职能。

二、国家行政机关与相关概念的区别

(一)国家行政机关与权力机关、监察机关、审判机关、检察机关的区别

我国的国家机关包括国家权力机关、国家监察机关、国家审判机关、国家检察机关、国家行政机关和国家军事管辖机关。有些国家的军事管辖权属于行政权的一部分,而我国《宪

法》赋予军事管辖权以独特的地位,但《宪法》只是对中央军事委员会作出简单规定,并未对有关军事管辖权的相应制度和程序作出明确规定。基于其独特性,在这里暂不将其作为比较的对象。国家权力机关、国家监察机关、国家审判机关、国家检察机关和国家行政机关,都是行使国家权力、执行国家职能的重要部门,都接受中国共产党的政治领导,在各自的职权范围内依法行使立法权、监察权、审判权、检察权和行政权,其组织和活动原则实行民主集中制,对人民负责,受人民监督。这是国家行政机关与其他国家机关的共同点。

但是,国家行政机关与其他国家机关在行使国家权力的职能范围和活动方式等方面存在若干区别:

(1)任务和职权。不同的国家机关,任务和职权各不相同。国家行政机关根据宪法和法律规定,行使行政权,有权制定相应的行政法律规范,并依法采取各种行政措施。而各级国家权力机关的主要任务是行使国家立法权;监察委员会是国家的监察机关,依照宪法和法律规定独立行使监察权;人民法院是国家的审判机关,依照宪法和法律规定独立行使国家审判权;人民检察院是国家的法律监督机关,依照宪法和法律规定独立行使检察权。

(2)组织和活动方式。国家行政机关一般实行首长负责制,依照宪法和法律采取行政手段以实现其任务。各级国家权力机关实行合议制,一般议案都必须由人民代表大会全体代表的过半数通过;国家监察机关、国家审判机关和国家检察机关在组织上都实行委员会制,分别以监察、裁判和检察的方式实现其任务。

(3)能动性。国家行政机关和国家监察机关、国家审判机关及国家检察机关都是执行国家权力机关制定的法律的机关,对国家权力机关而言,四者是平行关系。但是,它们不仅拥有不同的职权,分别采取不同的执法方式,而且在其执法能动性方面也存在较为明显的区别。一般说来,监察机关、审判机关和检察机关执行法律具有一定程度的被动性,只有在发生职务违法和职务犯罪、纠纷或者违法犯罪案件时,监察机关、审判机关及检察机关才能适用司法程序,对既成的职务违法和职务犯罪、纠纷和违法犯罪事实进行调查、裁判、处理和制裁。而国家行政机关的执法活动则大量表现为主动的、积极的行政行为,从简便、实效的角度出发,适用行政程序,在法律规定的范围内行使广泛的裁量权,能动地领导、组织、管理、指挥和监督行政事务乃至相应的社会公共事务,以维护公共利益,保护相对人的合法权益。

(二)国家行政机关与行政组织、行政机构的区别

国家行政机关与行政组织、行政机构,是一组既有密切联系,又有一定区别的概念。国家行政组织,是为实现对国家事务和社会公共事务的有效管理,由国家按照宪法、组织法和法律规定的条件和程序设立并负责国家行政事务和社会公共事务管理的特殊社会组织,包括国家行政机关和国家行政机构。国家行政机关,是指从中央到地方的各级人民政府及其他具有法人资格、能以自己的名义行使行政权并承担因此而产生的法律责任的行政单位。行政机构,是指构成国家行政机关的内部各单位,它是为行政机关行使行政权服务的,对外不能以自己的名义发布决定和命令,其行为的一切法律后果皆归属于其所属行政机关。在国家行政机关、行政组织和行政机构这组概念中,只有行政机关具有行政主体的资格,可以成为行政法律关系中的一方特定主体。行政机构一般可作为行政相对人而成为行政法律关系的一方主体,只有在法定授权的情况下,才能成为行政主体。

（三）国家行政机关与企业、事业单位以及社会团体的区别

企业、事业单位以及其他社会团体都不属于国家行政组织，都不行使国家行政权力，其活动属于具体的经营活动或者事业活动，其内部的事务管理组织不是一级国家行政机关，也不是国家行政机关的派出机构。

社会团体是群众性组织，其决议和行为规范，只能约束本团体成员，并且，社会团体可根据自愿申请并履行必要手续来吸收成员，其成员退出该团体一般也比较自由。而国家行政机关所采取的行政措施和所制定的行政法律规范，对全社会成员都具有约束力，带有国家强制性，而且一般公民取得或者放弃国家公务员资格，进入或者退出国家行政机关，都必须遵循严格的法律规定，个人的自由意志往往要受到一定的限制。

三、具有行政主体资格的国家行政机关

我国行政体制是一个有纵向和横向之分、纵横交错、关系复杂却罗列有致的完整系统。中央行政机关和地方行政机关共同构成国家行政体制的基础系统。从国务院到省（自治区、直辖市）和设区的市（自治州）、县（自治县、不设区的市、市辖区）、乡（镇、民族乡），除具有上下级隶属关系的各级人民政府及其职能部门外，还有许多处于平行关系的机关、机构等。行政法学（行政组织法学）研究行政机关的根本目的，在于根据宪法和有关法律的规定，确定哪些行政机关具有行政主体资格，从而为行政作用法学（行政行为法学）和行政诉讼法学的展开创造条件。

（一）中央行政机关

1. 中央行政机关的概念

所辖区域及事务范围涉及全国的行政机关，称为中央行政机关。中央行政机关是领导全国和各地方行政工作的最高行政机关，它是一国行政体制的核心，其职权划分、活动方式和组织形式，直接影响着行政效率，关系着整个国家机器的运转状况，乃至决定着国家和民族的命运。

2. 国务院

中华人民共和国国务院，即中央人民政府，是最高国家权力机关的执行机关，是最高国家行政机关（《宪法》第85条）。从新中国成立初期的政务院到现在的国务院，作为国家最高行政机关，其组织原则和活动准则都是由宪法和组织法规定的。

根据我国《宪法》和《国务院组织法》的规定，国务院由每届全国人大第一次会议选举产生，是最高国家权力机关的执行机关，也是最高国家行政机关（《宪法》第85条）；国务院由总理、副总理若干人、国务委员若干人、各部部长、各委员会主任、审计长和秘书长组成（《宪法》第86条第1款）。国务院总理，根据国家主席的提名，经全国人大以全体代表过半数通过决定，由国家主席任命；其他成员由总理提名，经全国人大以全体代表过半数通过决定，由国家主席任命。国务院实行总理负责制（《宪法》第86条第2款）。总理负责领导国务院的工作，副总理和国务委员协助总理工作（《宪法》第88条第1款）。国务院工作中的重大问题，必须经国务院常务会议或者全体会议讨论决定，国务院常务会议和国务院全体会议由总理召集和主持。

根据我国《宪法》和《国务院组织法》的规定，国务院享有并行使广泛的行政管理职权。根据现行《宪法》第89条的规定，国务院共享有18项行政管理职权，其中使国务院因而具有

行政主体资格的职权大致包括如下内容：
（1）行政措施的规定权，行政法规的制定权，行政决定和命令的发布权；
（2）对中央和地方各级国家行政机关的领导、监督权；
（3）对全国各项行政工作的领导和管理权；
（4）全国人大和全国人大常委会授予的其他职权。

3. 国务院各部、委员会

国务院各部、委员会，是负责国家行政管理某一方面事务或者某些职能的工作机构，是国务院的组成部分，依法对某一方面的行政事务具有全国范围内的管理权限。如外交部、教育部、国家发展和改革委员会、国家卫生健康委员会等。教育部对外保留国家语言文字工作委员会牌子。科学技术部对外保留国家外国专家局牌子。工业和信息化部对外保留国家航天局、国家原子能机构牌子。自然资源部对外保留国家海洋局牌子。生态环境部对外保留国家核安全局牌子。国务院的行政职能，主要由各部、委员会承担，各部管理比较专门的行政事务，各委员会则负责管辖较有综合性的行政事务。

作为国务院的组成部门，国务院各部、委员会接受国务院的领导和监督，执行国务院的行政法规、决定和命令。同时，各部、委员会可以在法定的职权范围内，就自己所管辖的事项，以自己的名义实施行政活动，并能独立承担因此而产生的责任。因此，各部、委员会是行政主体。

作为行政主体的国务院各部、委员会的职权，主要包括如下内容：（1）部门规章的制定权；（2）对本部门所辖事务的管理权；（3）对行政纠纷的裁判权。

4. 国务院的直属机构

根据宪法和有关法律规定，国务院可以根据工作需要和精简的原则设立国务院直属特设机构、直属机构、办事机构、直属事业单位、部委管理的国家局以及国务院议事协调机构和临时机构等。其中，国务院直属特设机构和直属机构，主管某项专门业务，具有行政主体的资格。前者有国务院国有资产监督管理委员会；后者如中华人民共和国海关总署、国家市场监督管理总局、国家税务总局等。直属机构的行政首长不是国务院的组成人员，其法律地位低于各部、委员会。同时，直属机构具有独立的职权和专门职责，可以在主管事项的范围内，对外发布命令和指示。因此，直属机构具有行政主体的资格。

根据法律规定，国务院直属机构的职权主要包括如下内容：（1）规章制定权；（2）行政事项处理权；（3）争议的裁判权。

5. 国务院各部、委员会管理的国家局

依照我国有关组织法的规定，国务院可以根据国家行政事务的需要，设立若干行政主管职能部门。由于其行政事务与一些部、委的职能有关，因此由相应的部、委实施管理。如国家信访局由国务院办公厅管理，国家能源局由国家发展和改革委员会管理，国家外汇管理局由中国人民银行管理，国家知识产权局由国家市场监督管理总局管理。这些国家局自成立时就具有独立的法律地位，依法行使对某项专门事务的管理权和裁决争议权，故具有行政主体资格。国家移民管理局加挂中华人民共和国出入境管理局牌子。国家林业和草原局加挂国家公园管理局牌子。国家公务员局在中央组织部加挂牌子，由中央组织部承担相关职责。国家档案局与中央档案馆、国家保密局与中央保密委员会办公室、国家密码管理局与中央密码工作领导小组办公室,一个机构两块牌子,列入中共中央直属机关的下属机构序列。

6. 国务院的办公和办事机构

国务院设立办公厅,由秘书长领导,具体负责处理国务院的日常工作。国务院港澳事务办公室和国务院研究室等是国务院办事机构,主要职能是协助总理办理专门事项。因此,国务院办事机构在通常情况下不具有行政主体资格。国务院侨务办公室在中央统战部加挂牌子,由中央统战部承担相关职责。国务院台湾事务办公室与中共中央台湾工作办公室、国家互联网信息办公室与中央网络安全和信息化委员会办公室,一个机构两块牌子,列入中共中央直属机构序列。国务院新闻办公室在中央宣传部加挂牌子。

(二) 地方国家行政机关

地方国家行政机关,是指其活动范围仅限于国家一定行政区域范围内,其管辖事项仅限于地方性行政事务的行政机关,亦称地方人民政府,即各级地方人民政府。

根据我国宪法和有关组织法的规定,按照行政区域的划分,我国地方各级人民政府分为省(自治区、直辖市)、市(自治州)、县(自治县、不设区的市、市辖区)、乡(镇、民族乡)四级。

地方各级人民政府实行首长负责制。省长、自治区主席、市长、县长、区长、乡长、镇长分别主持各级人民政府的工作。县级以上地方各级人民政府会议分为全体会议和常务会议,政府工作中的重大问题,需经政府常务会议或者全体会议讨论决定。各级人民政府首长负责召集和主持本级人民政府全体会议和常务会议。

地方各级人民政府,为了管理各方面行政事务,可以根据工作需要设立各种工作部门。政府工作部门受本级人民政府统一领导,并受上级人民政府主管部门的领导或者业务指导。

1. 地方国家行政机关的性质

地方国家行政机关的特点在于其"双重从属制":一方面,地方各级人民政府都是本级地方国家权力机关的执行机关,对本级人民代表大会及其常务委员会负责并报告工作;另一方面,地方各级人民政府都对其上一级国家行政机关负责并报告工作,都是国务院统一领导下的国家行政机关,服从国务院的领导。但是,该"双重从属制"并不影响地方各级人民政府的主体资格。因为地方各级人民政府在其管辖的区域范围内,有权依照宪法和有关法律规定的权限,管理本行政区域内的各项行政事务,并依法对该行为所产生的法律后果承担责任。因此,地方各级人民政府都具有行政主体资格。

2. 地方国家行政机关的法定职权

根据我国《地方各级人民代表大会和地方各级人民政府组织法》(以下简称《地方组织法》)的规定,我国地方各级行政机关有如下5类职权:

(1) 执行权;

(2) 决定、命令的发布权和规章的制定权;

(3) 领导和管理权;

(4) 保护、保障权;

(5) 对本级政府职能部门和下级人民政府行政工作的领导和监督权。

此外,根据我国《地方组织法》规定,自治区、自治州、自治县的自治机关,除行使上述职权外,还依照宪法、民族区域自治法和其他法律规定的权限,行使自治权。

3. 地方各级人民政府的职能部门

根据宪法和有关法律的规定,县级以上地方各级人民政府可以根据工作需要,设立若干职能部门,承担某一方面行政事务的组织与管理职能。职能部门对本级人民政府负责,管理所辖行政区域内的某项专门行政事务。县级以上的地方各级人民政府根据国家区域发展战略,结合地方实际需要,可以共同建立跨行政区划的区域协同发展工作机制,加强区域合作。职能部门独立享有并行使行政职权,以自己的名义作出决定,并承担相应的法律后果。因此,县级以上地方各级人民政府的职能部门都具有行政主体资格。

县级以上地方各级人民政府的职能部门的法定职权主要有如下两项:

(1) 决定、命令的发布权;

(2) 对行政事项的主管权。

4. 地方人民政府的派出机关

地方人民政府的派出机关,是指由县级以上地方人民政府经有权机关批准,在一定区域内设立的行政机关。如,市辖区、不设区的市人民政府经上一级人民政府批准设立的街道办事处。地方人民政府的派出机关不是一级人民政府,但是,依据有关组织法的规定,实际上履行着一级人民政府的职能,在一定的区域内对所有的行政事务享有组织与管理权,能以自己的名义作出行政行为,并能对其行为后果承担法律责任。因此,地方人民政府的派出机关具有行政主体的资格。

乡(镇)人民政府是最基层的人民政府,领导和管理所辖行政区域内的行政事务。乡(镇)人民政府内部只设办事机构,不设职能部门,也不设派出机关。有时根据需要设派出机构,在对外活动中,只能以乡(镇)人民政府的名义作出行政行为,不能独立对外行使行政权。因此,在乡(镇)人民政府系统中,只有乡(镇)人民政府一个行政主体,除行政法律规范授权的情形外,其他任何内部机构或者派出机构都不具有行政主体的资格。

(三) 中央行政机关和地方国家行政机关关系的法律调整

中央与地方的关系,主要包括中央行政机关和地方国家行政机关的职能划分、中央行政机关对地方国家行政机关的监督和控制以及各地方之间、地方和中央之间关系的协调三个方面。

1. 中央行政机关与地方国家行政机关职能的划分

我国《宪法》规定,中央和地方国家机构职权的划分,遵循在中央的统一领导下,充分发挥地方的主动性、积极性的原则(第3条第4款)。这一宪法原则,要在实际中具体应用,必须从行政法上确立最高行政机关和地方各级行政机关之间的相互协作的权利义务关系,建立科学的、合理的纵向职能划分。[①]

外交事务、国防事务、货币、度量衡、行政区划调整、财政拨款、国民经济和社会发展与布局规划等,凡属全国性的行政管理事务,涉及全国利益者,应由中央行政机关统一管辖。

地方性经济建设规划、文化、教育、卫生、体育、环保、生活福利设施等,凡属地方性的行

---

① 关于中央和地方的关系问题,毛泽东曾经作过非常精辟的论述:"应当在巩固中央统一领导的前提下,扩大一点地方的权力,给地方更多的独立性,让地方办更多的事情。这对我们建设强大的社会主义国家比较有利。""有中央和地方两个积极性,比只有一个积极性好得多。"参见毛泽东:《论十大关系》第五部分。该文刊载于《毛泽东文集》第七卷,人民出版社1999年版,第23—49页。但是,由于缺乏行政法层面的权利义务架构,使得中央和地方的关系这个矛盾一直没有得到令人满意的解决。因此,我们必须强调行政法层面的权利义务论。

政管理事务,涉及地方利益者,应由地方行政机关独立自主地管辖。

如长江水利资源利用、黄土高原水土整治,凡实施范围关系到全国或者数省市的行政管理事务,应由中央行政机关主持处理,并由中央行政机关召集有关省市行政机关共同管辖。

在本地区独立实施某项行政管理事务发生困难的地方行政机关,有权向中央行政机关申请援助,中央行政机关应在人力、物力、财力等方面给予支持和援助。

2. 中央行政机关对地方国家行政机关的监督和控制

中央行政机关与地方国家行政机关之间的职能划分,已经包含并要求中央行政机关对地方国家行政机关的监督和控制。无论是联邦制国家,还是单一制国家,任何国家的地方国家行政机关都必须接受中央行政机关的监督和控制。

中央行政机关有权审核地方国家行政机关的行政管理工作计划,有权检查地方国家行政机关的行政管理活动,有权依照法律的规定撤销或者纠正地方国家行政机关违法或者不当的行政管理措施。

四、几种有关国家行政机关类型的划分方法及理论思考

国家行政机关的分类除了严格依据我国行政机关的现实体系结构,将行政机关分为中央行政机关和地方国家行政机关的分类外,还有许多别的分类方法。这里择要介绍两种。

(一)一般权限行政机关和专门权限行政机关

一般权限行政机关,是指一级政府机关,即国务院和地方各级人民政府,其职权由宪法和有关基本法律规定,在所辖行政区域内,统一领导所辖各行政机关的工作,其行政活动带有全面性和综合性。

专门权限行政机关,是指在一般权限行政机关的领导下的职能机关,其职权由宪法、法律和行政法规加以规定,其行政活动具有一定的局部性和专门性。如国务院各部、各委员会和地方各级人民政府的职能部门等。

(二)决策机关、执行机关、辅助机关、咨询机关和监督机关

按行政管理活动的环节,国家行政机关可分为决策机关、执行机关、辅助机关、咨询机关与监督机关。

决策机关是指在行政活动中制定政策和规则,作出决定,发布命令的机关。如国务院、地方各级人民政府。

执行机关是相对于决策机关而言的,指负责执行政策、决定和命令的职能机关。如国务院各部委相对于国务院是执行机关,地方各级人民政府的各工作部门相对于本级人民政府是执行机关。

辅助机关是指行政机关中的办事机构,如国务院办事机构等。严格说来,应称之为"辅助机构",而不能称为"辅助机关"。

咨询机关是指为决策机关提供意见和建议的机关,通常由专家、学者及有代表性、有社会影响的民主党派和无党派爱国人士组成。严格说来,此种类型也不能称为"机关",而应称为"咨询机构"。

监督机关是指对整个行政系统及其公务员以及其他行政法主体遵守和执行法制情况进行监督、检查的机关。如审计署、国务院国有资产监督管理委员会等。

由于混淆了行政机关和行政机构的概念,所以,此种分类方法也是不可取的。但是,其对行政组织内部职能的分类研究具有重要的参考价值。

第三节 被授权的组织与受委托的组织和个人

一、行政授权和行政委托

关于行政授权和行政委托的一些基本问题,在前面有关行政法律关系以及行政权的类型划分时已有论述。为了更好地理解被授权的组织与接受委托的组织和个人在性质上的不同,有必要就行政授权和行政委托进行比较考察和研究。

（一）行政授权和行政委托的概念

所谓行政授权,是指法律、法规或者规章直接规定将某项或者某一方面的行政职权的一部分或者全部授予某个组织,或者法律、法规规定由特定的行政主体,通过法定方式,将某项或者某一方面的行政职权的一部分或者全部授予某个组织的法律行为。[①]

所谓行政委托,是指行政主体将其职权的一部分,依法委托给其他组织的法律行为。

（二）行政授权和行政委托的特征和区别

1. 依据上的特征和区别

行政授权必须以法律、法规或者规章的明文授权规定为依据。只有法律、法规或者规章直接规定,或者有关行政主体依据法律、法规或者规章的授权规定,才能赋予某一组织以某项法律上的权力,尤其是行政权力。[②]

行政委托也必须依法进行。不过,这里的"依法",不如行政授权那样严格。具体来说,行政委托根据所委托行政事项的不同而有所区别,即在某些行政事项范围内,应当有法律规范关于委托的明确规定,如税收、行政许可、行政处罚等[③],在另外一些行政事项范围内,只要不违背法律精神和法律目的,即可实施委托,如物价、卫生、治安等方面的监督、检查行为。[④]

2. 方式上的特征和区别

行政授权必须符合法定的方式。具体的行政授权方式,不能一概而论,但至少应当符合法律、法规规定的方式。有时法律、法规或者规章直接授予职权,如《进出境动植物检疫法》第 3 条第 1 款授权国家动植物检疫机关,统一管理全国进出境动植物检疫工作。有时法律、

[①] 关于规章作为行政授权的依据的问题以及行政主体直接进行授权的问题,学界尚存在争议。有人认为只有法律、法规能够授权,规章不能作为授权的依据,行政主体不能直接进行授权。本书采取了广义的授权概念。作为其实定法上的依据,参见《行政诉讼法》第 2 条第 2 款:"前款所称行政行为,包括法律、法规、规章授权的组织作出的行政行为。"

[②] 如《治安管理处罚法》第 91 条规定:"治安管理处罚由县级以上人民政府公安机关决定;其中警告、五百元以下的罚款可以由公安派出所决定。"本条属于授权规定,在将治安管理处罚决定权概括授予县级以上人民政府公安机关的基础上,将其中的部分处罚决定权附裁量地授予公安派出所。

[③] 如我国《税收征收管理法》第 29 条规定:"除税务机关、税务人员以及经税务机关依照法律、行政法规委托的单位和人员外,任何单位和个人不得进行税款征收活动。"该法第 89 条规定:"纳税人、扣缴义务人可以委托税务代理人代为办理税务事宜。"我国《行政许可法》第 24 条第 1 款明确规定:"行政机关在其法定职权范围内,依照法律、法规、规章的规定,可以委托其他行政机关实施行政许可。委托机关应当将受委托行政机关和受委托实施行政许可的内容予以公告。"

[④] 如卫生监督协管,由乡镇卫生院、村卫生室及社区卫生服务中心(站)等基层医疗卫生机构,协助区(县)卫生监督机构,在辖区内依法开展食品安全信息报告、职业卫生咨询指导、饮用水卫生安全、学校卫生、非法行医和非法采供血信息反馈报告等工作,并接受卫生监督机构的业务指导。

法规规定由特定的行政机关授予职权,如上述法律第 3 条第 2 款的规定:"贸易性动物产品出境的检疫机关,由国务院根据情况规定。"行政委托的法定方式,都是行政主体在行政管理活动中,以较具体的委托决定来进行的,有关行政委托的事项范围、职权内容、委托时间、委托人和被委托人之间的关系等,都将在委托决定中予以明确。

3. 法律后果上的特征和区别

行政授权的法律后果,会使某一原本无行政主体资格的组织取得行政主体资格,或者使其原有行政主体的职权范围扩大,职权内容增加。前者如我们经常说的法律法规授权组织,后者如我国《行政处罚法》第 18 条规定的相对集中行使行政处罚权制度。行政法学上所说的行政授权,主要是对行政机关以外的组织,既包括行政机关的内部组织机构,又包括行政组织系统以外的组织。行政委托的对象可以是另一行政主体,也可以是其他社会组织,在特定情况下,也可以是法定的个人①,但均不会因此而发生职权以及职责的转移,被委托的组织或者个人也不能因此而取得行使被委托职权的行政主体资格。委托者既是行政职权的享有者,又是行使行政职权的名义人,进而也是行使行政职权所引起的一切法律后果的承担者;受委托者则必须在委托的范围内以委托者的名义行使相应的职权,并接受委托者的监督。

可见,行政授权和行政委托是两个不同的法律概念,特别是在其行使的法律根据、法定方式和法律效果方面有着根本性的区别。

二、行政机关以外行政主体的具体形态

如前所述,行政机关是最主要的行政主体,但行政主体并不仅限于行政机关。除行政机关外,还有行政机构及其他社会组织,在符合法定条件时,依照法定授权也可取得行政主体资格,代表国家行使行政权。

(一) 行政机构

1. 行政机构的概念

如前所述,行政机构是行政组织的构成要素之一,其本身又是作为行政机关的内部机构而存在的。具有行政主体资格的各级人民政府及其职能部门,可以根据行政管理的需要设置若干办公和办事机构,以协助行政主体处理和具体办理各项行政事务和机关内部事务。行政机构不能以自己的名义独立对外行使行政权。但是,由于诸多专业上、技术上的需要以及出于提高行政效率、维持行政秩序等方面的考虑,在某些特定的情况下,行政机构可以接受法律、法规、规章的授权,或者接受行政机关的依法授权,成为行政主体。

2. 行政机构的特征

(1) 行政机构是一种行政组织。行政机构属于行政组织系统中的构成单位,其性质不同于一般的其他社会组织,无论它是否具有独立的法律地位,其设置与存在的目的都是为了实现行政事务的管理和行政职能。

(2) 行政机构设立的法律根据,多为行政组织法,也有其他法律、法规,但它设立的过程,都是指行政组织内部程序并由相应行政机关根据需要和精简原则而决定。

---

① 不过,随着民主与法治建设的进一步推进,在某些行政领域,基于限制行政权滥用的需要,往往对行政委托的受委托者进行严格的资格限制。例如,我国《行政处罚法》《行政许可法》等都有相应的限制性规定。

(3) 行政机构依照法定授权，方能成为行政主体。不是所有的行政机构都能统一取得行政主体资格，关键在于通过法定授权取得独立的行政职权和职责。

(4) 行政机构通过法定授权取得行政主体资格，并不意味着它同时取得法律上的其他权利能力和行为能力。行政机构在取得行政主体资格以前，只是行政机关的内部机构，因而不具备独立从事民事活动的能力。通过法定授权，行政机构在授权范围内具有行政主体的法律地位，但它依然不具有一般性法人资格和地位。

3. 行政机构成为行政主体的具体类型

根据我国现行法律、法规的有关规定以及行政活动运作的实际情况，行政机构成为行政主体的情形有如下三种类型：

(1) 依照法律、法规的授权规定而直接设立的专门行政机构。根据行政管理的现实需要，有些法律、法规明确规定，为处理专项行政事务设立一定的专门机构。这些专门机构，具有行政主体资格。例如，《商标法》第2条授权设立商标评审委员会，负责处理商标争议事宜。

(2) 行政机关的内部机构。行政机关的内部机构在得到法定授权的情况下可以成为行政主体。依照组织法和国家行政管理的需要而设立的行政机关的内部机构可分为两种：一种是各级人民政府直属的内部机构，另一种是政府职能部门的内部机构。目前依法得到授权而成为行政主体的，主要是后者。例如，《消防法》第25条、第53条至第55条等，对消防救援机构的监督检查职能作了全面、系统、明确的规定，使其具有行政主体资格。

(3) 政府职能部门的派出机构。政府中的职能部门是根据工作需要在一定区域内设立的工作机构，代表该职能部门从事一定范围内的某些行政事项的管理工作，其自身原则上没有独立的法律地位。派出机构获得法定授权，便可以以自己的名义行使行政权，实施具体行政行为，因而取得行政主体资格。例如，《治安管理处罚法》第91条规定："治安管理处罚由县级以上人民政府公安机关决定；其中警告、五百元以下的罚款可以由公安派出所决定。"

(二) 其他社会组织

1. 其他社会组织的范围

其他社会组织，即行政组织系统以外的社会组织。一般说来，行政职能必须由行政组织承担并予以完成。但是，由于现代行政事务的增加和行政范围的扩展，许多带有社会性和专业性的行政事项完全依靠行政组织来承担和完成，难以适应现代国家不断出现的新的行政形势发展的需要，于是，行政组织系统以外的社会组织逐渐通过获得授权具备了行政主体资格。

2. 其他社会组织的性质

其他社会组织是行政组织系统以外的社会组织，作为一个组合概念，其具体存在形态可以是企业单位、事业单位，也可以是社会团体或者群众性组织。各种社会组织分别依照其所属领域的社会管理法律规定而成立和存在，如《市场主体登记管理条例》《社会团体登记管理条例》等是其成立或者存在的依据。其他社会组织的存在目的，不是或者不主要是为承担或者完成一定行政职能和行使行政职权。通过法定授权，其他社会组织可以获得行政主体资格，成为行政主体。无论是否取得行政主体资格，其他社会组织一般都具有一般法律主体资格，即具有法人资格。

3. 其他社会组织的具体类型

根据法律、法规的规定,可以通过行政授权成为行政主体的其他社会组织大致有以下四种类型:

(1) 行政性公司。行政性公司,是指以公司的构成要件而成立,从事经济活动,同时又承担某方面或者一部分行政职能的组织。随着经济体制改革和政府职能转变,为适应商品经济乃至市场经济的需要,由原政府主管部门转变或者改建而成的行政性公司大量出现,例如,烟草公司、自来水公司、煤气公司等。

(2) 根据授权从事一定行政职能活动的事业单位。例如,我国《传染病防治法》授权各级疾病预防控制机构(事业单位)进行传染病监测、预测、流行病学调查、疫情报告以及其他预防和控制。

(3) 根据授权从事一定行政职能的企业单位。例如,《石油天然气管道保护法》第24条规定:"管道企业应当配备管道保护所必需的人员和技术装备,……对在管道保护中做出突出贡献的单位和个人给予奖励。"这样,管道企业取得了行政奖励权,从而成为行政主体。

(4) 被授予一定行政职权的社会团体、群众性组织及其他社会组织。在行政管理活动中,经法律、法规授权,或者经有权行政机关依法授权,社会团体、群众性组织及其他社会组织,如工会、律师协会、妇联、村民委员会、居民委员会等,都可以从事一定行政职能活动,成为行政主体。[①]

三、接受委托的组织和个人

其他社会组织可以通过行政授权成为行政主体,也可以通过行政委托成为被委托组织,但更多的情形是在行政管理活动中以被管理者的资格处于行政相对人的地位。也就是说,其他社会组织首先是行政相对人,其次才是出于行政公务协助要求而成为被委托组织,最后才是被授权组织。其他社会组织成为行政主体的机会、范围及能够行使行政职权的内容,一般说来是比较少的。因此,正确判断其他社会组织的法律身份和所处法律地位,对于维护法律的严肃性,确保行政权的依法行使,切实保护相对人的合法权益,都具有极其重要的法律意义。

一般说来,个人不可能成为行政主体,行政主体只能是国家行政机关或者被授权的组织。有人认为,行政主体不仅包括国家行政机关和法律、法规授权的组织,而且还包括法律、法规授权的个人。其实,这是对行政主体概念的误解。按照我们前面对行政主体的定义,行

[①] 例如,我国《工会法》第24条规定了工会的监督权,第21条规定了工会的劳动合同指导权、集体合同代签权和争议处理权,第26条规定了工会对企业、事业单位、社会组织侵犯职工合法权益问题的调查权,第27条规定了工会对工伤的调查处理权等;我国《律师法》设专章第五章对"律师协会"作出全面系统的规定,其中第46条规定了律师协会的职责,授予律师协会以培训、教育、检查和监督权,纠纷调解权和奖励、处分权等;我国《人口与计划生育法》第7条规定:"工会、共产主义青年团、妇女联合会及计划生育协会等社会团体、企业事业组织和公民应当协助人民政府开展人口与计划生育工作。"我国《人口与计划生育法》第12条还规定:"村民委员会、居民委员会应当依法做好计划生育工作。"(第1款)"机关、部队、社会团体、企业事业组织应当做好本单位的计划生育工作。"(第2款)我国《妇女权益保障法》第73条规定,妇女的合法权益受到侵害的,可以向妇女联合会等妇女组织求助。妇女联合会等妇女组织应当维护被侵害妇女的合法权益,有权要求并协助有关部门或者单位查处。而我国《村民委员会组织法》和《城市居民委员会组织法》虽然明确了其作为村民或者居民"自我管理、自我教育、自我服务的基层群众性自治组织"的性质,但是,村民委员会和城市居民委员会依法所承担的职能在很大程度上具有行政职权的属性。至于其是否能够具有行政主体资格的问题,学界和实务界都存在争议。

政主体必须享有国家行政权,能以自己的名义行使行政权,并承担因此而产生的相应法律责任。只有同时具备这三个要件,才能成为行政主体。仅具有其中一项或者两项特征,不能称其为行政主体。而个人一般不可能完全具备这样的资格能力。例如,1985年9月2日中央爱国卫生运动委员会、铁道部发布的《关于禁止在旅客列车上随地吐痰、乱扔脏物和在不吸烟车厢内吸烟的规定》第3条第2款规定:"各次列车的列车员同时是卫生监督员。卫生监督员要认真执法,对违反本规定者予以批评和罚款。"诚然,这一部门规章赋予列车员以卫生监督员的身份,列车员享有罚款5角的行政处罚权。但是,我们不能因此断定列车员具有行政主体资格。因为列车员所行使的行政处罚权,并不是以其自己的名义进行的,由此所引起的法律责任也不是由列车员承担的。可见,在这里,列车员行使一定的行政处罚权,并不是基于授权,而是基于委托。

第四节　公　务　员

一、公务员的概念和范围

(一)西方各国公务员的概念和范围

由于各国法律文化及历史发展阶段的不同,对"公务员"的表述各异,其具体含义和类型的划分也存在着一定的差异。

英国的公务员(civil servant or civil service),是指中央政府行政部门中经公开考试择优录用,由国会通过的财政预算直接支付俸给,不与内阁共进退的文职人员。经选举或者政治任命产生的议员、首相、大臣、政务次官、政治秘书、法官和军人不在其列。

法国的公务员(fonctionaire)分为两类:一类是适用公务员法的公务员,包括在中央政府及其所属驻外机构、地方行政机关和公立公益机构各级部门编制内正式担任常设职务的人员。另一类是不适用公务员法的公务员,包括议会工作人员、法官、军事人员、工商性质的公营机构的人员、市镇公职人员和依合同服务的公职人员等。

日本的公务员(公務員,こうむいん)分为特别职公务员和一般职公务员。特别职公务员经选举或者政治任命产生,不适用公务员法;一般职公务员经公开考试择优录用产生,适用公务员法。特别职公务员包括内阁总理大臣、国务大臣、人事官、检察官、内阁法制局长官、内阁官房副长官、国家安全保障局长、内阁总理大臣辅佐官、副大臣、日本学士院会员、日本学术会议会员、法官及其他法院职员、国会职员、国会议员的秘书、防卫省的职员、《独立行政法人通则法》上的官员等。一般职公务员包括特别职以外上至事务次官、下至清洁工的所有其他公务员。日本的公务员还分为国家公务员和地方公务员,分别适用《国家公务员法》和《地方公务员法》。

西方各国公务员制度虽然存在着一定的差异,各具特色,但是其适用公务员法的公务员的范围却大致相同,主要是指通过公开竞争考试择优录用,实行职务常任,不与内阁共进退的职业文官,而不适用公务员法的公务员基本上是经选举产生或者通过政治任命的官员。这样,西方国家的公务员大致可分为政务类公务员和事务类公务员两大类。政务类公务员服从执政党的意志,维护执政党的利益,随执政党的更迭而进退。事务类公务员超然于党派利益而存在,以全体人民的利益为其基本出发点和行为准则,在政治中立的原则下,形成各国稳定统治的坚实基础。

(二) 我国公务员的概念和范围

我国《公务员法》第2条第1款规定:"本法所称公务员,是指依法履行公职、纳入国家行政编制、由国家财政负担工资福利的工作人员。"根据该条规定,我们可以得出判断公务员的三要素:其一是"依法履行公职";其二是"纳入国家行政编制";其三是"由国家财政负担工资福利"。这三要素综合起来后,共同修饰"工作人员"。于是,除了上述所限定的"行政系统"公务员之外,还包括如下诸种系统的公务员:政党系统的公务员;权力机关系统的公务员;政治协商会议系统的公务员;审判机关系统的公务员;检察机关系统的公务员;法律、法规授权的具有公共事务管理职能的事业单位系统的公务员;等等。

我国《公务员法》第2条第2款规定:"公务员是干部队伍的重要组成部分,是社会主义事业的中坚力量,是人民的公仆。"我国公务员不仅包括中央人民政府的工作人员,而且还包括地方各级人民政府的工作人员。我国是单一制国家,从中央到地方,形成一个自上而下的统一的行政系统。因此,地方各级行政机关的工作人员都是公务员,与实行地方自治的西方国家不同,没有国家公务员和地方公务员之分。

为论述的方便,根据与本章"行政法律关系主体"的关联性要求,我们在这里探讨公务员的问题,主要限于行政系统的公务员。至于其他系统的公务员的问题,限于其与行政系统公务员具有共性的部分,将予以相应的涉及。

二、公务员法律关系

(一) 公务员法律关系的含义

公务员法律关系,是指一般公民经过一定的法定程序成为公务员,基于其所担任的职务而与国家之间构成的权利义务关系。

任何公民,无论他是否愿意或者是否认识到,都与国家构成基本的法律关系,依法受国家保护,同时必须履行国家规定的义务。公民与国家之间的这种基本法律关系,由宪法直接确立,通过其他法律、法规得以具体化。如果公民经法定程序成为公务员,担任国家的职务,那么,在他以一般公民资格和国家之间形成的基本法律关系的基础上,又产生一种新的、特殊的法律关系,即公务员法律关系,或者称职务关系。不过,行政系统的公务员作为行政主体的代表与行政相对人在管理活动中形成的法律关系,则属于另一类法律关系,即外部行政法律关系。

(二) 公务员法律关系的内容

公务员法律关系的内容,主要表现在公务员和国家行政机关的关系、公务员作为行政主体的代表和行政相对人的关系两方面。

1. 公务员和国家行政机关的关系

公民按照法定程序进入公务员队伍,在一定的行政机关中担任职务,从而享有并行使行政职权。国家赋予公务员以一定的职权,公务员代表国家、以国家的名义实施行政权;国家规定公务员以一定的职责,公务员必须依法履行职责,否则,国家可以追究其法律责任。国家和公务员的这种关系,一般是以国家行政机关和公务员的关系的形式体现出来的。任何行政机关和公务员之间都存在着这样一种法定关系,而不是当事人协商而定的。

这种关系表现在:首先,行政机关的职权、职责、权限和优先权一概由公务员具体承受。其次,公务员在分享行政机关的职权、优先权和分担行政机关的职责、权限时,行政机关有权对分享和分担物进行"再分配"。再次,公务员实施行政管理活动,在形式上必须以行政机关的名义,在实质上必须按行政机关的意志进行。最后,国家行政机关享有对公务员的管理权。

2. 公务员作为行政主体的代表与行政相对人的关系

国家赋予公务员以优益权(包括优先权和受益权),以法律形式对公务员的职务予以特殊保障,公务员必须诚实地服务于国家。公务员作为行政主体的代表,并以行政主体的名义对相对人实施行政管理,并依法采用各种处罚和强制手段;同时,公务员作为行政主体的代表有义务履行该行政主体的职责,保护行政相对人的合法权益,接受相对人的监督。

相对人有服从和协助公务员所实施的国家行政管理活动的义务;同时,相对人享有建议、批评、控告、申诉、请求行政复议和提起行政诉讼的权利。

(三) 公务员法律关系的发生——考任、选任、委任、聘任、调任

公民经过法定程序,进入行政机关担任一定的行政职务,成为公务员,从而与国家之间构成行政职务关系,即公务员法律关系。在我国,公务员法律关系的发生主要包括以下五种途径:

(1) 考任。录用担任主任科员以下及其他相当职务层次的非领导职务公务员,采取公开考试、严格考察、平等竞争、择优录取的办法。

(2) 选任。即由权力机关通过选举任命公务员。例如,《宪法》第101条第1款规定:"地方各级人民代表大会分别选举并且有权罢免本级人民政府的省长和副省长、市长和副市长、县长和副县长、区长和副区长、乡长和副乡长、镇长和副镇长。"

(3) 委任。即有权机关不通过选举方式而直接任命公民担任行政公职。委任可以由权力机关委任,也可以由行政机关委任。例如,《宪法》第62条第5项规定,全国人民代表大会"根据中华人民共和国主席的提名,决定国务院总理的人选,根据国务院总理的提名,决定国务院副总理、国务委员、各部部长、各委员会主任、审计长、秘书长的人选"。

(4) 聘任。主要适用于专业性较强的职位和辅助性职位,但涉及国家秘密的不实行聘任制。行政机关聘任公务员,应当在规定的编制限额和工资经费限额内进行。机关聘任公务员,应当按照平等自愿、协商一致的原则,签订书面的聘任合同,确定机关与所聘公务员双方的权利、义务。

(5) 调任。调任包括国家行政机关以外的工作人员调入国家行政机关任职以及公务员调出国家行政机关任职两种情形。根据《公务员法》的规定,国有企业事业单位、人民团体和群众团体中从事公务的人员可以调入机关担任领导职务或者副调研员以上及其他相当职务层次的非领导职务。

(四) 公务员法律关系的变更

公务员法律关系的变更,主要包括晋升、降职、交流、撤职、辞职(限于领导成员)五种情形。

(1) 晋升。晋升是指公务员由低层级职位转移到高层级职位。晋升的实施,必然带来

公务员法律关系的变更。晋升是以公务员的工作成绩和贡献大小为主要依据的,即功绩制是这种变更发生的主要基础。

（2）降职。降职是指公务员由高层级职位转移到低层级职位。随着降职的实施,公务员的职务和责任关系也发生变更。这种变更的原因不是惩戒,而是由于公务员的能力等原因引起的。

（3）交流。我国《公务员法》第11章规定了"交流与回避"制度。根据该法第69条规定,公务员可以在公务员和参照《公务员法》管理的工作人员队伍内部交流,也可以与国有企业和不参照《公务员法》管理的事业单位中从事公务的人员交流。交流的方式包括调任、转任两种情形。而引起公务员法律关系变更的,只有转任一种情形。所谓转任,是指公务员因工作需要或者其他正当理由,按照拟任职位所要求的资格条件,在规定的编制限额和职数内进行的,在机关内部的平级调动,包括对省部级正职以下的领导成员实行的跨地区、跨部门转任,以及对担任机关内设机构领导职务和工作性质特殊的非领导职务的公务员实行的在本机关内转任。①

（4）撤职。撤职是取消公务员现任职务和责任关系,但仍保留其作为公务员的最基本的权利和义务的法律关系。撤职主要是由于公务员不认真履行义务引起的,是一种惩戒,是行政处分的一种类型。②

（5）领导成员的辞职和引咎辞职。担任领导职务的公务员,因工作变动依照法律规定需要辞去现任职务的,应当履行辞职手续;因个人或者其他原因,可以自愿提出辞去领导职务。③ 领导成员因工作严重失误、失职造成重大损失或者恶劣社会影响的,或者对重大事故负有领导责任的,应当引咎辞去领导职务或者被责令辞去领导职务。④ 上述辞职和引咎辞职或者责令辞职都仅仅引起公务员法律关系的变更。

（五）公务员法律关系的消灭

公务员法律关系的消灭,是指由于发生某些事实或者行为,致使公务员职务关系不能继续存在的情形。导致公务员法律关系消灭的原因有法定原因和事实原因两种。

（1）法定原因,包括开除公职、辞职、辞退、退休、离休和判处刑罚六种。

（2）事实原因,包括死亡、丧失国籍。⑤ 公务员生命终结,其职务与责任关系便自然消灭。丧失国籍,标志着其公民资格的丧失,其公务员法律关系也必然消灭。

三、公务员的权利

1. 履行职责的工作条件保障权

我国《公务员法》第15条第1项明确规定,我国公务员享有"获得履行职责应当具有的工作条件"的权利。

---

① 参见我国《公务员法》第71条。
② 参见我国《公务员法》第62条、第64条、第65条。
③ 参见我国《公务员法》第87条第1款、第2款。
④ 参见我国《公务员法》第87条第3款、第4款。
⑤ 参见我国《公务员法》第13条第1项。在许多发达国家,有的公务员职位并不要求必须具有该国国籍,而是采取各种鼓励措施,吸引外国优秀人才到相关部门任职服务。这种国际化潮流反映了经济全球化和世界一体化条件下的公务员改革趋势,值得我们予以充分关注。

2. 身份保障权

在西方国家,身份保障权亦称职业保障权,即实行职业常任制,其基本含义是指公务员一经任用,非因重大过失,不受免职或者开除等处分。我国《公务员法》也明确规定了这种权利,即"非因法定事由、非经法定程序,不被免职、降职、辞退或者处分"①。

3. 获得劳动报酬和享受福利、保险待遇的权利

公务员为国家服务,为社会劳动,有权得到国家支付的工资、津贴等劳动报酬并享受保险和福利待遇。② 公务员行使国家行政权力,执行国家公务,其地位的特殊性,决定了其工作是社会不可或缺的有效劳动,是政府工作正常进行的最直接的保障。因此,公务员有权要求国家提供与其地位和作用相称的经济保障。

4. 参加培训的权利

各种学习与培训,是公务员自身发展的基础和先决条件。国家要提高公务员整体素质,确保行政的高效率,除采取各种措施广招社会贤才进入公务员队伍外,还必须为业已进入公务员队伍的人员提供充分的学习和培训机会。我国《公务员法》第15条第4项规定,公务员有"参加培训"的权利。

5. 提出批评和建议的权利

我国《公务员法》第15条第5项规定,公务员有权"对机关工作和领导人员提出批评和建议"。各级机关应保护公务员的这一监督权利,任何机关和个人都不得压制公务员的批评建议,更不能乘机或者变相打击报复。否则,必须追究打击报复者的行政责任和其他法律责任。

6. 提出申诉和控告的权利

我国《公务员法》第15条第6项对公务员的申诉、控告权的规定,是《宪法》第41条精神的具体化。

7. 申请辞职权

辞职权,是指公务员由于主观或者客观原因不愿意继续担任公职,要求重新选择职业的权利。我国《公务员法》第15条第7项规定,公务员有权"申请辞职"。但是,由于公务员所处地位和所担任的职务一般都比较重要,因而其辞职权的行使必须按照法定程序进行,应当向任免机关提出书面申请,离职前应当办理公务交接手续,必要时按照规定接受审计。③

8. 法律规定的其他权利

除了前述七项权利外,公务员还享有"法律规定的其他权利"。

四、公务员的义务

(一)公务员义务的概述

各国对公务员的义务之规定,大致可分为政治约束和服务纪律两类。

所谓政治约束亦称政治要求,是指对公务员在政治生活上的限制和约束。我国《公务员法》第4条明确规定了公务员的政治要求。不搞政治中立,强调党的领导,不搞独立的管理

---

① 我国《公务员法》第15条第2项。
② 参见我国《公务员法》第15条第3项。
③ 参见我国《公务员法》第91条。

体制,强调党对公务员的管理,这是中国公务员制度区别于西方公务员制度的特色之一。[①]

所谓服务纪律,是指公务员在执行公务、履行职责时,必须遵循的规范和标准。服务纪律既是政府对公务员在工作方面的要求,又是衡量公务员工作好坏的评价尺度之一。以法律形式确立公务员的服务纪律,一方面有助于对公务员为政府服务提出一定的标准要求,另一方面又能对公务员行使职权、履行职责形成一定的框架,使公务员的工作和行为符合国家利益和法律要求。公务员的服务纪律不同于一般的纪律要求,它是以法律保证其实现的,倘若公务员违反了服务纪律,则要追究其法律责任。

(二)公务员义务的种类

我国《公务员法》对公务员规定了 8 项义务(第 14 条)和 18 项纪律(第 59 条),二者都是广义上的义务。其中,法律义务主要包括:

(1)忠于宪法,模范遵守、自觉维护宪法和法律,自觉接受中国共产党领导;

(2)忠于国家,维护国家的安全、荣誉和利益;

(3)忠于人民,全心全意为人民服务,接受人民监督;

(4)忠于职守,勤勉尽责,服从和执行上级依法作出的决定和命令,按照规定的权限和程序履行职责,努力提高工作质量和效率;

(5)保守国家秘密和工作秘密;

(6)带头践行社会主义核心价值观,坚守法治,遵守纪律,恪守职业道德,模范遵守社会公德、家庭美德;

(7)公正廉洁、公道正派;

(8)法律规定的其他义务。

五、公务员的责任

当公务员不依法履行或者不能履行其法定义务时,必须承担一定的责任,这被称为公务员的责任。公务员的责任一般包括接受处分、引咎辞职、承担行政赔偿责任和刑事责任四种。

(一)接受处分

处分,是指公务员因违法违纪所应当承担的纪律责任的一种形式。[②] 处分分为警告、记过、记大过、降级、撤职和开除六种。[③] 处分国家公务员,必须依照法定程序,在规定的时限内作出处理决定。对公务员的处分,应当事实清楚、证据确凿、定性准确、处理恰当、程序合法、手续完备。[④]

[①] 实际上,西方国家公务员制度中所强调的政治中立是有特指的,即公务员必须是全体国民的公务员,不得从事特定的政治行为,必须服务于全体国民,而不是仅服务于某个团体或者个人。这就要求公务员忠实地执行作为全体国民总体意思表示的法律规范。从这层意义上说,西方国家强调公务员中立,实际上是要求公务员依法行政,全心全意地为人民服务。这与我们所倡导的服务行政的理念并不相悖。

[②] 参见我国《公务员法》第 57 条、第 61 条。

[③] 参见我国《公务员法》第 62 条。

[④] 参见我国《公务员法》第 63 条。

(二) 引咎辞职①

我国《公务员法》规定了新的公务员责任形式,即引咎辞职。首先,担任领导职务的公务员,因个人或者其他原因,可以自愿提出辞去领导职务,这是引咎辞职的前提性基础。其次,领导成员因工作严重失误、失职造成重大损失或者恶劣社会影响的,或者对重大事故负有领导责任的,应当引咎辞去领导职务。最后,领导成员应当引咎辞职或者因其他原因不再适合担任现任领导职务,本人不提出辞职的,应当责令其辞去领导职务。

(三) 行政赔偿责任

公务员承担赔偿责任,一般是由以下两种情形之一引起的:

(1) 负有管理特定财物的义务,却因故意或者过失的违法行为(作为或者不作为)使所管理的财物遭受损失时,公务员必须依法承担赔偿责任;

(2) 公务员违法或者不当的执行职务行为给行政相对人带来不必要的财产损失时,行政赔偿责任往往由行政机关直接承担,然后再由行政机关行使求偿权,依照公务员是否存在故意及过错的程度,追究公务员的责任。②

(四) 刑事责任

公务员对其职务犯罪必须依法承担刑事责任。对公务员刑事责任的追究,适用刑法及刑事诉讼法的有关规定。③

(五) 公务员责任的救济途径

如前所述,提出申诉和控告是公务员的一项权利。我国《公务员法》第15章规定了"申诉与控告"制度,为公务员责任设置了两种救济途径,其一是申诉制度,其二是控告制度。④

公务员对涉及本人的人事处理不服的,可以自知道该处理决定之日起30日内向原处理机关申请复核;对复核结果不服的,可以自接到复核决定之日起15日内,按照规定向同级公务员主管部门或者作出该人事处理的机关的上一级机关提出申诉;也可以不经复核,自知道该人事处理之日起30日内直接提出申诉。

对省级以下机关作出的申诉处理决定不服的,可以向作出处理决定的上一级机关提出再申诉。

受理公务员申诉的机关应当组成公务员申诉公正委员会,负责受理和审理公务员的申诉案件。

公务员对监察机关作出的涉及本人的处理决定不服向监察机关申请复审、复核的,按照有关规定办理。

公务员认为机关及其领导人员侵犯其合法权益的,可以依法向上级机关或者监察机关提出控告。受理控告的机关应当按照规定及时处理。

机关因错误的具体人事处理对公务员造成名誉损害的,应当赔礼道歉、恢复名誉、消除影响;造成经济损失的,应当依法给予赔偿。

目前,我国《行政复议法》和《行政诉讼法》都将行政机关对行政机关公务员的奖惩、任免

---

① 参见我国《公务员法》第87条第2、3、4款。
② 参见我国《国家赔偿法》第16条、第31条。
③ 参见我国《公务员法》第106条、第108条;《国家赔偿法》第16条第2款、第31条第2款。
④ 参见我国《公务员法》第95条、第98条。

等决定排除在受案范围之外。在没有法律明确规定的情况下,寻求复议或者司法救济几乎是不可能的。因此,在今后修改《行政诉讼法》和《行政复议法》时,应当对可以申请行政复议或者可以提起行政诉讼的具体情形或者条件加以规定,以确保公务员合法权益得到及时、充分的救济。

第五节　行政相对人

在传统的国家统治形态中,国家作用是以行政为轴心得以展开的,而行政又是以行政权为主线发挥其作用的。因此,传统的行政法学大多以行政权或者行政主体的作用为主要研究对象,不重视行政相对人在行政过程中的作用。然而,现代国家的行政,已不仅仅是行政官员及少数专家的问题,而是涉及所有社会构成人员切身利益的问题,行政理论乃至行政法理论,必须以其本来主体——人民为核心重新架构。人民,作为政治术语,是国家统治权的最终归属者,从行使行政权的角度来看,其意志通过权力机关以法律形式得以确立,通过行政主体得以具体实现。所以,对行政权及行政主体的作用的重视,并不能直接导致对人民的权利保障不重视的结果。然而,在行政过程中,人民的概念具有双重性,即作为公共利益的归属者的人民和作为行政相对人而参加行政法律关系的人民。前者是一个抽象的概念,后者是一个具体的范畴。在确立人民主权原则的国家里,一切行政活动都必须以实现公共利益为宗旨,而公共利益的最终实现,则需通过确保各个行政相对人的具体权利和利益来完成。

一、行政相对人的概念

一般认为,所谓行政相对人,是指行政主体行使行政权所指向的一方当事人,即在行政法律关系中与行政主体相对应,共同构成行政法律关系主体的另一方当事人。

关于行政相对人的概念,我国学术界存在不同的理解。有学者从具体(微观)层面来理解行政相对人,则要求具体的行政法律关系存在,要求有具体的行政权行使,因而要求有具体的权利义务内容,承受该权利义务内容的当事人就是行政相对人。有学者从笼统(宏观)层面来理解这个概念,则以整个行政权的存在为基础,将与行使行政权的一方主体相应对的另一方主体称为行政相对人。鉴于中国行政法学界长期以来使用"行政相对人"或者简称"相对人"这个学术概念,已经基本上成为约定俗成的用法,与实定法上的"公民、法人和(或者)其他组织"的表述基本相吻合,我们认为,在此已经没有必要进一步就概念问题展开分析,可以直接进入对行政相对人的法律地位或者权利义务问题的探讨。

二、行政相对人在实体法上的地位

如前所述,在传统的行政法学中,论述的重点被置于行政主体,而对相对人的权利义务的论述或者是不够充分,或者是只强调其义务而忽视其能动性的一面。随着行政法治意识的提高和民主参与意识的不断普及,现代各国较为普遍地倡导参与型行政,通过协调、对话、参与、互动等,相对人在行政法律关系中的地位和作用越来越受到人们的关注。

行政相对人是行政法律关系中与行政主体相对应的一方主体。把握这一内容至关重要。无论是包括行政机关在内的国家机关,还是公民、法人或者其他组织以及外国人、无国籍人、外国组织,都可以作为行政法律关系的行政相对人一方主体参加行政法律关系,享受一定的权利,并承担一定的义务。在现代国家,正是在对行政相对人前述属性把握的基础上,法律对行政相对人的实体法上的地位予以相应的规定。

（一）财产和自由不受侵害,依法享受给付与保护的权利

行政活动是由法律规定的,一切行政活动都必须依法实施。公民的财产和自由,除法律有明文规定以外,不受任何侵害,并且,享受依法行政所产生的给付与保护,是现代国家公民的基本权利。保障公民在行政法律关系中的这种地位,是法治行政原理的内在要求。

（二）排除违法或者不当行政的请求权与行政介入请求权

在现代法治国家中,以人民享有广泛的自由权和全面的社会权为前提,只要公民因行政主体的违法或者不当的作为或不作为而受到侵害时,作为实体法上的权利,原则上应当承认其对行政的违法或者不当的作为享有排除违法或者不当行政的请求权,对行政的违法或者不当的不作为有行政介入请求权。无论是否存在法律的明文规定,都必须广泛地保障其请求救济的机会。

综上所述,当违法或者不当地行使行政权,给公民的财产和自由带来侵害时,或者行政主体怠于行使行政权,没有给公民带来法定的给付和保护时,公民有权请求排除行政权的违法或者不当侵害,有权请求行政主体依法行使行政权。

三、行政相对人在程序法上的权利

随着程序权利观念的不断发展和深入,不仅英美法系,而且包括大陆法系在内的世界各国对行政程序越来越重视,个人在行政程序法上的权利,成为现代行政法学研究的一个重要课题。

（一）参与型行政全面保障相对人在程序法上的权利

我国 1982 年《宪法》第 2 条规定,"一切权力属于人民","人民依照法律规定,通过各种途径和形式,管理国家事务,管理经济和文化事业,管理社会事务"。这是我国参与型行政的宪法根据。

建设参与型行政是宪法所确立的参政理念的基本要求。所谓参与型行政,亦称互动型行政,是指行政机关及其他组织在行使国家行政权,从事国家事务和社会公共事务管理的过程中,广泛吸收私人参与行政决策、行政计划、行政立法、行政决定、行政执行的过程,充分尊重私人的自主性、自立性和创造性,承认私人在行政管理中的一定程度的主体性,明确私人参与行政的权利和行政机关的责任和义务,共同创造互动、协调、协商和对话行政的程序和制度。①此种"参与型行政"或者"互动型行政"是依法执政的基本要求,强调通过保证公众对行政的广泛参与和监督等一系列的制度安排,创造一种政府和民众共同治理的新秩序。

（二）行政相对人参与制定行政法规范或者计划的权利

人民除通过其代表机关制定法律,为行政主体提供基本的存在依据和行为准则外,还有权参与制定较具体的行政法规范或者行政计划等。现代国家行政的复杂多样化,涉及方方

---

① 杨建顺:《行政规制与权利保障》,中国人民大学出版社 2007 年版,第 171 页。

面面的利益,为了确保行政权的公正行使,统一、综合各界各阶层的意见,以形成行政上的共同意志,在制订行政计划或者进行行政立法时,必须履行一定的程序,如听证会、论证会以及公开草案,广泛征求意见,进行公众评议等,实行公开化行政程序。随着行政民主化要求的不断高涨,这种广泛吸收公民参加行政过程的程序权利保障,必将越来越多地运用于各个行政领域,成为现代法治行政中人权保障的重要内容之一。

(三) 行政相对人参与作出行政行为的权利

行政主体作出行政行为,是其当然的权限和职责,但是,不是依据自己的主观武断,而是在履行公正程序、广泛听取各界意见的基础上作出。特别是作出侵益行政行为时,行政机关必须事前告知相对人有关行政行为的事实、理由和依据等,给予相对人以充分的辩论机会,以求得明确、清楚地认定事实,从而公正地作出合法、合理的行政行为。只要充分保障了行政相对人陈述和申辩的机会,履行了必要的事前听证程序,经过事实审理(事实审理型听证)后再作出行政行为,就可以在相当程度上避免行政机关的独断专横,避免违法或者不当的侵益行政行为侵害行政相对人合法权益的事态的发生。这种程序对于当事人权利的事前预防性保护,无疑具有重大的意义。在我国,《行政处罚法》《行政许可法》等重要法律都确立了陈述、申辩和正式听证会的制度。

四、行政相对人的公法行为

(一) 公权和公义务

公权和公义务的概念,相对于私法关系中的私权和私义务而成立。所谓公权,是指在公法关系中,权利主体可以直接为自己主张一定利益的法律上的权利。例如,行政主体对行政相对人拥有租税债权,公务员对行政主体有工资请求权等。所谓公义务,与公权恰好相对,是指为了他人的利益,在公法上接受一定的意思拘束。例如,与行政主体的租税征收权相对应,公民负有纳税义务;与公务员的工资请求权相对应,行政主体负有工资支付义务等。

1. 公权的种类

以公权的主体为标准,可以分为国家公权和相对人公权两种。

国家公权,是指行政主体所享有的权利。根据其目的不同,可以分为组织权、警察权、统辖管制权、国家公有企业特权、公用负担特权、财政权、刑罚权等;根据其内容不同,可以分为命令权、强制权、形成权、公法上的物权支配权等。

相对人公权,即行政相对人所享有的公法上的权利,包括参政权、受益权和自由权三种。其中参政权包括人民代表选举权、公务员的选定权和罢免权等能动性参加权,故又称为主动性公权,随着参与型行政的发展,在行政法层面的参与权具体化为对整个行政过程的参与权;受益权包括接受各种行政行为的权利、公物及公共设施的使用权、公法上的金钱请求权等,因相对人可以积极地请求行政主体作出一定的行为,授予一定的利益,故又称为行为请求权或者积极性公权,实际上是社会权在行政法层面的具体化;所谓自由权即可以主张不因行政权侵犯其自由的权利,只要不违背公共利益,行政相对人可以享受居住、言论、集会、结社、宗教信仰、学术研究及财产享有等权利,故又称为消极性公权,基于该权利,行政相对人可以请求排除违法或者不当的行政行为等行政活动。

2. 公义务的种类

以公义务的主体为标准,可以分为行政主体的公义务和相对人的公义务两种。以义务的性质为标准,可以分为作为义务、不作为义务、给付义务和忍受义务四种。根据其目的不同,可以分为警察义务、统辖管制义务、公用负担义务和财政义务等。

3. 公权与公义务的特征

国家公权与私权相比,具有鲜明的自行强制性。相对人公权,从公权的角度看是权利,而从另一角度看则更具义务的性质,其放弃和转让往往要受到一定的限制。尽管有时并不妨碍权利的不行使,但不行使的结果将导致该权利的消灭。

对于相对人的公义务,广泛承认行政权的自行强制力,并且,公义务大多是具有专属性的,除纳税义务等可以继承外,一般不允许转让。

(二) 相对人的公法行为

相对人的公法行为,与私法行为不同,是指相对人以公法效果的发生为目的、以相对人的资格所为的行为。由于该行为种类繁多,性质各异,确立其统一适用的一般法原则比较困难。因此,有必要就各种各样的行为,分别剖析其法律性质,并归纳总结适合其性质的法规范或者法原则。特别是在法律、法规中欠缺有关相对人的公法行为的规定时,有必要从解释论的角度回答是否应直接适用民法上关于意思表示及法律行为的规定或者法原则,是否应根据相对人的公法行为的性质予以法律上的特殊考虑等。

1. 相对人的公法行为中的意思能力和行为能力

一般说来,无意思能力者的行为是绝对无效的,而关于行为能力,至少与财产有关的行为,原则上可以类推适用民法上关于无民事行为能力者的规定。但是,关于许可申请、行政复议及行政诉讼等,只要可能的话,应尽量视之为有效。私法领域的无能力者制度,主要限于对与财产有关的行为的适用,排除对身份上的行为的适用。该制度的主要目的在于保护欠缺行为能力者的利益,因此,即使欠缺行为能力,只要本人的权益不受侵害,就没有特别保护无能力者的理由。

关于意思表示者的意思欠缺及意思决定的瑕疵对相对人的公法行为的效力的影响问题,不存在一般性规定,大多数情况下应类推适用民法上的有关规定。

2. 关于相对人的公法行为的撤回

一般说来,在基于相对人的公法行为而完成某种法律效果以前,相对人的公法行为可以自由撤回。但是,关于合成行为及合同行为,由于其集团性和形式性,必须尊重既成的法秩序,因而相对人的公法行为的撤回要受到一定的限制。

3. 相对人的公法行为的瑕疵对行政行为效力的影响

当私人的公法行为只不过是作出行政行为的动机而已时,私人的公法行为的瑕疵,对于基于该行为而作出的行政行为的效力,不产生任何影响。当私人的公法行为成为作出行政行为的前提条件时,该行为是形成一系列行政程序的构成要素之一,因此,若私人的公法行为无效或者被依法撤回的话,行政行为便因欠缺前提条件而无效。

【思考题】
1. 什么是行政主体？确立行政主体概念的意义有哪些？
2. 什么是行政职权？有哪些内容？
3. 什么是行政职责？有哪些内容？
4. 什么是行政权限？
5. 简述国家行政机关的概念与特征。
6. 什么是行政授权？有什么特征？
7. 什么是行政委托？有什么特征？
8. 简述我国公务员的概念与范围。
9. 公务员的权利有哪些？
10. 公务员的义务有哪些？
11. 简述追究公务员责任的种类。
12. 简述公务员法律关系的含义及其内容。
13. 简述行政相对人在实体法上的权利类型。
14. 简述行政相对人在程序法上的权利类型。

第四章 行政行为概述

行政行为理论,在行政法学体系和具体的行政法制度中具有十分重要的地位和作用。对于行政法学而言,行政行为的理论是行政法学理论体系的重要组成部分,可以说行政法学理论各部分的研究都是围绕着行政行为理论而展开的。对于行政法律制度而言,行政行为的理论是各种行政法制度得以建立的基础,行政复议制度、行政诉讼制度与行政赔偿制度都是在行政行为理论指导下围绕着行政行为建立的。对于行政法实践而言,行政机关所作出的行为是否为行政行为,是否为合法有效的行政行为,无论对行政主体还是相对人都具有十分重要的意义。因为,它涉及对行政主体行为合法性的最终评判,同时也涉及对行政相对人的权益保护问题。本章重点研究的是行政行为的概念与特征,行政行为的内容与效力,行政行为的成立要件与合法性要件,行政行为的无效、撤销与废止等基本理论问题。

第一节 行政行为的含义与特征

一、行政行为的概念

行政行为,是指行政主体在实施行政管理活动、行使行政职权或履行行政职责过程中所作出的具有法律意义的行为。[①] 由此可以看出,行政行为包含了下列几层含义:

第一,行政行为是行政主体所作出的行为。

这是行政行为的主体要素。行政行为只能由行政主体作出,至于是行政主体直接作出,还是行政主体通过公务员或其他工作人员,或依法委托其他社会组织作出,均不影响行政行为的性质。但是,如果是行政主体以外的其他国家机关或其他社会组织,在无行政主体依法委托下所作出的行为,不能认为是行政行为。

第二,行政行为是行政主体行使行政职权、履行行政职责的行为。

这是行政行为的职权、职责要素。行政主体的任务是实现国家管理职能,但需要特别注意的是,行政主体所从事的活动或行为并非在任何情况下都是行政行为,如行政机关购买办公用品或租用办公用房的行为,就不是行政行为。另外,行政机关应当履行法定职责而不(未)履行的情况,也属于一种消极的行政行为表现形式,在法律上称之为不作为。

[①] 关于行政行为的定义,主要有以下五种观点:第一种观点认为,行政行为是指一切与国家行政管理有关的行为,包括行政主体的行为,也包括行政相对人的行为,还包括行政诉讼中的行为等。它可能意在与民事行为相对应而存在。第二种观点认为,行政行为是指行政机关所作的一切行为,意在从机关角度来划分行政行为不同于其他国家机关的行为。第三种观点认为,行政行为是指行政机关进行行政管理活动的总称,排除了行政机关非行政方面的行为。但该观点实际上包括了行政机关进行行政管理的各种活动。第四种观点认为,行政行为是指行政机关在行政管理活动中所作的具有法律意义的行为。也就是说,无论行政机关制定和发布普遍性的规范性文件,还是针对某一具体事件或特定人所作的处理决定,凡是具有法律后果的行政管理行为,都属于行政行为。第五种观点认为,行政行为是指行政机关针对特定人或事件采取具体行政措施的行为,即实际上的具体行政行为。

第三，行政行为是具有法律意义的行为。

这是行政行为作为法律概念的法律要素。当然，这里的法律要素，是指行政行为具有行政法律意义和产生行政法律效果，而不是其他法律性质的意义与效果。在行政主体所从事的活动中，有些具有行政法律意义，如行政许可行为、行政处罚行为；有些就不具有行政法律意义，如气象预报、发布统计数字等行为。① 可以说，行政行为的法律要素，在于强调行政主体要为自己的行为承担行政法律责任，至于这种行为是否合法，则不影响行政行为的存在。

二、行政行为的特征

行政行为与民事行为相比较，主要具有下述特征：

（一）公共服务性

行政行为的公共服务性是民主行政的体现和要求。在民主与法治的国家里，行政机关及其工作人员是人民的公仆和勤务员，是为人民服务的。人民设立政府，用税收维持政府的运作，其目的就在于获得公共服务，获得安全、自由、秩序等公共物品。政府及其工作人员如果不是为人民服务，而是将人民当作单纯管理、治理的对象、客体，那么国家的性质就是专制的而不是民主的了。

民事法律行为是以等价交易、有偿服务为原则的。行政行为尽管也是一种服务，但却是一种公共服务，是无偿的。因为行政相对人已经无偿地分担了公共负担（通过税收和规费等），所以接受行政主体的服务也应当是无偿的。从法律关系上讲，行政主体的权力也是一种职责或义务，而职责或义务的履行是无偿的，行政主体实施法律所需的经费只能由国家财政负担。从整体上讲，行政行为的公共服务性决定了其无偿性。我国的有关法律明确地规定了这种无偿原则，如《税收征收管理法》第7条、《道路交通安全法》第93条第2款、《行政复议法》第39条、《行政许可法》第47条第2款、《行政许可法》第58条的规定。

（二）从属法律性

行政行为是执行法律的行为，从而必须从属于法律。任何行政行为必须有法律根据，依法行政是民主和法治的基本要求。行政机关及其工作人员是人民的公仆，必须根据体现人民意志和利益的法律办事。行政行为的从属法律性也是由行政主体的法律地位决定的。行政主体的行政行为不同于国家权力机关的立法行为。一般来说，立法行为是创制法律规范，行政行为是执行法律规范。有时行政主体虽然也可以创制行政性规范（行政立法），但行政性规范只是从属性规范，是为执行法律规范而制定的规范。行政立法并不是严格意义的立法行为，它只是一种"准立法"行为，是从属性的立法行为。

（三）裁量性

行政行为虽然必须依法而行，必须有法律根据，但是这并不意味着法律应该将行政行为的每一个步骤、每一个细节都予以严密地规范，也并不意味着行政机关只能机械地按照法律预先设计的具体路线、途径、方式行事，而不能有任何的自行选择、裁量，不能有任何自己的主动性参与其间。事实上恰恰相反，由于任何法律法规，无论如何严密，都不可能将行政机

---

① 有学者认为，行政机关的行为，若是根据行政机关的意思表示直接发生法律效果，便属于行政机关的法律行为；若不直接发生法律效果，便属于行政机关的事实行为。参见王连昌、马怀德主编：《行政法学》，中国政法大学出版社2007年版，第99页。

关的每一个行政行为的每一个细节都予以细密规定,同时,现代国家社会经济在急剧发展变化,而法律是具有相对稳定性的,一旦制定就不能随意修改,因此,立法机关在立法时就应该给行政机关留一个自由裁量的余地,否则行政机关将无法有效地实施行政管理,还可能给国家和社会利益造成重大损失。具有一定裁量性是行政行为的一个特征,这是由它的权力因素的特点所决定的。

行政行为的裁量性与从属法律性不是截然对立的,而是矛盾的对立统一。行政裁量不是无限制的自由裁量,而应是在法律、法规范围内的裁量;从属法律也不是机械地执行法律、适用法律,而是充分运用其主观能动性,紧紧地把握相应法律、法规的立法目的与原则、精神,积极、灵活地执行法律、适用法律,最终是为了实现立法目的。

(四)单方意志性

行政行为是行政主体行使国家行政权的行为。行政主体实施行政行为,只要是在行政组织法或法律、法规的授权范围内,即可自行决定和直接实施,而不是必须与行政相对人协商并征得相对人的同意。这既是传统行政法上行政行为的一个特点,又是目前绝大多数情形下行政行为的一个特点。行政行为的单方性不仅表现在行政主体依职权进行的行为,如行政机关进行行政监督检查,科处行政处罚,采取行政强制措施,征收税款等;也体现在行政主体依行政相对人申请而实施的行为,如颁发许可证、执照,发放救济金、抚恤金等。后面的这些行为虽然是行政主体在相对人提出申请的前提下作出的,但是行政主体是否满足行政相对人的申请,却不是简单取决于相对人的请求。传统行政法上,行政主体无须与相对人协商,无须与相对人讨价还价,而是根据法律规定的标准和条件,自行决定是否作出某种行为。即使是在行政合同行为中,也不乏一定程度的行政单方意志性的表现,如行政合同的解除方面。当然行政合同总体上讲是一种要求双方意思表示一致的行为,这是它区别于大量的单方行政行为的特点,但它在缔结、履行、变更与解除方面也有着许多不同于民事合同的特点。

所以在理解行政行为的这一特点的时候,应当注意以下问题。第一,有些行政行为是双方性行政行为,如行政合同(行政契约)的缔结等,必须是双方意思表示一致的行为,否则无法成立。作为现代行政行为的一种形式,它被越来越多地应用于行政管理之中,而且会发挥越来越大的作用。第二,现代行政法上,越来越强调行政相对人的参与性,也就是其意志应当一定程度地反映到行政行为中去。这是与传统行政法上行政行为特点的一个不同点。从立法上,往往就要求行政行为的作出过程必须充分合理地考虑到当事人的参与,要求听取当事人一方的意见。当然最后起决定作用的还是行政主体,单方性作为行政行为的基本特征,它并未动摇。

(五)效力先定性

所谓效力先定,是指行政行为一经作出后,就事先假定其符合法律规定,在没有被国家有权机关宣布为违法无效或被撤销之前,对行政机关本身和相对人以及其他国家机关都具有拘束力,任何个人或团体都必须遵守和服从。行政行为的效力先定是一种事先假定,并不意味着行政行为绝对正确、不可否定,对其效力的否定必须经过国家有权机关依职权和法定程序审查认定。这一特征根源于实现维护和保障公共秩序和公共利益这一目的的需要。与此相比,民事行为则不具有这种效力。在税收征管领域和社会治安秩序的管理领域,这一特点非常明显,如我国的《税收征收管理法》《治安管理处罚法》等法律中有很多反映这一特点

（六）强制性

行政行为是行政主体代表国家、以国家名义实施的行为，故其以国家强制力作为实施的保障。根据行政法的原则，行政主体为行使其管理职能，享有相应的管理权力和管理手段。行政主体行使职能的行为如遇到障碍，在没有其他途径克服障碍时，可以运用其行政权力和手段，或依法借助其他国家机关的强制手段，消除障碍，保障行政行为的实现。

行政行为的强制性与单方意志性是紧密联系的。一般而言，行政主体实施行政行为无须事前与相对人协商，并取得相对人同意。相对人无权拒绝行政主体依法和依职权实施的行为。相对人如拒不履行行政主体的行政命令或行政处理措施，行政主体可以依法强制其履行或者依法申请人民法院强制执行。而民事行为的双方当事人则不具有这种特权，民事行为也不具有此种特性。行政行为的强制性是行政行为单方意志性的结果，行政行为单方意志性则是行政行为强制性的前提。

不过在理解行政行为的这一特征时，也应当注意到现代行政行为形式的多样性。有些行政行为如行政指导，并不当然地反映其强制性的特点。相反，它却是以非强制性为特征的，这是特别的情形，但是大多数情况下，行政行为的强制性特征是非常明显的，如行政处罚、行政强制等行为。这是我们学习和理解行政行为特征时应当特别注意的问题。

第二节　行政行为的内容与效力

一、行政行为的内容

行政行为的内容，是指一个行政行为对相对人在权利、义务上产生的具体影响，亦即对相对人的权利、义务作出某种具体处理和决定。不同的行政行为，其内容不同，功能不一，产生的法律效果也不同。行政主体正是凭借着不同内容的行政行为，实现其行政职能。行政行为的内容，是行政行为的核心，研究行政行为的内容，对行政活动和行政诉讼都有特别重要的价值。

就行政行为整体而言，行政行为的内容十分广泛、复杂，不同种类的行政行为有着不同的对象和目的，同一种类的每一个行政行为又有自己特定的对象和目的。因此，行政行为的内容具有复杂性和多样性，难以每项都列举说明。下面仅根据各类行政行为对相对人的权利、义务产生的影响及其引起的法律效果的不同，将行政行为的内容作一归纳和概括。

（一）赋予权益或科以义务

行政行为内容表现的一个重要方面，就是赋予相对人以一定的权益或对相对人科以一定的义务，即实际上为相对人设定了新的法律地位，使得行政主体与相对人之间形成一种行政法律关系。

赋予一定的权益，具体表现为赋予相对人以一种法律上的权能（权利）和利益，包括行政法上的权益，也包括民法上的权益。

科以一定的义务，是指行政主体通过行政行为命令行为相对人为一定的行为或不为一定的行为，具体包括单纯行为上的义务，如接受审计监督；也包括财产义务，如纳税决定行为;还包括人身义务,如行政拘留决定。

（二）剥夺权益或免除义务

这是取消某种法律地位,以解除已经存在的法律关系。剥夺权益,是使行为相对人失去原有的法律上的权能（权利）和利益,如吊销许可证、执照,既是对权利的剥夺,也是对权能的剥夺;如扣留执照,就是对权利的暂时剥夺;再如对奖金的收回,既是对权利的剥夺,也是对利益的剥夺。剥夺权益的内容,多表现在行政处罚行为之中,但有时也表现在其他行为之中,如对各种税费的行政征收行为。免除义务,是指行政行为的内容表现为对行为相对人原来所负义务的解除,不再要求其履行义务,如免除纳税人的纳税义务等。

（三）变更法律地位

这是行政行为对行为相对人原来存在的法律地位予以改变,具体表现为:对其原来所享有权利或所负担义务范围的缩小,或者对其原来所享有权利或所负担义务范围的扩大,如批准营业执照扩大或缩小经营范围,减少或增加纳税税种、税率等。

（四）确认法律事实与法律地位

确认法律事实,是指行政主体通过行政行为对某种法律关系有重大影响的事实是否存在,依法加以确认。例如,医疗事故鉴定结论,就是对医疗事故的事实加以确认,其结果将影响医疗单位与被医疗人员之间的责任承担关系。道路交通事故责任认定的结论,是对形成或导致道路交通事故成因的分析和判断,其结果将影响各方当事人之间对所造成的损害后果的处理与承担。

确认法律地位,是指行政主体通过行政行为对某种法律关系是否存在及存在范围的认定。如土地管理部门或人民政府对土地所有权或使用权的确认等。

确认法律事实与确认法律地位既有联系也有区别。确认法律事实必然影响确认法律关系,但确认法律事实并不等于确认法律关系,当事人之间是否存在某种法律关系,在事实的认定之中并不能完全确认。例如,对道路交通事故中受伤者伤残等级的确认,并不能确认责任关系如何。确认法律关系是以法律事实确认为前提的,在有些法律关系确认之中,也同时包含着对法律事实的确认,如土地确权行为。但有些法律关系的确认和法律事实的确认,法律要求两者是分开的,不能互相取代或交错在一起。

二、行政行为的效力

行政行为成立便对相对人和行政主体等产生法律上的效力。每项行政行为的法律效力,视其行为所依据的法律规范、所针对的行政事项及行为的内容等方面的不同而不尽相同。但一般来看,行政行为都具有下列效力:

（一）行政行为具有公定力

所谓公定力是指行政主体的行政行为一经作出,不论其实质上是否合法,都具有被推定为合法而要求所有机关、组织或个人予以尊重的一种法律效力。也就是说,公定力是一种推定或假定的法律效力,并不意味着行政行为在事实上一经作出就是合法的。行政行为除非明显、重大违法,在经法定程序由法定机关使之失效前,都应对其作合法的推定,就像刑法中的无罪推定一样。对行政行为作这样的推定,主要基于社会应当对行政主体的行为予充分信任和尊重,从而稳定权利义务关系的考虑,同时也是行政效率原则的要求。此外行政行为的公定力是对世的,即此种效力不仅及于行政相对人与行政主体,还及于其他任何机关、组织和个人。尽管国家权力机关、司法机关和上级行政机关等都有权予以监督,但是对于未依法定程序撤销、废止或宣布为无效的行政行为,都不得否定其效力。因为行政行为的最终归属主体是国家,行政行为实质上是国家的公权行为。

(二) 行政行为具有确定力

所谓行政行为的确定力,是指有效成立的行政行为,具有不可变更(改变)力,即非依法不得随意变更或撤销和不可争辩的效力。它是一种对行政主体与行政相对人而言的法律效力。需要注意的是,不可改变力中的"改变",既包括撤销、重作,也包括变更;既包括对事实认定和法律适用的改变,也包括对权利义务的改变。

对行政主体的确定力,称为实质确定力,它要求行政主体,非依法定理由和程序,不得随意改变其行为内容,否则要承担相应的法律责任。例如,行政许可行为中,行政机关在发给公民许可证或执照后,就不得随意更改许可事项和范围。这种实质确定力的目的,主要在于防止行政主体反复无常,任意变更、撤销、废止其已作出的行政行为,导致对行政相对人权益的损害。这种确定力对于维护行政相对人对行政行为的信任是极为重要的。

对行政相对人的确定力,称为形式确定力或不可争力,指行政相对人不得任意否认行政行为的内容或随意改变行为内容,非依法也不得请求改变行政行为。也就是说,行政相对人超过行政复议和行政诉讼期限后,不得对该行政行为申请行政复议或提起行政诉讼;即使在行政复议、行政诉讼期间,行政相对人非经法定程序,亦不得停止对该行为确定的义务的履行。例如,持有行政许可证的公民,不得随意改变许可范围,或从事许可范围以外的活动。[①] 此外,行政行为的确定力,也包含着除行政主体和行政相对人以外的国家机关(含行政机关)、社会组织和公民,都不得否认或拒绝行政行为所确认的事实和法律关系。

在理解行政行为确定力时,还需要注意这种确定力的相对性。行政行为具有不可变更力并不意味着行政行为绝对不可以变更,而是说行政行为作出后不得随意撤销或变更。基于法定事由,经过法定程序,行政行为可以依法改变(通过行政复议、行政诉讼等)。[②] 变更的主体可以是原行政行为的作出机关、行政复议机关或者一定情形下的人民法院等。但行政主体对因变更造成行政相对人利益受损害的应依法承担相应的法律责任,从《行政许可法》的有关规定中就可以清楚地看出这一点。[③]

(三) 行政行为具有拘束力

行政行为的拘束力,是指行政行为成立后,其内容对有关人员或组织所产生的法律上的约束效力,有关人员和组织必须遵守、服从。行政行为的拘束力具体表现在以下两个方面:

(1) 对相对人的拘束力。行政行为是针对行政管理相对人作出的。因此,其拘束力首先指向相对人。对于生效的行政行为,相对人必须严格遵守、服从和执行,完全地履行行政行为的内容或设定的义务,不得违反或拒绝。否则,就要承担相应的法律后果。

---

① 我国《行政许可法》第49条规定:"被许可人要求变更行政许可事项的,应当向作出行政许可决定的行政机关提出申请;符合法定条件、标准的,行政机关应当依法办理变更手续。"

② 参见我国《行政许可法》第8条第2款、第49条,《行政复议法》第28条第1款第3项,《行政诉讼法》第77条、第89条第2项。

③ 我国《行政许可法》第8条、第69条第4款。

(2) 对行政机关的拘束力。行政行为的拘束力不仅仅是针对相对人,行政行为生效后,行政机关自身同样要受其拘束,包括作出该行政行为的行政机关和其他行政机关。

(四) 行政行为具有执行力

所谓行政行为的执行力,是指行政行为生效后,行政主体与行政相对人必须自觉履行相应行政行为所确定的义务,拒绝履行或拖延履行的一方应当承担相应责任的效力。在相对人拒绝履行或拖延履行的情况下,有关行政主体可以依法采取强制措施,或者依法申请人民法院强制执行行政行为内容,如强制受罚人交纳罚款。[①] 而在行政机关拒绝履行或者拖延履行的情况下,相对人可以向有关机关提起行政复议或者是向法院提起行政诉讼等。

行政行为的执行力不仅及于行政相对人,也及于行政主体。行政主体作出某种行政行为,行政相对人有可能直接或间接从中获得某种利益,如果行政主体在之后不采取措施保障行政相对人的利益得以实现,行政相对人既可以申请行政主体履行自己的行政行为,也可以通过行政复议或行政诉讼的方式,请求行政复议机关或人民法院责令行政主体履行自己作出的行政行为。

行政行为的执行力是与拘束力密切相关的。一方面,拘束力是执行力的前提,只有有了拘束力,当事人才必须履行相应行政行为所确定的义务,在当事人不履行时,才存在依法强制执行的问题。另一方面,执行力则是拘束力的保障。也就是说,行政行为若没有了执行力或没有了强制执行力,那么,所谓的拘束力则很容易变为一句空话。

理解行政行为的执行力必须注意以下三点:其一,行政行为具有执行的效力,并不等于所有行政行为都必须"执行",有些行政行为就不涉及强制执行问题。比如,行政处罚中的警告及行政许可行为就与强制执行无关。另外,即使强制行为也不存在专门的执行问题。其二,行政行为具有执行效力,并不意味着行政行为在任何情况下都必须强制执行。一般说来,必须是在相对人拒不履行义务的情况下,行政行为才需要予以强制执行。其三,行政行为具有执行力,也并不是行政行为成立后,就必须立即予以执行。在大多数情况下,行政行为成立、生效后,应立即执行。但是也有一些例外。有些行政行为本身就是执行,如收容审查;有些行政行为先由相对人自己执行(或者称之为履行),如纳税行为;还有些行政行为成立后,可以暂时不予执行,如当事人对土地确权裁决不服,在进行行政复议或行政诉讼期间,就可以暂缓执行。另外还要注意有些行政主体不具有直接实施强制手段的权力,其行政行为须通过申请人民法院强制执行。

行政行为具有公定力、确定力、拘束力和执行力,是根据行政行为的性质对其作出的理论上的概括。这四种效力在实践中具有多方面的意义,也引来一系列规则。例如,在行政法上,对于生效的行政行为,一般采取不停止执行的原则,即不论相对人对行政行为是否存有异议,还是在相对人申请复议、提起诉讼期间,都不能停止对行政行为的执行。只有在例外的情况下,才可能暂停行政行为的执行。[②] 这一规则就是行政行为效力的具体表现。

---

① 我国《行政处罚法》第72条。
② 参见我国《行政处罚法》第73条、《行政复议法》第21条、《行政诉讼法》第56条。

第三节　行政行为的分类

行政行为种类繁多,内容庞杂。对行政行为的分类研究可以更深入地理解、把握行政行为的特点,可以从多种角度对不同行政行为的内容、行为产生的结果以及它所遵循的行为规则进行分析。同时,这种分类研究也有助于我们对各项行政行为的构成要件和法律效力的认识,有助于对行政行为监督与救济途径、方式的判断适用。

行政行为根据不同的标准可以作不同的分类。下面就几种主要分类进行阐述。

一、内部行政行为与外部行政行为

行政行为以其适用与效力作用的对象范围为标准,可分为内部行政行为与外部行政行为。所谓内部行政行为,是指行政主体在内部行政组织管理过程中所作的只对行政组织内部产生法律效力的行政行为,如行政处分及上级机关对下级机关所下达的行政命令等。所谓外部行政行为,是指行政主体在对社会实施行政管理活动过程中针对公民、法人或其他组织所作出的行政行为,如行政许可行为、行政处罚行为等。

划分内部行政行为与外部行政行为的意义在于:第一,内部行政行为适用内部行政规范,因而也只能用法定的内部手段和方式去进行;而外部行政行为适用社会行政等外部行政法规范,因而能够采用相应的法律、法规所规定的各种手段和方式去进行。就此可以看出,内部行为与外部行为的内容与方式是不同的,两者不能任意交叉适用。第二,对于内部行政行为的主体资格,法律没有严格要求,而外部行政行为的主体资格,法律则有严格的要求。所以,某些具有内部行政行为主体资格的组织,不一定具有外部行政行为主体资格。第三,内部行政行为一般不适用行政复议程序和行政诉讼程序,而外部行政行为在符合法定条件的情况下,可以适用行政复议程序和行政诉讼程序。

我们认为,行政法学上对行政行为研究的重点应当是外部行政行为。但是,对外部行政行为的研究,又离不开对内部行为的研究。在行政法学意义上,行政主体的内部行为是为外部行为服务的,是为实现外部行为的法律效果服务的。

二、抽象行政行为与具体行政行为

行政行为以其对象是否特定为标准可分为抽象行政行为与具体行政行为。所谓抽象行政行为,是指以不特定的人或事为管理对象,制定具有普遍约束力的规范性文件的行为,如制定行政法规、行政规章和其他具有普遍约束力的规范性文件的行为。抽象行政行为相对于具体行政行为而存在,其核心的特征就在于行为对象的不特定性或普遍性,即行为对象具有抽象性,属于不确定的某一类人或某一类事项并具有反复适用的效力。抽象行政行为包括两类:一类是行政立法行为,即有权行政机关制定行政法规和行政规章的行为;另一类是制定不具有法源性的规范性文件的行为,即有权行政机关制定或规定除行政法规和规章以外的具有普遍约束力的其他规范性文件的行为,如县级人民政府所制定的其全县境内普遍有效的某些规定或办法等。

所谓具体行政行为,是指在行政管理过程中,针对特定的人或事采取具体措施的行为,其行为的内容和结果将影响某一个人或组织的权益。具体行政行为最突出的特点，就是行为对象的特定性和具体化，属于某个个人或组织，或者某一具体社会事项。具体行政行为一般包括行政许可与行政确认行为、行政奖励与行政给付行为、行政征收行为、行政处罚行为、行政强制行为、行政监督行为、行政裁决行为等。

抽象行政行为与具体行政行为不仅是行政法学理论上的一种划分，而且也是法律制度所采用和确认的一种划分方法。比如，我国《行政诉讼法》和《行政复议法》就是以"具体行政行为"为标准来规定行政诉讼和行政复议的对象的。因此，划分抽象行政行为与具体行政行为具有重要的法律意义和理论意义。

三、羁束行政行为与自由裁量行政行为

行政行为以受法律规范拘束的程度为标准，可分为羁束行政行为和自由裁量行政行为。羁束行政行为，是指法律规范对其范围、条件、标准、形式、程序等作了较详细、具体、明确规定的行政行为。行政主体实施羁束行政行为，必须严格依法定范围、条件、标准、形式、程序等进行，没有自行斟酌、选择、裁量的余地。例如，税务机关征税，只能根据法律、法规规定的征税范围、征税对象以及税种、税率征税，在这些方面，税务机关没有选择、裁量的余地。行政主体违反羁束规定，就构成违法行为，要承担违法的后果。自由裁量行政行为，是指法律规范仅对行为目的、行为范围等作一原则性规定，而将行为的具体条件、标准、幅度、方式等留给行政机关自行选择、决定的行政行为。羁束行为和自由裁量行为的划分并不是绝对的，羁束行为通常也存在一定的自由裁量成分，法律、法规不可能对行政行为在所有情况下的所有处置方法都作出详细、具体、明确的规定；行政主体实施自由裁量也不是无限制地自由裁量，自由裁量行为也存在一定的羁束因素。法律授权行政主体实施某种自由裁量行为时，虽然未为之规定具体方式、程序、限度，但有着明确的授权目的，并通常为之规定了自由裁量的范围。行政主体在实施自由裁量行为时，不能违反授权法的目的和超越法律规定的自由裁量范围。行政裁量偏轻偏重或者畸轻畸重，属于不当或严重不当的行政行为，而非违法行为。但是，行使自由裁量权时如果在表现形式上不违法，而动机目的却是为了私利，则构成滥用裁量权，属于违法行为。

四、依职权的行政行为与依申请的行政行为

以行政机关是否可以主动作出行政行为为标准，行政行为可分为依职权的行政行为和依申请的行政行为。

依职权的行政行为，指行政机关依据法律赋予的职权，无须相对人的请求而主动实施的行政行为。如行政监督检查、征收税款、对违法行为的处罚等。行政行为大部分是行政主体依职权进行的。

依申请的行政行为，是指行政机关必须有相对人的申请才能实施的行政行为。此时，相对人的申请是行政行为开始的先行程序和必要条件，非经相对人的请求，行政机关不能主动

作出行政行为,如颁发营业执照、颁发排污许可证等行政许可的行为。[①] 实践中往往涉及行政审批、行政许可、行政确认、行政裁决、行政复议等行为。

依职权和依申请的行政行为均可能发生不作为的违法,在依职权行为的场合,行政机关不履行法定职责,拖延敷衍,不当延误;在依申请行为的场合,行政机关对相对人的申请在法定期间内不予答复,均可成为相对人申请行政复议或提起行政诉讼的理由。

五、授益行政行为与不利行政行为

以其内容对行政相对人的利益影响为标准,行政行为可以分为授益行政行为和不利行政行为。授益行政行为,是指行政主体为行政相对人设定权益或免除义务的行政行为,如行政许可、行政奖励、行政给付等。不利行政行为,是指行政主体为行政相对人设定义务或限制、剥夺其权益的行政行为,又称负担性行政行为,如行政征收、行政处罚、行政强制等。但是应当注意的是,这种行政行为的授益与不利的区分不是绝对而是相对的,往往要根据具体的对象而定。有时一个行政行为对某个公民或组织是授益的,而极有可能对其他公民或组织则是不利的。例如在行政裁决中就往往出现此种情形。

六、单方行政行为与双方行政行为

以决定行政行为成立时是否需征得相对人同意为标准,将行政行为分为单方行政行为与双方行政行为。单方行政行为指依行政机关单方意思表示,无须征得相对人同意即可成立的行政行为。如行政处罚行为、行政监督检查行为等。行政机关实施的行政行为大多数是单方行政行为。有些行政行为,如颁发许可证,虽需相对人的申请,但当事人是否符合相关条件和标准,最终是否批准和颁发相应许可证或执照等,仍由行政机关单方决定,从这个意义上讲,它仍属单方行政行为。

双方行政行为指行政机关为实现公务目的,与相对人协商达成一致而成立的行政行为。如行政合同行为。这种行为的基本特征,在于行政行为必须经相对人同意才能成立,即相对人的最后同意是行政行为有效成立的必备条件。

七、要式行政行为与非要式行政行为

以行政行为是否应当具备一定的法定形式为标准,行政行为可分为要式行政行为与非要式行政行为。所谓要式行政行为,是指必须具备某种法定的形式或遵守法定的程序才能成立生效的行政行为。例如,行政处罚决定必须以书面形式作出并加盖单位公章才能有效。行政许可决定也应当以书面形式作出并加盖单位公章。行政机关采取扣押、查封等行政强制措施时必须开具收据或者清单等。所谓非要式行政行为,是指无须一定方式和程序,无论采取何种形式都可以成立的行政行为,例如,公安机关对醉酒的人采取强制约束的行为,消防机关为救火灾而对毗连火场的建筑物进行部分拆除的行为。行政行为绝大多数都是要式行政行为。

[①] 我国《行政许可法》第2条规定:"本法所称行政许可,是指行政机关根据公民、法人或者其他组织的申请,经依法审查,准予其从事特定活动的行为。"

八、作为行政行为与不作为行政行为

以行政行为是否以作为方式来表现为标准,行政行为可分为作为行政行为和不作为行政行为。

所谓作为行政行为,是指以积极作为的方式表现出来的行政行为,如行政奖励、行政强制行为。所谓不作为行政行为是指以消极不作为方式表现出来的行政行为。例如,我国《集会游行示威法》第9条第1款规定:"主管机关接到集会、游行、示威申请书后,应当在申请举行日期的二日前,将许可或者不许可的决定书面通知其负责人。不许可的,应当说明理由。逾期不通知的,视为许可。"这里"逾期不通知的,视为许可"就是不作为方式的行政许可行为。再如,我国《行政复议法》第6条第1款第8、9、10项规定的内容和《行政诉讼法》第12条第1款第3、6、10项所列举的行政行为中,就有不作为方式的行为。

九、行政立法行为、行政执法行为与行政司法行为

这是以行政权作用的表现方式和实施行政行为所形成的法律关系为标准所作的划分,是一种传统的行为分类。所谓行政立法行为,是指行政主体依法定职权和程序制定具有普遍约束力的规范性文件的行为,它所形成的法律关系是以行政主体为一方,以不确定的行政相对人为另一方。所谓行政执法行为,是指行政主体依法实施的直接影响相对人权利义务的行为,或者对个人、组织的权利义务的行使和履行情况进行监督检查的行为。它形成的法律关系是以行政主体为一方,以被采取措施的相对人为另一方的双方法律关系。具体包括行政许可、行政确认、行政奖励、行政处罚、行政强制、行政合同、行政监督检查等行为。所谓行政司法行为,是指行政机关作为争议双方之外的第三者,按照准司法程序(特别的行政程序)审理特定的民事争议和行政争议案件并作出裁决决定的行为,它所形成的法律关系是以行政机关为一方,以发生争议的双方当事人各为一方的三方法律关系,具体包括行政仲裁、行政调解、行政裁决、行政复议等行政行为。其中典型的是行政裁决、行政复议行为。

将行政行为划分为行政立法行为、行政执法行为与行政司法行为,有助于对因行政权不同作用方式而形成的不同的行政关系进行法律调整,从而规范行政行为。同时,这种划分也是行政法学者对行政行为体系结构进行研究的一种思路。

十、自为的行为、授权的行为与委托的行为

以行政职权的来源为标准,可以将行政行为划分为自为的行为、授权的行为和委托的行为。

自为的行为指行政机关根据法律规定的职权,自己作出的行政行为。如我国《行政处罚法》第17条、第28条第1款的规定。

授权的行为指由法律等规范性文件授权给非行政机关性质的组织从事行政管理活动而实施的行政行为。法律、法规授权的组织是以自己的名义作出行政行为的,它实际上享有行政主体的资格。如我国《行政处罚法》第19条、《行政许可法》第23条的规定等。

委托的行为是指由行政机关委托其他行政机关或非行政机关组织或公民个人从事行政管理活动而实施的行政行为。这里委托行政机关与受委托的行政机关或非行政机关组

织或公民个人之间是一种委托代理关系,受委托的行政机关或非行政机关组织或公民个人是以委托的行政机关的名义实施行为,并且这种行为的效果被委托的行政机关所吸收、承受。如我国《行政许可法》第 24 条、《行政处罚法》第 20 条的规定。此外,我国《行政诉讼法》第 26 条第 5 款所称"行政机关委托的组织所作的行政行为"指的就是此种情形。

除上述划分方法外,还可划分为附款行政行为与无附款行政行为[①],须受领的行政行为与不须受领的行政行为等。

第四节 行政行为的成立要件与合法要件

行政行为是行政主体行使行政职权的行为,行政行为一旦成立,即被推定为有效,对相对人产生约束效力。行政行为要想获得实质的效力,就必须具备一定的合法条件。本节主要研究行政行为的成立要件、行政行为的生效规则和行政行为的合法要件。

一、行政行为的成立要件

行政行为的成立,是指行政行为的作出或者形成。因为行政行为的生效以其成立为前提,行政行为尚未成立,效力的开始便无从谈起。因此,首先需要研究行政行为的成立。研究行政行为的成立就是要研究在什么情况或者形式下,行政行为就算是已经成立,已经客观存在了。

根据法律规定和行政活动的实际情况,行政行为的作出,一般有两种情形:

一种情形,是由某一组织作出,可能该组织本身就是行政主体,也可能该组织属于受委托的组织。凡是由组织直接作出的行政行为,一般都是通过一定的组织会议形成决定,有关行政行为的对象、内容、适用条件、执行方式等实体问题,均在会议上讨论形成决定。因此,一定的组织会议的正式举行并作出决定就是行政行为成立的一种形式,而会议的讨论决定或者会议纪要等形式,则是行政行为正式作出的标志。

另一种情形是,行政行为由行政工作人员代表行政主体直接作出,这种方式是行政管理活动中经常采用的方式,也为许多法律、法规所明确规定。在个人具备了行政职务关系并以执行公务的身份进行活动的条件下,其有明确意思表示并作出了具有行政法律意义的行为,该行政行为即算已经形成或成立。

综上所述,行政行为的成立要件包括:

(1) 行政行为成立的主体要件。行为的主体必须是拥有行政职权或有一定行政职责的国家行政机关,或者法律、法规授权的组织,或者行政机关委托的组织和个人。也就是说,非行政主体所为的行为肯定不是行政行为。

(2) 行政行为成立的主观要件。行为主体有凭借国家行政权力产生、变更或消灭某种

[①] 所谓附款行政行为是指除行政法规范明确规定的条件外,行政主体根据实际需要附加条件的具体行政行为。限制条件通常包括:时间条件、期限条件、作为条件、不作为条件等。无附款行政行为是指其效力不附有条件限制的行政行为,即行政主体作出相应行政行为不附加其他条件,相应行政行为只要符合法定标准和要求即生效,并且相应行政行为在延续过程中,只要行政相对人不违反法定标准和要求,该行政行为就一直有效而不终止其效力。参见姜明安主编:《行政法与行政诉讼法》,北京大学出版社、高等教育出版社 2019 年版,第 192 页。

行政法律关系的意图,并有追求这一效果的意思表示。至于行为主体的意思表示是否真实、自愿,并不影响行政行为的成立。

(3) 行政行为成立的客观要件。行为主体在客观上有行使行政职权或履行(或应当履行)行政职责的行为。即有一定的外部行为方式所表现出来的客观行为。不过需要指出的是,这里所谓的行政职权是指一般抽象意义上的行政权的转化形式,并不局限于必须是行政主体的法定职权。因为,运用法定职权是合法有效的行政行为的成立要件。如果某行政主体客观上实施了超越其法定职权的行为的话,此时行政行为已然成立,却并非合法有效的行政行为。

(4) 行为的功能要件,即行为主体实施的行为能直接或间接导致行政法律关系的产生、变更和消灭。当然,这里所说的行政行为的成立,是指某项行政行为已经存在,并不意味着该项行政行为必然是合法有效的行为。

二、行政行为的生效规则

行政行为的成立只是为了确定行政行为在何种情况下已经完成。但行政行为的作出并不意味着相对人立即知晓。也就是说,行政行为的成立和相对人的知晓之间存在着时间上的间隔。因此,行政行为效力的开始,因行政机关本身和相对人的不同而有所不同。对于行政机关来说,行政行为的成立和行政行为效力的开始时间应当是一致的,行政行为一旦作出就立即生效,行政机关从作出决定时就有遵守的义务。对相对人而言,行政行为并非作出就生效,只有在行政行为被相对人知晓时才能开始生效。行政行为要被相对人知晓,因行政行为的对象、环境及法律规定等因素的不同,在时间上具有一定的差异性。行政行为在生效时间上的差异便构成了行政行为的生效规则。

行政行为的生效规则,是指行政行为何时开始生效的规则。行政行为的生效规则主要有下列几种:

(1) 即时生效。即时生效是指行政行为一经作出即具有效力,对相对人立即生效。这种情况一般来说作出行政行为和行政行为生效的时间是一致的。如公安机关对醉酒的人强制进行人身约束的行为或者行政机关按照简易程序作出的当场处罚等。即时生效的行为因为是当场作出,立即生效,其适用范围相对较窄,适用条件相对较为严格。它一般适用于紧急情况下所作出的需要立即实施的行为。

(2) 受领生效。所谓受领生效,是指行政行为须为相对人受领,才开始生效。所谓受领,是指行政机关将行政行为告知相对人,并为相对人所接受。受领即接受、领会。受领是使相对人对行政行为的内容了解、知悉的方式。但受领并不意味着必须得到相对人同意。相对人的同意与否并不影响行政行为的生效,只要行政机关告知相对人即开始生效。受领生效,一般适用于特定人为行为对象的行政行为,行政行为的对象明确、具体,一般是采用送达的方式。

(3) 公告生效。公告生效,是指行政机关将行政行为的内容采取公告或宣告等有效形式,使相对人知悉、明了行政行为的内容,该行政行为对相对人才能开始生效。如果在公告中附以生效时间的,属于附条件生效。公告生效的关键问题是采取有效的告知形式,足以使相对人对行政行为的内容知晓明了。有效的公告形式主要有公告、布告、通告、无线广播、电视播放等。与受领生效不同,公告生效所适用的对象是难以具体确定的相对人,包括不特定的多数人和具体的相对人,但住所地不明确,从而使行政行为的内容无法一一告知或难以具体告知。前者如行政机关制定公布的法规,后者如对住所不明的人的公告。

(4) 附条件生效。附条件生效,是指行政行为的生效附有一定的期限或其他条件,在所附期限到来或条件消除时,行政行为才开始生效。例如行政法规、行政规章的生效,往往都附有一定的期限。[1]

三、行政行为的合法要件

行政行为的合法要件,是指行政行为合法成立生效所应具备的基本要素,或者说是应当符合的条件。从法律对行政行为的规定和要求来看,各类行政行为有它们共同应当符合的要件,也有各自特有的一些条件,前者称为一般要件,后者称特别要件。这里只就一般要件作如下叙述:

(一) 行政行为的主体应当合法

这是行政行为合法有效的主体要件。所谓主体合法,是指实施行政行为的组织必须具有行政主体资格,能以自己的名义独立承担法律责任。只有具备行政主体资格的组织所为的行政行为才是有效的行政行为。从行为的主体方面看,一般而言,行政行为是由行政机关实施,但并非所有的行政机关都具有行政主体资格,而且,行政机关都是由具体的公务员组成,行政行为都是由公务员代表行政机关行使职权具体实施的。有时行政机关还会委托一定的机关或组织行使职权。行政行为实施主体的这种复杂状况,必然在主体上产生许多要求。据此,行为主体的合法应包括以下三项具体要求:

(1) 行政机关合法。指实施行政行为的行政机关必须依法成立,并具有行政主体资格。如果行政机关不是依法成立,或虽合法成立,但并不具有行政主体资格,其所为的行为无效。也就是说,行政行为因其实施者不具备合法的行为主体资格而不能合法有效成立。

(2) 人员合法。行政行为总是通过行政主体的工作人员具体实施,这些人员必须具备一定的资格和条件,所实施的行政行为方能有效。人员合法,主要是指实施行政行为的人员必须是在行政机关具有法定职务、法定资格,并能代表行政机关对外行使职权的工作人员,即必须具备合法的公职身份。

(3) 委托合法。委托合法是指作为行政主体的行政机关基于实施行政管理活动的需要,依法委托具有一定条件的社会团体、群众组织或公民个人代表行政机关实施某种行政活动。一般而言,行政活动应由行政机关自己独立实施,但在某些情况下,行政机关可以委托他人实施。主体合法要求行政机关的委托必须合法,所为的行政行为才能有效。委托的合法性表现在以下三个方面:第一,委托的行政机关必须具有合法的委托权限。第二,接受委托者必须具备从事某项行政活动的能力。第三,受委托者必须在委托权限内实施行政行为。法律对行政机关活动的要求同样适用于受委托者,因此,受委托者实施行政行为同样不能超越委托权限。

---

[1] 我国《规章制定程序条例》第 32 条规定:"规章应当自公布之日起三十日后施行;但是,涉及国家安全、外汇汇率、货币政策的确定以及公布后不立即施行将有碍规章施行的,可以自公布之日起施行。"

(二) 行政行为应当符合行政主体的权限范围

权限合法,是指行政行为主体必须在法定的职权范围内实施行政行为,必须符合一定的权限规则。这是行政行为合法有效的权限方面的要件。法律针对不同的行政主体或其不同的职能确定了相应的职责、权限。行政主体只能依据法定职权实施行政行为,否则无效。同时,任何行政职权都有一定的限度,法律在确定行政主体的职权时,往往在地域、时间等方面设定了各种限度,这些限度是行政主体为行政行为时所不能超越的。综合起来,行政职权的限制表现在以下七个方面:

(1) 行政事项管辖权的限制。国家行政机关是根据宪法和法律分门别类地层层设置的,每一个行政机关只能对某些行政事项享有管辖权。因此,行政机关只能就其管辖范围内的行政事项实施行政行为,所实施的行政行为才能合法有效。否则,就构成事项上的越权,该行政行为因越权而无效。

(2) 行政地域管辖权的限制。每一个行政机关只能对一定地域内的行政事务享有管辖权。也就是说,行政职权的运用都有着地域上的限制。行政机关在一定的地域范围内,对自己有管辖权的行政事务实施的行政行为,才能合法有效地成立。

(3) 时间管辖权的限制。依法设立的行政机关,只能在自身合法存在的时间内才具有某些行政事务的管辖权,才可实施行政行为。行政机关只有在其自身合法存在的时间内所实施的行政行为,才能合法有效。

(4) 手段上的限制。行政机关行使行政职权不得在法定手段外自设手段,否则即构成手段上的越权,权限合法当然就包括行政机关在法定手段范围内行使职权。

(5) 程度上的限制。行政职权的运用要受到程度上的约束。行政机关超越法定程度的限制运用行政职权,就构成程度上的越权,该行政行为同样不能合法有效。

(6) 条件上的限制。行政机关必须按照法定条件运用行政职权,只有在符合法定条件的情况下行使职权所作出的行政行为才能生效。如果行政机关不依照法律法规所设定的条件行使行政职权,或者在条件不充分或不具备的情况下行使职权,即构成条件上的越权,该行政行为同样不能合法有效。

(7) 委托权限的限制。作为受委托的非行政机关,只能在委托权限内,对委托的行政事项实施行政行为,而不能超越委托权限实施行政行为。否则,该行政行为是违法的、无效的行为。同时,如果委托是附有一定的条件或期限的,则受委托者也必须在附加条件客观存在或委托的有效期限内实施行政行为,该行政行为才能合法、有效。否则,受委托者所实施的行政行为亦属违法、无效。

(三) 行政行为内容应当合法、适当

这是行政行为的内容要件。行政行为的内容合法,是指行政行为所涉及的权利、义务,以及对这些权利、义务的影响或处理,均应符合法律、法规的规定和社会公共利益等。如果行政行为的内容违反法律的规定和要求,或者行政行为明显违背法律的目的或公共利益,均应属于无效行政行为。所谓行政行为的内容适当,是指行政行为的内容要明确、适当,而且应当公正、合理。具体说来,行政行为内容合法、适当包括以下几项要求:

(1) 符合法律、法规的规定;
(2) 符合法定幅度、范围;

(3) 行政行为的内容必须明确具体;

(4) 行政行为的内容必须适当;

(5) 行政行为必须公正、合理。

(四) 行政行为应当符合法定行政程序

所谓行政程序,是指行政主体实施行政行为时所采取的方式、方法和步骤、时限等。行政程序是行政行为的基本要素,因为任何行政行为的实施都要经过一定的程序表现出来,没有脱离行政程序而存在的行政行为。行政主体实施行政行为,必须按照法定的程序进行,不得违反法定行政程序,任意作出某种行为。程序合法成为行政行为的合法要件之一。

行政行为应当符合法定程序有两项具体要求。其一,必须符合与该种行政行为性质相适应的程序要求。例如,在我国,行政法规、规章的制定程序应当符合《立法法》《行政法规制定程序条例》《规章制定程序条例》的要求;行政处罚的实施程序应当符合《行政处罚法》关于决定程序和执行程序的要求;行政许可的实施程序应当符合《行政许可法》关于行政许可实施程序的要求;行政复议程序应当符合《行政复议法》的相关规定等,不一而足。这些都是相应行政行为的法定程序。其二,必须符合一般性的程序规则要求,如表明身份规则、说明理由规则、听取意见规则等涉及最低行政程序的标准。近年有些地方的法院以某行政行为违反法定程序(其中包括一般意义上的正当法律程序)为由,作出了确认行政行为违法无效或者撤销原行政行为、责令行政机关重新作出行政行为的行政判决,这样实际上是将满足最低限度的公正程序标准纳入法定程序的范围。其好处是在程序规范缺失的情况下,可以弥补法律规范之不足,最大可能地保障行政相对人权益。

对于行政程序,越来越多的国家都开始特别注重《行政程序法》的制定。当然,除此之外,还会因为行政管理领域的不同,而有单行法的特殊规定。我国近十多年来制定了不少单行法律、法规[①],在这些法律、法规中,有一些很重要的行政程序制度的规定,但还显得不够,仍然需要制定一部系统完整的《行政程序法》。

第五节　行政行为的无效、撤销与废止

行政行为的无效、撤销与废止是行政法学上三个相互联系但又有重要区别的概念。虽然三者都导致行政行为效力的终止,但引发三者的原因不同,效力终止的时间和情形也不一样。一般说来,行政行为无效,是因行为明显、重大违法所致,行为自始至终不产生法律效力。行政行为撤销,是因行政行为违法或不当所致,根据行政行为违法、不当的不同情形,撤销可使行政行为自作出之日起即失去效力,也可使行政行为的效力仅自撤销之日起终止。行政行为废止,是因形势或法律、法规或政策的变化,原合法、适当的行政行为已不适应现行法律、政策,或者行政行为已完成其原定目标、任务,故行政主体终止其效力。废止行政行为的效力是自行为废止之日起,而不同于宣布行政行为无效,宣布无效的行政行为效力是自行为作出之日起;也不同于撤销行政行为,撤销的行政行为效力有不同情况,但一般自行为作

[①] 如我国《治安管理处罚法》《税收征收管理法》《海关法》《土地管理法》《出境入境管理法》《立法法》《监察法》《行政许可法》《行政处罚法》《行政复议法》《国家赔偿法》等。

出之日起。我国目前尚未制定统一的行政程序法,对行政行为无效、撤销、废止的条件和法律后果尚无统一的法律规定。① 我们期盼在不久的将来通过立法对行政行为的无效、撤销、废止等作出统一的规定。

一、行政行为的无效

(一)行政行为无效的条件

如果行政行为具备下述情形,行政相对人可视之为无效行政行为,有权国家机关可宣布该行为无效:

(1)行政行为具有特别重大的违法情形或具有明显的违法情形。例如,在我国,某县政府作出一个行政决定,规定其所作出的某类行政行为(如强制拆迁行为)属终局行政行为。行政相对人不能对之申请行政复议或提起行政诉讼。此行政决定明显违反国家法律——《行政复议法》和《行政诉讼法》,因此应被视为无效行政行为,自始不发生法律效力。

(2)行政主体不明确或明显超越相应行政主体职权的行政行为。例如,行政主体实施行政行为不表明身份,在行政决定上不署相应行政主体的名称,不盖印章,使行政相对人无法确定该行政行为的行政主体,在该行为侵犯其合法权益时亦无法对之申请复议或提起行政诉讼。因此,此种行为应该被认定为无效行政行为。至于超越职权的行政行为,如果其越权不是很明显,一般不宜被认定为无效行政行为,而应将之归入可撤销的行政行为。只有明显无权限而越权的行政行为,才应该被认定为无效行政行为。例如,公安机关吊销烟酒公司的营业执照;税务机关对学校卫生进行检查和处理违反卫生法规的行为。这些行为都是显而易见的越权行为,因而属于无效行政行为,自始即不具有法律效力。

(3)行政主体受胁迫作出的行政行为。如行政机关的工作人员在行政相对人暴力威胁下颁发的许可证、执照或所作出的批准行为等均是无效行政行为,自始不具备法律效力。

(4)行政行为的实施将导致犯罪。例如,行政机关强令有关当事人实施某种将导致犯罪的行为的行政命令就是无效行政行为,行政相对人有权抵制而不予执行。

(5)没有可能实施的行政行为。如某行政命令的内容是根本不可能实现的,超越了当时条件下的任何可能性,从而属无效行政行为。

(二)行政行为无效的法律后果

行政行为无效的法律后果有:

(1)行政相对人可不受该行为拘束,不履行该行为为之确定的任何义务,并且对此种不履行不承担法律责任。

(2)行政相对人可在任何时候请求有权国家机关,如行为机关、行为机关的上级机关、人民法院宣布该行为无效。

(3)有权国家机关可在任何时候宣布相应行政行为无效。

(4)行政行为被宣布无效后,行政主体通过该行为从行政相对人处所获取的一切财物(如罚没款物等)均应返还相对人;所加予相对人的一切义务均应取消;对相对人所造成的一

---

① 《行政处罚法》第38条规定:"行政处罚没有依据或者实施主体不具有行政主体资格的,行政处罚无效。违反法定程序构成重大且明显违法的,行政处罚无效。"

切实际损失,均应赔偿。同时,行政主体通过相应无效行政行为所给予相对人的一切权益,均应收回(如此种收回给善意的相对人的合法权益造成了损害,行政主体应对之予以赔偿)。总之,行政行为被宣布无效后,被行政行为改变的状态应尽可能恢复到行为以前的状态。

二、行政行为的撤销

行政行为的撤销,是在其具备可撤销的情形下,由有权国家机关作出撤销决定后而使之失去法律效力。行政行为撤销不同于行政行为的无效,无效的行政行为自始至终无效,而可撤销的行政行为只有在被撤销之后才失去效力。尽管这种失效可以一直追溯到行为作出之日,但行政相对人却在撤销决定作出之前一直要受该行为约束。而且,可撤销的行为不一定必然被撤销,行政相对人申请行政复议或提起行政诉讼均有一定时限,超过此时限即不能申请撤销相应行为,除非行为机关主动撤销或有权机关通过法定监督途径撤销。[①]

(一) 行政行为撤销的条件

(1) 行政行为合法要件缺损。合法的行政行为必须具备三个要件:主体合法、内容合法、程序合法。某种行政行为如果缺损其中一个或一个以上要件,该行政行为就是可被撤销的行政行为。[②]

(2) 行政行为不适当。不适当的行政行为也是可撤销的行政行为。所谓"不适当",是指相应行为具有不合理、不公正、不符合现行政策、不合时宜、不合乎有关善良风俗习惯等情形。不适当的行政行为在很多情形下同时是不合法的行为,从而可以以"违法"为由予以撤销。在有些情况下,不适当的行政行为并不违法,"不适当"亦可成为撤销行政行为的条件之一。不过,人民法院一般不能以"不适当"为由撤销行政行为。

(二) 行政行为撤销的法律后果

(1) 行政行为撤销通常使行为自始失去法律效力,但根据社会公益的需要或行政相对人是否存在过错等情况,撤销也可仅使行政行为自撤销之日起失效。

(2) 如果行政行为的撤销是因行政主体的过错引起,而依社会公益的需要又必须使行政行为的撤销效力追溯到行为作出之日起,那么,由此造成相对人的一切实际损失应由行政主体予以赔偿。例如,行政主体违法批地给某农民盖私房,后违法批准行为被有权机关撤销,已盖好的房因不符合村镇建设规划而必须拆除。为此,违法批地的行政机关应赔偿拆房户因此造成的损失。此外,我国《行政许可法》第69条第4款也规定了这种赔偿责任。

(3) 如果行政行为的撤销是因行政相对人的过错(如其通过虚报、瞒报有关材料而获取行政主体的某种批准、许可行为等),或行政主体与相对人的共同过错(如行政行为是在相对人行贿,行政机关工作人员受贿的情况下作出的)所引起的,行政行为撤销的效力通常应追溯到行为作出之日。行政主体通过相应行为已给予相对人的利益均要收回;行政相对人因行政行为撤销而遭受到的损失均由其本身负责;国家或社会公众因已撤销的行政行为所受到的损失,应由行政相对人依其过错程度予以适当赔偿;行政主体或其工作人员对导致行

---

① 我国《行政许可法》第69条第1、2款分别规定了行政许可可以撤销、应予撤销的若干情形。第3款规定了比例原则在撤销许可中的适用:"依照前两款的规定撤销行政许可,可能对公共利益造成重大损害的,不予撤销。"

② 我国《行政许可法》第69条规定:"有下列情形之一的,作出行政许可决定的行政机关或者其上级行政机关,根据利害关系人的请求或者依据职权,可以撤销行政许可……"

政行为撤销的本身的过错则应承担内部行政法律责任,如接受行政处分等。

三、行政行为的废止

(一) 行政行为废止的条件

行政行为具有确定力,一经作出即不得随意废止,只在具有某些法定情形的条件下,才能依法定程序废止。行政行为废止的条件通常有:

(1) 行政行为所依据的法律、法规、规章、政策经有权机关依法修改、废止或撤销,相应行为如继续实施,则与新的法律、法规、规章、政策相抵触,故行政主体必须废止原行政行为。

(2) 国际、国内或行政主体所在地区的形势发生重大变化(情势变迁),原行政行为的继续存在将有碍社会政治、经济、文化的发展,甚至给国家和社会利益造成重大损失。为此,行政主体必须废止原行政行为。

(3) 行政行为已完成原定目标、任务,实现了国家的行政管理目的,从而没有继续存在的必要。为此,行政主体必须废止原行政行为。

(二) 行政行为废止的法律后果

(1) 行政行为废止后,其效力自行为废止之日起失效。行政主体在行为废止之前通过相应行为已给予行政相对人的利益不再收回;行政相对人依原行为已履行的义务亦不能要求行政主体予以任何补偿。

(2) 行政行为的废止如果是因法律、法规、规章、政策的废除、修改、撤销或形势变化而引起的,且此种废止给行政相对人的合法利益造成了比较大的损失,行政主体应对其损失予以适当补偿。对此,我国《行政许可法》有类似的规定。[①]

【思考题】

1. 什么是行政行为? 其特征有哪些?
2. 简述行政行为的内容与效力。
3. 什么是抽象行政行为,它与具体行政行为有何区别?
4. 简述行政行为的分类。
5. 行政行为的成立要件有哪些?
6. 行政行为的生效规则有哪些?
7. 行政行为的合法要件是什么?
8. 行政行为无效的条件有哪些?
9. 行政行为无效的法律后果是什么?
10. 行政行为被撤销的法律后果有哪些?
11. 行政行为被废止的条件与法律后果有哪些?

---

① 我国《行政许可法》第8条第2款规定了因为依据的规范被修改或废止,或者客观情况发生重大变化,为了公共利益的需要,行政机关可以依法变更或者撤回已经生效的行政许可。如果由此给公民、法人或者其他组织造成财产损失的,行政机关应当依法给予补偿。这实际上是信赖利益保护原则的体现。

第五章　行政行为(一)
——抽象行政行为

正如前章所述,行政行为有若干种分类,但是最有价值的一种分类可谓抽象行政行为与具体行政行为,所以本书专辟数章分别研究抽象行政行为与具体行政行为的若干理论与实践问题。本章专门研究抽象行政行为的有关理论与实践问题。

第一节　抽象行政行为概述

一、抽象行政行为的概念与特征

抽象行政行为,可以从动态和静态两方面进行考察分析。从动态方面看,抽象行政行为是指国家行政机关针对不特定的人或不特定的事制定具有普遍约束力的行为规则的行为。从静态方面看,抽象行政行为是指国家行政机关针对不特定的人和不特定的事制定的具有普遍约束力的行为规则,包括行政法规、行政规章和其他具有普遍约束力的决定、命令等。

抽象行政行为是具体行政行为的对称,由于它可以反复适用,且对象具有普遍性,故又有学者称之为普遍行政行为。[1] 抽象行政行为具有以下特征:

(1) 对象的普遍性。抽象行政行为以普遍的、不特定的人或事为行政对象,它针对的是某一类人或事,而非特定的人或事。

(2) 效力的普遍性和持续性。一方面,抽象行政行为具有普遍的效力,它对某一类人或事具有约束力。另一方面,抽象行政行为具有后及力,它不仅适用于当时的行为或事件,而且适用于以后将要发生的同类行为或事件。

(3) 准立法性。抽象行政行为在性质上属于行政行为,但它具有普遍性、规范性和强制性的法律特征,并须经过立项、起草、审查、决定、公布、备案等一系列程序。

二、抽象行政行为的分类

根据不同的标准,我们可以将抽象行政行为作不同的分类。最常见的分类是以抽象行政行为的规范程度与效力等级为标准所作的划分。即:

(1) 行政机关的行政立法行为,指国家行政机关制定发布行政法规和行政规章的行为。其中包括国务院制定、发布行政法规,国务院各部委(或各部门)制定、发布行政规章(或称部门规章)[2];省、自治区、直辖市人民政府及设区的市、自治州的人民政府(包括省、自治区人民

---

[1] 参见杨海坤主编:《行政法与行政诉讼法》,法律出版社1992年版,第49页(此书可查到的只有1992年版);王连昌、马怀德主编:《行政法学》,中国政法大学出版社2007年版,第110页。

[2] 根据我国《立法法》第91条的规定,部门规章的制定主体实际上包括了国务院各部、委员会、中国人民银行、审计署和具有行政管理职能的直属机构以及法律规定的机构。

政府所在地的市,经济特区所在地的市和国务院已经批准的较大的市)制定、发布地方政府规章的活动。这类抽象行政行为只能由法定的较高层次的国家行政机关实施。目前法律规定最低一级享有行政规章制定权的国家行政机关是设区的市、自治州的人民政府,以下级别的其他行政机关无权实施这类抽象行政行为。

(2) 行政机关除行政立法行为以外的其他抽象行政行为,主要是指行政机关针对广泛的、不特定的对象规定行政措施,发布决定和命令的行为。这类行政行为没有对某个具体对象的特殊针对性,而是在一定范围和管理领域内对一切人具有普遍约束力,并能反复适用,因此它虽不属于行政立法行为,但属于抽象行政行为的一种。这类抽象行政行为的主体极为广泛,如依照宪法和法律的规定,我国各级行政机关都有权对管理本行政区域内的行政事务发布决定和命令。①

三、抽象行政行为有效成立的要件

抽象行政行为的有效成立,是指抽象行政行为在完成其法定程序,具备相应法定要件后正式对外发生法律效力。

(一) 行政立法有效成立的要件

(1) 行政立法经享有相应行政立法权的行政机关讨论决定。我国《国务院组织法》第4条规定,国务院工作中的重大问题,必须经国务院常务会议或者国务院全体会议讨论决定。根据我国《地方各级人民代表大会和地方各级人民政府组织法》第74条的规定,享有规章制定权的地方人民政府制定规章,"须经各该级政府常务会议或者全体会议讨论决定"。至于国务院部委的规章,我国《立法法》第95条规定:"部门规章应当经部务会议或者委员会会议决定。地方政府规章应当经政府常务会议或者全体会议决定。"

(2) 行政立法经行政首长签署。根据我国法律法规规定,无论是行政法规、部门规章还是地方政府规章,均需要行政首长签署方能生效②,行政首长签署是行政立法成立的另一重要要件,没有行政首长的签署,行政法规、规章就不能对外发生法律效力。

(3) 行政立法公开发布。行政立法成立的最后一个要件是公开发布。根据我国《国务院办公厅关于改进行政法规发布工作的通知》以及《立法法》的规定,行政立法都必须在法定的媒体上公开发布,让所有受该行政法规、规章拘束的人知晓。③ 否则,该行政法规、规章就应认为尚未成立,不能对外发生法律效力。

(二) 其他抽象行政行为的成立要件

其他抽象行政行为的成立要件大体与行政立法相同,但不及行政立法严格。其区别主要有三:

(1) 其他抽象行政行为的成立不以相应行政机关正式会议讨论决定为必要要件。法律对于其他抽象行政行为的决定程序并未作统一规定。根据实践中的做法,其他抽象行政行为按照事项的重要性不同,决定程序也不同。事项的重要性与采取何种程序一般为行政机关的自由裁量,仅法律、法规有明确规定的,会议讨论才是成立的必要要件。

---

① 参看本章第三节其他抽象行政行为。
② 参见我国《国务院组织法》第5条;《立法法》第77条、第96条。
③ 参见《国务院办公厅关于改进行政法规发布工作的通知》第3条,以及《立法法》第78条、第97条。

(2) 行政首长签署是所有抽象行政行为成立的必备要件。但一般抽象行政行为与行政立法也略有区别:行政立法的签署必须由相应行政机关的正职行政首长为之;但一般的抽象行政行为既可由正职行政首长签署,也可由主管相应行政事务的副职行政首长签署。

(3) 公开发布也是所有抽象行政行为成立的必备要件。在这一要件上,行政立法与一般抽象行政行为的区别是:行政立法必须以行政首长令发布,并在法定刊物上登载;而一般抽象行政行为则可以以一般行政公文的形式发布,它既可在正式出版物上登载,也可以以布告、公告、通告等形式在一定的公共场所或行政办公场所张贴,或者通过当地广播、电视等播放。对一般抽象行政行为的公开发布的要求,是让所有受相应抽象行政行为约束的人知晓该抽象行政行为。

第二节 行政立法行为

一、行政立法的概念与特点

(一) 行政立法的概念

行政立法是指国家行政机关依照法律规定的权限和程序,制定行政法规和行政规章的活动。它包含以下几层含义:

第一,行政立法是行政机关的行为。这是从行为的主体来看,行政立法特指行政机关的行政行为。它是现代社会里行政机关不可缺少的重要的行为形式。

第二,行政立法是行政机关依照法定权限和程序所为的行为。行政立法并非行政机关固有的权力,行政机关必须依据宪法、法律或有权机关的授权进行活动。此外,行政立法还必须依照法定立法程序进行。行政立法必须经过立项、起草、审查、决定、公布、备案等一系列立法程序,这是行政立法同其他行政行为的显著区别。

第三,行政立法是行政机关制定行政法规、行政规章的抽象行政行为。从行为的结果看,行政立法的结果是产生具有普遍约束力的规范性文件。这些规范性文件并不是针对某个具体的人或具体的事,而是普遍适用。

(二) 行政立法的特点

行政立法是行政性质和立法性质的有机结合。它既是一种抽象行政行为,又是一种准立法行为。

1. 行政立法的行政性质

行政立法的行政性质主要表现在:(1) 行政立法的主体是具有一定权限的国家行政机关;(2) 行政立法所调整的对象主要是行政管理事务及与行政管理密切关联的事务;(3) 行政立法的根本目的是实施和执行权力机关制定的法律,实现行政管理职能。

2. 行政立法的立法性质

行政立法的立法性质主要表现在:(1) 行政立法是有权行政机关代表国家以国家名义创制法律规范的活动。行政立法具有严肃性和权威性,它不是代表某一团体或以某一部分人的名义进行的,而是按照国家法律授权以国家名义制定人们必须普遍遵守的行为规则的活动。(2) 行政立法所制定的行为规则属于法的范畴,具有法的基本特征,即普遍性、规范性和强制性。这与行政机关直接执行法律规范,依照法的规定处理行政事务的具体行政行为有着明显的区别。(3)行政立法必须遵循相应的立法程序。行政机关制定行政法规、行政规章必须经过立项、起草、审查、决定、公布等法定程序。

二、行政立法的分类

依据不同的标准,可以对行政立法作不同的分类。行政立法的这些不同分类分别具有不同的意义与作用。

(一)一般授权立法和特别授权立法

行政立法依其立法权力的来源不同,可以分为一般授权立法和特别授权立法。

1. 一般授权立法

所谓一般授权立法,是指国家行政机关直接依照宪法和有关组织法规定的职权制定行政法规和行政规章的活动。[①] 过去学术界一直将此称为"职权立法",严格说并不科学。因为,行政机关并没有固有的立法权,所有行政立法都应依据宪法与组织法的授权,没有"根据"就不能进行立法活动。因此我们不认为在我国存在所谓的职权立法。

2. 特别授权立法

所谓特别授权立法,是指依据特定法律、法规授权或者依据国家权力机关或上级国家行政机关通过专门决议的委托,制定规范性法律文件行为。按照传统的授权立法理论,授权立法发生在立法机关和行政机关之间,是立法机关对行政机关的立法授权。[②] 而在我国的立法实践中,授权立法还发生在行政机关的上下级之间。[③]

特别授权立法通常有以下特点:

(1)特别授权立法是单向的,即只能由权力机关对行政机关进行立法授权,或者上级行政机关对下级行政机关进行立法授权。

(2)特别授权立法的授权方和承受方,都必须是宪法和组织法赋予立法权的机关。

(3)特别授权立法的"立法权"基于法律、法规授权或委托决议而取得,因此承受机关取得代理权的,可以超出该机关原职责范围内的立法权,而代行授权方机关的立法权力。

(4)对特别授权立法的程序、内容、范围、时间必须有所限制。承受方立法后必须报授权方备案;承受方的立法范围仅限于授权范围;一般应对授权时间作出必要的规定;特别授权立法不得超越规定权,不得擅自反复运用;除特别授权立法明文规定外,承受方不能再授权其他机关立法。对此,我国的《立法法》第12条、第13条、第14条、第15条有明确的规定。

(5)特别授权立法不能同宪法、法律和全国人大及其常委会规定的基本原则相抵触。

(二)中央行政立法和地方行政立法

行政立法依据行使行政立法权的主体不同,可分为中央行政立法和地方行政立法。

---

① 参见我国《宪法》第89条、第90条第2款和《地方各级人民代表大会和地方各级人民政府组织法》第74条。
② 例如,我国全国人大制定并通过的《行政处罚法》第13条、第14条。
③ 例如,我国《税收征收管理法实施细则》第10条。有的学者称这种上级行政机关对下级行政机关的授权为法规授权或行政授权。

1. 中央行政立法

国务院制定行政法规和国务院各部门制定部门规章的活动称为中央行政立法。中央行政立法调整全国范围内的普遍性问题和须由中央作出统一规定的重大问题。中央行政立法，包括中央政府行政立法和中央政府工作部门的行政立法。根据我国宪法、立法法和组织法，国务院享有制定行政法规的权力，国务院各部委和直属机构享有制定部门规章的权力。

2. 地方行政立法

地方行政立法是指一定层级以上的地方人民政府制定行政规章的活动。在我国，目前有权进行地方行政立法的机关包括省、自治区、直辖市的人民政府，以及省、自治区的人民政府所在地的市，经济特区所在地的市和经国务院批准的较大的市的人民政府。地方行政立法一方面要根据地方的实际情况，将中央行政立法的规定具体化，确定实施细则和实施办法；另一方面要对有关地方特殊问题作出具体规定，以调整区域性的特殊的社会关系。

（三）执行性立法、补充性立法和试验性立法[①]

依据行政立法内容、目的的不同，可以将行政立法分为执行性立法、补充性立法和试验性立法。

（1）执行性立法。它是指为了执行法律或地方性法规以及上级行政机关发布的规范性文件而作出具体规定，以便于更切合实际情况的行政立法活动。执行性立法并不创设新的法律规则，不得在法律、地方性法规以及上级行政机关规范性文件所规定的事项之外随意增加新的规定。这种立法活动所制定的行政法规、行政规章通常称为实施条例、实施细则、实施办法。

（2）补充性立法。它是为了补充已经发布的法律、法规而制定的规范性文件的活动。由于法律、法规对于某些情况不可能都事先预见到或者当时不宜规定得详细、具体，需要行政机关根据实际情况，予以适当补充。补充性立法可能会根据原法律原则和规则创制新原则，因此必须得到法律、法规或有权机关的明确授权。通过这类立法活动所制定的法规、规定，通常叫作"补充规定"或"补充办法"。

（3）试验性立法。它是指行政机关基于有权机关或法律的特别授权，对本应由法律规定的事项，在条件尚不充分、经验尚未成熟或社会关系尚未定型的情况下，先由行政机关作出有关规定，经过一段试验期以后，再总结经验，由法律正式规定下来。这种立法多属于特别授权立法，需要法律或有权机关的特别授权。通过这种立法制定的法规，通常称为"暂行条例"或"暂行规定"。[②]

三、行政立法的主体及其权限

（一）行政立法的主体

行政立法的主体是指依法取得行政立法权，可以制定行政法规或行政规章的国家行政机关。我国行政立法的主体为：

[①] 这种分类法在过去较为普遍，但现在有学者持不同观点，认为行政立法只有执行性立法和补充性立法。认为以往存在试验性立法，在今后法制比较完备的情况下，不应再有试验性立法。

[②] 参见我国《立法法》第 16 条、第 72 条第 2 款。

（1）国务院。国务院是我国最高的行政立法主体，既有依一般授权立法的权力，又有依最高国家权力机关和法律特别授权进行立法的权力。

（2）国务院各部、各委员会。国务院各部、各委员会是国务院的职能部门，是中央有关主管业务的机构。根据《宪法》第90条、《国务院组织法》第10条和《立法法》第74条的规定，这类行政立法主体，在其权限内可以依法律的授权进行立法。

（3）国务院直属机构。《立法法》第91条赋予了其部门规章的立法权。国务院的一些事业机构也具有行政立法权，如证监会。作为国务院直属特设机构，国资委也具有制定规章的权力。

（4）省、自治区、直辖市人民政府。从我国《地方各级人民代表大会和地方各级人民政府组织法》和《立法法》等相关法律的规定来看，省、自治区、直辖市人民政府在其权限内可以依法律、法规的授权进行行政立法。①

（5）省、自治区人民政府所在地的市人民政府。根据《地方各级人民代表大会和地方各级人民政府组织法》和《立法法》的规定，省、自治区人民政府所在地的市人民政府，在其权限内可以根据法律和法规制定行政规章。

（6）作为经济特区的市人民政府。早期根据全国人大或全国人大常委会的特别授权，后来根据《立法法》的规定，作为我国经济特区的深圳、汕头、珠海、厦门市人民政府也拥有地方行政规章制定权。

（7）国务院已经批准的较大的市人民政府。根据《立法法》的规定，经国务院批准的较大的市人民政府，可以根据法律和法规，就其职权范围内的行政事项制定行政规章。②

（8）设区的市、自治州的人民政府。根据《地方各级人民代表大会和地方各级人民政府组织法》和《立法法》的规定，设区的市、自治州的人民政府可以根据法律、行政法规和本省、自治区的地方性法规，依照法律规定的权限制定规章。

（二）行政立法权限的划分

行政立法权限，是指行政立法主体行使相应立法权力的范围和程度。它是行政立法的核心问题，它既涉及权力机关与行政机关之间的立法权限，也涉及中央和地方行政机关之间的立法权限。

（1）国务院的立法权限。我国《宪法》第89条第1款规定，国务院有权"根据宪法和法律，规定行政措施，制定行政法规，发布决定和命令"。我国《宪法》对国务院制定行政法规权的确定只是一种立法的可能性，不能将国务院行使的18项职权就理解为其行政立法权限。国务院的行政立法权由可能性成为现实性，还需要有法律的规定。③

（2）国务院各部门的行政立法权限。国务院是由各部、各委员会、中国人民银行、审计署和直属机构组成的。根据我国《宪法》和《国务院组织法》的规定，国务院各部、委可以根据法律和国务院的行政法规、决议、命令，在本部门的权限内，发布命令、指示和规章。

---

① 参见我国《地方各级人民代表大会和地方各级人民政府组织法》第74条。
② 经国务院批准的较大的市，到目前为止有齐齐哈尔、大连、鞍山、抚顺、吉林、唐山、包头、大同、邯郸、青岛、淄博、无锡、淮南、宁波、洛阳、深圳、重庆、厦门等市。设区的市，截止到2022年12月有289个。
③ 例如我国《立法法》第72条的规定。

(3) 有关地方人民政府的行政立法权限。根据我国《地方各级人民代表大会和地方各级人民政府组织法》第 74 条和《立法法》第 93 条的规定,省、自治区、直辖市,省、自治区的人民政府所在地的市,经济特区所在地的市和国务院已经批准的较大的市的人民政府以及设区的市、自治州的人民政府,可以根据法律、行政法规和本省、自治区、直辖市的地方性法规,制定地方政府规章。地方人民政府行使行政立法权只能在法律规定的行政管理职权范围内,或者单项法律、法规授权立法的范围内,其立法内容不得与宪法、法律和法规相抵触,地方性规章只能在当地有效。

四、行政立法的原则

行政立法原则是贯穿于行政立法的始终,通过各种行政法律规范所体现的一种基本准则。根据我国的法律理论和法律规定,结合我国的行政立法实践,其具体内容包括:

(一) 依法立法原则

行政立法必须依照法定权限和法定程序进行。[①]"依法"中的法主要指宪法和法律,但也包括行政法规、地方性法规、自治条例、单行条例。依法立法包含四层含义:(1) 只有宪法、组织法和立法法赋予了行政立法权的行政机关才能进行行政立法,享有行政立法权的机关只能就其职权管辖范围内的事务立法。(2) 依据法律、法规关于相应问题的规定立法,不能与有关法律、法规关于相应问题的规定相抵触。(3) 依据法律、法规规定的程序立法。(4) 行政紧急立法权的行使必须符合宪法所设定的紧急状态条件。

(二) 民主立法原则

民主立法原则是指行政机关依照法律规定进行行政立法时,应通过各种方式听取各方面的意见,保证民众广泛地参与行政立法。民主立法原则包括以下几方面内容:(1) 行政立法草案应提前公布,并附以立法说明,包括立法目的、立法机关、立法时间等内容,以便人民有充分的时间发表对特定行政立法事项的意见。(2) 将听取意见作为立法的必经环节和法定程序。(3) 要向人民公布对立法意见的处理结果。(4) 要正式公布已通过的行政立法文件,对直接涉及公民权利义务的行政立法应特别规定实施时间。(5) 设置专门的行政立法咨询机关和咨询程序,对特别重要的行政立法进行专门咨询,并作为必经程序。(6) 违反民主立法原则的行政立法应当视为无效。

(三) 科学立法原则

任何行政立法都有其立法目的和指导思想,而行政立法的目的是有层次的。具体行政立法的直接目的可能是为了加强或改善某一领域内行政事务的有效管理;更深层次的目的可能是为了改革、开放、促进社会主义现代化建设。然而行政立法的终极目的应当是为了实现和增进公民的权益,保护人民的幸福。所以,行政机关进行每一项立法时,要正确处理好维护行政权力与保障公民权益的关系,行政立法要在社会协调与发展、稳定与繁荣、社会公

[①] 我国《立法法》第 5 条规定:"立法应当符合宪法的规定、原则和精神,依照法定的权限和程序,从国家整体利益出发,维护社会主义法制的统一、尊严、权威。"《行政法规制定程序条例》第 3 条规定:"制定行政法规,应当贯彻落实党的路线方针政策和决策部署,符合宪法和法律的规定,遵循立法法确定的立法原则。"《规章制定程序条例》第 3 条第 1 款规定:"制定规章,应当贯彻落实党的路线方针政策和决策部署,遵循立法法确定的立法原则,符合宪法、法律、行政法规和其他上位法的规定。"

平与行政效率之间取得平衡。

五、行政立法的程序

行政立法程序,是指行政立法主体依法定权限制定行政法规和行政规章所应遵循的步骤、方式和顺序。具体指行政机关依照法律规定,制定、修改、废止行政法规和规章的活动程序。

下面我们根据我国《立法法》《行政法规制定程序条例》《规章制定程序条例》和《法规规章备案条例》的规定,结合近年来的立法实践,对行政立法程序作一概括性的阐述。

(一) 立项

立项,是指各级人民政府的法制机构或者各级人民政府所属工作部门,根据国民经济和社会发展五年计划所规定的任务,编制有指导性的行政立法的五年计划和年度计划。它的主要内容包括在一定时期里行政法规、规章的拟定、修改、补充、清理等各项工作。编制计划通常由人民政府各主管部门分别提出建议,经政府法制机构通盘研究,综合协调,拟定草案,报上级人民政府批准。计划可以根据实际情况和形势的发展,由政府法制机构作出适当调整。

(二) 起草

起草是指对列入计划的需要制定的行政法规和规章,由人民政府各主管部门分别草拟法案。行政法规和规章的起草一般有两种:一是较为重要的行政法规和规章,其主要内容涉及几个部门业务的,由政府法制机构或主要的部门负责,组成由有关部门参加的起草小组进行工作。二是行政法规和规章的主要内容不涉及其他部门业务的,则由主管部门负责起草。在起草过程中应注意下列事项:(1) 是否需要制定实施细则。需要制定实施细则的,其实施细则的起草工作,应当一并考虑,同时进行。(2) 起草小组人员的组成,除主管部门、有关部门之外,应当吸收有关业务专家和法律专家参加,以便从不同的方面对草案提出意见。(3) 草案应在广泛调查研究、充分收集并分析有关资料的基础上形成,力求做到内容切实可行,形式完整,结构严谨。(4) 应当采取调查、听证会、座谈会等方式充分听取各方意见,保证法规和规章制定的科学性、民主性。

(三) 审查

审查是指行政法规、规章草案拟定之后,送交政府主管机构进行审议、核查的制度。承担法规、规章审查职能的是政府法制机构。政府法制机构对法规、规章草案审查的主要内容有:(1) 制定法规、规章的必要性和可行性;(2) 是否符合党和国家的方针、政策、法律以及上一层次规范性文件的规定;(3) 是否在本机关的权限范围内,是否有越权或滥用职权的现象;(4) 法规、规章草案的结构、文字等立法技术是否规范;(5) 是否符合上报手续,以及有关的资料、说明是否齐备等。法制机构审查后,写出审查报告,提出是否提交会议讨论通过的建议。若需讨论通过,应将法规、规章草案的上报稿和修改稿一并呈送。

(四) 决定

这里的决定,又称"通过",是指行政法规、规章在起草、审查完毕后,交由主管机关的正式会议讨论表决的制度。通常,国务院制定的行政法规要经过国务院全体会议或常务会议审议通过,各部委制定的规章要提交部委常务会议审议通过;地方政府制定的地方规章要提交地方政府常务会议或全体会议审议通过。

国务院常务会议审议通过行政法规,是制定行政法规的通常方式。在审定过程中,如对行政法规草案中的重大问题有意见分歧,则留待下次常务会议审议;如对个别细节问题有意见,则原则上通过草案,由国务院法制办会同有关部门按照常务会议的意见进行修改,再送总理审批决定;如果对行政法规草案没有不同意见,则审定通过。

(五) 签署与公布

签署与公布是行政法规、规章生效的必经程序和必要条件。行政法规、规章通过后,还须经制定机关的行政首长签署。国务院发布的行政法规,应由国务院总理签署;各部委发布的规章,应由部长或委员会主任签署;地方人民政府发布的地方政府规章,应由省长、自治区主席或市长签署。

公布的法律意义在于让人们知晓必须遵守和执行的行为规则,有利于行政法规、行政规章的正确实施。凡是未经公布的行政法规、行政规章都不能认为已发生效力。行政法规、行政规章一般都须通过政府公报,或者通过报纸、杂志、电台、电视等宣传舆论工具公开发布。

根据《行政法规制定程序条例》第五章第27条至第29条的专门规定,有关制定行政法规的"签署与公布"程序是:

国务院法制机构应当根据国务院对行政法规草案的审议意见,对行政法规草案进行修改,形成草案修改稿,报请总理签署国务院令公布施行。签署公布行政法规的国务院令载明该行政法规的施行日期。

行政法规签署公布后,及时在国务院公报和中国政府法制信息网以及在全国范围内发行的报纸上刊载。国务院法制机构应当及时汇编出版行政法规的国家正式版本。在国务院公报上刊登的行政法规文本为标准文本。

行政法规应当自公布之日起30日后施行;但是,涉及国家安全、外汇汇率、货币政策的确定以及公布后不立即施行将有碍行政法规施行的,可以自公布之日起施行。

(六) 备案

备案是指将已经公布的行政法规、行政规章上报法定的机关,使其知晓,并在必要时备查的程序。备案本身只是立法程序的一个后续阶段,而不是立法本身。[①] 备案的法律意义在于:有利于加强对行政法规和行政规章的监督管理,有利于行政法律规范本身的内部统一和协调,也有利于社会主义法制的统一。

根据《立法法》第109条和《行政法规制定程序条例》第30条的规定,行政法规在公布后的30日内由国务院办公厅报全国人民代表大会常务委员会备案。根据《立法法》第109条和《规章制定程序条例》第34条的规定,规章应当自公布之日起30日内,由法制机构依照《立法法》和《法规规章备案条例》[②]的规定向有关机关备案。

[①] 根据《法规规章备案条例》第3条的规定,国务院部门规章、地方人民政府规章都应当报国务院备案。国务院部门规章由本部门报国务院备案;地方人民政府规章,由省、自治区、直辖市人民政府统一报国务院备案。按照该规定,规章应于发布之日起30日内报国务院备案。

[②] 《法规规章备案条例》系国务院于2001年12月14日以第337号令公布,自2002年1月1日起施行。

六、对行政立法的监督

行政立法由于具有普遍约束力和强制执行力,一旦它们违法或不适当,将对公民或组织的权益造成广泛的、严重的损害。所以,应特别强调对行政立法的监督和审查。对行政立法的监督主要表现在以下几个方面:

(一)权力机关对行政立法的监督

权力机关对行政立法的监督,既可以是事前监督,也可以是事后监督。事前监督主要是针对授权立法。权力机关无论是授权行政机关进行创制立法,还是授权行政机关进行执行性立法,都应该严格规定授权立法的目的、性质和范围。授权必须是有限制的,不能无限制地授权。无限制地授权就会颠倒权力机关和行政机关的法律地位,导致行政专横。严格的授权立法是权力机关对行政立法进行事前监督的最重要的形式。

权力机关对行政立法事后监督的主要形式是审查行政立法行为,撤销与宪法、法律相抵触的行政法规或规章。事后监督既可针对特别授权立法,又可针对一般授权立法。

根据《立法法》第108条第2项、第5项、第7项的规定:全国人民代表大会常务委员会有权撤销同宪法和法律相抵触的行政法规;地方人民代表大会常务委员会有权撤销本级人民政府制定的不适当的规章;授权机关有权撤销被授权机关制定的超越授权范围或者违背授权目的的法规(这里的法规当然包括行政法规),必要时可以撤销授权。

(二)上级行政机关对下级行政机关行政立法的监督

上下级行政机关的关系是领导与被领导、监督与被监督的关系。上级行政机关当然享有对下级行政机关立法的监督权。根据行政隶属关系,上级行政机关不仅有权撤销下级行政机关违法的行政规章,而且有权撤销下级行政机关不适当的规章;不仅有权撤销下级行政机关违法、不当的规章,而且有权改变下级行政机关不适当的规章。根据《立法法》第108条第3项、第6项的规定:国务院有权改变或者撤销不适当的部门规章和地方政府规章;省、自治区的人民政府有权改变或者撤销下一级人民政府制定的不适当的规章。

中国加入WTO以后,根据我国政府的承诺,我国各级政府特别注意加强自身的法规、规章清理工作,先后清理了大量的法规与规章。中央政府在这场全国性的清理工作中起到了积极的带头示范作用和督促作用。

(三)人民法院对行政立法的监督

人民法院享有审理行政案件、裁决行政争议的权限。由于人民法院在审理行政案件、裁决行政争议时要参照行政规章,因此就要对行政规章进行司法审查,就要确定行政立法是否合法有效,是否越权,是否违反法定程序。人民法院通过审查,如果认为相应行政规章违法、越权或违反法定程序和法定形式,就可以向相应行政机关或其上级行政机关,或者人民代表大会提出撤销或改变的建议。根据我国《行政诉讼法》的规定,在行政诉讼过程中,人民法院如果发现行政法规和规章与宪法、法律相抵触,可以不予适用。人民法院虽然没有撤销行政法规、规章的权力,但法院对违法的行政法规、规章不予适用,也是对行政立法的有效监督形式,并且通过其具体的审判活动维护了法制的统一性。特别值得一提的是,随着我国入世,对抽象行政行为进行司法审查的迫切性大大增强,我们相信在不久的将来,司法审查的范围将会大为拓展,到那时,对规章乃至行政法规的司法审查也就成为一种可能。

第三节 其他抽象行政行为[①]

行政立法行为是最重要的抽象行政行为。但在行政立法之外还存在着与之密切联系的另一种抽象行政行为,即行政机关制定具有普遍约束力的决定、命令、规定行政措施的行为[②],由于它与行政立法同属于抽象行政行为,又考虑到它在行政管理中的客观存在与实际作用,本章特辟一节,作为与行政立法既有共同之处又有区别的专门问题来阐述。

一、其他规范性文件的概念和特征

(一)其他规范性文件的概念

对于其他规范性文件有两种理解。第一种理解,认为它是指各级各类国家行政机关,为实施法律、执行政策,在法定权限内制定的除行政法规和规章以外的具有普遍约束力的决定、命令及行政措施等。第二种理解,认为它是指没有行政法规和行政规章制定权的国家行政机关为实施法律、法规和规章而制定的具有普遍约束力的决定、命令、行政措施等。我们主张第一种观点。

(二)其他规范性文件的特征

(1)主体的广泛性。即除了享有行政法规、行政规章制定权的国家行政机关外,其他行政机关亦可在各自的职权范围内制定规范性文件,亦即包括国务院,国务院各部委,国务院各部委所属局、司、办,省、自治区、直辖市人民政府,省、自治区、直辖市人民政府所属厅、局、办,省会市和较大的市人民政府及其所属部门,其他设区的市和不设区的市、县人民政府及其下属机关,乡、镇人民政府都可以成为其他规范性文件的制定主体。

(2)效力的多层级性与从属性。其他规范性文件数量众多,其各自的效力与制定主体相对应,从上到下呈现多层级的特点,下级规范性文件不能同上级规范性文件的内容相抵触,并且分别从属于相应行政机关制定的行政法规、行政规章。

(3)规范性。其他规范性文件也是为人们提供行为规则、行为模式,由各自效力所及范围内的单位和个人遵守,但它不可自主规定法律后果,不可自我设定强制手段,正因为如此它不属于行政立法的范畴。

(三)其他规范性文件与行政立法、抽象行政行为、具体行政行为的关系

1. 其他规范性文件与行政立法的关系

制定其他规范性文件与行政立法有着密不可分的联系,即二者都是行政机关的抽象行政行为,制定其他规范性文件要以法律、行政法规和行政规章作为依据。从表现形式看,其他规范性文件与行政立法亦都具有规范性、重复适用性等。但二者间也存在着以下主要区别:

(1)制定主体范围不同。前者范围极其广泛,几乎所有的国家行政机关都可以成为制

[①] 本节的编写参考了湛中乐:《论行政法规、行政规章以外的其他规范性文件》,载《中国法学》1992年第2期;湛中乐:《论完善我国的行政立法程序》,载《中国法学》1994年第3期。

[②] 关于行政措施,往往在两种意义上混用。务必注意:当使用"采取行政措施"时,通常表明这类行政措施是具体行政行为;当使用"规定行政措施"时,通常表明这类行政措施是抽象行政行为。在实践中,要具体问题具体分析,不能混用。

定其他规范性文件的主体;而后者只是由宪法和法律规定的特定的行政机关,即享有行政法规和行政规章制定权的国家行政机关。前者的主体范围较诸后者要广得多。

(2) 效力大小不同。行政法规和行政规章的效力大于其他规范性文件的效力,亦即其他规范性文件不能与行政法规、行政规章相抵触、相违背。

(3) 可予规范的内容不同。两者最重要的区别在于其他规范性文件无权作出涉及公民、法人或者其他组织的权利义务的规定,即无权直接为相对人设定权利或义务。① 再有,其他规范性文件无权设定行政许可,但是,行政法规和省级政府规章可以有条件地设定行政许可。②

(4) 制定的程序不同。制定其他规范性文件的程序较为简易,而行政立法则要遵循较为严格、较为正式的行政立法程序。从现行法律、法规看,《立法法》《行政法规制定程序条例》和《规章制定程序条例》等对行政法规和规章的制定作出了较为详尽的规定,相对于制定其他规范性文件而言,手续要求齐全和完备,程序也相对复杂些。而其他规范性文件的制定至今也只是在《规章制定程序条例》的附则中有一条"参照执行"的规定。③ 至于到底如何参照,也还缺乏细致的规定。

2. 其他规范性文件与抽象行政行为的关系

抽象行政行为是相对于具体行政行为而言的。制定其他规范性文件的行为是抽象行政行为的一种,并且是一种数量较多的较为普遍的表现形式。抽象行政行为除了制定其他规范性文件外,还有制定行政法规和行政规章等内容。但如果单从总的数量值看,其他规范性文件的总值大大超过行政法规和行政规章。从实际生活中,从政府法制工作的角度讲,其他规范性文件的制定对于行政法规和行政规章起到了必要的和有效的执行作用,在某些特殊情况下,经有权机关批准也有某些补充作用,其功能效用不可低估。

3. 其他规范性文件与具体行政行为的关系

制定其他规范性文件是一种抽象行政行为,在其效力所及的范围内,对于任何单位和个人都具有一定程度的普遍约束力。具体行政行为是针对特定人或特定事作出的具有特定的行政法上的权利和义务内容的行政处理决定,在一定范围内,其他规范性文件也是行政机关作出某种具体行政行为的依据。虽然《行政诉讼法》并未确认其可作为法律依据,甚至没有明确可以列为"参照"标准,但事实上只要经过行政复议机关或人民法院审理确认其他规范性文件的内容不与法律、行政法规、行政规章相抵触,其效力是应该承认的。④ 由此可知,制定其他规范性文件是行政机关实施行政法规、行政规章和政策的重要手段和方式,成为行政机关进行行政管理的重要途径。

---

① 参见我国《行政处罚法》第11条、第12条、第13条、第14条、第16条。
② 分别参见我国《行政许可法》第17条、第14条至第16条。
③ 《规章制定程序条例》第36条规定:"依法不具有规章制定权的县级以上地方人民政府制定、发布具有普遍约束力的决定、命令,参照本条例规定的程序执行。"
④ 根据我国原《行政复议条例》第41条的规定,行政复议机关审理复议案件的"依据"标准,包含了上级行政机关依法制定、发布的具有普遍约束力的决定、命令。后来1999年通过的《行政复议法》第28条使用的是"适用依据正确"或"适用依据错误"的提法。这里的"依据"本身涵盖面极宽,并未排除一般具有普遍约束力的决定、命令等。2000年《最高人民法院关于执行〈中华人民共和国行政诉讼法〉若干问题的解释》第62条第2款规定:"人民法院审理行政案件,可以在裁判文书中引用合法有效的规章及其他规范性文件。"这一点区别于我国《行政诉讼法》的相关规定。2018年《最高人民法院关于适用〈中华人民共和国行政诉讼法〉的解释》第100条也作出如上规定。

二、制定其他规范性文件的作用

制定其他规范性文件的活动在实践中大量存在,从加强和健全行政管理和行政法制的角度看有其合理性和必然性。无论是过去还是现在,行政机关制定的这种其他规范性文件都已经发挥或正在发挥着不可忽视的作用,未来也将是如此。从法律依据上说,法律、法规规定了国家各级行政机关发布具有普遍约束力的决定、命令和规定行政措施的权力,从而使得其他规范性文件的制定权具备了法律基础。从实际生活看,不享有规章制定权的中央行政机关和地方政府及其下属机关,常常需要制定一些规范性文件,如国务院各部、各委员会所属司、局,县级以上人民政府甚至县级人民政府的下属机关,为了加强行政管理,提高行政效率,都需要制定规范性文件。这些规范在实践中发挥了极大的作用,从而使得国家行政机关在行使其他规范性文件的制定权时有了坚实的实践基础。

制定其他规范性文件的作用主要体现在:

(1) 有利于规范政府行为,加强和完善我国各级政府的行政法制工作。制定其他规范性文件,虽然不是一种行政立法,但与行政立法紧密联系,是行政机关所作的一种抽象行政行为,它介于行政立法与行政执法之间,常常起着一种中介作用。就其作用而言,它实际上是为执行法律、法规、规章而制定的。在这一点上,有相似于行政执法行为之处。但它采用的是制定规范的形式,是行政法制的重要组成部分。从法律管理的手段看,各级政府都必须同时运用抽象行政行为与具体行政行为两种手段,缺一不可,任何政府,包括乡级基层政权在内,都不可能只有具体行政行为而不实施抽象行政行为。

(2) 有利于提高政府机关的行政效率,解决行政管理过程中出现的新问题。立法语言的概括性、模糊性以及法律的滞后性往往会造成立法"真空"。此时往往需要由国家行政机关以其他规范性文件的形式予以解决,以使行政法规、行政规章得到有效执行和落实。现代行政管理的领域十分广泛,抽象行政行为是进行宏观控制和管理的重要手段,具体行政行为则是进行微观管理的重要方式。其中制定其他规范性文件作为区别于行政立法的抽象行政行为,则是宏观控制和微观管理相结合的重要途径。

(3) 有利于促进和完善我国的行政立法工作。实践经验表明,在某些管理领域尚无行政法规甚至无行政规章调整时,往往先由国家行政机关的其他规范性文件调整。尽管我们要努力改变这种状况,使得一切行政管理领域都有行政法调整,以实现真正的"行政法治"或"依法行政"。但是,先由其他规范性文件进行调整而后在条件成熟时,将其他规范性文件上升为行政规章或行政法规,这种策略并不违背行政管理的客观规律。

(4) 有利于调动和发挥地方各级人民政府及所属部门的积极性。从全国来看,各地区间的政治、经济、文化发展极不平衡,各部门各行业也都具有自己的特殊性。国家行政机关在法定职权范围内制定规范性文件,有利于充分地调动其积极性,可以"因地制宜,因时制宜",挖掘其潜力,采取灵活、多样的办法进行行政管理。对于应付突发的意外事件或应急性事件,可以采用制定其他规范性文件的形式作为对策,以免"失控"或束手无策。

三、制定其他规范性文件存在的主要问题

制定其他规范性文件在行政管理中起着举足轻重的作用,但也应该看到实践中存在不

少问题:

(1) 宏观上存在着某些混乱。比如制定主体具有混乱性、随意性,不管是行政机关、企事业单位还是社会团体,都可以制定所谓有关行政管理的规范性文件。

(2) 越权情况严重。即使是主体合格者也存在着严重的越权行为,既有上下级行政机关的纵向越权,亦有同级行政机关之间的横向越权,而且以后者居多。

(3) 其内容与上一级规范性文件(包括行政规章、行政法规)不相符合,甚至出现抵触的情况屡见不鲜,从而使得行政法规、行政规章在实施中发生变形。实践中,有些部门、有些地方,从本部门、本地方的局部利益出发,通过制定其他规范性文件来炮制对付上级政策的所谓"对策",即"上有政策下有对策",从而使具有违法内容的所谓规范性文件形式上"合法化"。

(4) 在制定依据方面,不以法律、法规、规章为依据。往往从实用主义观点出发,认为只要是需要的就可以制定,不管这种需要是为了加强行政管理,真正服务于人民大众,还是为了局部利益或少数个人利益去限制民众权利或附加给民众法外义务。

(5) 在制定程序上,没有遵循必要的程序规则。有的部门、机关往往凭某位领导的一个指示,甚至一句话或一次大会发言,便匆匆起草一个规范性文件。其间并没有经过认真、周密的调查、研究,更没有在一定范围内经过相关人员的必要讨论和磋商,没有听取意见,便草率发文或公布,缺乏应有的程序规则予以制约。

(6) 缺乏相关的司法审查制度。因为目前我国行政诉讼法规定的范围比较狭窄,行政相对人尚不能针对规范性文件直接提起行政诉讼,而且也不能像行政复议一样附带提起对规范性文件的审查请求。这样就使得有关规范性文件不能得到法院的司法审查,至少是缺乏了这样一个极为重要的环节。我们期望未来行政诉讼法的修改能够在此方面取得实质性突破。

四、完善制定其他规范性文件的程序

要使其他规范性文件发挥其应有的广泛作用,解决目前制定其他规范性文件出现的诸多问题,关键是完善制定其他规范性文件的程序。

《规章制定程序条例》第36条只规定了"依法不具有规章制定权的县级以上地方人民政府制定、发布具有普遍约束力的决定、命令,参照本条例规定的程序进行"。

我们认为,制定行政法规、规章以外的其他规范性文件也应符合一定的操作规程,达到一定的技术要求,经历必要的程序和合理的步骤,使行政机关这种抽象行政行为做到针对性强,内容科学合理,行政效率与行政民主兼顾,从实质上有利于行政机关工作的开展和运转。总结实践经验,我们认为在今后制定的《行政程序法》中应对这种其他规范性文件的制定行为作统一的规定,并要求其遵循以下几个共同的程序规则:

(1) 起草。由既懂行政专门业务又熟悉法律和政策的专门人员或专门班子负责这项工作。

(2) 协商协调。如果其内容涉及其他一个或几个部门的职责权限则要求起草人员组织这些部门协商取得一致意见,再由协商的双方或多方的主要负责人共同签字、盖章方能生效;若反复协商不能取得一致意见,应在上报草案时专门提出,并说明理由,由上级机关出面协调和裁决。

(3) 征求、听取意见。起草过程中应听取有关行政管理专家或技术专家、法律专家的意见。另外,还要征求与规范性文件有利害关系者的意见和建议,并制作笔录,吸收采纳其合理意见。

(4) 审核、签批。草案成稿后,一般由行政机关秘书部门的负责人、法制工作部门的负责人或负责拟稿职能部门的负责人承担审核任务。审核的主要内容有:是否有法律、法规或规章作为依据;草案的具体内容是否同上一级规范性文件相抵触;检查其可行性程度;检查其是否遵循了必要的程序;检查其草稿的文字技术。

审核结束后,一般由制定机关的正职领导人在审核后的草案稿上签写出对该文的意见,并签写本人姓名及年月日。

需要说明的是,对于其他规范性文件,过去往往采取内部传达或通知的方式进行,公开程度不够。我们认为,只要是涉及国家行政机关对外行政管理的规范性文件,除了法律规定必须保密的以外,其他规范性文件都应通过一定的方式向社会公开,让人们知晓,增加制定规范性文件的透明度。这样做,一方面有利于广大人民群众,尤其是与该规范性文件有相关利益的民众的积极参与和监督;另一方面也有利于其他规范性文件的贯彻落实与执行,容易获得人们的理解与支持,同时也有利于人民群众自觉地遵守和执行。

五、对其他规范性文件的监督

制定其他规范性文件的活动属于行政机关的抽象行政行为,对其监督主要有两种方式:第一种是行政监督[①],即各级人民政府发现其所属部门制定的其他规范性文件的内容与行政法规或行政规章相抵触时,有权撤销或改变。同样,上级人民政府发现下级人民政府制定的其他规范性文件与行政法规、行政规章或上一级规范性文件相抵触时,亦有权撤销或改变。这种监督主要通过建立备案审查制度和行政复议制度来解决。第二种方式是司法监督,即人民法院通过司法审查活动审查行政机关具体行政行为合法性的同时,还要对作出该具体行政行为所依据的各种规范性文件是否合法进行鉴别、评价和判断。这种通过司法审查予以监督的方式将随着行政诉讼法的全面实施愈显重要,它是一种普遍、有效的监督方式。制定其他规范性文件的活动一日不可停息,加强对其监督的工作也丝毫不可忽视。只有这样才可以将制定其他规范性文件的活动真正地纳入法制轨道。

【思考题】

1. 什么是抽象行政行为?它有何特征?
2. 行政立法的特点有哪些?
3. 简述行政立法有效成立的要件。
4. 什么是一般授权立法和特别授权立法?
5. 什么是中央行政立法和地方行政立法?
6. 我国行政立法的主体有哪些?

---

① 行政监督包括对外部相对人和内部相对人的监督。此处为行政主体对内部相对人(行政机关或公务员)的监督。

7. 简述行政立法的原则及其内容。
8. 简述行政立法的程序。
9. 对行政立法进行监督的主要途径有哪些?
10. 简述其他规范性文件的概念与特征。
11. 其他规范性文件与行政立法的区别有哪些?
12. 简述制定其他规范性文件中存在的主要问题。
13. 制定其他规范性文件的作用有哪些?

第六章　行政行为(二)

——依申请的具体行政行为

在我国,《行政诉讼法》首次将"具体行政行为"确立成为一个重要的法律概念。三十多年来,我国法学界和实务界围绕具体行政行为的理论和实践做过一些有益的探索,但尚嫌不够深入细致。为此应当继续潜心研究有关具体行政行为的理论,为行政复议和行政审判的实践提供理论上的指导。下面仅就几种最常见并且重要的具体行政行为作一扼要分析。[①]

第一节　行 政 给 付

一、行政给付的概念与特征

行政给付又称行政物质帮助,它是指行政机关对公民在年老、疾病或丧失劳动能力等情况或其他特殊情况下,依照有关法律、法规、规章或政策等规定,赋予其一定的物质权益(如金钱或实物)或与物质有关的权益的具体行政行为。

行政给付具有以下特征:

(1) 行政给付是行政机关所作的一种具体行政行为。行政给付是由行政机关具体承担的一项物质帮助职能,这种物质帮助因其特定的实施主体而成为一种履行国家行政管理法定职责的活动,具有行政行为的性质,故区别于由社会或一定社会组织进行的物质帮助。

(2) 行政给付的对象是特定的公民或组织。行政给付只对出现了特殊困难和特殊情况的公民个人或组织作出,其对象是特定的。如抚恤金的发放对象是因战、因公伤残的人员;救灾物资及款项是发放给灾民;社会福利金是发放给社会福利机构或者直接发给残疾人、无依无靠的老人和孤儿;而独生子女补贴、有特殊贡献的专家补贴、城市居民最低生活保障金等均是分别发放给特定对象的。随着社会的不断发展与进步,国家经济实力的整体增强,这种行为将会得到更加广泛的运用。

(3) 行政给付是应当事人的申请并依据法律和行政法规实施的行政行为。当然,只有在自然灾害等紧急情况出现的时候可以由行政机关基于职责主动实施(当然即使此种情况发生,实践中也往往要履行简单的登记或申请手续等)。通常情况下,行政给付往往根据当事人的申请并应按法律、行政法规的规定实施,而非任意给付,这就决定了行政给付行为的法律属性。也就是说,获得行政给付,对于符合给付条件的行政相对人来说,是法律上的一项权利,至于是否行使该项权利,完全取决于相对人自己。如果相对人意欲获得给付,则须向行政机关申请。对于行政机关来讲,如果符合条件的行政相对人提出申请,则必须作出给

[①] 本章和后面章节所列具体行政行为形式,主要考虑到与我国《行政诉讼法》《行政复议法》所规定的受案范围相一致。特此说明。

付行为。

（4）行政给付的内容是赋予被帮助人以一定的物质权益或与物质相关的权益。行政给付的内容主要体现在物质权益上，被帮助人通过行政给付获得一定的物质以帮助自己解决困难。这种物质可以是直接的财物，也可以是与财物相关的其他利益，如免费受教育等。

（5）行政给付通常情况下属于羁束行政行为。一般来说，法律规范对行政给付的对象、条件、标准、项目、数额等都作出具体规定，行政机关不能任意给付。如有关最低社会保障金的数额、抚恤金的数额等都是法律明确规定的，行政机关没有自由裁量的权力。

二、行政给付的内容和形式

（一）行政给付的内容

行政给付的内容是指行政机关通过行政给付行为赋予被帮助人的权益。它不同于行政奖励的内容，不具有精神上和职务上的权益，一般只具有物质上的权益和与物质有关的权益两部分内容。

（1）物质上的权益，表现为被帮助人获得一定数量的金钱或实物，如一定数额的货币、物品等。

（2）与物质有关的权益。这是赋予被帮助人以一定的权利，即需具备一定物质条件才能实现的某些权利，如免费入学受教育、享受公费医疗等。

（二）行政给付的形式

行政给付的形式较为复杂，这主要是因为我国有关行政给付的法律、法规的规定较为零散，各种具体的行政给付规定散见于法律、法规之中，名称各异，含义不一，致使行政给付的形式很难被准确界定。目前，我国有关行政给付形式的法律、法规、规章主要有：《残疾人保障法》《森林法》《消防法》《军人抚恤优待条例》《城市生活无着的流浪乞讨人员救助管理办法》[①]《城市生活无着的流浪乞讨人员救助管理办法实施细则》[②]等。

综合这些法律、法规、规章和政策的规定，可将行政给付的形式概括为以下几种：

（1）抚恤金。这是最为常见的一种行政给付形式。一般包括对特定牺牲、病故人员的家属的抚恤金、残疾抚恤金以及烈军属、复员退伍军人的生活补助费和退伍军人安置费等。

（2）特定人员离退休金。这里指由民政部门管理的军队离休、退休干部的离休金或退休金和有关补贴。

（3）社会救济、福利金。这里包括农村社会救济，城镇社会救济，精简退职老弱病残职工救济以及对社会福利院、敬老院、儿童福利院等社会福利机构的经费资助。

（4）自然灾害救济金及救济物资。这里包括生活救济费和救济物资、安置抢救转移费及物资援助等。

三、行政给付的程序

行政给付作为行政机关的一种法律行为，须按一定程序实施。尽管我国目前在行政给

---

① 国务院 2003 年 6 月 20 日第 381 号令发布，2003 年 8 月 1 日起施行。1982 年 5 月 12 日国务院发布的《城市流浪乞讨人员收容遣送办法》同时废止。

② 2003 年 7 月 21 日民政部第 24 号令公布，自 2003 年 8 月 1 日起施行。

付方面尚无统一的法律规定,但在不同的法律、法规、规章中对不同形式的行政给付程序均作了一些简单规定。

各种不同的行政给付程序存在一些差别。比如,对于定期性行政给付,通常应由给付对象本人或所在组织、单位提出申请,主管行政机关对之进行审查(评定等级),有时还需要进行专门鉴定,确定标准,以后则定期(按月或按年)发放。对于一次性行政给付,通常由给付对象提出申请,主管行政机关予以审查核实,然后按法律、法规、规章明确规定的标准一次性发放。至于临时性行政给付,有的是先由给付对象提出申请,有的则是由有关基层组织确定给付对象,并提出申请报告,主管行政机关进行审查、批准后,再直接发给给付对象或经有关基层组织分发。

各种行政给付的具体程序应由有关法律、法规、规章规定。不同形式的行政给付程序也存在一些共同程序规则,主要有:申请、审查、批准、实施,并要求书面形式。由于行政给付的标的多为一定的财物,在程序上还要求办理一定的财务手续和物品登记、交接手续。

第二节 行政许可

一、行政许可的概念与特征

一般认为,行政许可是指在法律一般禁止的情况下,行政主体根据行政相对人的申请,通过颁发许可证或执照等形式,依法赋予特定的行政相对人从事某种活动或实施某种行为的权利或资格的行政行为。这一概念包含三层含义:一是存在法律一般禁止;二是行政主体对相对人予以一般禁止的解除;三是行政相对人因此获得了从事某种活动或实施某种行为的资格或权利。我国《行政许可法》第2条规定:"本法所称行政许可,是指行政机关根据公民、法人或者其他组织的申请,经依法审查,准予其从事特定活动的行为。"

对于行政许可的概念可以从如下几方面来把握:

第一,行政许可的行为主体为特定主体。行政许可的行为主体是行政主体,而不是处于行政相对人地位的公民、法人和其他组织。只有基于行政管辖职权,行使对行政相对人申请的审核与批准权的行政机关或法律、法规授权的组织,才是行政许可的行为主体。一般的社会团体、自治协会向其成员颁发资格证书及许可性文件的行为不是行政许可行为。公民、法人或其他组织允许对方从事某种活动的行为也不能称之为行政许可。

第二,行政许可是一种依申请的具体行政行为。一般来说,行政许可只能依当事人的申请而发生,行政主体不能主动作出。无申请,即无行政许可。

第三,行政许可原则上是一种授益性行政行为。行政许可准予申请人从事特定活动,申请人从而获得了从事特定活动的权利或者资格,行使许可的权利并获得相关利益。但是,这种授益性并不绝对排除在许可的同时附加一定的条件或义务。

第四,行政许可决定具有多样性。行政许可既可能表现为肯定性的行为,也可能表现为否定性的行为。而行政主体既不作肯定表示也不作否定表示的,则表现为不作为的形态。在有法律明文规定的情况下,还可允许有默示许可的存在。例如,我国《集会游行示威法》第9条第1款规定,逾期不通知的视为许可。

第五,行政许可一般为要式行政行为。行政许可应遵循相应的法定程序,并应以正规的文书、格式、日期、印章等形式予以批准、认可和证明,必要时还应附加相应的辅助性文件。这种明示的书面许可是行政许可在形式上的特点。

第六,行政许可作为一项法律制度是指许可的申请、审查、批准以及监督管理等一系列制度的总和。

二、行政许可的程序

一般认为,行政许可的程序指行政许可的实施机关从受理行政许可申请到作出准予、拒绝、中止、变更、撤回、撤销、注销等行政许可决定的步骤、方式和时限的总称。① 行政许可的程序是规范行政许可行为,防止滥用权力,保证正确行使权力的重要环节。

(一) 行政许可的一般程序

行政许可程序一般规定有四个步骤:申请、受理、审查和决定,变更与延续是适用于获得许可之后的两个后续程序。此外,关于行政许可的听证程序也是行政许可程序中的一个重要内容。

1. 申请程序

行政许可的申请程序因申请人行使自己的申请权而开始。行政许可的申请是指自然人、法人或者其他组织等行政许可申请人向行政机关提出从事依法需要取得行政许可的活动的意思表示。申请行为必须符合以下要件:(1) 申请行为必须向有行政许可权的行政机关提出。(2) 申请人有明确的意思表示行为。公民、法人或者其他组织从事特定活动,依法需要取得行政许可的,应当向行政机关提出明确的申请。这种申请可以是书面的,也可以是口头的。(3) 申请人必须提交所需的有关材料。申请人申请行政许可,应当如实向行政机关提交有关材料和反映真实情况,并对其申请材料实质内容的真实性负责。

2. 受理程序

申请人的申请行为只要符合其有效构成要件就合法有效,从而引起行政许可机关的受理义务。一般行政许可申请自行政机关收到之日起即为受理。但是,申请人的合法有效的申请行为并不代表申请人完全符合许可的条件和标准,并不必然导致行政许可机关必须发给申请人许可证。行政机关收到申请人提出的许可申请后,可以根据不同的情形分别作出以下几种处理:

(1) 予以受理。对于申请事项属于本行政机关职权范围,申请材料齐全、符合法定形式,或者申请人按照本行政机关的要求提交全部补正申请材料的,受理行政许可申请。

(2) 要求当场更正。申请材料存在可以当场更正的错误的,应当允许申请人当场更正。

(3) 限期补正。申请材料不齐全或者不符合法定形式的,应当当场或者在5日内一次告知申请人需要补正的全部内容,逾期不告知的,自收到申请材料之日起即为受理。

(4) 不予受理。它主要有两种情况:一是申请事项依法不需要取得行政许可,二是申请事项依法不属于受理行政机关职权范围。第二种情况下行政机关应当即时作出不予受理的

---

① 汪永清主编:《〈中华人民共和国行政许可法〉释义》,中国法制出版社2003年版,第89页;张兴祥:《中国行政许可法的理论和实务》,北京大学出版社2003年版,第169页。

决定,并告知申请人向有关行政机关申请。

3. 审查程序

审查程序包括形式性审查和实质性审查。形式性审查,是指行政机关对申请人提交的申请材料是否齐全、是否符合法定形式进行审查。审查合格后,行政机关能够当场作出决定的,应当场就作出书面的行政许可决定。实质性审查则要审查以下几个方面的内容:(1) 申请人是否具有相应的权利能力。例如申请律师执业证的申请人只能是通过了法律职业资格考试的人员以及法律规定的其他人员。(2) 申请人是否具有相应的行为能力。(3) 申请是否符合法定的程序和形式。(4) 授予申请人许可证是否会损害公共利益和利害关系人利益。(5) 申请人的申请是否符合法律、法规规定的其他条件。

实践中一般有以下几种实质性审查的方式:(1) 核查,它是指根据法定条件和程序对有关申请材料的实质内容核实是否符合实际情形;(2) 上级机关书面复查;(3) 听证核查,这是西方国家许可证制度经常采用的一种方式,通常在行政许可决定前召开公众听证会。我国目前的行政许可法也采取了这一方式。行政机关对行政许可申请进行审查时,发现行政许可事项直接关系他人重大利益的,应当告知该利害关系人。申请人、利害关系人有权进行陈述和申辩。行政机关应当听取申请人、利害关系人的意见。对于重大事项也规定了听证程序。

4. 听证程序

作为一种授益行政行为,是否给予行政许可,事关公民、法人和其他组织的切身利益,因而世界各国大都在行政许可程序中规定了重大的行政许可必须经过严格的程序,为所有具有利害关系的当事人提供表达其意见的机会,行政许可机关在实施许可行为时应听取当事人和利害关系人的意见,允许他们就受到的影响陈述其观点和理由,出具有关证据,就对方当事人提供的证据进行质证,或者就适用标准问题进行辩论。听证程序适用于行政相对人或其他利害关系人认为是否核发许可、变更许可、终止许可等将对其产生不利影响的许可行为。

我国《行政许可法》也相应规定了行政许可听证程序的适用范围和程序环节。适用听证程序的许可事项有:法律、法规、规章规定实施行政许可应当听证的事项,或者行政机关认为需要听证的其他涉及公共利益的重大行政许可事项。[①]

听证的具体程序步骤一般分为:(1) 告知。行政许可直接涉及申请人与他人之间重大利益关系的,行政机关在作出行政许可决定前,应当告知申请人、利害关系人享有要求听证的权利。(2) 申请。由申请人或利害关系人要求听证并在被告知有权要求听证之日起 5 日内提出听证申请。(3) 组织听证。行政机关应当自收到申请人或者利害关系人听证申请之日起 20 日内组织听证。(4) 通知有关事项。行政机关应当于举行听证的 7 日前将举行听证的时间、地点通知申请人、利害关系人,必要时予以公告。(5) 举行听证。行政机关应当指定审查该行政许可申请的工作人员以外的人员为听证主持人,审查行政许可申请的工作人员应当提供审查意见的证据、理由,申请人、利害关系人可以提出证据,并进行申辩和质证。(6) 决定。行政机关应当根据听证笔录,并在法定的许可决定期限内作出是否准予行政许

---

① 参见我国《行政许可法》第 46 条。

可的决定。①

5. 决定程序②

行政许可通常有三种决定程序：

(1) 当场决定程序。如果申请人提交的申请材料齐全、符合法定形式，行政机关能够当场作出决定的，应当当场作出书面的行政许可决定。

(2) 上级机关决定程序。对于某些依法应当先经下级行政机关审查后报上级行政机关决定的行政许可事项，下级行政机关在法定期限内将初步审查意见和全部申请材料报送上级行政机关，由上级机关作出许可决定。

(3) 限期作出决定程序，这是最常见的决定程序。行政机关对行政许可申请进行审查后，除当场作出行政许可决定的外，应当在法定期限内按照规定程序作出行政许可决定。许可决定的期限一般都由相应法律作出明确规定。

6. 期限

行政许可期限是许可程序中一个很重要的问题，一般涉及以下几方面的规定：一是许可决定的作出期限；二是上级机关书面复查审查程序中下级机关的审查期限；三是颁发送达许可证件的期限；四是关于许可决定期限的计算。

例如，我国《行政许可法》规定，除可以当场作出行政许可决定的外，行政机关应当自受理行政许可申请之日起 20 日内作出行政许可决定。20 日内不能作出决定的，经本行政机关负责人批准，可以延长 10 日，并应当将延长期限的理由告知申请人。但是，法律、法规另有规定的，依照其规定。依照本法第 26 条的规定，行政许可采取统一办理或者联合办理、集中办理的，办理的时间不得超过 45 日；45 日内不能办结的，经本级人民政府负责人批准，可以延长 15 日，并应当将延长期限的理由告知申请人。③

7. 变更和延续④

变更和延续是行政许可决定的后续程序。被许可人在获得行政许可后，可能因为各种原因又要求变更行政许可事项，这种情况下应当向作出行政许可决定的行政机关提出申请。行政机关审查后，认为符合法定条件、标准的，即可以依法办理变更手续。如果被许可人需要延续依法取得的行政许可的有效期，也必须在该行政许可有效期届满前（一般为 30 日）向作出行政许可决定的行政机关提出申请，由行政机关决定是否予以延期。

(二) 行政许可的特别程序

一般来说，实施行政许可行为需要遵守行政许可的一般程序，但是由于行政许可种类较多，除普通许可之外，还涉及特许、认可、核准、登记等不同类型的许可，上述行为在具体内容、功能、性质等方面存在较大差异，许可条件、方式各异，在审查、决定中需要有不同的形式和程序。根据各类不同的行政许可事项，还需要规定一些不同的特别程序，以确保行政机关合法、高效地实施行政许可。

---

① 参见我国《行政许可法》第 46 条、第 47 条、第 48 条。
② 参见我国《行政许可法》第 37 条、第 38 条。
③ 参见我国《行政许可法》第 42 条。
④ 参见我国《行政许可法》第 49 条、第 50 条。

1. 招标、拍卖程序①

所谓招标,是指行政机关发布招标公告,邀请特定或者不特定的公民、法人和其他组织参加有关特许事项的行政许可的投标,行政机关根据投标结果作出决定的行为。

所谓拍卖,是指行政机关对某些特许事项以公开竞价的方式,将特定物品或者财产权利转让给最高出价人,并颁发特许证的行为。拍卖应遵循公开、公平、诚实信用的原则。

特许事项通常包括有限自然资源的开发利用(如对土地、森林、草原、水流、矿产资源、海域等自然资源的开发、使用许可)、有限公共资源的配置(如电信频率执照、出租汽车营业许可)、直接关系公共利益的垄断性企业的市场准入(如电力、铁路、民航、通信等行业市场准入的许可、外商进入中国服务业的市场准入许可)等。从本质上说,这些行业都属于形成自然垄断的公用事业,故特许事项的主要功能是分配稀缺资源,一般有数量控制。

(1) 招标的具体程序

① 招标:招标分为公开招标和邀请招标,行政许可机关根据具体情况确定采用哪种招标方式。② 投标:投标是投标人接到招标通知后,根据招标通知的要求填写招标文件,并将其送交给招标人的行为。③ 开标:开标是招标机构在预先规定的时间和地点将各投标人的投标文件正式启封揭晓的行为。④ 评标:评标是招标机构根据招标文件的要求,对所有标书进行审查和评比的行为。⑤ 中标:招标人根据评标委员会提出的书面评标报告和推荐的中标候选人确定中标人,也可以授权评标委员会直接确定中标人;中标人确定后,招标人应当向中标人发出中标通知书,并同时将中标结果通知所有未中标的投标人。⑥ 签订合同和颁发许可证。

(2) 拍卖的具体程序

① 拍卖委托阶段。自拍卖人与委托人接触开始,至拍卖人与委托人签署拍卖合同结束。这个阶段包括了委托人选择拍卖人,拍卖人审查委托人资格及拍卖标的,协议拍卖佣金,确定拍卖底价,签署拍卖委托合同等程序。

② 拍卖公告与展示阶段。拍卖人应当于拍卖日期前一定期限发布拍卖公告,拍卖人应当在拍卖之前展示拍卖标的物,并提供查看拍卖标的物的条件及有关资料。

③ 拍卖实施阶段。从拍卖人宣布竞买人须知开始,至拍卖人将拍卖价款交予委托人结束。这一阶段包括现场拍卖,签署拍卖成交确认书,处理拍卖善后事宜。拍卖成交后,行政许可机关应当根据法定的期限,作出行政许可决定,并依法向买受人颁发行政许可证件。

2. 认可程序②

认可一般是指赋予特定相对人从事一定活动的资格,确认其具备从事相应活动的能力。

国家对一些特殊的职业和行业设定资格、资质许可,是因为这些职业、行业直接关系公共利益,其从业人员必须具备与该专业要求相适应的知识、技能,从业组织必须满足相应的技术、管理、人员要求。如导游业、证券业等从业人员。这类赋予公民和组织资格、资质的行政许可一般没有数量限制,通过考试、考核,符合规定的标准即可以取得资格。实践中,少数执业许可往往有数量控制,借以实行准入控制。公民、组织一旦取得资格、资质,不可以转

---

① 参见我国《行政许可法》第53条。
② 参见我国《行政许可法》第54条。

让。实行资格、资质认可的范围主要限于与财产、生命、安全有关的领域。

(1) 考试

考试主要适用于对公民赋予特定资格。公民资格许可种类繁多,各地情况也千差万别,考试程序只是公民资格认可的一种典型程序。

考试程序主要涉及以下几个方面:① 考试的依据和组织,即依据法律或行政法规举行考试,应当由国家组织或者地方组织考试;② 考试举行的方式,应当公开举行;③ 关于考试的禁止行为,包括考试与培训分开、禁止指定教材等行为;④ 考试成绩的效力。

(2) 考核

考核主要适用于对法人或者其他组织赋予资格、资质。赋予法人或者其他组织特定的资格、资质的,行政机关应当根据申请人的专业人员构成、技术条件、经营业绩和管理水平等的考核结果作出行政许可决定。为确保考核的公开、公正、公平,行政机关应当事前公布考核内容(专业人员构成、技术条件、经营业绩、管理水平等具体事项)、考核时间、考核标准、考核等级及依据等与考核有关的事项。

(3) 核准

核准是指由行政机关按照技术标准、技术规范对某些事项依法进行检验、检测、检疫,并根据检验、检测、检疫的结果作出行政许可决定。

核准主要适用直接关系公共安全、人身健康、生命财产安全的重要设备、设施的设计、建造、安装和使用,直接关系人身健康、生命财产安全的特定产品、物品的检验、检疫。这类行政许可事项,技术性较强,申请人能否取得行政许可,完全取决于相应的技术标准、技术规范。同时,这类行政许可事项多与安全有关,需要行政机关进行检验、检测、检疫,对不符合或者未达到技术标准、技术规范的,不予行政许可,对符合或者达标的,给予行政许可。

核准机构通常包括行政许可机关和符合法定条件的专业技术组织。核准的标准是相关技术标准、技术规范。这些技术标准、技术规范必须是事前公布的,具有客观性。在核准过程中,行政机关没有裁量权。

3. 登记程序[①]

登记是确定企业或其他组织主体资格的一种许可程序。某些行政许可事项可以通过登记来确认,只要申请人提交的申请材料齐全、符合法定形式,行政机关即当场予以登记,如企业法人登记、公司登记、外国企业常驻代表机构登记、事业单位登记、社会团体登记、民办非企业单位登记、仲裁委员会登记、外国商会登记等。通过登记的程序可以使相对人获得某种能力向公众提供证明或者信誉、信息。行政登记行为的种类繁多,各种不同的行政登记行为的内容要素也有所不同。

登记程序的具体步骤包括:(1) 申请登记。企业或其他组织向登记机关提出登记申请。(2) 受理申请。登记机关受理申请登记事项。(3) 审查与决定。

行政机关对于登记的审查包括形式审查和实质审查。

形式审查是对申请人提交的文件、证件的完备性和有效性进行的审查,例如申请书件的填写是否正确、准确,是否清晰、完备,书件是否符合规定,手续是否齐备等。只要申请材料

---

① 参见我国《行政许可法》第 56 条。

齐全、符合法定形式,而不论申请材料的内容,行政机关就应当当场予以登记,行政机关对是否予以行政许可没有自由裁量权。对申请登记事项,申请人对其申请材料所反映的实质内容的真实性承担全部责任,包括虚假陈述的行政责任或刑事责任。我国目前的《行政许可法》中规定的登记程序以形式审查为原则。

实质审查是对申请人所提交的文件、证件和填报的登记注册书的真实性、合法性所进行的审查。以前,我国以全面审查为原则,既进行形式审查又进行实质审查,认为这样才能切实把好市场准入关,确认合格的市场主体,保证交易安全。但实质审查有其弊端:第一,实质审查的费用很高且手续繁冗,耗费登记机关和当事人大量的金钱和精力,从经济效益和效率的角度而言,实质审查是不足取的。第二,实质审查利用登记机关行政权力的高效、权威性使登记事项得以公示并获得公信力,但是却使登记事项完全处于国家的管理和控制之下,当公权力缺乏有效制约时,容易导致国家公权力对私权利侵扰和过度干预的问题。故登记机关应以形式审查为一般原则。

第三节 行政奖励

一、行政奖励的概念与特征

行政奖励是指行政主体依照法定条件和程序,对为国家和社会作出重大贡献的单位和个人,给予物质或精神鼓励的具体行政行为。其目的是表彰先进,鞭策后进,充分调动和激发人们的积极性与创造性。

与其他行政行为相比,行政奖励具有以下特征:

(1) 行政奖励的实施主体是国家行政机关或法律、法规授权的社会组织。也就是说,行使行政奖励权的主体必须具备行政主体资格。这样,行政奖励便可以区别于一般企业、事业单位内部的奖励。

(2) 行政奖励的目的在于表彰和鼓励先进,鞭策和推动后进,调动和激发人们的积极性和创造性。

(3) 行政奖励的对象十分广泛。凡在不同岗位上对国家和社会作出重大贡献或遵纪守法的模范集体和个人,均可成为行政奖励的对象。根据我国法律规定,外国人或无国籍人若在我国作出显著贡献者,亦可由国家行政机关予以奖励。

(4) 行政奖励的内容是给予奖励者某些物质利益或精神利益,即物质奖励或精神奖励。大多数情况下二者合并采用。

(5) 行政奖励的性质是行政主体依照法律、法规的规定,赋予受奖励者以奖励性权利的一种无强制执行力的具体行政行为。亦即行政奖励是一种法定奖励行为,是依法赋予受奖者以奖励性权利,它不是行政主体的"恩赐",受奖励者可以放弃行政主体给予的权益。正是从这个角度讲,行政奖励不像行政处罚等具体行政行为那样具有强制执行力。

二、行政奖励的构成要件

行政奖励是法定奖励,因此合法有效的行政奖励应符合法定条件。这些规范行政奖励

的法定条件,就是行政奖励的构成要件。行政奖励行为的构成要件有:

1. 符合法定的奖励条件和标准

它是行政奖励行为的客观要件。我国各层次的法律规范对不同的奖励对象规定了不同的奖励条件和标准。因此,行政主体在实施行政奖励时,要适用相应的法律、法规所规定的具体条件和标准,不能擅自拟定条件和随意确定标准。如果某公民认为其符合相关奖励条件,向有关机关申请,而该机关又未依法给予奖励的,该权利人可以依法申请行政复议或依法提起行政诉讼。

2. 符合法定的奖励形式

行政奖励应以一定的奖励形式表现出来,如发给一定数额的奖金、晋升职务、记功等。这些奖励形式包含着法律所允许或能够赋予受奖者的权益内容。对不同的奖励对象必须根据不同的奖励条件,以法定的奖励形式来授予奖励。

3. 符合法定的奖励权限

根据法律规范的有关规定,一定的奖励形式只能由一定的行政主体来授予,行政主体不能超越其权限任意决定授予受奖者某种形式的奖励。否则,将导致该奖励行为无效。这是行政奖励行为的主体要件。

4. 符合法定的奖励程序

实施行政奖励,必须符合法定的程序,否则将影响奖励的效力,且影响到受奖者的法定权益。我国对不同对象的行政奖励有不同的程序规定,在实施行政奖励行为时应当注意遵循。但是,行政奖励也应当遵循一般的程序规定:奖励的提出、审批、公布、授奖和存档。

三、行政奖励的内容和形式

1. 行政奖励的内容

行政奖励的内容是指行政主体通过行政奖励行为赋予受奖励者的权益。根据我国有关行政奖励的法律规定,行政奖励的内容由下列三方面组成:

(1) 物质方面的权益。表现为发给受奖者一定数额的奖金或奖品。

(2) 精神方面的权益。表现为受奖者获得某种法定的荣誉,并被国家和社会承认,如国家劳动模范的称号、通报表扬、通令嘉奖、记功、发给奖状、荣誉证书、奖章等。

(3) 职务方面的权益。表现为给予受奖者晋升一定职务或晋升一定档次的工资。

前述三方面的内容可以通过相应的形式单独赋予受奖者,也可合并赋予受奖者。

2. 行政奖励的形式

行政奖励的形式多种多样,不同法律规范针对不同的对象规定了不同的形式,归纳起来主要有:(1) 发给奖金或奖品;(2) 通报表扬;(3) 通令嘉奖;(4) 记功;(5) 授予荣誉称号;(6) 晋级;(7) 晋职。

以上奖励形式既可单独适用,也可同时并用,并可发给某种证书、奖章作为证明。

四、行政奖励的程序

目前,我国尚无统一的行政奖励立法,有关行政奖励的程序很不统一。从现行法律、法规的规定看,大体有三种情况:第一种是法律、法规规定具体奖励程序,如我国《国家科学技术奖励条例》；第二种是法律、法规将授奖程序授权给奖励机关拟定和自由裁量，如我国《消防法》[①]《税收征收管理法》[②]《人口与计划生育法》[③]《道路交通安全法》[④]等；第三种是只规定奖励条件与权限，未对奖励程序作任何规定，如我国《文物保护法》等。

行政奖励的对象复杂，种类繁多，各种行政奖励在程序上都有其特殊性。但归纳起来，各种行政奖励程序一般都会经过下述几个阶段：

（1）奖励的提出。一般有三种方式：自行申请或申报；群众讨论评选；有关单位或个人推荐。

（2）审查批准。由法定行政机关依权限对奖励的申请予以审查、批准，审批权限一般应同奖励权限相一致。

（3）公布、评议。行政奖励审查批准后，一般应由一定机关以一定方式予以公布，让群众评议。公布程序是行政奖励生效的必经程序。比如科技进步奖，必须在公布期届满无异议时才生效。

（4）授予奖励。举办一定的仪式，发给受奖者奖品或以资证明的证、章。对于个人的奖励，一般应书面通知受奖者，并载入个人档案。

第四节 行政确认

一、行政确认的概念与特征

（一）行政确认的概念

行政确认是指行政主体依法对相对人的法律地位、法律关系和法律事实进行甄别，给予确定、认可、证明并予以宣告的具体行政行为。行政确认的概念包括三层含义：

（1）行政确认的主体是特定的国家行政机关和法律、法规授权的组织。行政主体的行政确认行为是针对法律规范规定的需确认的事项，是根据法定的条件、依照一定的程序作出的。

（2）行政确认的内容是确定或否定相对人的法律地位和权利义务。其直接对象为与这些权利义务、法律地位紧密相关的特定的法律事实或法律关系。行政主体通过确认特定的法律事实或法律关系是否存在，来达到确定或否定相对人的法律地位或权利义务的目的。

（3）行政确认的性质是行政主体所为的具体行政行为，其确认权属于国家行政权的组成部分。因此，行政确认行为不同于行政机关的调解行为和仲裁行为。虽然行政确认行为中的行政主体往往也处在平等主体的双方当事人之间，但其行政确认行为一般都是具有强制力的行政行为，有关当事人必须服从，否则会受到相应的处理。

[①] 我国《消防法》第7条第2款规定："对在消防工作中有突出贡献的单位和个人，应当按照国家有关规定给予表彰和奖励。"

[②] 我国《税收征收管理法》第13条规定："……税务机关应当按照规定对检举人给予奖励。"

[③] 我国《人口与计划生育法》第8条规定："国家对在人口与计划生育工作中作出显著成绩的组织和个人，给予奖励。"

[④] 我国《道路交通安全法》第71条规定："车辆发生交通事故后逃逸的……举报属实的，公安机关交通管理部门应当给予奖励。"

(二) 行政确认的特征①

与其他行政行为相比,行政确认具有以下特征:

(1) 行政确认是要式的行政行为。由于行政确认的直接表现形式是对特定的法律事实或法律关系是否存在的甄别和宣告,所以,行政主体在作出确认行为时,必须以书面的形式,并按照一定的技术规范要求作出。其中,参加确认的有关人员还应签署自己的姓名并由进行确认的行政主体加盖公章。

(2) 行政确认是羁束的行政行为。行政确认的目的是确定行政相对人的法律地位和权利义务,是严肃的法律行为,具有严格的规范性。而且行政确认所宣告是否存在的法律事实或法律关系也是由客观事实和法律规定决定的,并受到各种技术性规范的制约。行政主体在确认时,只能严格地按照法律规定和技术规范进行操作,并尊重客观存在的事实,做到以事实为根据,以法律为准绳,不能自由裁量。

(3) 行政确认的外在表现形式,往往以技术鉴定书等形式出现②,在较大程度上受到技术规范的制约,并由此决定行政相对人的法律地位和权利义务。行政主体通常以行政确认作为作出行政处理决定的前提,规定行政相对人的法律地位和权利义务。可见,有时确认和作出处理是行政主体所为的一个行政行为的两个不同阶段或两个组成部分。这就导致了行政确认还具有鉴定、检验等甄别性质的特点。

(三) 行政确认与其他具体行政行为的关系

1. 行政确认与行政许可

行政确认与行政许可既有联系又有区别。

两者的联系主要表现在:

(1) 确认与许可常常是同一行政行为的两个步骤,一般是确认在前,许可在后。确认是许可的前提,许可是确认的后果。例如,对食品商贩的许可,首先该个体商贩应当经过卫生培训并且健康检查合格,即卫生防疫部门确认其符合卫生条件,才可向食品卫生监督机构申请食品卫生许可证,凭证再向市场监督管理部门申领营业执照。

(2) 确认与许可有时是一个行为的两个方面。例如,发放建筑企业营业执照,既是对该企业具有相应等级建筑技术、能力和资格的确认,又是对申请人可以从事建筑经营活动的许可。

但行政确认与行政许可也存在区别。主要表现在:

(1) 对象不同。行政许可是使相对人获得进行某种行为的权利,主要是指作为性的行为。行政确认则是指确认相对人的法律地位、权利义务关系和法律事实等。

(2) 法律效果不同。行政许可是允许被许可人今后可以进行某种对一般人禁止的行为,其法律效果具有后及性,没有前溯性。行政确认是对既有的身份、能力、权利、事实的确定和认可,其法律效果具有前溯性。

---

① 有人概括为七个方面:从属法律性;主体的限定性;范围的广泛性;对象的特定性;成立的单方性;内容不具有创造性;形式的多样性。参见罗豪才主编:《中国司法审查制度》,北京大学出版社 1993 年版,第 190—191 页。

② 有些确认是否属于行政行为,在学术界尚有争议,如公证、某些技术鉴定等。

2. 行政确认与行政裁决、行政处罚的关系

行政确认与行政裁决、行政处罚也是既相互联系而又相互区别的。它们的相互联系主要表现在：

（1）行政确认是前提。没有行政确认就不能进行行政法律适用活动，也就无法进行行政裁决和行政处罚。所以，行政确认是行政裁决和行政处罚的依据。但是，裁决和处罚并非行政确认的必然结果。

（2）在财产权发生争议时，确认有时通过裁决来表现。例如，土地所有权、使用权发生争议后，主管行政机关依法将争议的土地确认给一方所有和使用，是通过裁决形式来表现的。处理这种争议，本质上是"确认"权利，但形式上是"裁决"纠纷。

行政确认与行政裁决、行政处罚的区别也是很明显的，主要表现在：

（1）对象不同。行政确认的对象可以是合法行为或事实，也可以是违法行为和事实；可以是有争议的事项，也可以是没有争议的事项。行政裁决的对象必须是相对人提起的有争议的事实，行政处罚的对象则严格限定于行政违法行为。

（2）内容不同。行政确认的内容是确认法律地位、法律关系和法律事实；行政裁决的内容是解决当事人的争议；行政处罚的内容是对相对人的行政违法行为给予行政法律制裁。

（3）法律效果不同。行政确认不创设权利，不增加义务，对相对人不直接产生约束力和强制执行力（法律、法规有特别规定者除外）；行政裁决和行政处罚则可以直接涉及甚至设定、增减、免除当事人的权利义务，当事人必须接受和履行行政裁决和行政处罚确定的内容，否则，会由此产生行政强制执行的法律后果。

二、行政确认的主要形式和基本分类

（一）行政确认的主要形式

根据法律规范和行政活动的实际情况，行政确认的形式主要有以下几种：

（1）确定。即对个人、组织的法律地位与权利义务的确定。如在颁发土地使用证、宅基地使用证、房屋产权证书中确定财产所有权，在颁发专利证书、商标专用权证书中确认专利权、商标权，等等。

（2）认可。又称认证。是行政主体对个人、组织已有法律地位和权利义务以及确认事项是否符合法律要求的承认和肯定。例如，对无效经济合同的确认①，企业性质的判定，产品质量是否合格的认证，等等。

（3）证明。即行政主体向其他人明确肯定被证明对象的法律地位、权利义务或某种情况。如各种学历、学位证明，宅基地使用证明，居民身份、货物原产地证明，等等。

（4）登记。即行政主体应申请人申请，在政府有关登记簿中记载相对人的某种情况或事实，并依法予以正式确认的行为。例如，工商企业登记、房屋产权登记、户口登记、社团登

---

① 1981年12月13日通过的《经济合同法》第7条第3款曾规定："无效经济合同的确认权，归合同管理机关和人民法院。"但1993年9月2日第八届全国人大常委会第三次会议通过的《关于修改〈中华人民共和国经济合同法〉的决定》，取消了合同管理机关确认无效经济合同的制度，规定"经济合同的无效，由人民法院或者仲裁机构确认"。这是适应我国社会主义市场经济建设的要求，与国际上通行做法接轨的重大改革。上述法律已经被《民法典》合同编取代，对无效经济合同的确认已经不属于行政确认事项。

记、婚姻登记,等等。

（5）批准。即行政主体对相对人申请事项或某种法律行为,经审查后对符合法定条件者予以认可或同意的行为。例如,开办涉外"三资"企业须先经国家对外经济贸易主管部门审查批准后才能办理企业登记手续。

（6）鉴证。即对某种法律关系的合法性予以审查后确认或证明其效力的行为。如市场监督管理机关对经济合同的鉴证。

（7）行政鉴定。即行政主体对特定的法律事实或客体的性质、状态、质量等进行的客观评价。如纳税鉴定、审计鉴定、会计鉴定等。

（二）行政确认的基本分类

行政确认的种类多,范围广。依据不同的标准可以作出不同的分类。

（1）按行为的动因不同可以分为依申请的行政确认和依职权的行政确认。

前者是指必须由相对人提出申请,行政主体才能进行的确认。这种确认,行政主体处于被动地位,非依申请不得主动为之。如工商企业营业登记,婚姻登记,专利局授予专利证书,商标局授予商标专用证书,等等。后者是指行政主体依据法定职权,不待相对人请求而主动实施的行政确认,又称主动的行政确认。它不必以相对人的申请为必要条件。如纳税鉴定、审计鉴定等,都是行政主体主动进行的。

（2）按行政确认与他种行为的关系的不同,可以分为独立的行政确认与附属性的行政确认。

独立的行政确认,是指不依赖他种行政行为而独立存在的行政确认行为。即这种行为不是他种行政行为成立的必要前提,也不是他种行政行为的补充,而是自己发生且法律效果归属于自己的行为。如各种证明行为。

附属性的行政确认,是指他种行政行为依赖于该行为而存在,该行为的完成是他种行为成立的必要前提,是他种行政行为的补充,该行为的法律效果归属于他种行政行为。这种行政确认是为了满足另外的行政目的的需要作为前提条件出现的。如自然资源所有权、使用权发生争议以后,当事人申请主管行政机关解决,处理机关就必须在确认权属之后才能进行裁决。这时的确权即是为了行政处理服务的,是行政处理的先决条件,因而它具有附属性。

（3）按照行政确认的对象不同,可以分为对身份、能力（或资格）、事实、法律关系和权利归属的行政确认。这是最重要的分类。

对身份的行政确认,是指行政主体对相对人在法律关系中的地位的确认。如颁发居民身份证、学历和学位证书、烈军属和优抚对象的证明,等等。

对能力或资格的行政确认,是指行政主体对相对人是否具有从事某种行为的能力或者资格的证明。如授予技术职称,对个体行医、导游、驾驶人员、饮食服务、建筑师、会计师等的能力、条件、资格的认可。

对事实的行政确认,是指行政主体对某项事实的性质、状态、真伪、等级、数量、质量、规格等的确认。如对违反治安、市场监督、税务、物价、环保等行政法律规范的具体违法行为性质的认定,对行为人非法所得的有无和数额大小的认定,对各种商品质量的检验认证、货物原产地的证明,等等,都是对事实的行政确认。

对法律关系的行政确认,是指行政主体对某种权利义务关系是否存在或者是否合法有效的确认。例如,对经济合同的鉴证就是对法律关系的行政确认。

对权利归属的行政确认,是指行政主体对相对人享有某项民事权利的确认,也可称之为行政确权。行政确权涉及的领域十分广泛,主要有:

第一,不动产所有权的行政确权。指行政机关对集体所有制单位的土地、草原、山林、水面、滩涂等自然资源的所有权和个人的房屋、机器、设备、林木等的所有权依法核发所有权证书的行为。

第二,不动产使用权的行政确权。指行政机关对公民、法人的土地、草原、矿产资源、山林、水流等国有自然资源的使用权依法颁发使用证的行为。

第三,经营权的行政确权。指行政机关对公民、组织取得工商业、建筑业等方面的生产经营权依法进行营业登记并核发营业执照的行为,等等。

第四,工业产权的行政确权。指专利管理机关和商标管理机关对公民组织的专利权、商标专用权依法颁发专利证书、商标专用证书的行为,等等。

第五节 行 政 裁 决

一、行政裁决的概念与特征

(一) 行政裁决的概念

行政裁决是指行政主体依照法律授权,对平等主体之间发生的、与行政管理活动密切相关的、特定的民事纠纷(争议)进行审查并作出裁决的具体行政行为。

(二) 行政裁决的特征[①]

(1) 行政裁决的主体(即裁决者)是法律授权的特定的行政机关。其特定性表现在:行使裁决权的主体是对与民事纠纷有关的行政事项具有管理职权的行政机关;这样的行政机关也只有经法律明确授权后,才拥有对该类民事纠纷的行政裁决权。如我国《专利法》《商标法》《著作权法》《土地管理法》《森林法》《草原法》《食品安全法》《药品管理法》《治安管理处罚法》等都规定了对权属争议或侵权争议,授权有关行政机关可以通过裁决予以解决。但是,这些法律大多没有规定专门的行政裁决机构。但从理论上讲,这些单行法律中有关行政裁决的规定,构成了具有中国特色的行政裁决制度。当然在此值得一提的是,有些地方人民政府的规章,则专门规定了行政裁决的内容和有关程序,它为未来我国《行政程序法》的系统规定,尤其是为进一步规范行政裁决行为提供了重要的规范基础与支撑。[②]

(2) 行政裁决的对象是特定的民事纠纷。行政裁决的对象具有特定性,行政机关不能对所有的民事纠纷都进行行政裁决,而只能裁决那些法律规定的与行政管理事项有关的民事纠纷。传统上,民事纠纷是由法院裁判的,行政机关一般只行使行政权,通常情况下不能裁决属于司法权范畴的民事争议案件。但为适应客观现实的需要,在特定情况下,为实现行政管理的目标,法律特别规定个别种类的民事案件授权行政主体先予裁决并保留法院对之

[①] 有的学者将行政裁决的特征概括为:(1) 在意志表示上具有单方性;(2) 在形式上具有准司法性;(3) 在效果上具有强制性;(4) 在解决纠纷上具有非终局性。

[②] 如 2022 年公布的《天津市行政裁决程序规定》。

进行司法审查的权力。

（3）行政裁决程序的启动往往以当事人的申请而开始。争议双方当事人在争议发生后，可以依据有关法律、法规的规定，在法定期间内向法定裁决机构申请裁决。申请裁决通常要递交申请书，并载明法定事项。

（4）行政裁决是行政主体行使行政裁判权的活动，具有法律权威性。[1] 在现代社会，行政裁判权已成为国家行政权的一个重要组成部分，因此，行政裁判权的行使也是国家行政权的一种行使方式，行政裁决活动具有行政权行使的特征。无论民事纠纷的双方当事人是否接受或同意，都不影响行政裁决的进行和成立，也不影响行政裁决应有的法律效力。

（5）行政裁决是一种特殊的具体行政行为。所谓特殊，一是因为行政裁判权是法律授予的，行政机关只能依法律的授权而实施，而非依宪法或组织法规定的职权主动实施；二是因为行政机关是居间裁决的公断人而非以管理者的身份出现；三是因为行政裁决依照的是一种准司法程序，不同于一般具体行政行为程序，它要求行政主体客观公正地审查证据，调查事实，然后依法作出公正的裁决。尽管行政裁决具有以上特性，但它仍是一种具体行政行为。因为，行政裁决对已发生的特定民事纠纷在行政上予以法律确认，使处于不确定状态的法律关系被确认下来，其行为具有具体行政行为的性质和特征。所以，对行政裁决不服而产生的纠纷应属行政纠纷范畴。但是，这里应当注意，行政裁决是不包括单纯以调解方式处理而其调解处理协议并不发生强制性法律效力的行为的。我国的有关法律、法规和司法解释也已明确规定了对行政裁决不服可依法申请行政复议或提起行政诉讼[2]，而对行政调解等不服的，不能提起行政复议或行政诉讼，只能向法院提起民事诉讼。

（三）行政裁决与相关概念的区别

1. 行政裁决与行政仲裁

行政仲裁是指行政机关设立的特定行政仲裁机构以第三者的身份，对双方当事人之间的纠纷依法予以公断的制度。就其特征而言，行政仲裁与行政裁决有相似之处，它们都是行政机关以第三者的身份居间裁断，所处理的对象都是民事争议等。

但是，行政裁决与行政仲裁又有较大的区别：

（1）从起源上看，行政裁决作为行政行为的一种方式出现，即行政机关以第三者的身份居间对双方当事人的纠纷予以裁决。而行政仲裁则作为一种类似民间的活动出现。正因如此，近年来的改革，仲裁逐步在淡化行政色彩而向民间性质过渡。特别是《仲裁法》颁布与实施以来，曾作为典型的行政仲裁之一的经济合同的仲裁性质已经完全改变。

（2）从法律后果上看，行政裁决是行政机关运用行政权力的过程，对之作出的裁决不服仍可申请复议或起诉。而行政仲裁则基于双方当事人的自愿，并非行政机关运用行政权的过程。双方当事人对仲裁决定不服，仍可作为民事纠纷向仲裁机构申请仲裁或者向法院提

---

[1] 这里的行政裁判权，有时又称行政司法权，专指行政机关基于法律授权以第三者的身份对特定的民事争议和行政争议进行裁判的权力，它是现代国家行政权"膨胀"与发展的一种重要表现。

[2] 参见我国《行政复议法》第6条和《最高人民法院关于适用〈中华人民共和国行政诉讼法〉的解释》（2018年）的相关内容。

起民事诉讼。①

2. 行政裁决与行政复议

行政复议是指相对人不服行政机关的具体行政行为,在法定期限内向原行政机关的上级行政机关或法定的其他机关提出申请,请求重新审议并作出决定的制度。

行政复议与行政裁决确有某些相似之处,两者都是行政机关对纠纷的裁决,都是按照准司法性质的行政程序进行,但两者亦存在着一定的区别:

(1) 两者所解决的争议性质不同。行政裁决的对象是法律规定的特定的民事争议,行政复议审查的对象是不服行政机关的具体行政行为所引起的行政争议。

(2) 二者所形成的法律关系主体地位不同。在行政裁决法律关系中,作为被裁决者的法律地位是完全平等的,它们与行政裁决主体的关系是相同的,都没有直接的命令—服从关系或行政隶属关系。而在行政复议法律关系中,作为申请人的相对人与作为被申请人的行政机关在行政管理过程中的法律地位是不对等的(尽管申请复议后,按照法律规定二者的地位是平等的),而且它们与复议机关的关系也是不相同的。一般来说,复议机关与被申请人是监督与被监督的关系,它们之间存在着行政隶属或命令与服从的内部行政关系,而复议机关与申请人之间是一种救济法律关系,是一种外部行政法律关系。

(3) 各自所属的理论范畴和研究范围不尽相同。行政裁决是行政机关基于职责进行管理的一种行为方式,在行政法中属于行政行为的研究范围,而行政复议在性质上属于行政救济的范畴,它作为公民寻求权益保护的一种途径,应属于行政法中行政救济的范围。

3. 行政裁决与行政审判

行政审判是指人民法院运用司法权审查具体行政行为的合法性、解决行政争议的活动。行政裁决与行政审判有着较大的区别:

(1) 两者的主体不同,所行使的职能也不相同。行政裁决的主体是行政机关,其行使的是依法管理社会的行政职能;行政审判的主体是人民法院,其行使的是运用审判权调整社会关系的司法职能。

(2) 行政裁决的调整范围限于法律有特别规定而且与行政管理相关的部分民事、经济纠纷,行政审判则调整着法定范围内的行政纠纷和附带于行政诉讼的民事纠纷。

(3) 两者解决纠纷的方式和程序不同。行政裁决的程序和方式比较简便灵活,而行政审判程序则严格规范。

(4) 两者的法律效力不同。一般情况下,行政裁决并非终局裁决,通过原当事人起诉,人民法院可以对行政裁决行使司法审查权;而行政审判则体现的是最终的司法裁判权(当事人不上诉的一审判决或二审判决都是发生法律效力的终局判决)。

二、行政裁决的种类

在我国,行政裁决是在党的十一届三中全会以后才发展起来的。目前,这类法律的数量

---

① 可以参见我国《最高人民法院关于适用〈中华人民共和国行政诉讼法〉的解释》第 1 条;《行政复议法》第 8 条第 2 款。从实定法规定的角度看,如我国《道路交通安全法》第 74 条规定:"对交通事故损害赔偿的争议,当事人可以请求公安机关交通管理部门调解,也可以直接向人民法院提起民事诉讼。经公安机关交通管理部门调解,当事人未达成协议或者调解书生效后不履行的,当事人可以向人民法院提起民事诉讼。"

较多,如《治安管理处罚法》《土地管理法》《森林法》《环境保护法》《专利法》《商标法》《食品安全法》《计量法》等。涉及的领域主要有:资源行政管理、社会治安管理、卫生医疗行政管理、市场监督管理、标准计量管理和知识产权管理等领域。可见,行政裁决作为一项解决社会纠纷的法律制度,随着我国市场经济的建立与发展正在逐步建立和完善。

根据目前有关法律的规定,我国行政裁决归纳起来有以下几种:

(1)损害赔偿裁决。这是指行政机关对在平等主体之间发生的因涉及与行政管理相关的合法权益受到侵害而引起的赔偿争议所作的裁决。例如,甲出售变质的食品,致乙食物中毒住院治疗,食品卫生监督部门在对甲进行处罚的同时,裁决甲赔偿乙的误工费和医药费。诸如这类涉及食品卫生、环境保护、医疗卫生、产品质量、社会福利、自然资源利用等领域的行政裁决,在我国应用得最广最多。当双方当事人就损害赔偿责任和数额等产生纠纷后,权益受损方可依法要求有关行政机关进行裁决,确认赔偿责任和赔偿金额,使其受到损害的权益得到恢复和赔偿。

(2)权属纠纷裁决。这是指行政主体对平等主体之间,因涉及与行政管理相关的某一财物的所有权、使用权的归属而发生的争议所作出的确定性裁决。如行政机关在进行土地行政管理时,对甲与乙就某一土地的使用权的归属发生的争议进行确认,并作出裁决归乙使用。此类裁决常用于解决土地、草原、森林、水面、滩涂、矿产等资源所有权、使用权的纠纷。[①]

(3)侵权纠纷裁决。这是指由于作为平等主体一方当事人的涉及行政管理的合法权益受到另一方侵犯时,当事人依法申请行政机关进行制止,行政机关就此争议作出的制止侵权行为的裁决。例如,甲假冒乙的注册商标推销自己的同类商品,乙请求市场监督行政机关予以制止。市场监督行政机关依照《商标法》第60条的规定,作出责令甲停止侵犯乙已注册的商标行为的裁决。这种裁决通常与损害赔偿裁决一起使用,单独作出的比较少。目前,规定有这种裁决的法律主要有《商标法》《专利法》《著作权法》《土地管理法》等。

侵权争议与确认权属关系及侵权确认后的损害赔偿相互连接,不可分割。因为,权属关系的确定是侵权事实得以确定的基础,侵权事实的确定又为损害赔偿请求提供了依据。但就它们之间的区别而言,侵权争议的焦点是权益是否受到侵犯;权属争议的焦点是财产所有权及使用权的归属;损害赔偿争议的焦点为是否被损害,损害的范围、程度如何。所以,争议的标的不同,裁决的具体目的或直接目的并不完全相同,如裁决侵权争议的目的在于制止侵权行为,保障当事人的合法权益。当然,从宏观上总的来说,它们的目的都是为了解决当事人之间的争议,都是为了保护当事人的合法权益。在这点上则是一致的。

三、行政裁决的程序

尽管有关行政裁决的法律、法规大量出现,但它们大多限于对行政裁决权的确认,对行政裁决程序的规定却寥寥无几,更谈不上对统一的行政裁决程序作出规定。其实,行政裁决程序应是一个极其重要的问题,它直接关系到行政裁决的具体实施,行政裁决的作用能否发挥,关系到行政裁决的目标与功能能否实现。结合我国目前零散的法律、法规的规定和行政

[①] 如我国《土地管理法》第14条第1款、第2款规定:"土地所有权和使用权争议,由当事人协商解决;协商不成的,由人民政府处理。单位之间的争议,由县级以上人民政府处理;个人之间、个人与单位之间的争议,由乡级人民政府或者县级以上人民政府处理。"

管理实践,可从理论上将行政裁决的程序规则或步骤、方式概括如下:

(1) 申请。当事人应当首先提出请求行政机关保护自己合法民事权益的申请书。申请必须符合下列条件:申请人适格,即申请人必须是民事权益发生争议的当事人或其法定代理人、监护人;申请必须向有管辖权的行政机关提出;申请必须在法定期限内提出,如《商标法》第35条规定为15天,《专利法》第41条规定为3个月;申请一般必须提交申请书,口头申请作为例外。

(2) 受理。行政机关收到当事人的申请书后,应当对申请书进行初步审查,如果符合上述条件,行政机关应当受理;不符合条件的,行政机关应及时通知当事人并说明理由。

(3) 调查、审理。受理的行政机关将申请书副本送交对方当事人,对方当事人必须在法定期限内作出答复。行政裁决人员如果与案件有利害关系的应自动回避或应当事人的要求回避。行政机关对纠纷的事实和证据进行查证核实,看事实是否清楚,证据是否充分确凿。如事实不清,行政机关可召集当事人进行调查、询问和辩论,也可以向有关证人了解情况;如证据不足,行政机关有权责令当事人举证,也可以自行依法调查或向有关组织调取证据。

(4) 裁决。行政机关通过审查,认为事实清楚、证据确凿的应及时裁决。裁决书应载明双方当事人及法定代理人或委托代理人的姓名、住址、身份、纠纷争议的内容、对争议的裁决以及裁决的根据和理由,还要告知当事人能否起诉以及起诉期限和管辖法院。①

【思考题】

1. 什么是行政给付?有何特征?
2. 行政给付的形式有哪些?
3. 什么是行政许可?其特征有哪些?
4. 试述我国行政许可的一般程序。
5. 试述行政许可的特别程序。
6. 简述行政奖励的概念及特征。
7. 什么是行政确认?有何特征?
8. 行政确认的主要形式和基本分类有哪些?
9. 简述行政裁决的概念与特征。
10. 行政裁决与行政仲裁、行政复议各有何区别?
11. 简述行政裁决的主要程序。

---

① 需要说明的是,在我国,曾经有些法律规定行政裁决为终局裁决的,即使当事人不服行政裁决也不得向人民法院起诉,如2001年修改前的《商标法》《专利法》和《著作权法》的一些规定。但后来由于中国加入WTO的需要,更因为这些法律制度不断健全、完善的内在要求,《商标法》《专利法》和《著作权法》中有关行政裁决的内容,都可以向人民法院提起诉讼了。

第七章 行政行为(三)
——依职权的具体行政行为

第一节 行政征收

一、行政征收的概念与特征

(一) 行政征收的概念与特征

行政征收是指行政主体为了取得国家的财政收入及宏观调节经济活动的需要,根据国家法律、法规规定,依法向负有法定义务的行政相对人强制地、无偿地征集一定数额金钱或实物的具体行政行为。

其特征有:

(1) 法定性。行政征收直接指向行政相对人的经济利益和财产权益,其对行政相对人的财产权益具有侵害性。因此,为了确保行政相对人的合法权益不受违法行政征收行为的侵害,必须确立行政征收法定的原则[1],将行政征收的整个过程纳入法律调整的范围,使行政征收项目、金额、机关、相对人、程序都具有法律上的明确依据。

(2) 强制性。行政征收机关实施行政征收行为,实质上是履行国家赋予的征收权,这种权力具有强制他人服从的效力。实施行政征收行为,无须征得行政相对人的同意,行政相对人必须服从行政征收命令,否则将承担一定的法律后果。

(3) 无偿性。国家为了完成其职能,维护其统治,必须耗用一定的物质资财,而作为管理机构的国家行政机关,本身并不直接从事生产,因而只有凭借国家行政权力,通过行政征收来满足所需物质资财。这里的行政征收只能是无偿的,是以行政相对人负有法定缴纳义务为前提的,它是财产的单向流转,无需向被征收主体偿付报酬。

(二) 行政征收与相关概念的区别

为了有助于理解把握行政征收的概念和特征,我们将行政征收与几个相关概念作一具体的比较分析:

1. 行政征收与公用征收

公用征收,又称公益征收,它是行政主体根据社会公共利益的需要,按照法律规定的程序并在给予相应补偿的情况下以强制方式取得相对人财产权益的一种行政行为。两者区别在于:(1) 行政征收是无偿的,它是国家调节经济活动的一种手段;而公益征收则是有偿的,行政主体只有在预先给予行政相对人相应补偿的前提下才能对行政相对人的财产实施征收。(2) 行政征收是相对固定的、连续的,行政主体一般都是按照法律预先规定的范围、种类、标准连续地、稳定地进行征收;而公益征收则是非固定的,它只有在社会公共利益需要的

---

[1] 参见我国《税收征收管理法》第3条的规定。

情形下才能实施征收。(3)行政征收完全依行政程序进行,只有在行政相对人对征收行为有异议的情况下才有可能通过司法程序去解决;而公益征收的程序则比行政征收的程序严格、复杂,通常的做法是通过行政程序决定公益征收,确定被征收的财产及范围,由司法程序裁决财产所有权的转移以及确定补偿的金额。(4)适用的前提条件不同。行政征收往往以行政相对人负有行政法上的缴纳义务为前提条件,而公益征收中行政相对人本身并不负有行政法上的缴纳义务,它是因公共利益的需要而必须作出的某种牺牲。

2. 行政征收与行政征用[①]

行政征用,是指行政主体为了公共利益的需要,依照法定程序强制征用相对人财产或劳务的一种具体行政行为。行政征收与行政征用的区别主要在于:(1)从法律后果看,行政征收的结果是财产所有权从相对人转归国家;而行政征用的后果则是行政主体暂时取得了被征用方财产的使用权,不发生财产所有权的转移。(2)从行为的标的看,行政征收的标的一般仅限于财产,而行政征用的标的除财产外还可能包括劳务。(3)从能否取得补偿来看,行政征收是无偿的,而行政征用一般应是有偿的,行政主体应当给予被征用方以相应的经济补偿。

二、行政征收的内容与分类

(一)行政征收的内容

(1)税收征收,它是行政征收中最主要的方面。可以按照征税对象和税收支配权的不同来划分各种税。[②]

(2)资源费征收。在我国,城市土地、矿藏、水流、山岭、草原、荒地、滩涂等自然资源属于国家所有。单位和个人在开采、使用国有自然资源时必须依法向国家缴纳资源费。

(3)建设资金征收。这是为确保国家的重点建设,解决重点建设资金不足问题面向公民、法人或其他组织实施的征收。例如,港口建设费的征收、国家能源交通重点建设基金的征收等。

(4)排污费征收。

(5)管理费征收。[③]

(6)滞纳金征收。

(二)行政征收的分类

以行政征收发生的根据为标准,行政征收可以分为以下三类:

(1)因使用权而引起的征收。资源费、建设资金的征收可以归入此类。此类征收实际上是公民、法人或其他组织有偿使用国有资源、资产的体现,是所有权人的收益权能在行政法上的实现方式。

(2)因行政法上的义务而引起的征收。税收征收、管理费的征收均可归入此类。此类

[①] 有的学者将行政征用视为行政征收的一项内容,参见姜明安主编:《行政法与行政诉讼法》,北京大学出版社、高等教育出版社2019年版,第262页。

[②] 同上。

[③] 我国一直进行"费改税"的体制改革,并对各种各样的管理费进行了一场清理整顿,意在减少不必要的收费,减少公民的负担,尤其是减轻农民的负担。

征收的实质是国家凭借行政权力,强制无偿地参与公民、经济组织的收入分配,取得财政收入的一种形式。

(3) 因违反行政法的规定而引起的征收。排污费、滞纳金的征收可归入此类。应特别注意,征收排污费、滞纳金虽带有惩罚性质,但它们不属于行政处罚,而仍然属于行政征收的范围。

三、行政征收的方式与程序

(一) 行政征收的方式

行政征收的方式包括行政征收的行为方式与计算方式。

根据法律、法规规定,行政征收的方式有:查账征收、查定征收、查验征收、定期定额征收以及代征、代扣、代缴等。具体运用哪种征收方式应由征收机关根据法律、法规的规定及具体情况而定。无论采取何种征收方式,都必须使用书面形式。

行政征收的计算方式,是征收额的尺度,它直接关系到国家的财政收入和应征人的负担。所以计算方式不仅应合理、科学,而且应当规范化、法律化,避免主观随意性,故大多应为法律、法规所明确规定。

(二) 行政征收的程序

行政征收的程序是指行政征收行为应采取何种步骤,按照何种顺序进行。行政征收按其实现方式的不同,可分为行政相对人自愿缴纳和行政主体强制征收。当行政相对人按照法律、法规规定的期限或行政主体确定的期限全部主动履行了缴纳义务时,行政征收即告结束。当行政相对人未能按照法律、法规的规定履行缴纳义务时,行政征收即进入强制征收阶段。为了保证强制征收的顺利实现,避免给行政相对人造成不应有的损害,法律应当明确规定实施强制征收的程序以及行政主体可以采取的强制措施。

第二节 行 政 命 令

一、行政命令的概念与特征

行政法上的"行政命令",是指行政主体依法要求行政相对人"为"或"不为"一定行为的意思表示,是行政行为中一种极为普遍的行为形式。[①] 其中要求行政相对人为一定行为的意思表示,被称为"令";要求行政相对人不为一定行为的意思表示,被称为"禁令"。行政命令作为行政行为的一种最为常见的重要形式,亦表现出一定的强制性。

行政命令的特征有:

(1) 行政命令的主体是行政主体。行政命令体现的是国家意志,但它由行政主体作出,不同于国家权力机关、司法机关等其他国家机关作出的命令。

(2) 行政命令是一种意思表示行为,通常表现为通过指令行政相对人履行一定的作为义务或不作为的义务来实现行政目的。较之其他行政行为,它以意思表示为基本成立要件,

---

① 这里的"行政命令"主要是从具体行政行为的形式上讲的,并不包括作为抽象行政行为形式的"命令",特此说明。

既可以通过书面形式、口头形式作出,也可通过形体动作形式作出。

(3) 行政命令是一种设定义务的具体行政行为,而非赋予行政相对人权利的行为。

(4) 行政命令的实质是为行政相对人设定行为规则,但这种规则属于具体规则,表现为在特定时间内对特定人或特定事所作的特定规范。

(5) 行政命令以行政处罚或行政强制作为保障。行政相对人违反行政命令,行政主体可依法对其进行制裁,依法采取行政强制措施。

(6) 行政命令是一种依职权的行政行为。行政命令无须以行政相对人的申请为前提,而是由行政主体依职权直接作出。不过,依照职权作出的行政命令也包括两种情形:其一是有明确法律依据的行政命令;其二是没有具体法律条文根据,由行政主体基于宪法或组织法所赋予的职权作出的行政命令。大量的行政命令属于后一种情形(这里强调的就是合目的性)。这一特征决定了行政命令是直接实现行政目的的有效手段。

二、行政命令的分类

(一) 行政命令的分类

行政命令首先有形式意义上的行政命令和实质意义上的行政命令之分。前者是指一切使用"令"作为形式或名称的命令,如授权令、委任令、执行令、禁止令等;后者则是指行政主体依法要求行政相对人为或不为一定行为的意思表示。实质意义上的行政命令既可以是书面形式,也可以是口头形式,还可以是形体动作方式;其名称通常为"命令""布告""指示""通知"等。

实质意义上的行政命令,其内容只涉及行政相对人的义务,包括作为义务和不作为义务。前者表现为行政相对人必须进行某种行为,如命令限期出境,责令限期缴纳税款;后者表现为行政相对人的某些行为受到限制或禁止,如禁止某特定路段通行,禁止携带危险物品的旅客上车、登机,禁止狩猎,禁止砍伐树木等。因此,实质意义上的行政命令又可分为作为命令和不作为命令。

我国《行政处罚法》中规定的责令当事人改正或者限期改正违法行为,我国《行政许可法》中责令限期改正,责令停止建造、安装和使用,并责令设计、建造、安装和使用单位立即改正的规定,都是行政命令的典型代表。

(二) 责令当事人改正或限期改正违法行为

1. 责令当事人改正或限期改正违法行为

改正违法行为,包括停止违法行为,协助调查取证,消除不良后果;造成损害的,则要依法承担民事责任。有些违法行为可以在受到处罚后立即改正,而有些违法行为的改正则需要一定的时间,故应责令其限期改正。

2. 责令改正或限期改正与行政处罚的区别和联系

责令改正或限期改正与行政处罚的区别主要表现在以下几个方面:

(1) 性质不同。责令改正或限期改正违法行为,是行政机关实施处罚过程中对违法行为人发出的一种作为性的行政命令;而行政处罚则是行政主体对行政相对人违反行政管理秩序的行为,依法所给予的一种法律制裁。

(2) 内容不同。行政处罚是法律制裁,是对违法行为人的人身自由、财产权利的一种限制或剥夺,是对违法行为人精神和声誉造成损害的惩戒;而责令改正或限期改正违法行为,只是要求违法行为人履行一定的义务,停止违法行为,消除不良后果,恢复原状。

(3) 形式不同。行政处罚有警告、罚款、没收、责令停产停业、暂扣或吊销许可证和执照、行政拘留等。而责令改正或限期改正违法行为表现为停止违法行为、责令退还、责令赔偿、责令改正、限期拆除、限期治理等多种形式。

(4) 直接目的不同。行政处罚的目的是告诫违法行为人不得再违法;而责令改正或限期改正则是命令违法行为人履行既有的法定义务,纠正违法,恢复原状。

责令改正或限期改正与行政处罚的联系表现在以下几个方面:

(1) 起因相同。二者均是由于行政相对人的违法行为引起的。

(2) 终极目的一致。二者的根本目的均是维护行政管理秩序,保护公民和组织的合法权益,维护公共利益。

(3) 同步进行或前后相连。在实施行政处罚时,往往同时责令违法行为人改正或限期改正违法行为。

第三节　行政监督检查

一、行政监督检查的概念与特征

行政监督检查又称行政调查,是指行政主体依法定职权,对行政相对人遵守法律、法规、规章,执行行政命令、决定的情况进行检查、了解、监督的行政行为。其特征为:

(1) 行政监督检查的主体是享有某项行政监督检查权的国家行政机关和法律、法规授权的组织。前者如实施税务检查的税务机关,后者如实施食品卫生监督检查的卫生防疫站。

(2) 行政监督检查的对象是作为行政相对人的公民、法人或其他组织。不过当行政机关以被管理者的身份,从事某项活动时,也可以成为相关行政机关行政监督检查的对象。

(3) 行政监督检查的内容是行政相对人遵守法律、法规、规章,执行行政机关的决定、命令的情况。

(4) 行政监督检查的性质是一种依职权的单方具体行政行为。行政监督检查的法律意义就在于它可以对行政相对人设定某些程序性义务和对其权利进行一定的限制。所以,它与其他种类的行政行为密切相连,其实施可能引起行政处罚,也可能引起行政奖励,还可能不引起任何其他行政行为,但均不影响行政监督检查行为的独立存在,也不影响其法律后果的产生。

(5) 行政监督检查的目的是为了防止和纠正行政相对人的违法行为,保障法律、法规、规章的执行和行政目标的实现。

二、行政监督检查的分类

按照不同的标准,行政监督检查可作如下分类:

(1) 以行政监督检查的对象是否特定为标准,行政监督检查可分为一般监督和特定监督。一般监督是针对不特定的行政相对人实施的监督,具有巡察、普查的性质,大多是行政机关的事实监督行为。特定监督是对具体的行政相对人进行的监督检查,如统计机关要求某企业报送统计资料,税务机关要求其管辖的某企业定期报送其报表及其他账册。

(2) 以行政监督检查的内容为划分标准,行政监督检查可分为公安行政监督检查、工商行政监督检查、海关监督、资源监督、环境保护监督、审计监督,等等。

(3) 以实施行政监督检查的时期为划分标准,行政监督检查可分为事前监督、事中监督和事后监督。事前监督的特点是实施于行政相对人的某一行为完成之前,以防止违法行为发生。事中监督是指对行政相对人正在实施的行为进行监督检查,以及时发现和纠正违法行为。事后监督是对行政相对人已实施完的行为所进行的检查,以制止违法行为。

(4) 以行政监督检查机构的任务为划分标准,可划分为专门监督与业务监督。专门监督是指由专门从事监督检查,本身并无其他管理任务的国家行政机关实行的监督检查。业务监督是指担负管理与监督双重任务的行政机关所进行的监督检查。

(5) 以行政监督检查与监督主体的职权关系为标准,行政监督检查可分为依职权的监督与依授权的监督。依职权的监督是行政主体依据自身的行政职责权限所实施的监督检查;依授权的监督是指行政主体不是依据自身管理职责权限而是依据法律、法规授予的行政监督检查权所实施的监督检查。

除上述几种分类外,还存在其他分类,如将行政监督检查分为守法监督、执行监督和社会秩序监督等。

三、行政监督检查的方法

行政监督检查的方法又称行政监督检查的手段或方式。根据我国法律、法规的规定和行政管理的实践,最常见的行政监督检查方法有检查、调阅审查、调查、查验、检验、鉴定、勘验、登记等。

(1) 检查。检查是一种最常用的监督方法。检查有很多形式,如综合检查、专题检查;全面检查、抽样检查;定期检查、临时检查;现场检查、人身检查;等等。

(2) 调阅审查。调阅审查是一种常见的书面监督检查方法。行政主体在行政管理、行政监督检查过程中,为了解行政相对人的有关情况,或根据有关信息,发现行政相对人有某种违法情形或其他问题的情况时,为查明和证实有关问题,而对行政相对人的有关文件、证件、报表、账册等进行审查,以确定这些文件、证件、报表、账册等的真伪,并从中发现问题。

(3) 调查。调查是行政主体通过各种信息渠道发现行政相对人存在某种问题后,为证实和查明相应问题,而以各种方式从相对人或其他个人、组织处收集有关该问题的证据和信息,了解相关情况的背景材料、问题的发生过程,以得出该问题存在与否和问题大小、轻重等结论。就调查的种类而言,有一般调查、专案调查、联合调查、专题调查、现场调查等。[①]

(4) 查验。查验是行政主体对行政相对人某种证件或物品进行检查、核对,以确定相应证件、物品的真伪和从中发现相关的问题,以实现行政监督检查的目的。

(5) 检验。检验是行政主体或行政主体委托其他技术性机构对行政相对人的某种物品

---

① 我国《道路交通事故处理程序规定》第六章则以"调查"为名,以四节的形式,规定了一般规定,现场处置和现场调查,交通肇事逃逸查缉,检验、鉴定等内容。

进行检查、鉴别或化验,以确定相应物品的成分、构成要素是否符合标准等。

(6) 鉴定。鉴定是指行政主体或行政主体委托其他技术性机构对行政相对人的某种物品或材料、证件等进行鉴别、评定,以确定真伪、优劣,或确定其性质、成分等。

(7) 勘验。勘验是行政主体或行政主体委托其他组织对行政相对人实施某种行为的场地进行实地查看,了解相应行为的现场情况,以确定有关个人、组织是否参与了相应行为以及参与者的责任情况。

(8) 登记。登记指行政主体要求行政相对人就某特定事项向其申报、说明,由行政主体记录在册的行为。这里所讲的登记主要是行政机关就行政相对人的有关情况进行记录、存档,而不改变行政相对人权利义务的行为,以便于行政主体及时了解行政相对人的相关情况。

四、行政监督检查的程序

由于行政监督检查的范围广泛,内容庞杂,依据不同行为的共同点而制定的程序规则应当包括:表明身份、说明理由、提取证据、告知权利等。

(1) 表明身份。行政主体的工作人员在实施行政监督检查时,应佩带公务标志或出示相关证件,以表明自己有权执法的身份。对不表明身份的人员要求进行的检查、调查等,相对人有权予以拒绝。

(2) 除法律、行政法规另有规定外,对有关实物、场所实施监督检查时,应当通知当事人到场,进行公开检查。当事人无正当理由拒不到场的,不影响检查的进行。但行政监督检查人员有为相对人保守技术秘密和商业秘密的义务。如果行政主体违反规定,必须对因泄密而给相对人造成的损失承担赔偿责任。

(3) 行政监督检查必须按照法定时间或正常时间及时进行,不得拖延而超过正常检查所需时间,应坚决杜绝变相拘禁或扣押,否则,应承担相应的法律责任。

(4) 对涉及公民基本权利的某些特别检查,必须有法律的明确授权,应当符合法定的特别要件和方式。例如,进入公民住宅内进行检查时,必须持有特别检查证;对女性人身的检查,应当由女工作人员进行;等等。

(5) 说明理由。在作出不利于行政相对人的检查结论前要允许行政相对人陈述和申辩,并说明作出监督检查结论的理由。

(6) 告知权利。行政主体应在作出不利于行政相对人的监督检查结论后,告知其相应的救济手段(补救手段)。

第四节 行 政 处 罚

本节的内容以我国《行政处罚法》为基本依据,并结合行政管理实践而展开,重点分析行政处罚的概念、特征,行政处罚的原则,行政处罚的种类与形式,行政处罚的管辖,行政处罚的适用以及行政处罚的程序。

一、行政处罚的概念与特征

行政处罚是指行政机关或其他行政主体依照法定权限和程序对违反行政法规范尚未构

成犯罪的相对人给予行政制裁的具体行政行为。

行政处罚的特征有：

（1）行政处罚的主体是行政机关或法律、法规授权的其他行政主体。应当注意两点：第一，某一特定行政机关的行政处罚权应由法律、法规予以明确的规定；第二，经由法律授权或行政机关委托，行政处罚权的实施权亦可由被授权、受委托的组织行使。

（2）行政处罚的对象是作为相对人的公民、法人或其他组织。这一点使之区别于行政机关基于行政隶属关系或监察机关依职权对其公务员所作出的行政处分。

（3）行政处罚的前提是相对人实施了违反行政法律规范的行为。没有违法或者法律法规未规定的行为不得处罚。

（4）行政处罚的性质是一种以惩戒违法为目的、具有制裁性的具体行政行为。这种制裁性体现在：对违法相对人权益的限制、剥夺，或对其科以新的义务。这点使之既区别于刑事制裁、民事制裁，又区别于授益性的行政奖励行为或赋权性的行政许可行为。

二、行政处罚的原则

（一）处罚法定原则[①]

处罚法定原则指行政处罚必须依法进行，具体包含：（1）实施处罚的主体必须是法定的行政主体。不具有法定职权的行政机关不能实施特定的行政处罚。法律、法规授权的具有管理公共事务职能的组织，可在其法定职权范围内依法实施行政处罚。（2）处罚的依据是法定的。其中，"法"包括法律、行政法规、地方性法规和规章。《行政处罚法》确定行政处罚设定权的总的原则是：行政处罚基本由法律、行政法规设定，地方性法规和规章作为补充；在地方，以地方性法规设定为主，以地方政府的规章作补充。何者可作为行政处罚的依据，根据《行政处罚法》，要视处罚种类而定。（3）行政处罚的程序合法。处罚法定原则不仅要求实体合法，也要求程序合法，即应遵循法定程序。

（二）处罚与教育相结合的原则[②]

它是指行政处罚不仅是制裁行政违法行为的手段，而且也起教育的作用，是教育人们遵守法律的一种形式。行政处罚的目的不仅是"惩"已然的违法行为，而且是"戒"未然的违法行为。通过惩罚与教育，使人们认识到违法行为的危害，从而培养自觉守法的意识。但是，对于已然的行政违法行为，教育必须以处罚为后盾，不能以教育代替处罚。

（三）公正、公开原则[③]

公正原则是处罚法定原则的必要补充，是指在实施行政处罚时不仅要求形式是合法的，是在自由裁量的法定幅度的范围内实施的，而且要求在内容上合法，符合立法目的。所谓公开就是处罚过程要公开，要有相对人的参与和了解，以提高公民对行政机关及其实施的行政处罚的信任度，同时监督行政机关及其公务员依法、公正地行使职权，保障相对人的合法权益。坚持处罚公正、公开原则，必须做到：（1）实施处罚的动因符合行政目的；（2）处罚决定要建立在正当考虑的基础上，即应该考虑的相关因素必须考虑，不应该考虑的因素不去考

---

① 参见我国《行政处罚法》第4条、第17条、第19条。
② 参见我国《行政处罚法》第6条。
③ 参见我国《行政处罚法》第5条。

虑;(3) 处罚的轻重程度应与违法事实、性质、情节及危害大小相适应;(4) 行政处罚行为还必须合乎理性,不能违背常理、常规,不能违背共同的道德。坚持处罚公开原则,最主要的是实施行政处罚的过程和结果要公开。《行政处罚法》规定了一系列保证行政处罚公开的制度:(1) 表明身份制度(第 55 条);(2) 告知制度(第 44 条);(3) 听取意见制度(第 45 条、第 62 条);(4) 听证制度(第 63 条)。

（四）处罚救济原则（或称权益保障原则）

该原则又称法律救济原则或无救济即无处罚原则。指行政主体对相对人实施行政处罚时,必须保证相对人取得救济途径,否则不能实施行政处罚。《行政处罚法》所规定的救济是行政救济,是指相对人因行政机关的违法或不当行政处罚行为而致使其合法权益受到损害,请求国家予以救济的制度。广义的行政救济除行政复议与行政诉讼外,还包括相对人请求行政机关改正错误、声明异议、陈述和申辩、要求听证等。[1]

（五）一事不再罚原则[2]

一事不再罚原则指对相对人的某一违法行为,不得给予两次以上同类(如罚款)处罚。正确理解这一含义应当注意:(1) 行为人的一个行为,同时违反了两个以上法律、法规的规定,可以给予两次以上的处罚,但如果处罚是罚款,则只能罚一次,另一次处罚可以是依法吊销营业执照或许可证,也可以是责令停产停业,还可以是没收财产等,只是不能再罚款。(2) 行为人的一个行为,违反一个法律、法规的规定,该法律、法规同时规定施罚机关可以并处两种处罚,如可以没收并处罚款,罚款并处吊销营业执照等,这种并处不违背一事不再罚原则。(3) 违法行为性质严重已构成犯罪的,依法追究其刑事责任的同时,依法应予行政处罚的当然适用。

（六）过罚相当原则

过罚相当原则是指行政主体对违法行为人适用行政处罚,所科罚种和处罚幅度要与违法行为人的违法过错程度相适应,既不轻过重罚,也不重过轻罚,避免畸轻畸重的不合理、不公正的情况。

过罚相当原则,不仅是行政处罚适用或实施时所应遵循的原则,也是行政处罚设定时所应遵循的原则。在设定处罚时,必须考虑其所要处罚的违法行为的特点,以及给社会造成危害的大小,根据这些预见和过罚相当原则而设定适当种类、幅度的处罚。由于本节专述作为具体行政行为的行政处罚,故对处罚的设定原则不展开阐述。

三、行政处罚的种类与形式

行政处罚可以根据不同的标准进行分类,每一类处罚中又各有具体的处罚形式,下面分别阐述行政处罚的种类及其形式。

（一）人身自由罚

人身自由罚是指行政机关实施的在短期内限制或剥夺公民人身自由的行政处罚。目

---

[1] 参见我国《行政处罚法》第 7 条。
[2] 参见我国《行政处罚法》第 29 条。

前,我国人身自由罚只有一种形式:行政拘留。① 《行政处罚法》在第 10 条第 2 款中明确规定了"限制人身自由的行政处罚,只能由法律设定"。

1. 行政拘留

行政拘留也称治安拘留,是对违反治安管理的人,依法在短期内限制其人身自由的一种处罚。按照我国《治安管理处罚法》的规定,行政拘留的决定由县级以上人民政府公安机关作出。② 行政拘留的期限一般为 1 日以上 15 日以下,有两项以上违法行为"并处"的,最长不超过 20 日。

2. 劳动教养(已废止)

劳动教养是指行政机关对习惯性违法或有轻微犯罪行为尚不够刑事处罚又有劳动能力的人采取的一种行政处罚。劳动教养由省、自治区、直辖市的大中城市的劳动教养管理委员会审查决定。劳动教养管理委员会隶属于政府,由公安、司法、民政、劳动等部门的负责人组成。劳动教养的期限一般为 1 至 3 年,必要时可延长 1 年。由于劳动教养是对相对人人身自由的限制,根据我国《行政处罚法》第 9 条、第 64 条规定,尤其是根据《立法法》第 11 条、第 12 条的规定,《劳动教养试行办法》等必须予以废止,应由最高权力机关制定劳动教养法或采取其他措施予以解决。③

(二) 行为罚

行为罚是限制和剥夺违法相对人某种行为能力或资格的处罚措施,有时也称能力罚。行为罚不同于自由罚,前者既可以针对个人,又可以针对组织;而后者则只能适用于个人。行为罚的主要表现形式有:责令停产停业、吊销、暂扣许可证和执照,科以相对人某种作为义务等。

1. 责令停产停业

这是限制违法相对人从事生产、经营活动的处罚形式。责令停产停业一般适用于下列违法行为:第一,生产经营者实施了比较严重的违法行为,其行为后果比较严重。第二,从事加工、生产与人的生命健康密切相关(如药品、食品等)的已经或可能威胁人的生命健康的商品,或者出版对人的精神生活产生不良影响的出版物、音像制品等违法行为。

2. 吊销、暂扣许可证和执照

吊销许可证和执照是指行政主体依法收回或暂扣违法者已获得的从事某种活动的权利或资格的证书,其目的在于取消被处罚人的一定资格和剥夺、限制某种特许权利。

吊销、暂扣许可证和执照适用的条件,是在对违法者实施其他形式的行政处罚不足以实现制裁目的时,还需要禁止其从事某种职业活动。在我国,有些企业或个人从事某种生产、

---

① 关于劳动教养的性质,目前还存在一些争议。学界大多数人认为应属于行政处罚。另外,1991 年 10 月国务院新闻办公室发表的《中国人权状况》指出,劳动教养是一种行政处罚。不过少数学者和实践部门的同志认为劳动教养是一种行政强制措施。劳动教养已被 2013 年 12 月 28 日《全国人民代表大会常务委员会关于废止有关劳动教养法律规定的决定》废止。

② 我国《消防法》第 70 条第 1 款规定:"本法规定的行政处罚,除应当由公安机关依照《中华人民共和国治安管理处罚法》的有关规定决定的外,由住房和城乡建设主管部门、消防救援机构按照各自职权决定。"我国《道路交通安全法》第 111 条也有类似规定:"对违反本法规定予以拘留的行政处罚,由县、市公安局、公安分局或者相当于县一级的公安机关裁决。"

③ 我国《行政处罚法》第 10 条和《立法法》第 11 条、第 12 条均规定限制人身自由的措施为法律保留的事项。

经营活动,法律、法规规定必须既具有许可证又具有营业执照,对这种企业或个人适用吊扣许可证和执照的处罚,应由主管行政机关或者许可机关吊扣许可证,市场监督管理机关吊扣营业执照。

3. 科以相对人某种作为义务

由于这类措施含有赔偿的性质,即要求相对人停止侵害,恢复到侵害前的状态如责令违法相对人限期治理、恢复植被等,因而是否属于行政处罚的范围尚存在争议。我们认为,这类措施也是一种处罚措施,它不仅要求相对人作出某种特定行为,还对相对人的精神造成某种压力和损害,以达到制裁的目的。

(三) 财产罚

财产罚是指使被处罚人的财产权利和利益受到损害的行政处罚。这种处罚在于使违法者缴纳一定数额的金钱或者是没收其一定财物,并不影响违法者的人身自由和进行其他活动的权利。财产罚的具体形式主要有:罚款、没收财物(没收非法财物、没收违法所得)、责令金钱或物质赔偿。

1. 罚款

罚款是指行政主体强制违法相对人承担金钱给付义务的处罚形式。这一形式既有经济内容,又具有强制性,从而与不具有经济内容的处罚形式相区别。同时,又与执行罚、人民法院为维护司法程序所作的处罚相区别。

2. 没收财物

没收财物是由行政主体实施的将行政违法行为人的部分或全部违法收入、物品或其他非法占有的财物收归国家所有的处罚方式。可成为没收对象的是:违法者的违法所得及非法占有的利益,从事违法活动所使用的工具和违禁品等。因此,没收财物的行政处罚又可具体包括没收非法所得和非法财物。没收可以视情节轻重而决定部分没收或全部没收。没收的物品,除应予销毁及存档备查的以外,均应上交国库或交由法定专管机关处理。合法的收入和没有被用来从事违法活动的物品不应成为没收财物处罚的对象。

3. 责令金钱或物质赔偿

责令金钱或物质赔偿是指行政主体要求违法相对人就其违法行为给其他个人、组织或国家造成的损害进行赔偿的处罚措施。严格地说,赔偿包括财产和作为两部分,后者我们在行为罚中已探讨,这里仅指财产上的赔偿。同样,这里的赔偿虽含有救济的意义,但无论在财产上或是精神上都对违法相对人有一定程度的损害,其目的即为了恢复侵害前的状况,也为了制裁违法相对人。

(四) 声誉罚

声誉罚是指行政主体对违法者的名誉、荣誉、信誉或精神上的利益造成一定损害以示警诫的行政处罚,故又称申诫罚或精神罚。声誉罚的特点在于只是使违法者在精神上受到惩戒,其目的在于引起违法者的警惕,使其停止违法行为并避免再次违法。声誉罚既适用于个人也适用于组织。其主要形式有警告、通报批评等。我国《行政处罚法》将警告作为处罚形式之一。

1. 警告

它是指行政主体对违法者实施的一种书面形式的谴责和告诫。它既具有教育性质又具有制裁性质,目的是向违法者发出警诫,声明行为人的行为已经违法,避免其再犯。警告一般适用于情节轻微或未造成实际危害结果的违法行为。另外,它既可单处也可并处。当违法者的违法行为比较严重时,则可同时适用警告以外的其他处罚形式。

2. 通报批评

所谓通报批评是指行政主体以公开、公布的方式,使被处罚人的名誉权受到损害,既制裁、教育违法者,又可广泛地教育他人的一种行政处罚形式。通报批评虽然和警告一样都是对违法者通过书面形式予以谴责和告诫,指明其违法及危害,避免再犯,但它们也有区别:(1)警告适用的范围要广泛。它既可适用于自然人,也可适用于法人或其他组织,而通报批评只适用于法人或其他组织而不适用于自然人。(2)处罚的内容不同。即损害的权益不同,警告主要是对被处罚人在精神上造成一定损害,而通报批评则是对被处罚人的荣誉或信誉造成损害。(3)形式不同。警告既可以是书面形式的警告,也可以是口头形式的警告(如前述《道路交通安全法》中的规定),但通报批评一定是以书面形式表示。口头警告往往是当面进行,即使书面警告也只是直接下达被处罚人。而通报批评造成的影响大,主要通过报刊或政府文件在一定范围内公开、公布。(4)处罚方法有异。警告可单处亦可并处,而通报批评往往单独使用。

四、行政处罚的管辖

(一)行政处罚的主体

行政处罚必须由享有法定权限的行政机关或法律、法规授权的组织实施。

依照法律规定,行政机关可以将某些行政处罚实施权委托给其他机关或组织,但对于行政拘留等涉及人身自由的行政处罚权则只能由法定行政机关行使,不得委托其他机关、组织代行。

行政主体进行委托时,受委托方必须具备下述条件方可委托:(1)相应的机关、组织是依法成立的;(2)其不具有营利目的;(3)有熟悉有关法律、法规、规章和相应业务的工作人员;(4)具有对违法行为进行技术检查或技术鉴定的条件。

受委托的机关、组织实施行政处罚应以委托机关的名义进行,并接受委托行政主体的监督,不得再行委托。委托方对受委托方实施处罚行为的后果承担法律责任。

(二)行政处罚的管辖规则

(1)行政处罚案件由违法行为发生地的行政主体管辖。但如果由违法行为人住所地行政主体管辖更为方便的,经与行为发生地行政主体协商也可由违法行为人住所地行政主体管辖。

(2)两个以上行政主体对同一违法行为都有处罚管辖权的,或者违法行为地点难以查明的,由最先查处的行政主体管辖。

(3)行政主体如认为自己所查处的违法行为已构成犯罪的,应将案件移送司法机关。司法机关依法认定确属犯罪,则依法追究刑事责任;若该行为尚未构成犯罪,则应将案件退回行政主体,由行政主体依法处理。

(4)两个以上的行政主体对行政处罚权发生争执的,应协商解决,协商不成,报请其共同的上级行政机关指定管辖。

(5) 行政处罚的级别管辖由具体法律、法规规定。但上一级行政机关有权管辖下一级行政主体管辖的行政处罚案件;下级行政主体对所管辖的处罚案件,如认为确有必要,可以报请上一级行政机关管辖。

(6) 行政主体实施行政处罚,如果违法行为人、证人、关系人不在其管辖的行政区域,可委托这些人员所在的行政区域的行政机关讯问或调查取证,受委托的行政机关有义务协助。

五、行政处罚的适用

(一) 行政处罚适用的条件

(1) 行政处罚适用的前提条件,是公民、法人或其他组织的行政违法行为客观存在。至于行政违法行为的构成要件,只需要具备主体条件、客观条件即可。主观过错不是行政违法的构成条件。

(2) 行政处罚适用的主体条件,即行政处罚必须由享有法定的行政处罚权的适格主体实施。

(3) 行政处罚适用的对象条件,必须是违反行政管理秩序的行政违法者,且具有一定的责任能力。需要注意的是行为和财物不是行政处罚适用的对象。

(4) 行政处罚适用的时效条件,即对行为人实施行政处罚,还需其违法行为未超过追究时效,超过法定的追究违法者责任的有效期限,则不得对违法者适用行政处罚。我国《行政处罚法》第 36 条规定:违法行为在 2 年内未被发现的,不再给予行政处罚。这是行政处罚适用的一般时效条件。另外,个别法律、法规还规定了特别时效。如我国《治安管理处罚法》规定的时效为 6 个月,《税收征收管理法》第 86 条规定的时效为 5 年等。① 此外,应当注意明确违法行为被发现的期限。其期限的计算,从违法行为发生之日起计算直到被发现之日止;对于违法行为有连续或继续状态的,则从该违法行为终了之日起计算。②

(二) 行政处罚适用的方法

行政处罚适用的方法指行政处罚运用于不同行政违法案件和违法者的各种方式和方法,也可以说是行政处罚的裁量方法。行政机关在行政处罚适用中,应区别各种不同的情况,采用不同的处罚方法。

1. 不予处罚与免予处罚

(1) 不予处罚③

不予处罚是指因有法律、法规所规定的事由存在,行政机关对某些形式上虽然违法但实质上不应承担违法责任的人不适用行政处罚。

一般来说,具有下列情况时,对行为不予处罚:① 不具有责任能力的人违法,不予处罚。不具有责任能力的人包括未满 14 岁的未成年人和在不能辨认或者不能控制自己行为时有违法行为的精神病人、智力残疾人。② 由于生理缺陷的原因而致违法的,不予处罚。④ ③

---

① 我国《税收征收管理法》第 86 条规定:"违反税收法律、行政法规应当给予行政处罚的行为,在 5 年内未被发现的,不再给予行政处罚。"
② 参见我国《行政处罚法》第 36 条。
③ 参见我国《行政处罚法》第 30 条、第 31 条、第 33 条。
④ 如我国《治安管理处罚法》第 14 条。

行为属于正当防卫行为的,不予处罚。④ 行为属于紧急避险行为的,不予处罚。⑤ 因意外事故而致违法的,不予处罚。⑥ 因行政机关的责任而造成违法行为的,不予处罚。⑦ 违法行为轻微并及时纠正,没有造成危害结果的,不予处罚。

(2) 免予处罚

免予处罚是指行政机关依照法律、法规的规定,考虑有法定的特殊情况存在,对本应处罚的违法行为人免除其处罚。

免予处罚与不予处罚是不同的。不予处罚是本不应该处罚因而不进行处罚;而免予处罚则是本应该处罚的,只是考虑到有特殊情况存在,不需要科处行政处罚而免除处罚。

免予处罚必须以法律、法规规定的免除情节为依据。法定的应当免予处罚的情节主要有:① 行为人的违法行为是因行政管理人员的过错造成的;② 因国家法律、法规和政策影响及其他因素而违法的。

2. "应当"处罚与"可以"处罚

(1) "应当"处罚

"应当"处罚,是指必然发生对违法者适用行政处罚或从轻、从重等的结果,"应当"处罚是对行政机关行使行政处罚权的明确规定,是羁束裁量的具体表现。具体包括三个方面:一是应当对违法者适用行政处罚;二是应当从轻、减轻或免予处罚;三是应当从重处罚。在对违法者适用行政处罚的过程中,在"应当"范围内行政机关仍有一定自由裁量权。

(2) "可以"处罚

"可以"处罚是指对违法者或然产生行政处罚适用的结果。也就是说,可以予以行政处罚,也可以不予行政处罚,或者可以从轻、从重处罚,也可不予从轻、从重处罚。从现行法律、法规的规定来看,"可以"处罚具体表现在下列三个方面:一是在处罚与不处罚间予以选择;二是处罚幅度内予以选择,即在是否从轻或从重上予以选择;三是在几种处罚方式上进行选择。

3. 从轻、减轻处罚与从重处罚

(1) 从轻处罚

从轻处罚是指行政主体在法定的处罚方式和处罚幅度内,对行政违法行为人选择适用较轻的方式和幅度较低的处罚。应当注意的是,从轻处罚并不是绝对要适用最轻的处罚方式和最低的处罚幅度,而是由行政机关在具体案件中,根据法定或酌定的从轻情节适当、合理地予以裁量。

(2) 减轻处罚

减轻处罚是指行政主体对违法相对人在法定的处罚幅度最低限度以下适用行政处罚。简而言之,就是科以违法者低于法定最低限度的处罚。

减轻处罚是相对于加重处罚而言的。加重处罚是高于法定最高幅度的处罚。在我国行政处罚中是不承认加重处罚的。但在极个别的现行法规、规章中却有加重处罚的规定,这种规定明显是与《行政处罚法》的精神相违背的,现已废止。

根据我国《行政处罚法》第 30 条、第 32 条的规定,行政机关对违法者应当从轻、减轻处罚的情形为:① 主动消除或减轻违法行为危害后果的;② 受他人胁迫、诱骗实施违法行为的;③ 配合行政机关查处违法行为,有立功表现的;④ 已满 14 周岁不满 18 周岁的未成年人有违法行为的;⑤ 法律、法规规定应当从轻、减轻处罚的其他情形。第 31 条规定,尚未完全丧失辨认或者控制自己行为能力的精神病人、智力残疾人有违法行为的,可以从轻或者减轻行政处罚。

(3) 从重处罚①

从重处罚是从轻处罚的对称。它是指行政主体在法定的处罚方式和幅度内,采用较重的方式和幅度的处罚。

一般来说,违法相对人有下列情形之一的,应当从重处罚:① 违法情节恶劣,造成严重后果的;② 不听劝阻,继续实施违法行为的;③ 两人以上合伙实施违法行为中起主要作用的;④ 多次实施违法行为,屡教不改;⑤ 妨碍执法人员查处其违法行为的;⑥ 隐匿、销毁违法证据的;⑦ 胁迫、诱骗他人或教唆未成年人实施违法行为的;⑧ 对举报人、证人打击报复的;⑨ 在发生自然灾害或其他非常情况下实施违法行为的;⑩ 法律、法规规定的其他应当从重处罚的情形。

4. 单处与并处

(1) 单处

单处是指行政主体对违法相对人仅适用一种处罚方式。它是处罚适用的最简单的形式。单处可以是对法定的任何一种行政处罚方式的单独适用。我们认为,在法律、法规没有明确规定可以并处的情况下,行政主体一般应对违法相对人单独适用一项处罚,不能同时适用多项处罚。

(2) 并处

并处是指行政主体对相对人的某一违法行为依法同时适用两种或两种以上的行政处罚形式。它是相对于单处而言的,往往针对情节较严重的情形,是对违法者的从重处罚。并处必须在具备法定的条件下才能采用。不仅要有法律、法规明确规定"可以并处",而且还须具备法定情节,否则不能采用并处。

5. 行政处罚与刑罚的竞合适用②

行为人的某一行为可能同时违反了行政法与刑法,从而产生了行政处罚与刑罚竞合。在具体适用上可视不同情况采用下列三种方法:

(1) 只由司法机关裁量刑罚处罚。对于给予刑罚处罚就足以达到惩处和预防行政违法、犯罪的目的的,就没有必要再由行政机关予以行政处罚。例如在剥夺或限制行为人的人身自由方面,人民法院已经适用了拘役或者有期徒刑的,不再适用行政拘留;已经适用了行政拘留的应当依法折抵相应刑期。③

(2) 刑罚与行政处罚双重适用。即对行为人除由人民法院判处刑罚外,有关行政机关

---

① 我国于 2021 年修订了《行政处罚法》,第 49 条规定:"发生重大传染病疫情等突发事件,为了控制、减轻和消除突发事件引起的社会危害,行政机关对违反突发事件应对措施的行为,依法快速、从重处罚。"

② 由于时代的发展,我国 1979 年制定的《刑法》已经不能适应社会发展的需要。因此,第八届全国人大第五次会议于 1997 年对《刑法》进行了修订。后来又进行了多次修正。但为了有利于从历史的角度了解我国刑法的有关规定,下文的相关内容,视具体情况仍然保留了 1997 年《刑法》修订前的某些规定。所以在这次的教材修改中,我们并未一味地删除所谓"过时"的条款。当然,在更多的情况下,我们是引用目前正在实施的法律的,包括新制定的或者已经修订过的法律。特此说明。

③ 参见我国《行政处罚法》第 35 条。

还应予以行政处罚。这主要是因为:一方面,行政犯罪具有触犯刑法和行政法的双重性,行为人也就相应地负刑事责任和行政责任;另一方面,刑罚与行政处罚的种类及功能的差异决定了在适用刑罚的同时还可以适用行政处罚以弥补刑罚之不足。在刑罚与行政处罚的双重适用中有两种情况:一是法律、法规明确规定应予适用双重处罚,二是法律、法规没有明文规定应予适用双重处罚但实际上却需要适用双重处罚。

(3) 免刑后适用行政处罚。在人民法院判处免除刑罚后,行政机关仍应依行政法律规范的规定给予犯罪人以相应的行政处罚。《刑法》第37条规定了对免刑的人可以予以行政处罚。① 对免刑的犯罪人应适用与一般行政违法者相同的行政处罚法则,不能因为其有犯罪行为而突破行政法规定的幅度和范围加重处罚,对予以行政处罚的依据必须与对行政违法者进行处罚的规定相一致。

6. 法人或其他组织违法的"两罚"处罚适用②

单位的行政违法行为是指法人或者其他组织的法定代表人,经授权的人员以单位名义并为单位利益而实施的与职务、业务有关的违反行政法律规范的行为。

对单位违法的,原则上应适用"两罚"原则,既处罚单位整体,又处罚单位中的负有责任的自然人(主管人员和直接责任人员)。例如,我国《海关行政处罚实施条例》第32条规定:"法人或者其他组织有违反海关法的行为,除处罚该法人或者组织外,对其主管人员和直接责任人员予以警告,可以处5万元以下罚款,有违法所得的,没收违法所得。"

六、行政处罚的决定程序

(一) 行政处罚的简易程序

行政处罚的简易程序又称当场处罚程序,指在具备某些条件的情况下,由执法人员当场作出行政处罚的决定,并且当场执行的步骤、方式、时限、形式等过程。设定当场处罚程序的法律意义在于,基于行政管理效率的要求,对一些不需要立案调查且影响不大,在其被发现后即可认定事实的行政违法行为直接给予处罚,也并不影响受罚人的合法权益,从而确保行政管理的高效性。

适用简易程序的条件是:(1) 违法事实确凿;(2) 有法定依据;(3) 较小数额罚款或者警告的行政处罚。所谓较小数额的罚款,是指对公民处以200元以下、对法人或者其他组织处以3000元以下罚款。③

行政主体的行政执法人员在进行当场处罚时,应遵循下列程序:

(1) 表明身份。它是表明处罚主体是否合法的必要手续,执法人员应向当事人出示执法身份证件或委托书。④

---

① 我国现行《刑法》第37条规定:"对于犯罪情节轻微不需要判处刑罚的,可以免予刑事处罚,但是可以根据案件的不同情况,予以训诫或者责令具结悔过、赔礼道歉、赔偿损失,或者由主管部门予以行政处罚或者行政处分。"
② 这里的"单位违法"主要是借鉴了我国《刑法》第一编总则第二章犯罪第四节中的"单位犯罪"的概念(第30条、第31条)。为了与之相对应,出于有利于读者更好地理解行政法与刑法在有关术语上的衔接的考虑,这次本教材修改时,便将过去的"法人违法"统一更改为"单位违法"。特此说明。
③ 参见我国《行政处罚法》第51条。此外,《道路交通安全法》第107条规定了对道路交通违法行为人予以警告、200元以下罚款,交通警察可以当场作出行政处罚决定,并出具行政处罚决定书。
④ 参见我国《行政处罚法》第52条。

(2) 说明处罚理由。执法人员应主动向当事人说明其违法行为的事实,说明其违反的法律规范以及给予行政处罚的理由和依据。[①]

(3) 给予当事人陈述和申辩的机会。当事人可以口头申辩,执法人员要予以正确、全面地口头答辩,使当事人心服口服,而不得因当事人的陈述申辩而加重处罚。[②]

(4) 制作笔录。执法人员对当事人的违法行为的客观状态当场制作笔录。

(5) 制作并交付当场处罚决定书。[③]

(6) 备案。执法人员当场作出的行政处罚决定,应当向所属行政机关备案,以便接受监督和检查。[④]

(二) 行政处罚的一般程序

行政处罚的一般程序又称普通程序,是行政处罚中的一个基本程序,它具有内容最完善、适用最广泛的特点。除法律、法规另有规定外,任何一个行政处罚决定必须适用一般处罚程序,否则,将直接影响到该决定的效力。行政处罚的一般程序的特点有:(1) 适用范围广。除了法律特别规定应当适用简易程序和听证程序的两种情形之外都可适用。(2) 较之简易程序严格、复杂。在时间顺序、证据取舍、当事人参与权利以及对公众公开等方面更为严格。(3) 同时作为听证程序的前提程序。听证程序适用于案情复杂、争议较大、可能导致较重处罚的案件,但适用听证程序的案件在举行听证前,通常必须先经过一般程序的有关步骤。

行政处罚的一般程序包括以下几个步骤:

1. 立案

行政主体通过行政检查监督发现行政相对人个人、组织实施了违法行为,或者通过受理公民的申诉、控告、举报,或由其他信息渠道知悉相对人实施了违法行为,应先予以立案。

立案是行政处罚的启动程序,应通过一定的法律形式表现出来。一般说来,立案的条件是:第一,经过对有关材料的审查,初步认为有违法行为发生;第二,违法行为是应当受到行政处罚的行为;第三,属于本部门职权范围且归本机关管辖;第四,不属于适用简易程序的案件。对于符合这些立案条件的,应当填写立案报告表或立案审批表(有的部门或机关可能是立案决定书),在经本机关主管负责人审查批准后即完成了法律上的立案程序。同时,应当落实办案人员,被指定办案人员如认为自己与本案有利害关系,可能影响公正处理的,应当提出回避申请。行政机关认为不符合立案条件的,或者主管负责人对立案报告不予批准的,应当制作不予立案决定书送达利害关系人。利害关系人如不服此决定的,可依法申请复议或提起行政诉讼。

2. 调查取证

行政相对人的违法行为立案后,行政主体即应客观全面公正地调查收集有关证据。必要时,依照法律、法规的规定可以进行检查。行政机关在调查或者进行检查时,执法人员不得少于两人,并应当向当事人或者有关人员出示表明身份的证件。为了解违法情况和违法

---

① 参见我国《行政处罚法》第44条。
② 参见我国《行政处罚法》第45条第2款。
③ 参见我国《行政处罚法》第52条第1款、第2款。
④ 参见我国《行政处罚法》第52条第3款。

事实,行政主体有权传唤违法者,对其进行讯问。讯问应当制作笔录,被讯问人经核对认为无误后,应当在笔录上签名或盖章,讯问人也应当在笔录上签名。

3. 说明理由并告知权利

行政主体在作出行政处罚决定之前,应当告知当事人作出行政处罚决定的事实、理由与依据,并告知当事人应当享有的权利。这种说明理由和告知权利的主要意义在于,给当事人以针对处罚理由、根据进行申辩的机会,以及保证当事人在行政处罚过程后及时请求救济,防止错过救济时效。

4. 听取当事人陈述与申辩

行政主体在调查取证之后和作出行政处罚裁决之前,应告知被调查人:根据已掌握和认定的关于被调查人的违法事实,准备对之作出处罚裁决的理由和依据。

应给予被调查人以申辩的机会。被调查人依法陈述和申辩的,行政主体必须充分听取,制作申辩笔录。对其提出的事实理由和证据,应当进行复核;复核成立的,应当采纳。申辩笔录应作为行政处罚裁决的根据之一,并在裁决后入档归案,以备今后在行政复议和诉讼时作举证之用。

5. 作出行政处罚决定

行政主体通过调查、取证,且听取了被指控人的申辩后,如审查确认违法事实确实存在,且已事实清楚、证据确凿,即可依法根据情节轻重及具体情况作出处罚决定。对于情节复杂或者重大违法行为给予较重的行政处罚,行政主体的负责人员应当集体讨论决定;如认为违法行为不存在或被指控的事实不能成立的则不得给予行政处罚,而应作出撤销案件的决定;如被指控人确实有违法行为,但情节显著轻微,依法可不予行政处罚的,可作出免予行政处罚的决定;如认为被指控人不仅有违法行为,且该行为已构成犯罪的,则应将有关材料移送司法机关处理。

行政主体作出处罚决定时,应制作行政处罚决定书并加盖作出处罚决定的行政机关的印章。

行政处罚决定书应当在宣告后,当场交付当事人;当事人不在场的,应当在7日内依照《民事诉讼法》的有关规定,将行政处罚决定书送达当事人。行政处罚决定书的送达方式有三种:直接送达、留置送达和邮寄送达。行政处罚决定书一经送达,便产生一定的法律效果。当事人提起行政复议或行政诉讼的期限,从送达之日起计算。

(三) 行政处罚的听证程序

1. 听证程序的概念

行政处罚中的听证程序,不是一种与简易程序和普通程序并列的独立、完整的行政处罚程序,而只是普通程序中的一道特殊环节,它是指在重大行政处罚决定作出之前,在违法案件调查承办人员一方和当事人一方的参加下,由行政机关专门人员主持听取当事人申辩、质证和意见,进一步核实和查清事实,以保证处理结果合法、公正的一种程序。

2. 听证程序的适用范围

根据我国《行政处罚法》第63条、第64条的规定,在行政处罚程序中,行政机关为了查明案件事实,公正、合理地实施行政处罚,在作出较大数额罚款、没收较大数额违法所得、没收较大价值非法财物、降低资质等级、吊销许可证件、责令停产停业、责令关闭、限制从业等行政处罚决定之前,应当事人要求,须公开举行有利害关系人参加的听证会,在质证和辩论的基础上作出行政处罚决定。至于较大数额的罚款,其标准由各省、市、自治区权力机关或者人民政府根据本地实际情况具体规定;属于实行垂直领导的行政机关的,由国务院有关主管部门作出具体规定,这类规定都应予以公布。

3. 听证程序的特征

听证程序具有以下特征:第一,听证程序是由行政机关主持,并由有关利害关系人参加的程序。这种听证程序与审判程序具有形式上的相似性,但听证程序的主持人毕竟是行政处罚机关的人员,在公正性方面,难以与作为司法机关(审判机关)的人民法院相提并论。第二,听证公开进行。听证程序不仅有行政机关和有关利害关系人参加,而且社会各界人士也可以旁听。第三,听证程序适用于行政处罚领域,但在我国目前并非所有的行政处罚案件都可以适用听证程序,在范围上还有一定的局限性。第四,听证程序的适用以当事人的申请为前提。当事人要求听证的,行政机关才组织听证。第五,组织听证是行政机关的法定义务。当事人依法要求听证的,行政机关应当组织听证。

4. 听证程序的组织

行政主体根据调查取证的材料,如果将对被调查人作出吊销营业执照、责令停产停业等涉及企业法人生存权的行政处罚以及数额较大的罚款等行政处罚,应告知当事人有要求举行听证的权利。当事人要求听证的,行政机关应当依法组织听证。

听证程序可以说是一般程序(普通程序)中的特别程序,根据《行政处罚法》第64条的规定,行政处罚的听证程序为:

(1) 听证的申请与决定。当事人要求听证的,应当在行政机关告知后5日内提出。行政机关在接到听证申请后,应决定举行听证的时间和地点,并根据案件是否涉及个人隐私、商业秘密、国家秘密,决定听证是否公开举行。

(2) 听证通知。组织听证的行政机关在作出有关组织听证的决定后,应当在举行听证的7日前,以书面形式通知当事人举行听证的时间、地点和其他有关事项,以便当事人为听证会的申辩与质证作充分准备。

(3) 听证的形式。除涉及个人隐私、商业秘密、国家秘密外,听证会一律公开举行。

(4) 举行听证会。听证会由行政机关指定非本案调查取证的和与本案无直接利害关系的人员主持。要求听证的被调查人可以亲自参加听证,也可以委托1—2名代理人出席或与代理人同时出席。当事人认为主持人与本案有直接利害关系的,有权申请回避。举行听证时,首先由主持人宣布听证会开始、听证事项及其他有关事项,然后由调查取证人员提出当事人违法的事实、证据和行政处罚建议;针对被指控的事实及相关问题,当事人进行申辩和质证;经过调查取证人员与当事人相互辩论,由听证主持人宣布辩论结束后,当事人有最后陈述的权利。最后由听证主持人宣布听证会结束。

(5) 制作听证笔录。对在听证会中出示的材料、当事人的陈述以及辩论等过程,应当制作笔录,交付当事人、证人等有关参加人阅读或向他们宣读。如有遗漏或差错的应予补正或改正。经核审无误后,当事人应在笔录上签名或盖章。听证结束并经主持人审阅后,由主持人和记录人分别签名或盖章。听证笔录是行政处罚的重要依据,应与有关证据材料一起入档封卷,上交行政机关首长。

(6) 听证费用。行政机关组织听证,目的在于充分听取当事人的意见,全面、客观、公正地调查取证,从而保障行政处罚权的正确行使。因此,当事人不承担行政机关组织听证的费用。

5. 行政处罚决定

听证程序只是一般程序中的一种特殊的调查处理程序,并不涵盖行政处罚程序的全过程。听证结束后,行政机关依照有关一般程序的规定作出处理决定。从这个意义上讲,在我国适用听证程序的案件的最后决定权在于行政机关而非主持听证的工作人员。

七、行政处罚的执行程序

行政处罚执行程序,是指确保行政处罚决定所确定的内容得以实现的程序。行政处罚的执行程序有以下三项重要内容:

(一) 实行处罚机关与收缴罚款机构相分离

《行政处罚法》确立了"罚""缴"分离的制度,在行政处罚决定作出后,作出罚款决定的行政机关及其工作人员不能自行收缴罚款,而由当事人自收到处罚决定书之日起15日内到指定的银行或者通过电子支付系统缴纳罚款,银行将收缴的罚款直接上缴国库。但若为以下情况,可以当场收缴罚款:(1) 依法给予100元以下的罚款的;(2) 不当场收缴事后难以执行的;(3) 在边远、水上、交通不便地区,当事人向指定的银行或者通过电子支付系统缴纳罚款确有困难,经当事人提出,行政机关及其执法人员可以当场收缴罚款。

(二) 收支两条线

罚款必须上缴财政。执法人员当场收缴的罚款,应当按规定的期限上缴所在的行政机关,行政机关则应按规定的期限缴付给指定银行。行政机关实施罚款、没收非法所得等处罚所收缴的款项,必须全部上缴国库,财政部门不得以任何形式向作出行政处罚的机关返还这些款项的全部或部分。

(三) 强制实行

行政处罚决定作出之后,如果当事人没有正当理由逾期不履行,则导致强制执行。根据《行政处罚法》的规定,实行强制执行有四种措施:(1) 到期不缴纳罚款的,每日按罚款数额的3%加处罚款;(2) 将查封、扣押的财物拍卖、依法处理或者将冻结的存款、汇款划拨抵缴罚款;(3) 根据法律规定,采取其他行政强制执行方式;(4) 申请人民法院强制执行。

第五节 行 政 强 制

一、行政强制的概念与特征

行政强制是指行政主体为了保障行政管理的顺利进行,通过依法采取强制手段迫使拒不履行行政法义务的相对人履行义务或达到与履行义务相同的状态;或者出于维护社会秩序或保护公民人身健康、安全的需要,对相对人的人身或财产采取紧急性、即时性强制措施的具体行政行为的总称。从定义可以看出,行政强制具有以下几个主要特征:

(1) 行政强制的主体是作为行政主体的行政机关或法律、法规授权的组织。适用行强制的行政主体,都必须由法律、法规予以明确规定。行政机关或法律、法规授权的组织在其本身没有直接采取行政强制措施权力的情况下,可以依法申请人民法院实施强制。

(2) 行政强制的对象是拒不履行行政法义务的行政相对人,或对社会秩序及他人人身健康和安全可能构成危害,或其本身正处在或将处在某种危险状态下的行政相对人。行政强制并非适用所有违反行政法律规范的相对人,但相对人必须是违反了特定的法律、法规,符合适用行政强制的条件。

(3) 行政强制的目的是保证法定义务的彻底实现,维护正常的社会秩序,保障社会安全,保护公民的人身权、财产权免受侵害。

(4) 行政强制行为的法律性质是一种具有可诉性的具体行政行为。行政强制属单方行政行为,由行政主体单方面作出,无须相对人同意。但相对人不服行政强制,可以依法向人民法院提起诉讼。

二、行政强制行为的种类

结合我国《行政强制法》和相关法律、法规规定,并结合有关行政强制理论与实践,我们可以提出以下分类方式:

(一) 以其调整的内容为标准,可分为对人身的强制措施和对财产的强制措施

1. 对人身的强制措施

对人身的强制措施,主要是指公安、海关、国家安全、医疗卫生等行政机关,对那些对社会有现实威胁或拒不接受有权机关作出的人身处罚,拒不履行法定义务的相对人采取的限制其人身自由或迫使其履行人身义务的强制措施。

根据目前我国有关法律、法规的规定,对人身自由的强制措施主要有以下几种:强制拘留、强制扣留、限期出境、驱逐出境、强制约束、强制遣返、强制隔离、强制治疗、强制戒毒、强制传唤、强制履行等。

2. 对财产的强制措施

对财产的行政强制措施,主要是指行政主体对负有履行法定财产义务却拒不履行义务的相对人,所采取的迫使其履行义务或达到与履行义务相同状态的强制措施。主要有:冻结、扣押、查封、划拨、扣缴、强行拆除、强制销毁、强制检定、强制许可、变价出售、强制抵缴、强制退还等。

(二) 以其适用目的和程序为标准,可分为行政强制措施和行政强制执行措施

行政强制措施,又称即时强制,是指遇有严重影响国家、集体或公民利益的人或物,行政机关为了维护社会秩序的稳定,依照法定职权,对违法行为人的财产或人身自由采取紧急措施予以限制的行政行为,这是法律赋予某些特定行政机关的一种紧急处置权。行政强制执行措施,是指行政主体为了保证法律、法规、规章和其他行政规范性文件以及行政主体本身作出的行政决定所确定的行政相对人的义务的实现,采取一定的强制手段(措施),迫使拒不履行相应义务的相对人履行义务或通过其他法定方式使相应义务得以实现。

1. 行政强制措施

行政强制措施主要有下述形式:

(1) 强制带离现场、盘问

根据《人民警察法》的规定,公安机关的人民警察对严重危害社会治安秩序或者威胁公共安全的人员,可以强制带离现场,依法予以拘留或采取法律规定的其他措施。对有违法犯罪嫌疑的人员,经出示相应证件,可以当场盘问、检查;经盘问、检查发现其有法律规定的某种情形的,则将其带至公安机关,经公安机关批准,可对其继续盘问。

(2) 约束、扣留

约束是指行政主体对具有某种可能危害社会、他人或本人安全的行为或情形的个人的人身自由进行短时间限制,以保障社会和其他个人的安全的行政强制措施。扣留指行政主体为及时制止或查明某种违法行为而依法扣留嫌疑人、有关物品或证件。

(3) 使用警械、武器

根据《人民警察法》的规定,公安机关的人民警察为制止严重违法犯罪活动的需要,依照国家有关规定可以使用警械(如警棍、警笛、手铐、警绳等)。如遇有拒捕、暴乱、越狱、抢夺枪支或其他暴力行为的紧急情况,还可依照国家有关规定使用武器。

(4) 强制检疫、强制治疗

强制检疫,是指卫生行政机关对可能患有某种恶性传染疾病的嫌疑人,或可能带有某种病菌、病毒的人进行强制性疾病检疫,确定其是否实际患有相应恶性传染病或其身体带有相应病菌病毒,以便采取措施(如隔离),防止其给社会带来危害。

强制治疗,是指卫生行政机关对患有某种恶性传染疾病(如艾滋病、鼠疫、霍乱、某些性病、猩红热、麻风病等)的人采取的强制隔离治疗措施。

2. 行政强制执行措施

以采取强制执行的方法为标准,可将其分为间接强制执行措施和直接强制执行措施两类。

所谓间接强制执行措施,是指行政主体不通过自己的直接强制措施迫使义务人履行其应当履行的义务或者达到与履行义务相同的状态,而是通过某些间接的手段(如代履行、执行罚)达到上述目的所采取的行政强制行为。

所谓直接强制执行措施,是指行政主体对逾期拒不履行法定义务的相对人的人身或财产自行采取强制手段,直接强迫其履行义务,或通过强制手段达到与义务人履行义务相同状态的一种行政强制行为方式。

(1) 间接强制执行措施

间接强制执行措施主要有下述两种形式:

① 代履行

代履行是指行政主体雇人代替不履行行政法义务的相对人履行义务而强制义务人缴付劳务费用的行政强制方式。

相对人拒不履行的义务凡能为他人代为履行的,均可适用代履行的方法。但是在只能由义务人亲自履行的情况下,行政机关通常首先对之适用执行罚,如执行罚尚不能促使其履行,则再对之适用直接强制措施。

代履行的要件有:第一,须有相对人应当承担的合法义务,并且相对人不愿履行;第二,代履行的义务一般都是作为义务,并且是可以请人代为履行的义务,不以义务人自为为必要;第三,代履行的义务可由行政主体代为履行,也可委托第三人代为履行,并向相对人征收履行费用。

② 执行罚[①]

执行罚是指行政主体对拒不履行行政法义务的相对人科处一定数额的金钱给付义务,以促使其履行义务的行政强制方法。相对人在被科处金钱给付义务后如仍不履行,可再次科处,直至其履行。

执行罚的要件有:第一,存在法律、法规赋予义务人的合法义务或行政机关作出的合法的行政处理决定;第二,法定义务人拒不履行无法由他人代为履行的义务(大多是作为义务,但也有不作为义务);第三,必须按法定数额实施执行罚。

(2) 直接强制执行措施

直接强制执行措施主要有下述形式:

① 查封、扣押

查封是指行政主体强制封存行政相对人的财产(对相应财产加贴封条)。查封期间限制财产被查封人处分财产。查封的目的主要是为了保障行政决定的执行和行政相对人的金钱、财产给付义务的履行,防止相对人在行政决定强制执行前转移、隐瞒或毁坏其可供执行的财产。

扣押是指行政主体强制扣押行政相对人的财产,限制其继续对之进行占有和处分。扣押的主要目的与查封相同,也是为了保证行政决定的执行和行政相对人金钱、财产给付义务的履行。

行政主体查封、扣押相对人财产时,相对人若是公民个人,应通知其本人或他的成年家属到场,并通知其工作单位或财产所在地基层组织派人参加;若相对人是组织,则应通知其法定代表人或主要负责人到场(若被通知人拒不到场,不影响查封、扣押行为的实施)。行政主体对于查封、扣押的财产,必须出具清单,由在场人签名或盖章后,交相对人一份。相对人财产被查封、扣押后,行政主体应责令其在指定期间内履行行政决定为其确定的义务。相对人逾期不履行的,行政主体可以按规定交有关单位拍卖或变卖被查封、扣押的财产。对国家禁止自由买卖的物品,行政主体交有关单位按国家规定价格收购。

② 冻结、划拨

冻结是指行政主体在对相对人作出行政处罚决定前,为防止相对人转移资金,以保证今后处罚的执行,通知有关单位冻结相对人的某种款项。

划拨是指行政主体通知银行从相对人的存款或其他款项中强行拨付其拒不缴纳的某种款项。

③ 扣缴、抵缴

扣缴是指行政主体通知相对人所在单位从相对人个人工资收入和其他收入中扣缴其应付的某种款项。例如,《个人所得税法》第11条第1款规定:"居民个人取得综合所得,按年计算个人所得税;有扣缴义务人的,由扣缴义务人按月或者按次预扣预缴税款。"

[①] 也有学者称执行罚为"罚缴强制金"或"罚锾"。我国在立法中对于该强制措施的表述为"金钱给付义务的执行"而没有采用执行罚的表述,但是在实质内容方面应当是一致的。关于本部分详情,参见我国《行政诉讼法》第96条的内容。

抵缴指行政主体对拒不履行金钱给付义务的相对人,强制征收其财产抵缴或变卖其财产抵缴。

④ 强制收购、限价出售

强制收购是指行政主体对相对人私相买卖、计价使用、借贷抵押国家禁止流通的物品予以强制收购。例如,根据《金银管理条例》第31条第1款第5项的规定,中国人民银行或工商行政管理机关对相对人私相买卖、计价使用或借贷抵押金银的,可以对其金银予以强制收购或贬值收购。

限价出售是指行政主体强制违反国家物价规定、高价出售商品或倒卖商品的相对人,按规定的价格出售其商品。例如,山东从2023年4月17日起,全省89号汽油的最高零售价格调整为7.28元/升。

三、行政强制与相关概念的区别

(一) 行政强制与行政诉讼强制措施的区别

(1) 适用的主体不同。行政强制只能由行政机关及其人员或法律、法规授权的组织,在行政管理过程中依法适用,即使是在行政机关需要申请法院来进行强制执行的情况下,这一行为的主体依然应当是行政机关。而行政诉讼中的强制措施,只能由人民法院在行政诉讼活动中,对有妨害诉讼行为的人适用,其他机关或组织无权适用。

(2) 适用的目的不同。行政强制的适用,是为了预防或制止相对人违法侵害,或迫使义务人履行法定义务或达到与履行义务的相同状态。行政诉讼强制措施的适用,是为了排除影响行政诉讼活动的障碍,以保证诉讼活动的顺利进行。

(3) 依据的法律规范不同。行政强制所依据的是行政法律、法规。行政诉讼强制措施所依据的是行政诉讼法律规范。前者依据的是实体法,后者依据的是程序法(这里是指作为程序法的行政诉讼法)。

(4) 适用的法律后果不同。行政强制大都具有可诉性,一旦违法或适用不当,相对人提起诉讼,行政机关就要承担败诉或侵权赔偿责任。而对行政诉讼强制措施不能提起行政诉讼。

(二) 行政强制与行政处罚的区别

(1) 性质不同。行政强制是行政执法过程中的重要手段和保障,它不是最终的处理行为,它是为实现行政目的服务的,只要相对人放弃或停止对社会秩序的危害,接受法律制裁,履行法定义务,符合停止适用的条件,行政强制措施即可解除。行政处罚则是对实施了行政违法行为尚未构成犯罪的行政相对人的最终处理结果,具有制裁性,非经法定程序任何人不得改变。

(2) 目的不同。行政强制的目的是为了预防或制止违法行为的发生或继续,或迫使义务人履行义务或达成与履行义务相同的状态。行政处罚的目的是通过对相对人实施一定的惩戒,使其承担一定的法律责任,以教育其遵守法律。

(3) 法律后果不同。行政强制的适用是为了保障行政执法的目的得以实现,其本身不给相对人课以或增加义务。行政处罚是为了最终制裁相对人的行政违法行为,因而在处罚内容上主要表现为课以或增加相对人的义务。

【思考题】
1. 什么是行政征收？其特征有哪些？
2. 行政征收与行政征用有何区别？
3. 简述行政命令的概念与特征。
4. 什么是行政监督检查？有何特征？
5. 最常见的行政监督检查方法有哪些？
6. 简述行政处罚的概念与特征。
7. 行政处罚的原则有哪些？
8. 行政处罚的种类、形式有哪些？
9. 简述行政处罚适用的条件。
10. 论述行政处罚的程序。
11. 简述行政强制的概念和特征。
12. 什么是代履行？代履行的要件有哪些？
13. 什么是执行罚？执行罚的要件有哪些？
14. 直接强制执行措施有哪些形式？
15. 论述行政强制与行政诉讼强制措施的区别。
16. 论述行政强制与行政处罚的区别。

第八章 行政行为(四)

——特殊类型的行政行为[①]

第一节 行政规划

一、行政规划的概念与特征

(一)行政规划的概念

我国学者认为行政规划也称行政计划,是指行政主体在实施公共事业和其他活动之前,首先综合地提出有关行政目标,事先制定出规划蓝图,以作为具体的行政目标,并进一步制定为实现该综合目标所必需的各项政策性大纲的活动。本节所指行政规划采用此种定义。[②]

(二)行政规划的特征

理解行政规划需要注意以下几个特征:

(1)综合性。行政规划的制定和实施是为了保证以最好的方式实现社会的有序发展,因此行政规划需要综合考虑各种因素,进行统筹安排,使之各得其所、协调发展,使各方利益得以协调。

(2)法定性。行政规划具有法定性,即行政规划要遵循行政法治原则。法定性是一切行政行为的共通特性,特别强调行政规划的法定性是基于现实中存在大量缺乏法律依据的规划行政行为。

(3)裁量性。关于规划,虽然有法定性的约束,但仍然应当肯定规划制定者具有广泛的自由裁量权。因为一般情况下,法律只规定总体目标或者规划制定时应该考虑的要素及应当遵循的程序,而将具体内容的制定委任规划的策划、制定者。为了保证规划内容的合理性、科学性,必须赋予行政规划制定者一定的裁量权。但行政规划的裁量性是相对的,而不是绝对的。行政主体只能在法定的范围内进行裁量,否则该行政规划就是不合法的。

(4)长期性。行政规划既要考虑解决现存问题,也要考虑到整个社会的长远发展要求,制定规划要有一种"高瞻远瞩"的长期性、全局性的战略眼光。当然长期性并不意味着规划的一成不变,规划应当根据社会的发展适时调整,调整应当遵循严格的法定程序,避免随意变更。

(5)现实性。行政规划是一项实践性很强的工作,它对社会的各项建设事业进行指导,并通过规划的实施变为现实。因此,虽然规划要"高瞻远瞩",却又不能"好高骛远"、脱离实际,而应当立足于现实,正确处理近期建设和长远发展的关系,做到规划的切实可行。

[①] 考虑到本章所列若干行为方式有其独特性,与第六章、第七章所列的各种具体行政行为形式有较大的差异,故特此单列成章。

[②] 姜明安主编:《行政法与行政诉讼法》,北京大学出版社、高等教育出版社2019年版,第251页。

二、行政规划的种类

行政规划的领域非常广泛，其内容和形式非常多样。根据不同的标准，可进行不同的分类。

（1）按行政层级，规划分为国家规划、省（自治区、直辖市）级规划、市（设区的市、自治州）和县（县级市、自治县）级规划。

（2）根据行政规划对象的范围，可以分为综合规划（或者称总体规划）和特定规划（或者称专项规划、详细规划）。

（3）根据行政规划的区域范围，可以分为全国规划、地方规划和区域规划。

（4）根据行政规划的时间长短，可以分为长期规划（或者长远规划、远景规划）、中期规划（如五年规划等）、短期规划（包括年度规划）。

（5）根据行政规划内容的具体性，可以分为目标规划（如基本规划、规划纲要）和实施规划（如事业规划、管理规划、处分规划等）。

（6）根据规划有无法律上的依据，可以分为法制上的规划和事实上的规划，或者称为依据法律规范的行政规划和依据职权的行政规划。前者是指行政主体根据相关的法律、法规所拟定的行政规划；后者是指行政主体根据自己的职权范围所拟定的行政规划。

（7）根据行政规划是否具有法律上的拘束力，可以分为非拘束性规划（或指导性规划）和拘束性规划（或政府组织落实的规划）。前者仅为行政机关指示判断准则，如科技振兴计划；后者对行政机关的判断及行为具有拘束力，有的甚至对行政组织外部的利害关系人也具有拘束力，如城市建设规划。

（8）根据规划事项，可以分为经济规划、产业规划、社会规划、开发规划、土地规划、资源保护规划、城市体系规划、教育发展规划、国防工业规划、生态建设规划、科技发展规划、防灾规划、扶贫规划、事业规划、财政规划、人事规划等。

三、行政规划的作用

行政规划的功能或作用主要有以下几点：

（1）程序功能。行政规划是行政管理过程的起点。政府管理过程是一个确定公共问题、认知公共需求、设计行动方案并运用行政权力、调动行政资源解决公共问题、满足公共需求的过程，行政规划处于设计行动方案环节，是政府管理过程中不可或缺的重要程序。

（2）整合功能。为了避免政府及其职能部门各自为政、分散行政，避免各项公共政策之间出现不系统与不协调，就需要政府及其职能部门通过规划行为而形成一个包括目标、方法、程序、规则、预算等在内的完整方案，以整合各种行政资源，实现共同目标。

（3）引导与约束功能。行政规划一经形成就有法律效力，行政管理活动要依其导向、受其拘束而不得随意违反。

（4）评价功能。行政规划中所设定的项目、指标、目标等是评价、检验行政管理活动、管理效果的重要标准，一个不依法执行规划、随意破坏法律关系稳定性的政府自然不会得到肯定评价。

第二节 行政合同

一、行政合同概述

(一) 行政合同的概念

行政合同(又称行政契约),是指行政主体为了行使行政职能、实现特定的行政管理目标,而与公民、法人和其他组织,经过协商,相互意思表示一致所达成的协议。

行政合同属于一种双方的行政行为。这种行政行为的特殊性表现在,行政机关在执行公务时需要与相对人协商,相互意思表示一致后,才能实施相应行为。与其他行政行为相比,行政合同行为是通过契约的方式将国家所要达到的行政管理目标固定化、法律化,并在合同中规范双方当事人的权利和义务。相对于单方行政行为而言,行政合同更能发挥行政相对人的积极性和创造性,因而在现代行政管理中被国家行政机关越来越广泛地运用。

行政合同是传统合同制度在行政领域的运用,但它又不同于民事合同。与民事合同相比,行政合同是一种由行政机关采取的行政行为,行政机关在行政合同的执行中具有优益权,民事法律中的契约自由、意思自治原则不完全适用于行政合同。行政合同是行政机关管理国家事务的一种方式,它以国家行政权为后盾,其行为具有一定的行政法上的约束力。

(二) 行政合同的特征

(1) 行政合同的当事人一方必定是行政主体。行政合同是行政主体行使行政权的一种方式,因此,行政合同只能在行政主体与相对人之间或行政机关之间签订,而不能在公民之间签订。即使公民之间签订的合同的内容是为了执行公务,也不能被认为是行政合同。需要注意的是,并非所有行政机关签订的合同都是行政合同,当行政机关仅仅是为了实现一定的民事目的而进行民事行为时所签订的合同即为民事合同。

(2) 行政合同签订的目的是为了行使行政职能,实现特定的国家行政管理目标。行政合同的内容必须符合法律、法规的规定,双方都无完全的自由处分权。而民事合同则不然,虽然某些企业(特别是国有企业)订立民事合同的结果也可能是有利于公共利益,但就其本身来讲,其签订民事合同的目的是为了其自身的经济利益。由于行政合同的这一特殊目的,从而使行政机关在行政合同中具有行政优先权。

(3) 行政合同以双方意思表示一致为前提。行政合同属于双方行政行为。单方行政行为仅有行政主体意思表示即可成立,双方的行政行为则须以双方意思表示一致为前提。但是双方意思表示一致并不等于双方的目的相同,行政主体签订行政合同的目的是为了执行公务,行政相对人则是为了营利。

(4) 在行政合同的履行、变更或解除中,行政机关享有行政优益权。[①] 行政合同中双方当事人不具有完全平等的法律地位,行政机关可以根据国家行政管理的需要,单方依法变更或解除合同,而作为另一方当事人的公民、法人或其他组织则不享有此种权利。但是这一权力的行使是有条件的,要受公平、合理、合法原则的支配。所谓"有条件",是指合同缔结后出

---

① 行政优益权是国家为确保行政主体有效地行使职权,切实地履行职责,圆满地实现公共利益的目标,而以法律法规等形式赋予行政主体享有各种职务上或物质上优益条件的资格。

现了妨碍合同目的实现的客观条件。行政机关非因相对人的过错而解除合同,导致相对人财产上受到损失的,应予以合理的补偿。

(5) 行政合同纠纷通常通过行政法的救济途径解决。在我国,因民事合同产生的纠纷,由人民法院民事审判庭处理①;在行政合同方面,由于尚未建立完善的法律制度②,其纠纷处理途径尚未明确,但根据行政法原理,行政合同发生争议,应通过行政法的救济解决,人民法院行政审判庭应有最终处理权。

二、行政合同的种类与作用

(一) 行政合同的种类

对行政合同,可以依不同标准进行分类:

(1) 根据合同所依据的行政关系的范围,行政合同分为内部合同和外部合同。前者指行政机关相互之间或行政机关与其公务员之间签订的合同;后者指行政机关与公民、法人或其他组织之间签订的合同。

(2) 根据合同的内容,行政合同分为承包合同、转让合同和委托合同等。承包合同指个人或组织承揽某些行政事务的合同;转让合同指行政主体向对方当事人转让某种财产的所有权、使用权的合同;委托合同指行政主体将自己的某些事务委托其他行政主体或个人、组织办理的合同。

(3) 根据合同是否涉及金钱给付,行政合同可以分为有金钱给付内容的合同和无金钱给付内容的合同。

(4) 根据合同事项所涉及的行政管理领域,行政合同分为工业、交通、农业、科技、教育等不同领域的专业合同。目前,在我国的行政管理实践中,行政合同主要有粮食订购合同、行政协作合同、国有企业租赁承包经营合同、治安管理承包合同、卫生管理承包合同、财政包干合同、经济协作合同、科技协作合同、人事聘用合同与人员培训合同等。

下面介绍我国目前最为常见的几种行政合同:

(1) 政府采购合同③

政府采购合同是指政府为实现其职能和公共利益,以法定方式、方法和程序,使用公共资金,从市场上为政府部门或其所辖公共部门购买货物、工程或服务的合同。政府采购具有民事行为和行政行为的双重性质,但其本质上是一种行政合同行为。④ 从政府公共行政管理的角度来看,政府采购实质上是政府财政支出的方式之一。所以,特别强调应当遵循公开透明原则、公平竞争原则、公正原则和诚实信用原则。⑤ 我国2002年首次制定、2014年修正的

---

① 在我国,1999年《合同法》制定颁布之前,经济合同的签订、履行等受《经济合同法》的调整。因经济合同产生的纠纷,过去由人民法院经济审判庭受理与审判。自《经济合同法》被废止始,各级人民法院撤销了过去的经济审判庭,而将之视为人民法院的一个民事审判庭。2020年《民法典》发布后《合同法》被废止,成为《民法典》合同编。
② 在我国的地方立法中,个别省市的一些政府规章中规定了有关行政合同的制度,如《湖南省行政程序规定》和《山东省行政程序规定》中都有专门的章节规定有关行政合同的内容。
③ 《政府采购法》中专章规定了"政府采购合同"(第五章)。该法中所涉及的"政府采购",是广义的政府采购(见该法第2条第2款的表述)。本书所指"政府采购"则是从狭义上来理解的。
④ 参见湛中乐:《法治国家与行政法治》,中国政法大学出版社2002年版,第168页。
⑤ 参见我国《政府采购法》第3条。

《政府采购法》用专章规定了"政府采购合同"并规定了政府采购的当事人、政府采购的方式、政府采购的程序、质疑与投诉以及监督检查和法律责任等相关内容。

(2) 科研合同

科研合同是指行政机关与其下属科研机构之间,为实行某种技术经济责任制,并完成一定的技术开发项目,而确立双方权利义务关系所签订的合同。与民法所调整的技术开发合同、技术转让合同、技术咨询合同、技术服务合同不同,它是一种对科研实行的从外到内、自上而下的集中管理,并且它通常是由国家下达指令性科研计划。

(3) 国家订购合同

国家订购合同是指行政机关基于国防与社会保障等方面的需要,与对方当事人签订的订购有关物资、产品的合同。与一般买卖、加工承揽合同不同,国家订购合同表现为行政主体方的意思表示具有不可拒绝的特性,即相对人必须接受并且履行订购单中规定的任务。当然,双方对完成工作的费用,双方的权利、义务、责任等事项,可以协商确定。国家军用物资和其他有关重要物资的订购通常都采用此种合同。此外,目前在我国农村广泛实行的粮棉订购合同亦具有这一特征。

(4) 公用征收合同

公用征收,是指国家行政机关为社会公共利益,在依法给予补偿的前提下,通过与相对人签订合同,对相对人的财产实行强制取得。公用征收合同也是行政合同的一种,且广泛运用于交通运输、城市建设、土地管理等领域。

(5) 公益事业建设投资合同

这是行政机关为了社会公益项目的建设,与行政相对人协商投资参与建设,确定双方权利义务而签订的行政合同。这类行政合同旨在调动行政相对人积极参与社会公益事业,动员社会力量弥补国家财力的不足,将社会公益事业的发展由以前单纯的行政行为,变为有行政相对人参与的社会行为。

这里特别值得一提的是 BOT 政府特许经营合同。BOT,即 Build Operate Transfer 的缩写,意为建设—经营—移交,它是一种新型的行政合同方式。通过这种 BOT 政府特许经营合同,政府将本来应由国家公营机构承担的大型基础设施或工业项目的设计、融资、建设、经营和维护的权利授予国内外私营机构,允许该私营机构在一定期间内拥有、经营和维护该设施,并通过收取使用费或服务费等方式,收回其对该项目的投资以及经营和维护该项目所需费用,以偿还该项目的所有债务并取得预定的资金回报收益;许可期限届满后,投资者将该项目无偿地移交项目所在国政府,从而完成 BOT 的运营。

(6) 土地等国有资源的使用和开发利用合同

土地等国有资源的使用和开发利用合同,是行政机关以国有土地等资源管理者的身份,与行政相对人签订的一定期限内使用和开发利用土地等国有资源的行政合同。这类行政合同是行政机关代表国家向行政相对人出让土地等资源的使用权和开采利用权等,并由行政相对人向国家支付资源使用费。土地使用权的出让在我国是由市、县人民政府土地管理部门与土地使用者签订合同,同时,土地行政管理部门对土地的使用进行监督。对未按合同规定的期限进行开发、利用、经营的,行政管理部门有权予以纠正,并可进行行政处罚,有权批准改变土地用途。

(7) 企业承包管理合同

企业承包责任制是经济管理上的概念。承包合同的出现使得国家、企业和个人之间的关系契约化,从而使得三者之间的单纯行政管理关系演变成了法律上的权利义务关系。由合同所规定的权利和义务受国家法律的保护,任何一方违反合同规定,不履行或不正确履行义务,均应受到法律规定的经济制裁。

此外,行政合同还有行政委托合同、计划生育合同、交通安全保障合同、资源环境保护合同、人事聘用合同等。

(二) 行政合同的作用

行政合同在社会生活中的作用主要表现在:

(1) 从行政机关方面来说,订立行政合同既可以更好地行使行政职能,保证国家行政目标的实现,又可以因合同双方权利义务关系的明确性而避免相互扯皮、推诿,杜绝不负责任的官僚主义作风。

订立行政合同能使行政机关与行政相对人的权利义务关系相对确定和明晰。合同内容对于双方均是一种限制和制约。虽然行政机关在行政合同的签订和履行中享有行政优益权,但它也不能无视合同的规定而任意行为。即使由于种种原因需要改变或中止合同时,它也要给相对人以相应的补偿。这样,既保证了国家行政目标的实现,也便于恰当合理地处理双方的责、权、利关系,以避免相互扯皮、相互推诿和不负责任的现象。

(2) 从行政相对人来说,订立行政合同既可以使他们更好地发挥积极性和创造性,又可以使合同争议发生后控告有门,解决有据。

行政管理的一个重要原则就是要符合管理对象自身发展的规律性。在行政管理领域内正确运用行政合同这一法律形式,既可以保证行政权的正确运用,也可以充分发挥行政相对人的积极性和创造性。尤其在文化、科研、教育、资源开发等方面,用简单、强硬的行政命令手段往往难以奏效,因而在这些行政管理部门采用行政合同的管理方式就显得更为必要。而对相对人来说,利益诱导机制可激发其主动性和创造性,制裁机制则可避免其不认真、不负责任的行为。这种方式显然比单纯行政命令、行政拨款方式优越得多。在资源开发方面,行政合同能够适当减少企业风险,调动企业资源开发积极性,有利于行政目标的实现。

(3) 订立行政合同可以使当事人双方一旦发生争议时控诉有门,解决有据。因为,通过签订行政合同,使二者的地位明确,各自的权利义务得以明晰,如果在履行合同中发生争议,当事人可以据此向有关行政机关申请行政复议或向人民法院提起行政诉讼,寻求法律保护或救济。

三、行政合同的缔结、变更和解除

(一) 行政合同的缔结

1. 缔结行政合同的原则

(1) 适应行政需要的原则。行政机关缔结行政合同不能随心所欲,必须出于行政需要。这种需要并非由法律、法规明确规定,而是行政机关根据法律、法规的原则精神结合具体情况具体分析而决定的。

(2) 不超越行政权限。行政机关缔结行政合同,不能超出自己管辖的事务范围和权限范围。否则,即属于无效合同。

(3) 合同内容必须合法。行政合同对于国家法律和政策明令禁止的事项不得加以规定,行政机关不得就这些事项与管理相对人缔结行政合同。

2. 缔结行政合同的方式

行政合同的缔结主要有招标、拍卖、邀请发价、直接磋商等方式。

(1) 招标。[①] 是指行政机关通过一定方式,公布一定的条件,向公众发出的以订立合同为目的的意思表示。招标人在发出招标的公告前或公告后需要制定标底,标底不能公开。行政相对人按照招标人公布的资格和条件进行投标。行政机关经过评议后与提出最优条件的投标人签订合同。招标是行政合同签订中最主要的方式。这种方式可以防止营私舞弊和财政经费的浪费。

(2) 拍卖。[②] 是指行政机关向公众发出以订立合同为目的的意思表示,拍卖人在同意拍买人的条件后合同即告成立的一种签约方式。与招标相比,两者的区别在于相互竞争的拍买人彼此知道其他拍买人的条件,可以随时改变自己要约的内容,最后由条件最优的拍买人与拍卖人订立合同。这种方式通常仅适用于国有资产的出让。

(3) 邀请发价。行政机关基于政治、经济、技术等方面的原因,在招标时不一定与要价最低的相对人缔结合同,而是邀请选择其认为最适当的行政相对人签订合同,这种方式也是采取公开的招标,但行政机关在参加投标的企业中有选择合同当事人的自由。

(4) 直接磋商。在某些特定情况下,行政机关可以直接与其他组织或公民进行协商,签订合同。这种方式在民事合同中较为常见,而在行政合同的签订过程中则必须受到法律、法规的限制。直接磋商方式主要用于下列事项:研究、试验和实验合同;招标和邀请发价没有取得结果的合同;情况紧急的合同;需要保密的合同;只能在某一地方履行的合同;需要利用专利权和其他专有权利的合同;需要利用特殊的高度专门技术的合同。

行政机关通过上述方式之一选择合同当事人后,即可与相对人签订行政合同。行政合同一般采用书面形式。

(二) 行政合同双方的权利和义务

1. 行政机关的权利

(1) 选择合同相对人的权利。行政机关在订立行政合同时,可以根据实际情况和要求选择适当的合同相对人,对于某些行政合同,作为行政相对人的组织和个人如没有法律规定的理由和依据,一般不能拒绝行政机关选择其为相应行政合同的当事人。

(2) 对合同履行的监督权和指挥权。行政机关在行政合同中具有双重身份,既是合同的一方,受合同的约束,同时它又代表国家行使行政管理权。在执行合同的过程中,行政机关对合同的履行不仅有监督和控制的权力,而且在某些情况下对合同的具体执行有指挥权。

---

① 我国《招标投标法》第10条规定:"招标分为公开招标和邀请招标。公开招标,是指招标人以招标公告的方式邀请不特定的法人或者其他组织投标。邀请招标,是指招标人以投标邀请书的方式邀请特定的法人或者其他组织投标。"

② 我国《拍卖法》将拍卖分为三个阶段:拍卖委托阶段、拍卖公告与展示阶段、拍卖实施阶段。拍卖委托阶段自拍卖人与委托人接触开始,至拍卖人与委托人签署拍卖合同结束。这个阶段包括了委托人选择拍卖人,拍卖人审查委托人资格及拍卖标底,协议拍卖佣金,确定拍卖底价,签署拍卖委托合同等程序。

(3) 单方面变更或解除合同的权利。在行政合同的履行过程中,行政机关根据国家法律、政策或计划的变更,以及公共利益的需要,有权变更或解除合同,不必取得相对人的同意。但是,这种权利的行使不是没有限制的。第一,这种权力只能在公共利益需要的限度以内行使;第二,不能变更或解除与公共利益无关的条款;第三,对相对人因变更或解除合同所造成的损失应予以补偿;第四,行政机关多方面的变更超过一定的限度或接近一个全新的义务时,相对人可以请求另订合同。

(4) 对不履行或不适当履行合同义务的相对人的制裁权。如果相对人违反合同,行政机关具有制裁的权力。行政机关的制裁权是一种当然的权力,不论合同中有无规定,它都可以依照职权行使。

2. 行政机关的义务

(1) 依法履行合同的义务。行政机关作为行政合同的主要一方当事人,本身具有优越的地位。这种优越的地位并不意味着行政机关可以不依法履行义务。在行政合同的履行中强调行政机关依法履行合同义务具有重要意义。

(2) 保证兑现其应给予合同相对人的优惠或照顾的义务。在行政合同中规定的优惠或照顾条件,对于相对人履行合同义务极其重要,也是行政主体吸引相对人的有利条件。因此,一旦以合同形式将其确定下来,行政机关就有义务保证其兑现,不允许随意更改或打折扣。

(3) 给予相对人物质损害赔偿或补偿的义务。在履行行政合同过程中,凡是因行政机关的原因引起合同的变更、解除,从而使相对人受到物质损害的,行政机关有义务根据有关规定和实际损害情况进行赔偿或补偿。

(4) 按照合同规定给付价金的义务。

3. 相对人的权利

(1) 取得报酬权。相对人的报酬通常是在合同中规定的,也可能直接由法律、法规规定。行政合同中的报酬,通常为对相对人提供的服务或产品的价金。

(2) 损害赔偿请求权。损害赔偿请求权是类似民事合同的一项权利。相对人由于行政机关的过失受到损害时,可以请求人民法院判决行政机关赔偿损失。

(3) 损失补偿请求权。所谓损失补偿请求权,是指行政机关在签订合同以后,由于公共利益的需要,单方面变更或终止合同的行为造成相对人的损害时,相对人以其损害为由提出要求行政机关予以补偿的权利。相对人由于行政机关的"特权"行为而造成或增加的全部负担(损害),不论具体合同中有无规定,都可以请求行政机关予以补偿。

(4) 不可预见的困难情况的补偿权。行政合同在履行的过程中,有时可能出现当事人订约时所不能预见的情况或困难,从而使合同的履行虽然不是不可能,但已使相对人遭受极大的损失,使履行合同极端困难,这种情况或困难称为不可预见的情况或困难。

4. 相对人的义务

(1) 按照合同规定的要求和期限认真履行合同的义务;

(2) 接受行政机关管理、监督和指挥的义务。

(三) 行政合同的履行

行政合同的履行主要应遵循下列原则:

(1) 实际履行原则。实际履行是指必须按照合同规定的标的履行,不能任意变更标的或用违约金和赔偿损失的方法代替合同的履行。行政合同的签订目的是为了公共利益,而公共利益是不可替代的,必须获得实现。因此,无论双方当事人之间有何种矛盾、争议,只要公共利益需要,双方当事人有能力履行的,合同仍然必须实际履行。当然,实际履行原则并不意味着绝对履行,在履行中如果出现了法定的某种特殊情况,行政合同也可以依法免除实际履行。

(2) 自己履行原则。行政合同不仅要求实际履行,而且一般实行自己履行原则而不能由他人代替履行。这是因为,行政合同是为了公共利益,对当事人有着特定的要求,合同一旦签订,非经行政机关同意,当事人就不能自行更换,也不能委托其他人代为履行。

(3) 全面适当履行原则。全面适当履行是指当事人按照合同规定的内容全面、适当地履行,在任何条款上都不得违反合同规定。全面适当履行原则要求相对人不能只履行合同的一部分条款,而对另一部分条款置之不理;不能对合同标的、履行时间、地点、方式任意进行变更。对于不全面适当履行合同的相对人当事人,行政机关有权给予相应制裁。

(四) 行政合同的变更和解除

1. 行政合同的变更

行政合同的变更是指现存行政合同基于行政机关的裁量权或其他法律事实,在不改变现存合同性质的基础上,对涉及合同主体、客体、内容的条款作相应的修改、补充和限制。

行政合同的变更要基于以下两种理由:一是行政机关为满足公共利益的需要行使裁量权,单方面变更合同;二是因一定的法律事实的出现而导致行政合同的变更,如不可抗力等。

2. 行政合同的解除

所谓行政合同的解除是指行政合同当事人一方尚未履行或尚未全面履行时,双方当事人提前结束约定的权利义务关系。

行政合同的解除方式有两种:一种是单方解除,即行政机关基于自己单方的意思表示即可产生解除效力的解除方式;另一种是协议解除,即相对人提出解除合同的意思表示,在征得行政机关同意后提前终止行政合同的效力。

3. 变更和解除行政合同的法律后果

(1) 行政合同变更后,原合同不再履行,双方当事人按变更后的权利义务关系行使权利,履行义务。行政合同解除后双方当事人之间合同关系终止,彼此不再享有原合同规定的权利和承担相应的义务。

(2) 因行政机关单方面变更和解除行政合同的,行政机关应对相对人因此受到的损失进行补偿。

(五) 行政合同的终止

行政合同的终止主要有下述情形:

(1) 合同履行完毕或者合同期限届满。

(2) 双方当事人同意解除。

(3) 行政机关依法律或政策规定以及出于公共利益的需要,单方面解除合同。

(4) 因不可抗力导致合同履行已不可能。

(5) 行政机关因相对人的过错而宣布解除合同。

(6) 因行政机关有严重过错,法院可根据相对人的申请依法判决解除合同。

(六) 行政合同纠纷的解决途径

根据我国目前解决行政争议的体制,行政合同纠纷有两种救济途径:一是根据《行政复议法》的规定提起行政复议,二是根据《行政诉讼法》的规定提起行政诉讼。无论是行政机关还是人民法院在审理行政合同纠纷时,都应当根据行政合同的特点注意以下几个问题:

(1) 行政合同的纠纷属于行政纠纷,由于我国有关行政合同的立法几乎是空白,因此在审查行政合同时,如果单行的法律、法规有明确的规定,则按照法律、法规的规定;如果没有法律、法规的规定,则可以适用行政法的原理和基本原则。

(2) 行政合同纠纷可以适用调解。这是因为,行政合同是基于当事人真实意思表示一致而成立的,这种合意成了对行政合同纠纷进行调解的法律基础。

(3) 行政合同纠纷承担的责任形式主要是赔偿责任。因此,在处理行政合同纠纷时,可以适用民事法律的有关规定。

第三节 行 政 指 导

随着福利国家和社会国家观念的确立,特别是第二次世界大战以后,行政指导作为一种灵活有效的行政管理方式,在行政管理中得到越来越广泛的应用,成为对传统上依法行政的一种重要补充。与之相适应,行政指导也逐渐受到当代行政法学界和行政管理学界的重视,成为行政法学与行政管理学研究的重要内容。

一、行政指导的概念与特征

(一) 行政指导的概念

所谓行政指导,是指行政主体在其职责、任务或其所管辖的事务范围内,为适应复杂多变的经济和社会生活的需要,基于国家的法律、法规和政策,在行政相对人的同意或协助下,适时灵活地采取非强制手段,以有效地实现一定的行政目的,不直接产生法律效果的行为。

对于这一概念可以从以下四个方面来理解:

第一,行政主体实施行政指导是根据其职责和承担的具体任务的要求进行的,只要属于其管辖范围内的事项,行政主体均可对之实施行政指导。

第二,实施行政指导的宗旨是适应现代市场经济下日益复杂多变的社会、经济生活对行政管理的需要。

第三,行政指导的依据是国家的法律、法规和政策。尽管一些行政指导行为有具体的法律、法规依据,但多数行政指导行为是基于法律原则以及行政组织法上的职能规定作出的,少数则是直接根据国家政策而适时、灵活地作出的。

第四,行政指导行为不具有强制力,行政相对人可自主决定接受或配合与否,因而不直接产生行政法律后果。

（二）行政指导的特征

行政指导具有以下特征[①]：

(1) 行政指导是行政主体的社会管理行为。只有具有行政主体资格的行政机关和法律法规授权的组织才能实施行政指导行为。

(2) 行政指导适用的范围极其广泛，其方法多种多样。行政机关可以根据法定的职责任务和管辖事务的范围灵活采取指导、劝告、建议、示范、告诫等方式，对社会经济生活作出及时灵活的反应。

(3) 行政指导属于"积极行政"的范畴。传统行政主要是"消极行政"，政府基本上扮演"守夜人"的角色，对社会生活很少主动干预。在现代社会，社会经济生活的日趋复杂化和多样化要求行政机关从实现一定行政目的，特别是从社会发展目的出发，实施积极的行动，包括采取行政指导方式，补充单纯法律强制手段的不足。

(4) 行政指导是符合现代法治原则的一种具有行政活动性质的行为。尽管许多行政指导行为并无具体的法律依据，不具有法律强制力，但行政指导行为是在不违背法律原则的前提下，为实现一定的行政目的而作出的。行政指导符合积极的法治原则，是对传统上依法行政原则的一种必要补充。

(5) 行政指导是一种柔性的不具有法律强制力的行为。与具有强制力的行政命令、行政处罚、行政强制等行为不同，行政指导主要以指导、劝告、建议、鼓励等柔性的、非强制性的方式进行，并辅以利益诱导机制，向特定行政相对人施加作用和影响，以促使其为一定行为或不行为（作为或不作为），从而达到一定的行政目的。至于相对人是否接受行政指导，则听凭其自主抉择。

(6) 行政指导是不直接产生法律后果的行为。尽管行政指导的作用对象是行政相对人，但因行政指导大都非基于具体法律规范而作出，不直接导致行政相对人的权利或义务的增减，因此不属于严格的行政行为的范畴。[②] 但是行政指导一经作出，对于行政主体则具有约束力，不经一定程序，不得"反悔"。行政指导违反法律，给相对人造成损害的还应当承担法律责任，这也是依法行政的要求。

同时，行政指导也不同于行政合同。行政合同虽然不具有单方性，但它可直接产生法律效果，从而属于广义的行政行为。

二、行政指导的种类、意义与作用

（一）行政指导的种类

对行政指导可以从不同角度加以分类，其中主要的分类法有：

第一，以有无法律根据为标准分为有具体法律根据的行政指导和无具体法律根据的行

[①] 国内有的学者对行政指导的特征有另外的概括。如杨建顺认为，行政指导的特征有行政性、多样性和自愿性三特点（见姜明安主编：《行政法与行政诉讼法》，北京大学出版社、高等教育出版社2019年版，第299—300页）。胡建淼则将之概括为：行政性、非强制性、单方性、外部性、事实行为性等五个方面的法律特征［见胡建淼、江利红：《行政法学》（第5版），中国人民大学出版社2022年版，第275页］。

[②] 在我国，有些学者就认为，行政指导是行政主体的一种非职权行为，其本质是一种非行政权的行为。参见姜明安主编：《行政法与行政诉讼法》，北京大学出版社、高等教育出版社2019年版，第299页。

政指导。前者是指法律、法规、规章明文规定的行政指导,后者是指没有法律明文规定的行政指导。

第二,行政指导以其指导层次或指导对象为标准,分为宏观行政指导(或称普遍的行政指导)和个别行政指导。前者是指行政机关对不特定的行业和相对人进行的行政指导。后者是指针对特定的行业、地区和相对人进行的行政指导,如某行政机关针对某企业经营不善或不良行为,在尚未达到违法或违法情节极为轻微的情况下提出劝告、希望或警告等,即属于个别指导。

第三,行政指导以其作用的性质为标准,分为促进性指导和限制性指导。前者是指行政机关通过采取鼓励性措施等方式,促进行政相对人积极作为而进行的指导。后者是指行政机关以限制行政相对人的行为为目的而进行的指导。

第四,行政指导以行业或部门管理领域为标准还可分为教育、科技、商业、对外贸易等若干类别。如教育部办公厅2022年发布的《关于认真做好寒假期间"双减"工作的通知》属于教育行政指导;国务院办公厅2020年发布的《新能源汽车产业发展规划(2021—2035)》则属于产业行政指导。

第五,行政指导以其功能为标准,分为管制性[①](或抑制性)行政指导、调整性(或调停性)行政指导、促进性[②](或辅助性)行政指导。管制性行政指导是指对于妨害秩序或公益的行为加以预防或抑制,如抑制物价暴涨和违章建筑等。调整性行政指导是指相对人相互之间发生争执,自行协商不成时出面调停以达成妥协,如城市公共汽车公司之间发生利害冲突且协商不成以致影响公共交通时所采取的行政指导。促进性行政指导,是指行政主体为了促使行政相对人的行为合法化而给予的行政指导,如为了推进中小企业的合理化、现代化,以实现社会平衡协调发展所实施的各种指导。例如,农业经营指导、职业指导等。

(二)行政指导的意义

(1)行政指导是对现行法律不完备的及时补充。随着社会生活特别是现代科技的迅速发展,行政管理越来越及于整个经济与社会生活领域。但是,立法活动因其周期、费用和知识等局限,不可能完全满足行政管理对立法的需求,在出现社会迫切需要行政管理而法律调整又不能及时跟上的情况下,主管相应公共事务的行政机关即应当及时、灵活地采用行政指导等措施实施管理,此种管理可以认为是对传统的"依法行政"的有效补充。

(2)行政指导是对某些僵硬法律手段的有效替代。对于某些行政事项,虽有作出行政处理、采取强制行政行为的具体法律依据,但由于该具体事项的特殊性,呆板地采取强制性措施可能会导致某些负面效应。在这种情况下,采取行政指导这种柔性措施往往会取得较好的综合效果。

(3)行政指导体现了现代行政管理民主化的发展趋势。随着第二次世界大战以后特别是近二三十年来各市场经济国家出现经济民主化倾向,相应地产生了行政管理民主化的趋势。与强制性法律手段相比,行政指导显然更具民主性。行政机关采用行政指导手段,更符合行政相对人的意愿,从而更有利于减少相对人对行政管理的阻力,更有利于行政管理任务

---

① 管制,英文为regulation,亦可译为规制、管理、规范等。
② 促进性行政指导亦可称为授益性行政指导。

的完成。

(三) 行政指导在我国行政管理中的作用

(1) 对强制性法律手段的补充作用。由于我国现阶段经济和社会生活的迅速发展,难免会出现立法跟不上、存在"法律空白"的现象。为补充法律手段之不足,行政机关有必要及时灵活地采取行政指导措施调整有关事项。即在某些已有具体法律规定的场合,如采用法律强制手段尚不必要或可能效果较差,可以采取行政指导措施来替代法律手段进行调整,以更为有效地实现行政目标。

(2) 对经济发展的引导和促进作用。由于行政机关在掌握知识、信息、政策等方面的优越性,其实施行政指导能有效地引导行政相对人进行有关行为的正确选择,从而有利于促进社会经济与科技的健康发展。特别在目前我国向市场经济体制的转轨过程中,行政指导更具有一种导向和促进作用,能够合理引导、影响行政相对人的行为选择,保障社会主义市场经济顺利进行。

(3) 对社会生活的协调和疏导作用。社会生活的多元主体之间的利益矛盾和冲突是难免的,为避免这种利益矛盾和冲突对正常社会经济秩序的干扰和破坏,需要通过各种途径和手段对之进行协调,而行政指导正是一种灵活有效的协调手段。由于行政指导的非强制性和自主抉择性,使其在缓解和平衡各种利益主体间的矛盾与冲突中具有特别有效的作用。尤其是对于社会经济组织之间的冲突,更需要通过行政指导进行协调和斡旋。此外,对于某些一时发生隔阂、阻碍的社会关系,也需要采取行政指导及时地予以疏通和调停。

(4) 对损害社会利益行为的预防和抑制作用。在现实生活中,某些社会组织和个人往往存在一种为增加自身利益而不惜损害社会利益的倾向。对此需要通过某种外在影响力加以适当抑制。在损害社会利益的行为尚处于萌芽状态时,最宜采用行政指导这种非强制性的积极行政方式进行调整。实践证明,行政指导对于可能发生的妨害社会经济秩序和社会公益的行为,可以起到防患于未然的作用;对于刚萌芽的妨害行为,则可以起到防微杜渐的抑制作用。

三、建立、健全我国的行政指导制度

(一) 在市场经济条件下建立、健全行政指导制度的必要性

1. 行政指导是建立和发展社会主义市场经济的要求

我国正在建立和发展社会主义市场经济体制。市场经济一方面是富有竞争活力和效率的经济,另一方面又是富有平等和自由内蕴的民主性经济。在现代市场经济条件下,不可能完全取消政府对经济的干预,但此种干预不能完全凭借强制性手段进行。市场经济必然要求灵活性而非僵硬性、民主性而非专制性的行政管理方式,以适应现代民主化潮流。因此,行政指导这种新的基于行政相对人同意或协作而发生作用的非权力强制性行政活动方式,就成为完善和丰富现代市场经济条件下行政管理方式及行政法制的一种必然选择。

2. 行政指导是转变政府职能和行政模式的要求

在改革开放的进程中,转变政府职能,综合运用经济、法律以及必要的行政手段进行管理,开始成为人们的共识。相应地,指导性计划、规划、劝告、建议、协调等非权力强制性行政活动方式也就开始受到重视,并在某些法律和政策中被规定下来。在这种背景之下,实行行

政指导是在由传统的计划经济体制转向社会主义市场经济体制的过程中,深化改革、转变政府职能和行政模式的必然结果和客观要求。

3. 行政指导是现代行政法治成本效益原则的要求

社会主义市场经济体制是与效率、效益相联系的。在行政管理中,同样要讲效率和效益,而行政指导正是一种有利于提高社会综合效益的行政管理方式。这种效率性具体体现在:(1)与传统的强制手段相比,行政指导能够提高行政行为的可接受性,从而动用较少的公共资源即可实现社会管制的目标;(2)行政指导的灵活性能够有效填补制定法的漏洞,从而避免动用议会程序,消耗有限的社会资源;(3)行政指导能够有效协调多元利益,与传统的一元化的强制手段相比,更符合社会利益多元化的现实,也能更有效地实现社会管理的目标。

(二)我国行政指导的规范特点与行政实践

1. 我国有关行政指导的法律规范的特点

(1)我国行政指导的特点

我国行政指导法律规范大致有如下特点:第一,在宪法、法律、行政法规和规章层面均有与行政指导有关的规范条款。① 第二,自实行改革开放,特别是确立发展市场经济的方针以来,国家开始重视对行政指导的立法规定。不过这些规定的绝对数量还不多,在整个法律规范中仅占很小的比例。第三,这些规定主要涉及经济管理部门、科技管理部门和某些社会管理部门的管理领域。第四,这些规定往往较为原则、简单,在理解上的伸缩性相当大。至今尚未正式使用"行政指导"这个提法,在使用"引导""指导"等提法时,有时泛指一种国家职能(指导主体不仅是行政机关)。第五,立法对行政指导的程序鲜有涉及。这反映出我国多年来立法领域仍然存在重实体法、轻程序法的弊端。

(2)行政指导在我国现阶段的具体运用

行政指导在我国现阶段已受到关注并开始在行政管理中适用,且取得了一些效果。如近年来我国政府开始采取正式发布官方信息的办法来引导和帮助企业发展。政府还定期发布不同行业的国内、国际人工成本及经济效益横向比较指标,以指导企业搞好分配。自1993年以来,国家教委和有关部门在指导各高等学校录取大学生与大学生毕业分配就业方面进行了较大幅度的改革,引进了行政指导的管理方式;在鼓励、引导外商和港澳台同胞投资方面,各地方政府也采用行政指导的方式,以实现投资管理目标。

2. 目前我国行政指导在法律、法规、规章规定和行政管理实践中存在的问题

(1)行政指导行为的规范化、制度化的程度低。主要表现为法律上对之规定不充分,特别是缺乏程序性的规定。除个别领域外,尚未形成比较成型的规范的具体行政指导制度。

(2)学术界对行政指导还缺乏系统、深入的研究,行政实务界对之缺乏全面的了解和认识,一些人对之采取否定或排斥的态度,这些均制约着行政指导制度在我国的发展。

(3)一些行政机关及其工作人员在实际运作中有时将行政指导措施当成行政指令(命令)措施操作,从而侵害了行政相对人的自主权益,导致了行政相对人"希望被指导又害怕被

---

① 在宪法层面上可参见《宪法》第8条第3款;在法律层面上可参见《农业法》第87条;行政法规层面上可以参见国务院办公厅2022年发布的《关于进一步加强商品过度包装治理的通知》第6条关于加强行业管理的内容;在规章层面上可参见《汽车产业发展政策》和《鼓励外商投资产业目录》等。

指导"的矛盾心理。

（4）法律上缺乏对行政指导的约束和纠错机制。行政指导作为一种行政活动方式，必然存在违法运用、不当运用或出现失误的可能，因而需要加以约束和设定补救办法。但目前我国法律在这方面的规定还几乎是空白，这使得行政指导的实施缺乏必要的制度保障。

（三）构建我国行政指导制度的对策和建议

1. 转变观念，培育现代行政意识

针对目前国人对行政指导不甚了解的状况，学术界应加强对行政指导的宣传，使政府机关及其工作人员首先认识和接受这种制度，并逐步树立行政目的与效益统一观、公平与效率统一观、行政成本效益观、行政民主观、行政责任观等一系列现代法治观念，为我国在市场经济条件下建立、发展、完善行政指导制度创造必要的思想认识条件。

2. 确立我国行政指导的原则

行政指导的原则应当包括以下内容：

（1）合法原则。这一原则总的要求是行政指导不得违反法的原则精神和具体规范，不得违反基本法理。具体要求包括：法律或其他层级的专门法律规范如果已就行政指导作出了具体规定，则应从其规定；如无此种具体规定，行政机关可以按行政组织法的一般规定，在其职责任务或管辖事务范围内实施行政指导；如果连此种一般规定也没有，行政机关可以根据宪法和有关法律规定就行政机关及该领域事务作出的一般规定或立法目的、原则和精神而实施行政指导；实施行政指导不得违反行政法的基本原则或基本法理，如比例原则、信赖利益保护原则等，行政指导的实施必须具有合法性或正当性。

（2）合政策原则。这里的政策，既有政党的政策，也有国家的政策等。其主要含义是：当经济与社会不断发展而新出现某种特殊的公共管理需求时，如果对此恰好还没有适当的法律规范进行调整时，行政机关可以根据中共中央和国家权力机关的有关政策规定实施行政指导予以及时调整。

（3）民主自愿原则。这一原则要求行政机关实施行政指导时必须充分尊重行政相对人的自主权利，只能采取引导、劝告、建议等非强制性手段和方式，通过行政相对人自愿同意或协作以达到行政目的，绝不能像采取单方性的法律强制行为那样不考虑行政相对人的意愿或不征得行政相对人的同意。这一原则也是为了顺应当代社会的发展，为了顺应当代社会出现的经济民主化和行政民主化潮流而应予确立的。

（4）及时灵活原则。它要求行政机关必须善于判断、捕捉最佳时机，应根据客观情势和行政目的而及时采取指导措施，对公共行政管理的紧急特殊要求作出有效反应，而不能消极无为、坐视不管，或者按部就班、坐失良机，以致无谓增加社会成本。同时，行政指导的操作方式可以灵活多样，除前述形式外，诸如座谈、开会、个别交谈等，都可不拘一格地采用。而且，必要时还可采取口头形式进行指导。当然，实施行政指导时不得采取违法、违反政策和违背善良风俗的方式方法进行。

3. 加强有关行政指导的法制建设

从我国现阶段法制建设状况来看，要实现行政指导的制度化，可以考虑两种途径：一是通过制定《行政程序法》,设专章或专节规范行政指导[①];二是通过制定与完善单行法律、法规,着重建立以下七个方面的制度,从而建立我国的行政指导法律规范体系。

(1) 建立行政协调、审议会制度。为充分发挥各种行政政策(如产业发展政策)的引导和指导作用,有必要借鉴国外的经验,尽快建立起我国的政策审议会制度。审议会是一种咨询性、调研性、独立性、非权力性的合议制组织,由专家学者和有关利害关系人组成。其机能是多方面的,最主要的是调查、审议重要的行政政策。采取审议会的形式,有利之处甚多,如:把各种专门知识引入行政实务,确保行政公开性;协调各方面行政相对人之间的矛盾,调动各方面的积极性;沟通行政机关与相对人之间的联系,使相对人的意见能充分地反映到行政决策中去;等等。

(2) 建立、健全政府信息发布、告示制度。现代社会是信息社会,及时、准确、系统的信息对一个公民或社会组织来说至关重要。而行政机关因其职能、地位、工作性质、人员素质等方面的特殊性,在信息的收集、整理和运用方面具有相当大的优势。因此,尽快建立起行业、地方和全国的各种行政信息发布、告示制度,为相对人提供优质、全面的信息服务,对于正确引导相对人的行政选择,保障经济与社会生活健康运行,无疑具有重大意义。

(3) 建立行政建议、劝告、告诫制度。出于经济与社会管理的特殊需求,行政机关可采取书面或口头形式对相对人进行建议、劝告、告诫,以促使其为一定行为或不行为(作为或不作为)。为保证此类行政指导的效果,行政机关的建议、劝告、告诫行为应力求规范化、定型化,使受指导者明确地知晓行政指导的内容和要求,以便作出正确反应。

(4) 加强和完善行政调解和协调制度。在市场经济条件下,相对人之间的利益矛盾和冲突相应增多。这些矛盾、冲突在未达到行政处理或诉讼阶段时,由行政机关出面进行协调、调解,有利于减少利益损失,降低社会成本。这方面的制度过去有过一些,但还需按社会主义市场经济的新要求予以改善和加强。

(5) 建立、健全行政奖励制度。社会主义市场经济不同于管制性经济、惩罚性经济或制裁性经济,对经济主体的行为在依法律法规予以管理的同时,应予以正面引导、指导。所以,行政机关通过正面的表彰、鼓励、奖励(包括非物质性鼓励、奖励)等方式来引导和影响相对人的价值取向和行为目标是非常重要的。行政指导制度在这方面正好具有优势,行政表彰、鼓励以及物质奖励措施,其作用(尤其是后者)不可忽视。

(6) 健全行政计划制度。市场经济并不一概排斥行政计划,甚至在特殊的有限范围内还容许指令性计划的存在。在日本、法国等成熟市场经济国家,计划行政在整个行政中均有相应的地位。在我国社会主义市场经济体制下,计划调节是行政调控的一部分,在行政计划中主要是指导性计划。因此,为适应市场经济发展的要求,应进一步健全我国行政计划制度,法律应对各类行政计划作出更明确的专门规定,做到科学、合理、规范,使行政计划对经

---

① 在我国由学者提出的《行政程序法》(专家试拟稿)和由全国人大常委会法制工作委员会行政立法研究组提供的《行政程序法》(试拟稿)中都有涉及行政指导的条文。前者如北京大学公法研究中心课题组提出的《行政程序法》(试拟稿)第五章第五节,专门规定了行政指导,见罗豪才主编:《行政法论丛》(第6卷),法律出版社2003年版,第483、500页;后者是以第六章专门规定行政指导。特别值得指出的是,在我国的地方立法中,个别省市的一些政府规章中规定了有关行政指导的制度,如《湖南省行政程序规定》和《山东省行政程序规定》中都有专门的章节规定有关行政指导的内容。我国最高人民法院的有关司法解释中也出现了"行政指导"的术语。

济及社会发展起到正确的引导和指导作用。

（7）建立责任、救济制度。按照现代法治的要求，"有损害必有救济"。行政指导与行政处理行为一样，难免发生失误或损害，因此，必须建立相应的救济制度，以对受到违法、不当行政指导的行政相对人予以补救。建立行政指导的责任制度和救济制度的目的，主要在于保障相对人的合法权益，同时也要有利于行政机关实施行政指导，以鼓励和保障其维护社会公益的积极性。

【思考题】
1. 简述行政规划的概念与特征。
2. 行政规划的功能有哪些？
3. 简述行政合同的概念与特征。
4. 行政合同的作用有哪些？
5. 简述我国目前几种常见的行政合同。
6. 简述行政合同双方的权利、义务。
7. 缔结行政合同的原则、方式各有哪些？
8. 导致行政合同终止的情形有哪些？
9. 试述我国行政合同纠纷的解决途径。
10. 什么是行政指导？行政指导有哪些分类？
11. 行政指导有哪些特征？
12. 行政指导在我国行政管理中的作用有哪些？
13. 试析我国市场经济条件下建立、健全行政指导的必要性。
14. 应当从哪些方面加强我国行政指导制度的建设？
15. 试述我国行政指导的法律规定的特点。

第九章 行政程序法

第一节 行政程序法概述

一、行政程序的概念和种类

(一) 行政程序的概念

1. 理解行政程序概念的多重视角

关于行政程序的概念,无论中国还是外国,都不存在定论。基于不同的标准,从不同的视角,人们可以对行政程序作不同的理解。从最广义的视角,可以将行政程序理解为与行政有关的所有行为或者措施的所有步骤、方法和方式;从广义的视角,可以将行政程序理解为有关行政行为的所有程序,既包括作出行政行为的程序(如行政许可程序、行政处罚程序、行政征收程序等),也包括对行政行为进行监督的程序(如行政复议程序、行政诉讼程序、行政赔偿程序等)。从狭义的视角,可以将行政程序理解为有关行政行为的事前和事中程序,是由作出行政行为的步骤、方法和方式所构成的行政行为的过程。从最狭义的视角,可以将行政程序理解为作出行政行为之前所履行的听证等事前程序。

2. 从行政过程论的视角来把握行政程序的概念

建立和健全行政程序,目的在于通过对作为国家统治权的行政权的行使予以规制,在确保实现公共利益的同时,确保公民、法人及其他组织的合法权益不受违法或者不当的行政行为乃至其他行政活动的侵害。当我们将行政权的行使看作行政过程,把行政过程看作行政程序时,我们将得到一个全新的行政程序概念。

行政过程包括许多种类:

首先,从行政作用的角度看,可以分为行使公权力的过程和以公权力为背景的其他活动过程。前者包括制定行政法规、部门规章和地方政府规章等行政立法以及其他规范性法律文件的过程,讨论和制订各种行政计划的过程,行政行为的形成过程,行政强制过程,行政处罚过程以及行政争讼的裁决过程;后者包括行政合同过程,行政指导过程和行政信访处理过程,等等。

其次,作为国家组织中的行政过程,有各行政机关之间依据行政组织法而形成各种关系的过程,向权力机关提交法律案及预算案的过程,还有公布有关法规范和预算的过程。

最后,部分与外国之间缔结条约及进行其他交涉的过程,也属于行政过程。

当我们从行政过程论的视角来理解行政程序时,上述过程所必须遵循的程序,当然都属于行政程序的范畴。并且,除了上述行政过程所必须履行的程序外,与行政过程有关的活动所必须遵循的程序,也应当被纳入行政程序的概念范畴。从这种视角来看,行政复议程序、行政诉讼程序乃至行政赔偿和补偿程序等,当然也被纳入行政程序的范畴。例如,1946年制定的美国行政程序法(Administrative Procedure Act)就有关于司法审查(Judicial Review)的规定。并且,该法经过 1966 年和 1967 年两次修改被收入合众国法典(United States Code),行政程序法中依然包括司法审查。

但是,包括我国在内的大多数国家的主流派理论以及实定法制度,都不主张也没有在实际上将行政复议法和行政诉讼法所调整的程序纳入行政程序法之中。这并不意味着行政程序法的概念架构中没有将行政复议程序和行政诉讼程序纳入其视野,而是鉴于这些程序所具有的独特属性,按照行政法体系架构方面的需要,将其作为救济法的重要内容来定位的。行政复议制度和行政诉讼制度作为事后救济制度,本身具有重要的意义。但是,仅靠事后救济,对于现代社会的权利保障来说,是极其不足的。与事后救济制度相对应,现代国家也重视对行政行为乃至其他行政活动的事前乃至事中制约机制的建设。我们强调从行政过程论的角度来把握行政程序的概念,但不主张将事后救济程序也纳入其中。

3. 行政程序的概念界定

根据各国行政程序实定法的经验,结合相关理论研究,我们可以从行政过程论的角度对行政程序作如下概念界定:所谓行政程序,是指行政主体作出行政行为的过程中所遵循的步骤、顺序、方法、方式以及时限的总和。

根据上述定义,行政程序可从以下三个方面来理解:

(1) 行政程序是就作出行政行为的过程而言的。

凡不属于作出行政行为的过程本身所包含或者所必须经过的程序,都不在行政程序的范畴之内。例如,司法机关审查行政行为时所遵循的程序,不是作出行政行为的过程本身所包含的程序,也不是作出行政行为的过程所必须经过的程序,故不属于行政程序。同样,行政复议程序亦不属于行政程序。行政程序是就作出行政行为的过程而言的,静态的行政组织本身是无程序可言的。但是,在作出行政行为的过程中,行政组织的运作及相互协调等环节,则是行政程序。

(2) 行政程序所规范的核心对象是行政主体的行为。

行政程序是针对行政主体作出行政行为的过程进行具体架构的,因而,当行政相对人的行为所经历的过程不是作出行政行为的过程所必须遵守或者应当具备的环节或者步骤时,也不是行政程序。但是,在参与型行政中,行政相对人的行为往往在行政行为的作出过程中具有重要的意义,行政相对人的许多行为被规定为作出行政行为的过程中必须遵守的环节。例如,行政处罚决定作出之前被处罚人的陈述和申辩,此种环节或者步骤就是行政程序。

(3) 行政程序表现为步骤、顺序、方法、方式以及时限的总和。

行政程序表现为步骤,即作出行政行为的过程中所必须履行的相应的环节。如《治安管理处罚法》第四章专门规定了"处罚程序",对调查(主要包括传唤、询问查证、检查、扣押和鉴定等)、决定和执行分别规定了详细的程序规范,为该领域中行政的先行处置权提供了更为完善的程序保障和约束。调查、决定和执行三者共同构成了行政处罚程序。

行政程序表现为顺序,即作出行政行为的过程中所必须遵循的先后顺序,如我国《行政处罚法》第 62 条规定,行政机关及其执法人员在作出行政处罚决定之前,未依照本法第 44 条、第 45 条的规定向当事人告知拟作出的行政处罚内容及事实、理由、依据,或者拒绝听取当事人的陈述、申辩,不得作出行政处罚决定;当事人明确放弃陈述或者申辩权利的除外。

行政程序表现为方法、方式,即作出行政行为的过程中必须采用口头形式、书面形式或者动作形式等。如我国《行政许可法》第29条第1款规定:"公民、法人或者其他组织从事特定活动,依法需要取得行政许可的,应当向行政机关提出申请。申请书需要采用格式文本的,行政机关应当向申请人提供行政许可申请书格式文本。申请书格式文本中不得包含与申请行政许可事项没有直接关系的内容。"

行政程序表现为步骤、顺序、方法、方式等的时间限制,如我国《治安管理处罚法》第83条第1款规定:"对违反治安管理行为人,公安机关传唤后应当及时询问查证,询问查证的时间不得超过八小时;情况复杂,依照本法规定可能适用行政拘留处罚的,询问查证的时间不得超过二十四小时。"

(二) 行政程序的种类

为了更加深入地研究不同行政程序的不同性质和作用,同时准确地判定行政行为的法律效力,更好地保护相对人的合法权益,有必要对行政程序予以尽可能科学、合理的分类。根据不同的标准,可以对行政程序进行若干不同的分类。

(1) 以行政事务的法律目的和行政程序的适用范围为标准,可分为内部行政程序和外部行政程序。内部行政程序,是指行政主体内部行政事务的运作程序,如行政系统各部门公文办理程序、行政首长签署程序等。外部行政程序,是指行政主体在对外实施行政管理时所适用的程序,包括作出影响相对人的权利义务的行政行为以及采取行政指导等事实上对相对人具有重要意义的行政手段时所必须履行的程序,如公安机关进行治安处罚时所必须遵循的程序。

区别内部行政程序和外部行政程序的核心,在于是否与行政相对人发生直接联系。外部行政程序不限于作出行政行为的程序,只要与行政相对人有直接联系,行政主体所采取的事实行为程序也包括在其中。划分内部行政程序和外部行政程序的意义,主要在于强调外部行政程序的法律化和民主化,强化和扩大行政相对人的行政过程参与权、知情权和监督权,以体现公正、合理、科学的法律精神。当然,随着行政民主和行政法制的日益发展,内部行政程序同样在逐渐法律化和公开化。并且,有时内部行政程序和外部行政程序的区分并非十分明确,行政事务的处理往往是通过内部程序和外部程序交织的混合程序来实现的。所以,无论是内部行政程序,还是外部行政程序,只要法律上有明确规定,都必须严格遵守。否则,作为程序上有瑕疵的行为,将难以达到预期的法律效果。

(2) 以行政事务处理的适用频度、范围、时限和行政程序的适用对象是否特定为标准,可分为抽象行政程序和具体行政程序。抽象行政程序具有普遍性和后及性的特点,是针对某类人或者事项普遍适用的,且在时限上一般只面向未来发生效力。具体行政程序则具有相对的具体性和前溯性,是只针对特定的人或者事项采取的、在时限上一般只对既往事件发生效力的程序。

区别抽象行政程序和具体行政程序的核心,在于根据其适用频度、范围和时限作出判断,强调具有普遍性和后及性的抽象行政程序的法定性和对行为过程的监督与控制,注重具有具体性和前溯性的具体行政程序的效率性、公正合理性以及对公民的程序权利的司法救济。

(3) 以法律是否有明确规定和要求为标准,可分为自由行政程序和法定行政程序。自由行政程序,或者称任意行政程序,是指法律没有明确规定和要求,由行政主体自由裁量决定或者选择采取的行政程序。法定行政程序,顾名思义,即法律规范设有明确的规定和要求,行政主体必须遵循的行政程序,故又称强制性行政程序。

区别自由行政程序和法定行政程序,具有如下两方面的意义:其一,对于涉及行政相对人重要权益的行政事项,应在行政程序立法中予以明确规定,行政主体必须严格遵守,不得进行任意选择,更不得有任何违背,否则将导致行为的无效。其二,对于自由行政程序,行政主体可以依照公正、合理的原则,在其权限范围内自由裁量决定或者选择,对该程序的违背,一般不直接引起行为无效的后果。对于法定行政程序的强调,其目的主要在于确保相对人的程序权利不因行政主体的恣意判断而受到侵害。

(4) 以行政事务的法律关系特点为标准,可分为行政立法程序、行政执法程序和行政裁判程序。行政立法程序,也称行政创制程序,由于行政创制行为内容的广泛性、行为对象的不特定性和效力的后及性,行政创制程序一般都比较复杂、严格,如听证制度、会议制度、专家论证制度以及备案制度等,成为不可或缺的程序内容。行政执法程序,也称行政执行程序,一般应体现行政效率的原则和保护相对人合法权益的原则。但是,由于行政执行行为对象的特定性、内容的具体性和行为方式的多样性,决定了其程序的多样性和差异性,如行政许可程序、行政处罚程序、行政强制执行程序等。行政裁判程序,也称行政司法程序,则由于裁判行为对象是当事人双方的争议或者纠纷,因而其程序具有准司法的特点和司法化的趋势,而其核心内容是体现公正和公平。

(5) 以行政手段的法律性质为标准,可以分为公民参政程序(如选定或者罢免公务员的程序,参加制定或者修改、废止一定的法律规范的程序等)、统治机关相互之间的程序(如外交程序,对权力机关的程序,对司法机关的程序,行政机关内部的组织程序等)、行政立法程序、行政计划决定程序、行政行为程序、无权力性的行政决定程序(如行政机关的鉴定性判断程序等)、行政强制程序、对于请求权的支付交付和提供的程序、非权力性行政手段的程序(如任意调查程序,斡旋、调解、仲裁等纠纷处理程序,信访处理程序,行政指导程序)、行政合同程序以及单独产生法律效果的私人的公法行为(如申报纳税方式中的纳税申报程序,复议申请的撤回等)。

(6) 以行政过程的法律功能为标准,可分为立案程序、调查程序、主张和立证程序、笔录或者调查书的制作程序、咨询和答复程序、合议程序、决定程序、告知程序、审查程序(被告知者若不服,可通过一定的方式提起行政争讼,请求有关国家机关作出裁断)、信访处理程序等。

二、行政程序法的概念和作用

(一) 行政程序法的概念和地位

行政程序法,就是规定和规范行政程序的法。关于这一点,本来应该是无可争议的。然而,由于对行政程序的理解存在较大差异,导致行政程序法概念的具体界定出现一系列分歧。

在前面对行政程序的概念予以界定的基础上,将行政程序法理解为"规定和规范行政程序的法"就足够了。将这种理解进行概念学上的架构,就可以对行政程序法这个概念作如下定义:

所谓行政程序法,是指调整行政主体作出行政行为的过程中所遵循的程序的法律规范和原则的总和。

在传统大陆法系法学理论的观念和体系中,程序法的概念根本不被重视。即使在重程序的英美诸国,也较少从国家法制的高度予以重视。传统上人们较习惯于将与几大部门法相适应的刑事诉讼法、民事诉讼法和行政诉讼法等有关司法程序的法理解为程序法。然而,现代法治原则不断发展的结果,要求行政主体作出行政行为无论在实体上还是在程序上都应受法律规范制约,都应法制化。因此,调整与规定行政过程的程序性法律规则,也成为程序法律体系的重要组成部分,与司法程序具有同样重要的法律效力和地位。

行政程序是行政主体在行政过程中所必须遵循的准则,是为规范行政行为及其他相关活动,保障公民、法人和其他组织的合法权益而由法律、法规以及规章等法律规范所规定的公正而民主的程序。行政程序法的基本原理,要求在行政过程中尽可能广泛地听取包括利害关系人在内的各方面的意见,以防止行政的独断专横,求得行政的民主化与高效化的统一,求得公民权利的切实保障。行政程序法的基本原理的贯彻应用,不仅对于规范行政行为,确保行政权的公正行使,保护公民、法人和其他组织的合法权益,有着不可低估的作用,而且对于提高行政行为的合法性和公正性,防止和减少违法或者不当行为,减少行政争讼,以及提高行政效率等,也都具有重要的意义。

(二) 行政程序法与行政实体法的关系

行政程序法是行政法的重要组成部分,与行政实体法共同构成了行政法的外延。由于行政活动的复杂多样性和行政权的积极能动性,行政实体法和行政程序法并没有法定的划分标准,对行政程序法的认识仅仅是法学家依据各自不同的主观标准形成的某种程度上的共识。众所周知,调整行政机关相互之间关系的是行政组织法,调整行政机关和行政相对人之间关系的是行政作用法或者称为行政行为法。而行政程序法是由行政组织法和行政作用法的各一部分构成的。作为行政法体系一个相对独立的组成部分,行政程序法所调整的对象仍是行政关系,但它侧重于行政程序关系。当然,它和行政实体法一样,不仅调整行政主体的程序性行为,而且还调整行政相对人参与行政事务的程序性行为。

调整行政程序关系和调整行政实体关系的是两类不同的法规范。这两类法规范往往相互交织在同一法律文件或者同一法律条文之中,特别是在行政法产生与发展的初期,表现得更为突出。正是这一原因,事实上造成行政程序法规范只是行政实体法规范的"附属品",行政程序法远没有行政实体法发达。但是,随着行政法治与民主观念的提高,行政过程中的一切活动,不仅在实体上要求合法,而且还必须在程序上合法。行政程序法的兴起和发展,使其具有与行政实体法同等重要的法律效力和地位,违反程序法规则与违反实体法规则一样,都将影响行政行为的效力。

(三) 行政程序法的作用

一般说来,行政程序法具有如下三种作用:

(1) 监督和控制行政权的作用。依法行政,是行政合法性原则对行政主体进行行政活动的基本要求。行政主体作出行政行为,必须履行一定的法定程序,这既有利于防止行政主体主观臆断,不考虑其他相关因素或者考虑不应考虑的因素而武断专横地行使权力,又赋予其他行政机关、社会组织和公民个人以监督和控制行政权的机会和权利。

(2) 保护相对人合法权益的作用。程序法的建立和完善,在事前广开言路,在客观上为避免行政机关的主观武断提供了保证。相对人不仅享有了解和知悉与自己有关的行政行为的权利,而且可以通过听证等法定程序,直接陈述自己的观点和看法;不仅可以求得较为充分的救济,而且其参与行政行为的决定过程,是现代民主国家公民参政权的具体体现。

(3) 提高行政效率的作用。行政事务具有多变性和复杂多样性,因此,处理行政事务的迅速、简便和经济,构成了行政程序中的效率原则的核心。对行政活动的有关方式、时限等法律规定和要求,成为提高行政效率的直接保障。

第二节 行政程序法的历史发展

一、外国行政程序法的历史发展阶段

关于行政程序法的起源,至今学界仍无定论。有人认为,行政程序法的产生与国家的产生有一定的联系,但并非有了国家就有了行政程序法,而行政程序法也绝非仅始于近代国家。在古希腊、古罗马的共和制度下业已出现行政程序法的雏形;在中国古代就存在行政程序法的规定。其实,有行政程序未必有行政程序法,现代世界各国一般理解的所谓行政程序法,和人们通常所理解的行政法一样,是在国家行政权力逐步扩大,行政管理者和被管理者的矛盾和对立日益激化,制约行政权力以保护被管理者的权利和利益成为社会一般性需要或要求时,作为近代民主政治的产物而出现和发展起来的法律规范。正如任何事物的形成和发展都要经过一个从无到有、从小到大的过程一样,行政程序法的发展史可分为以下几个阶段:

(一) 行政权的扩大与行政程序法的初步发展

19世纪末至20世纪初,随着生产的高度社会化和垄断资本的发展,国家行政事务越来越趋向于复杂化,特别是科学技术的发达、大规模的经济危机、失业人数的增加等,诸多问题对社会产生越来越强烈的影响,迫使国家对社会生活进行广泛的干预,行政权力随之而不断扩大,行政自由裁量领域不断增加,使得法律对行政权在实体方面难以监控,必然转为对行政权在程序方面加强法律控制,从而导致了行政程序法的兴起和发展。

尽管1889年西班牙《行政程序法》所规定的内容极不全面,其影响也不大,但是,它毕竟是以法典形式出现的第一部行政程序法。自那时以来,行政程序法的发展已经历了一百多年。

1925年7月21日,奥地利颁布《行政程序法》《行政处罚法》《行政处罚程序法》《行政执行法》等各类程序性法律规范。其后,捷克斯洛伐克、波兰、南斯拉夫等国家相继效仿奥地利,分别制定了自己的行政程序法。

以奥地利1925年《行政程序法》为代表的国外行政程序法典化的第一阶段,由于世界大战的爆发、世界性对立的严峻形势,以及当时的民主、法治和科学管理思想基础不够坚实等因素,并没有得到世界性的重视和响应。

(二) 外国行政程序法典化的新发展

20世纪中、后叶,随着民主原理的广泛普及和民主制度在各国相继建立,透明性,特别

是行政的透明性、透明行政的立法化在北欧、西欧诸国取得长足的发展。公民监督国家的一系列制度为行政程序法典化提供了较好的政治和制度条件。法典化与程序法制度同等重要。通过法典化的作业,可以将国家政策决定的过程公开于国民大众之间,通过一般大众对行政组织及其运营的理解,以减少国民对行政的恐惧感,解除人民对行政的误解,推动了行政程序法的快速发展。

行政程序法的法典化,是行政程序法兴起和发展的最突出也是最主要的标志。行政程序法典化已呈现为一种国际趋势。20 世纪 40—60 年代,以美国于 1946 年制定的《联邦行政程序法》为代表,国外行政程序法典化进入第二阶段。意大利等国也相继制定了统一的行政程序法,而西班牙、捷克斯洛伐克、波兰、南斯拉夫、匈牙利等国也都修改或重新制定了行政程序法,日本、原联邦德国等国也为制定统一的行政程序法而作出了各自的努力。经过多年的努力,原联邦德国于 1976 年、日本于 1993 年终于制定并颁布了统一的行政程序法。20 世纪 90 年代以来,为了适应信息时代和瞬息万变的国际国内形势,许多国家相继制定或者重新修订颁布了行政程序法典,如奥地利于 1991 年,西班牙于 1992 年,葡萄牙于 1996 年,德国于 1997 年,日本于 2006 年分别修订了行政程序法典。这种动向既可以作为一个新的阶段来把握,也可以作为 20 世纪 40 年代以来的行政程序立法化的延伸来理解。

行政程序法规范的大量增加和程序内容的充实,使各国行政程序法越来越完善。如英国、法国的行政程序法虽然没有法典的形式,但英国以自然公正原则为核心,强调任何人不能作为自己案件的法官和任何人在行使权力可能使别人受到不利影响时必须听取对方意见的规则,并在各种法规范中分别规定成文的程序法规范,建立了司法机关有权依照自然公正原则判定行政机关在程序上是否合法的判例制度。而法国将行政程序分散在法的一般原则和个别法律、法规之中,并对行政程序方面的一些重要问题制定了一些单行法律,如《行政公共关系法》(1978)、《行政行为说明理由法》(1979)、《行政机关和使用者条例》(1983)等。

在现代社会国家,仅靠教条地适用实体法上的条文,已不可能圆满达到充分调整相互冲突的价值和利益之目的。实体法和程序法并重,已成为当今世界各国行政法发展的共同趋势。

二、我国行政程序法的状况

(一)历史与课题

在中国传统社会,法律操作程序是相当发达和复杂的,但是,其形式主义要素十分稀少,程序法一直未能独立于实体法而存在,其内部分化也不充分,根本不存在各种程序并立的现象。20 世纪初,迫于内外压力,中国开始变法,召集议会,设立法院,刷新行政,引进近代西方程序理论和规范。然而,立法上意欲简化程序,实务中试图松弛程序的反程序化倾向仍十分有力。

新中国成立后,我国制定了某些包含一定行政程序的法律规范,如 1957 年制定的《国家行政机关工作人员奖惩暂行规定》中有关行政处分的程序。但是,行政程序立法受到重视,还是在中国共产党十一届三中全会以后。在邓小平同志建设有中国特色社会主义理论的指导下所制定的许多法律、法规,如《行政法规制定程序暂行条例》是有关行政立法程序的;《治安管理处罚条例》《税收征收管理暂行条例》等法律文件中有些规范是有关行政执法程序的;

《国家行政机关公文处理办法》是有关行政机关内部工作程序的;《土地管理法》《国营企业劳动争议处理暂行规定》《行政复议条例》等法律文件中有些规范或主要规范是有关行政司法程序的;等等。

从当时的法律、法规的有关规定来看,我国行政程序法具有以下几个特点:行政程序法与行政实体法不分,但已具有制定专门程序法规范的趋势;行政程序法的内容已包含有"表明身份""方式顺序和时限""救济权益"等规则;行政机关内部工作程序的规定较为发达。

《行政诉讼法》颁布施行以来,中国的程序法建设的确有了长足的进步。《行政诉讼法》将"违反法定程序的",作为"判决撤销或者部分撤销,并可以判决被告重新作出具体行政行为"的情形之一来规定,标志着我国立法对行政程序的重视,也为行政主体重视行政程序确立了基本的纠纷解决规则。然而,我国行政程序立法在总体上还比较落后,当时的法律条文往往忽视对程序要件的规定,为行政恣意留下可乘之机。许多法律法规虽有程序要件的规定,但偏原则化、比较有弹性,加之许多由文件政策构成的准法律系统在起作用,导致有法不依、法律条文形同虚设。许多行政行为缺乏行政程序法规范,或者行政程序未法定化,如行政许可程序、行政强制处理行为程序等;行政程序法所规定的程序内容过于概括、简单,并且在很多方面缺乏时限性规定;行政程序法侧重于赋予行政主体程序上的权利,而缺少行政义务和违反程序法的法律后果与责任;行政程序法中缺乏对行政相对人权益的保护性规定,如听证程序、参与程序、辩论程序等;许多方面缺乏较为统一的程序法规范。

(二)《行政处罚法》对行政程序的规定

从前,我国有关行政处罚的立法,一直存在着重实体而轻程序的倾向。尽管自制定颁布《治安管理处罚条例》以来开始逐渐注重程序性规定,其后的许多法律、法规以及规章也对行政处罚程序作出一定的规定,但大多是从保障行政处罚权的角度规定程序的,因而未能将遵守法定程序确定为处罚机关必须履行的法定义务。1989年颁布的《行政诉讼法》,明确规定行政机关作出行政处罚等具体行政行为时不得"违反法定程序",确立了司法机关对行政程序的审查权。然而,关于何为法定程序的问题,并不存在统一的法律规定。而经过大量调查研究,有关部门和专家、学者一致认为,行政处罚领域中较普遍存在的"两乱"的根源之一便是,行政处罚程序缺乏统一明确的规定,零散而混乱,缺少必要的监督、制约机制。于是,《行政处罚法》第3条确立了处罚法定原则,其中也包括处罚程序法定,即公民、法人或者其他组织违反行政管理秩序的行为,应当给予行政处罚的,依照本法规定的程序实施。没有法定依据或者不遵守法定程序的,行政处罚无效。"行政处罚的决定"和"行政处罚的执行"两章的规定,是行政处罚法针对从前没有统一明确的程序规定,缺少监督、制约机制等问题所规定的程序方面的一般性规范。

《行政处罚法》的颁布实施,无疑是我国行政程序法制建设史上的一座里程碑。尽管有关行政处罚的程序规定不是一般程序法,不能适用于所有行政领域,仅靠该法中的有关规定,远不能适应现代法治国家对行政制约的需要。但是,该法的颁布实施,为在整个行政领域实施依法行政,确保行政权的公正行使,确保相对人的合法权益,最终建立和完善适用于所有行政活动的一般行政程序法提供了坚实可靠的基础。

(三)《立法法》对行政程序的规定

长期以来,我国立法和执法一样,存在着轻视程序的习惯,随意性较大。2000年制定施行的《立法法》不仅对法律制定程序作出了明确规定,而且亦对行政法规、地方性法规、自治条例和单行条例以及规章的制定程序作出了相应规定。虽然与对法律制定程序的规定相比,该法对行政立法程序的规定相对薄弱,但是,通过相应的援引条款和授权条款,明确了行政立法程序规范。关于行政法规的制定程序,该法第60条规定依照《国务院组织法》的有关规定办理[①];关于规章的制定程序,该法第74条授权国务院规定。此外,《立法法》以较多篇幅规定了适用规则,对各类规范的效力层级作出规定,有利于实践中纠纷的解决。

根据《立法法》,国务院于2001年底制定颁布了《行政法规制定程序条例》和《规章制定程序条例》。这两个条例分别对行政法规和规章的立项、起草、审查、决定、公布、解释作出明确规定,使我国行政立法程序得以健全和完善。

(四)《行政许可法》对行政程序的规定

2003年的《行政许可法》,是中国行政法制建设领域又一部极其重要的法律,是中国民主法制建设史上的又一座里程碑,标志着中国坚持依法行政,建设法治政府的进程正在向纵深发展。

《行政许可法》对行政许可的实施机关和行政许可的实施程序乃至费用、监督检查等制度和措施的全方位规定,尤其是对行政许可的实施程序分门别类地予以架构,为行政主体依法、合理地行使行政许可权提供了程序保障和制度基础。《行政许可法》确立了行政许可法定的原则,要求依照法定的权限、范围、条件和程序来设定和实施行政许可。权限、范围、条件和程序的法定性,是行政合法性原则的具体化,它为行政管理理念创新提供最为广泛的依据和限制。《行政许可法》确立了信赖保护原则,对行政机关依法行政和建设责任政府提出了具体的要求。《行政许可法》对优质服务作出明确规定,确立了行政许可时限制度。《行政许可法》对听证制度的规定,较其他法规范更为完善,充分体现了参与型行政的理念。《行政许可法》对可以设定行政许可的事项作出明确规定,并规定了可以不设行政许可的具体情形,为正确把握国家、社会和个人的关系,建设"有限政府""高效政府"和"服务政府",提供了实体性和程序性规范。《行政许可法》所体现的行政管理理念创新,为进一步转变政府职能提供了坚实的法律和制度保障。

(五)制定《行政程序法》的展望

我国行政程序立法工作已经进行了数十年。1979年以后,在我国的立法中就有了关于程序的规定。有关规定虽然很不完善,但是,它是与我国的改革开放同步的。概括来说,行政程序立法由不系统向系统化发展,由低层级向高层级发展。20世纪90年代以后,我国的行政程序立法呈现出系统化的倾向。已经制定或者修订施行的《行政处罚法》《税收征收管理法》《立法法》《行政许可法》以及《行政强制法》,乃至关于行政程序法的调研起草工作和部分省市所进行的行政程序规定等地方政府规章的制定,都是这个时期以来长期努力的成果,表明我国正在积极借鉴外国经验,紧密结合中国国情,逐步迈向行政程序法典化的新阶段。

伴随着依法治国的进程,我国理论界和实务界已经基本上达成了一种共识——程序建设在现代法治国家具有极其重要的价值。制定行政程序法典,建立健全我国行政程序法体系,是我国行政法治的必然归宿,是我国走向法治国家的希望所在。但是,我们也应看到,行

---

① 我国《国务院组织法》除了规定国务院发布行政法规由总理签署外,再没有相关程序规范。

政程序法典的制定是一个系统工程,需要有一个认真、扎实的学习过程,需要对各个领域、各个层面的行政权运作规律进行全面、客观、准确的把握,需要对存在的问题和解决问题的途径有一个系统的理论架构和制度安排,尤其需要对原则和例外、正式制度和制度外因素等进行全面考量,对各领域、各层级、各方面的意见有一个综合把握和全面协调。

第三节 行政程序法的基本原则和基本制度

一、行政程序法的基本原则

(一)行政程序法基本原则的概念

行政程序法的基本原则,是指行政主体在实施行政行为的过程中,在程序上所应遵循的基本精神和准则。

(二)关于行政程序法基本原则的各种观点

由于人们对行政程序乃至行政程序法的理论和实践的认识不同,导致对行政程序法基本原则的具体内容的理解各异。较有说服力的学说大致有如下几种:有的学者认为,各国行政程序制度不同,据以确定这些制度的基本原则自然也不尽相同,但各国与现代民主相联系的行政程序制度所反映和体现出来的共同的基本原则包括公开原则、公正原则、行为有据原则和效率原则。有的学者认为,根据第二次世界大战后各国行政程序法的发展趋势以及我国的具体情况,行政程序法的基本原则应包括公正原则、公开原则、听证原则、顺序原则和效率原则。有的学者主张,各国的行政法学都确立起或多或少的程序原则,用以约束政府的行政行为,而我国社会主义行政法学所确立的行政程序原则,充分体现了社会主义的民主性、真实性和效能性,其主要内容包括程序法定、相对人参与、公正、顺序和时限。还有的学者主张,不同时代的行政程序法具有不同的基本原则和制度,选择不同目标模式的行政程序法,其原则与制度也不同,现代各国行政程序法的基本原则有依法行政原则、民主原则、基本人权原则、公正原则和效率原则。也有的学者主张,为了保证所确立的行政程序法的基本原则在整个行政程序法的制定和执行过程中具有高屋建瓴的指导意义,必须确立如下四个标准:不能割裂与行政实体法的联系;不能仅限于规范行政主体的行政行为,也必须规范行政相对人和其他程序参与人的行为;应当认识到行政程序法的基本原则不仅具有统率行政程序法律规范的功能,而且还具有补充行政程序法律规范的功能;应当认识到行政程序法的基本原则不仅具有强制性,而且还有灵活性。根据上述标准,论者将行政程序法的基本原则确定为合法原则、合理原则、参与原则、顺序原则和效率原则。

诚然,上述各种观点都具有其自身的道理。但是,正如第一种观点所指出的,各国行政程序制度不同,据以确定这些制度的基本原则自然也不尽相同,加之人们认识上的差异性,对有关行政程序法基本原则的内容的理解便不可避免地出现众说纷纭的局面。我们认为,上述有的观点将原则与制度保障混为一谈,有的观点将适用于整个行政法领域的基本原则和适用于行政程序法领域的特有原则相混淆,因而不能揭示行政主体实施行政行为过程中,在程序上所应遵循的基本精神和准则。

在我国行政程序立法过程中,对行政程序法的基本原则展开了讨论,有的学者主张将合法原则、公开原则、参与原则、听取相对人意见原则、公正原则、作出决定原则、比例原则、信赖保护原则和效率原则全部加以规定；有的学者则主张对依法行政原则、平衡原则、参与原则、公开原则、正当程序原则、平等原则、诚信与信赖保护原则、比例原则、效率原则和救济原则全部加以明确。这种主张似乎对行政程序法的基本原则有更加全面的把握，但是，由于其忽略了各种原则之间的层次性、交叉性等内在的关系，因而也是不可取的。

（三）行政程序法基本原则的内容

参照上述各种观点，结合各国行政程序法的实践，我们认为，行政程序法的基本原则包括程序公正的原则、相对人参与的原则和效率原则。

1. 程序公正的原则

法律的正义只有通过公正的程序才能得到真正的实现。因为公正的程序是正确认定事实，正确选择和适用法律，从而作出正确判断的根本保证。因此，程序公正的原则是现代行政程序的起码要求，是现代行政民主化的必然要求。程序公正的原则要求行政主体在实施行政行为的过程中，必须在程序上平等对待各方当事人，排除各种可能导致不平等或者不公正的因素。

2. 相对人参与的原则

相对人参与的原则，是指行政相对人在程序上有了解并被告知有关自己权益的行政行为的权利。相对人参与的原则，必然包括行政程序公开的内容，因为不公开便谈不上参与。行政法的终极目的在于保护行政相对人的合法权益，保证行政权的公正行使，所以，相对人参与原则的确立和贯彻实施，是这一终极目的得以实现的保障条件之一。

3. 效率原则

效率原则是指行政程序的设立与采取应有利于行政效率的实现。因为行政活动的主要目的是为了实现公共利益，因而，有关行政行为的规定，无论是实体性的还是程序性的，都必须在保障相对人合法权益和确保行政行为公正合理的同时，尽可能有利于行政效率的提高。

二、行政程序法的基本制度

（一）程序公正原则的保障制度

为保障程序公正原则的真正实现，各国一般通过法律或者政策确立如下制度：

1. 回避制度

利害关系人必须回避，这已是各国普遍采用的一项法律原则，并且大多国家在实际制度中尽力奉行。在行政程序中，同行政相对人或者行政事项有利害关系的公务员必须避免参与有关行政行为，以确保行政行为形式上的公正性。

例如，我国《行政处罚法》第43条第1款明确规定："执法人员与案件有直接利害关系或者有其他关系可能影响公正执法的，应当回避。"

执法人员与当事人有直接利害关系的，应当回避。所谓执法人员与当事人有直接利害关系，是指执法人员是当事人的近亲属或者仇敌，或者虽然不是当事人的近亲属或者仇敌，但与本案有其他关系足够影响案件的公正处理的情况。如果执法人员与当事人有直接利害关系，就可能自觉或者不自觉地偏袒一方，或者先入为主，不能实事求是地秉公执法，无法公正地处理案件。如果执法人员与当事人有直接利害关系而不回避，仍然参加案件的调查取证,参与作出行政处理决定,那么,即使该执法人员素质较高,能够排除个人私利的干扰,实事求是,有法必依,执法必严,确实做到全面、客观、公正地调查取证,严格按照违法事实和法定依据作出有利于或者不利于当事人的行政处理决定,从实体法的角度来看,是无可非议的,但若以程序法的原理分析,由于其欠缺公正的"外观",因而难以消除当事人及一般民众对该执法人员的怀疑,从而影响调查取证和违法事实认定以及行政处理决定的权威性。实行回避制度,对于防止执法人员碍于亲情困扰而不公正地处理案件以及消除当事人的思想疑虑,使执法人员取信于民,提高政府威信,都具有重要的意义。因此,与当事人有直接利害关系的执法人员应当回避。这是一种羁束性义务规定,执法人员应主动要求回避。若执法人员不主动要求回避,当事人有权提出要求回避的请求。我国《行政处罚法》第64条和《行政许可法》第48条关于听证程序的规定中,分别规定了当事人和申请人、利害关系人申请回避的制度。

在行政程序阶段将行政行为自身难以避免的诸种弊端消灭于萌芽状态,严格按照行政程序法的基本原理和有关制度规定,认真落实回避制度,是程序公正原则的内在要求。

2. 合议制度

行政的阶层性,决定了行政首长负责制更有利于行政事务的有效推行。但是,对于某些重大的问题,特别是有关专业性强、技术性要求较高的事务,或者公共性极强的问题,应由若干公务员组成一定的会议或者委员会,以合议的形式作出行政行为。只有这样,才能确保行政行为实际上的公正性。

例如,我国《行政处罚法》第57条第2款规定:"对情节复杂或者重大违法行为给予行政处罚,行政机关负责人应当集体讨论决定。"

行政处罚,既是一个行政程序的问题,同时又是一个行政实体的问题。特别是对情节复杂或者重大违法行为给予较重的行政处罚,往往直接而严重地触及违法行为人的重大实体性权利,从充分保障行为人合法权益并维护法律的权威性和严肃性的角度考虑,必须根据调查取证过程中所认定的事实和行为后果,严格依法作出有关判断。为了避免偏见或者个别人的臆断,对情节复杂或者重大违法行为给予较重的行政处罚,行政机关的负责人应当集体讨论决定。只有经行政机关的负责人集体讨论后作出给予较重的行政处罚决定,才是合法有效的决定;某负责人独自作出的有关决定,即使在违法事实的认定及适用法律方面是正确的,也是"违反法定程序"的行政行为,难以产生预期的法律效果。

3. 辩论和听证制度

行政程序公正的原则,包括公开原则、公平原则和平等原则,要求公开作出行政行为的全过程,行政主体应当将作出行政处理决定的事实、理由及依据告知行政相对人,并告知行政相对人有关救济途径以及依法享有的其他权利;要求行政主体平等地对待所有当事人,在行政处理决定的程序阶段,尽量做到行政主体和行政相对人的法律地位趋向对等;要求当事人各方均享有平等的发言及陈述意见的机会,必要时有权直接进行辩论,乃至要求举行听证。行政程序公正的原则为行政相对人行使陈述权和申辩权以及要求听证权奠定了基础。

在现代社会国家,为了确保行政相对人能够切实参与行政过程,防止行政权的独断专横,保障公民的合法权益,世界各国普遍在行政法领域广泛运用辩论和听证程序。我国《行政处罚法》和《行政许可法》都确立了辩论和听证制度。①

公开原则是形式和手段,而平等原则、公平原则和公正原则才是本质和目的。现代行政程序法所确立的辩论制度和听证制度,是平等原则的具体体现,也是实现行政相对人参与行政过程的权利并最终达致公正的有力保障。听证程序在作出行政行为的过程中的具体适用,使行政主体能够直接听取当事人的意见,甚至广泛听取各方面的意见,有利于行政主体全面、客观、公正地查明案件事实,从而作出合法、公正的行政处理决定,有利于形成公民参与行政决定、监督行政执法的良好机制,强化行政主体及其执法人员的自我约束和监督,最大限度地避免权力滥用、减少行政争议、提高行政效率,确立广大民众对以实现国家社会公共利益为己任的行政主体的信赖。

4. 专家咨询(论证)制度

专家咨询(论证)制度,既是确保实体公正的重要途径,又是达致程序公正的重要形式。专家咨询或者称为专家论证,是指包括法学专家在内的相关领域的专家,对相关领域的重大决策问题或者专门技术性较强的问题,经过分析、研究、讨论、争论,形成相应的意见或者建议,以供行政主体在形成意思表示时参考的制度。例如,《重大行政决策程序暂行条例》第二章专设第三节专家论证和第四节风险评估,明确规定:"对专业性、技术性较强的决策事项,决策承办单位应当组织专家、专业机构论证其必要性、可行性、科学性等,并提供必要保障。"②"重大行政决策的实施可能对社会稳定、公共安全等方面造成不利影响的,决策承办单位或者负责风险评估工作的其他单位应当组织评估决策草案的风险可控性。"③作为在其所研究的某一领域有所建树的专家,他们对相关问题提出的咨询(论证)意见,对于行政主体形成意思表示来说具有参考价值,但是否采纳由行政主体决定。当行政主体对专家的咨询(论证)意见不予采纳时,应当进行理由说明。④ 专家的论证或者咨询对行政主体也是一种监督,是行业性比较强的一种行家的监督。这要比一般的社会监督、舆论监督更有说服力。行政程序公正的原则要求确保行政主体在形成意思表示的过程中充分尊重专家的论证或者咨询,而专家的论证或者咨询制度对于行政主体正确、公正地作出行政行为,是大有裨益的。

(二) 相对人参与原则的保障制度

参与型行政所强调的是对整个行政过程的参与。所谓参与型行政,亦称互动型行政,是指行政机关及其他组织在行使国家行政权,从事国家事务和社会公共事务管理的过程中,广泛吸收私人参与行政决策、行政计划、行政立法、行政决定、行政执行的过程,充分尊重私人的自主性、自立性和创造性,承认私人在行政管理中的一定程度的主体性,明确私人参与行政的权利和行政机关的责任和义务,共同创造互动、协调、协商和对话行政的程序和制度。⑤ 实际上,相对人参与本身就是确保程序公正的重要途径,也是程序公正本身的构成内容。正是因为这种原因,相对人参与原则的保障制度同时也是程序公正原则的保障制度。换言之,

---

① 我国《行政处罚法》第7条、第41条、第44条、第45条和第62条规定了陈述、申辩制度,第四节用了3条(第63条、第64条和第65条)规定了听证制度;《行政许可法》第7条、第36条规定了陈述、申辩制度,第四节规定了听证制度。
② 《重大行政决策程序暂行条例》第19条第1款。
③ 《重大行政决策程序暂行条例》第22条第1款。
④ 参见《重大行政决策程序暂行条例》第30条。
⑤ 参见杨建顺:《在参与型行政中培养法制观念》,载《法制日报》2004年12月3日;杨建顺:《行政规制与权利保障》,中国人民大学出版社2007年版,第171页。

相对人参与原则是程序公正原则的一个重要组成部分。之所以将其与程序公正原则并列作为行政程序法的基本原则来把握,是为了强调参与型行政在现代国家中的重要地位。

通过相对人参与,行政权的行使便增强了可接受性,有利于创造一种政府和民众共同治理的新秩序,因而其程序容易获得一种正当性。在行政程序法层面,相对人参与的原则同样应当全面贯彻和坚持,但是,从程序制度的架构来看,一般是通过以下四个方面得以贯彻和实现的:

1. 表明身份的制度

法治行政的原理要求行政权的行使必须符合法定的权限、范围、程序和条件,而程序正当原则要求将作出行政行为的全过程予以公开,在适当的阶段赋予相对人以参与的机会。行政行为具有效力的前提条件就是作出行政行为的主体是行政主体。换言之,行政权的行使主体必须具有法定的权限,因此,行政主体在实施行政行为时,要通过一定方式向行政相对人表明自己的身份,包括配有明显标志或者出示证件,以便行政相对人判断其是否拥有相应的权限,是否有必要予以服从。这种制度是程序公正原则的重要组成部分,更是相对人参与的一个先决条件。

2. 公开、告知和说明理由的制度

只有知道一切,才能判断一切。行政立法或者行政处理决定的过程若不公开,则较容易导致暗箱操作、权钱交易等违法或者不正当的现象发生,相对人的合法权益就会受到侵害,公共利益同样将受到威胁。行政过程虽然得以公开,但若不允许行政相对人参与,或者虽然允许行政相对人参与,但行政相对人对此并不知晓的话,则依然难以保证其合理性和合法性,即无法达到公正这一终极目的。即使规定了行政相对人对有关问题有陈述和申辩的权利,有要求听证的权利,甚至有申请复议或者提起诉讼的权利,但是,如果行政相对人对这些权利根本不了解,或者不懂得如何运用这些权利,那么,也同样难以达到公正这一终极目的。因此,公开制度,告知相关权利的制度,以及作出不利于行政相对人的行政行为时的说明理由制度,等等,皆成为相对人参与原则得以实现的重要前提和必要的制度保障。

3. 陈述、申辩程序,听证程序和调查程序

行政主体进行行政立法活动,或者作出行政处理决定,都必须进行全面、客观、公正的调查工作。调查程序的全面、客观、公正性,要求广泛听取各方面、各阶层的意见,尤其是充分听取和尊重行政相对人的意见。在参与型行政的制度安排中,陈述、申辩程序和听证程序具有典型的代表意义。要确保行政相对人参与原则得以实现,就必须确保行政相对人有权对可能影响自己权益的行政行为发表意见。首先,行政相对人有权进行陈述和申辩。其次,对于某些重大或者疑难案件,行政相对人有权要求听证,行政机关有权主动举行听证,法律法规亦应基于实践的积累逐步明确规定应当举行听证的情形。行政主体必须充分听取行政相对人的意见,对行政相对人提出的事实、理由和证据,应当进行复核。行政相对人提出的事实、理由或者证据成立的,行政主体应当采纳。与行政相对人的陈述权和申辩权相对应,充分听取行政相对人的意见是行政主体的法定义务。与行政相对人或者相关人有权提出要求举行听证的请求相对应,组织听证是行政主体的法定义务。在充分听取当事人意见的基础上,通过对当事人提出的事实、理由和证据进行复核,对于不能成立的,当然不予采纳,但应予以理由说明;对于当事人提出的事实、理由和证据成立的,行政主体应当采纳。如前所述,

行政相对人有了解行政行为内容并要求说明理由的权利。这样,行政相对人参与到行政处理决定的过程之中,有利于避免行政主体的偏见导致违法或者不当的行政行为。

4. 救济程序的告知制度

救济程序的告知制度,是指在行政相对人享有知道为保护自己的权益如何采取救济途径的权利,行政主体负有告知行政相对人寻求救济途径的义务等,法律规范中明确规定的一系列制度。是否设置救济途径,由谁设置救济途径,在什么领域或者阶段设置救济途径,大多属于实体法的问题,而如何发挥救济途径的作用,则更多属于程序法的问题。虽然前述告知制度完全能够也应该包括救济程序的告知制度,但是,为了强调救济程序的告知制度对实现行政相对人参与,最终达致程序公正乃至实体正义之目标的重要作用,在这里特地予以单独列出。行政主体行使行政权,作出不利于行政相对人的行政处理决定之际,有义务告知行政相对人享有陈述、申辩权,申请复议权,提起诉讼权,请求赔偿或者补偿权,以及如何行使这些权利和行使这些权利的时限要求。

(三) 效率原则的保障制度

没有一定的行政效率,就无法适应瞬息万变的行政需要,就无法实现行政管理的目的。效率性是行政活动区别于其他活动的重要特征之一。但是,过分强调效率性又会影响行政程序的公正性。因此,为了提高行政效率而不损害相对人的合法权益,提高行政效率而不违反公平、公正的原则,有必要在坚持程序公正原则的同时,在效率和公正、有限集权和民主、专家决策和民众参与、正式程序和简易程序的适用关系等一系列价值之间确定一定的规则,并进而建立一系列保障制度。行政效率原则的具体贯彻和实现,大致包括以下三个方面的内容:

1. 时限、时效的制度

任何行政行为的作出必然要经过一定的时间,但时间应有一定的限制,并且与行政活动的特点和效率性相一致。

行政主体作出行政行为的过程,是由一系列不断运动、相互关联并具有承接性的若干程序环节和发展阶段构成的。以提高行政效率、提供优质服务为目的的时限制度,应当对行政主体在作出行政行为的过程中的各个关键环节、各方参与主体的行为加以时限规范,并尽量考虑到各种特殊情形,构建起完备周密、种类齐全的时限制度,包括一般时限或者称标准时限,申请人时限,第三人时限,延长时限,紧急时限,送达回执时限,转移时限,协商时限,作出决定时限,执行时限,等等。作出行政行为的情况比较复杂,既要考虑到一般情形,又要考虑到例外情形;既要考虑到正常情形,又要考虑到紧急情形。总之,时限制度应当反映现实情况的需要,予以灵活的回应和安排。我国《行政处罚法》《行政复议法》《行政许可法》和《行政强制法》等法律规范大多都规定了相应领域的各种时限制度。[①]

时效,是指一定的事实状态在经过一定的时间之后,便会依法发生一定法律效果的制度。不同的法律部门在时效的种类上存在差异,如民法上的时效,分为取得时效和消灭时效;刑法上的时效,分为追诉时效和行刑时效;而行政法上的时效,则分为追究时效和执行时

---

① 参见我国《行政处罚法》第36条、第41条第3款、第54条第2款、第56条、第67条、第71条等和《行政复议法》第9条、第17条、第18条、第19条、第23条、第26条、第27条、第31条、第40条等以及《行政许可法》第32条、第42条、第43条、第44条、第47条、第48条、第50条、第55条、第82条等。

效。所谓行政法上的追究时效,是指行政主体对违法行为人依法追究法律责任应当遵循一定的期限(有效期限),如果超出这一期限,则不能再行追究;所谓行政法上的执行时效,是指行政处理决定作出后,若经过一定期间仍未执行,则可免予执行。行政法律关系一般比较强调尽快安定,以利于各种利益尤其是公共利益的实现。因此,行政法上有必要设置各种时效制度。对于行政法上的时效问题,我国的立法中一直缺乏普遍、统一的规定,只有个别单行法律、法规中对追究时效有所涉及。例如,我国《行政处罚法》第36条第1款规定:"违法行为在二年内未被发现的,不再给予行政处罚;涉及公民生命健康安全、金融安全且有危害后果的,上述期限延长至五年。法律另有规定的除外。"

一般认为,由于真正权利人在一定期限内不行使其权利,实乃"权利上之睡眠者",因而不值得法律予以保护,通过时效制度,使权利人丧失其权利,实系对于权利不行使者一种消极的限制。[①] 行政法上的时效制度,对于切实保障行政相对人的合法权益,促进作出行政行为或者其他处理决定效率的提高,有着不可忽视的作用。

2. 关于步骤、顺序的制度安排

行政程序是行政主体作出行政行为所应当遵循的步骤和顺序。在制度上对作出行政行为的步骤和顺序予以周密的安排,使得行政处理规范化、定型化、流程化,对于贯彻效率的原则具有极其重要的意义。因此,行政程序法规范大多对行政主体的行为方式在时间上予以相关步骤和先后顺序的规定。作出行政行为需要经过相应的步骤,行为方式的环节顺序在时间上也需要有先后安排。例如,根据《治安管理处罚法》第四章规定,治安管理处罚需要经过调查、决定和执行的程序,而作出治安管理处罚决定前,应当告知违反治安管理行为人作出治安管理处罚的事实、理由及依据,并告知违反治安管理行为人依法享有的权利,充分听取违反治安管理行为人的陈述和申辩;对违反治安管理行为人提出的事实、理由和证据,应当进行复核。先调查、询问查证,再告知、听取意见,然后作出处罚决定,各个环节之间的顺序不可以颠倒。

3. 简易程序的活用

程序公正的原则是各国行政程序法共通的基本原则,程序公正所强调的公正性主要体现于广泛听取各方面、各阶层和各领域的意见,尤其是赋予行政相对人以陈述、申辩、要求听证等权利。然而,在现代国家,行政事务纷繁复杂,各种行政需要层出不穷,政府职能的转换和国家、社会、个人的分野常常处于变动状态,而行政主体的重要使命决定了其必须应对变幻多端的形势及时采取相应的措施,作出适宜的决定,不可能也没有必要事事都采取正式的听证程序。因此,各国行政程序法在设置正式制度或者程序的同时,一般都规定了简易程序。在紧急情况下或者对于比较简单的事项,从行政效率和效益的角度出发,可适用简易程序。尤其是对于大量规范化、定型化、流程化的工作来说,简易程序的广泛适用不仅是效率原则的要求,而且也是节省成本的经济原则的要求,亦是行政组织精简、效能和统一原则得以贯彻落实的基本环境条件。我国《行政处罚法》第五章第二节规定了当场处罚的简易程序;《行政许可法》虽然没有设专章或者专节来规定简易程序,但是,其对于各类行政许可的程序予以分门别类的特别规定,在"应当遵循便民的原则,提高办事效率,提供优质服务"的

---

① 参见郑玉波:《民法总则》,中国政法大学出版社2003年版,第491页。

总原则指导下,贯穿于整部法律各个部分的便民、效能和服务的理念及具体的制度或者程序的架构,都是简易程序活用的典范。

【思考题】
1. 什么是行政程序?
2. 行政程序的分类有哪些?作这些分类有何意义?
3. 什么是行政程序法?
4. 行政程序法有何作用?
5. 行政程序法的基本原则有哪些?简述其内容。
6. 简述程序公正原则的保障制度。
7. 简述行政相对人参与原则的保障制度。
8. 简述效率原则的保障制度。

第十章　行政违法与行政责任

第一节　行　政　违　法

一、行政违法的概念及特征

(一) 行政违法的概念

行政违法,是指行政法律关系主体违反行政法律规范所规定的义务,侵害受法律保护的行政关系,对社会造成一定程度的危害,尚未构成犯罪的行为。行政法律关系主体包括行政主体和行政相对人。因此,行政违法包括行政主体的违法和行政相对人的违法。

我国《行政处罚法》第2条规定:"行政处罚是指行政机关依法对违反行政管理秩序的公民、法人或者其他组织,以减损权益或者增加义务的方式予以惩戒的行为。"这里强调了对"行政管理秩序"的违反。在法治行政原理之下,一切秩序皆建基于法律规范。正如《中共中央关于全面推进依法治国若干重大问题的决定》所指出的:"行政机关不得法外设定权力,没有法律法规依据不得作出减损公民、法人和其他组织合法权益或者增加其义务的决定。"所以,对"行政管理秩序"的违反,亦应该是对"行政法律规范"的违反。

受20世纪50年代苏联有关行政违法观念的影响,我国传统行政法理论认为,行政违法仅指行政相对人违反行政法律规范并适用相应处罚措施的行为,行政机关及其公务员不能成为行政违法的主体。

随着改革开放后行政法制建设的发展和行政法学研究的进一步深入,人们认识到该观点缺乏科学性,开始探索新的行政违法概念。有人认为,由于公民、法人或者其他组织违法后受到的制裁与行政机关及其公务员违法所受到的制裁不同,因而公民、法人或者其他组织的违法不宜包括在行政违法概念的范围之内。因此,根据中国的语言习惯,行政违法是指行政主体(包括行政机关及其公务员、法律法规授权的组织及其工作人员)违反行政法律规范所规定的义务的行为。

现代法治行政的原理,不仅要求行政主体依法行政,而且也规定了行政相对人在行政法律关系中的种种义务,要求行政相对人必须严格按法律、法规或者行政行为的规定,切实实现行政行为的内容。因此,只有行政主体依法行政,行政相对人遵循行政法律规范,切实履行其各自应履行的义务,才能确保行政行为的真正实现,保障国家行政管理活动的有序运作。诚然,行政主体违法与行政相对人违法之间存在一定的差异,但是,无论是行政主体还是行政相对人,其对行政法律规范所规定的义务之违反,都构成行政违法。只有明确了这一点,才有利于分别追究其行政责任。所以,关于行政违法的问题,理应从行政主体违法和行政相对人违法两个方面展开探讨。

(二) 行政违法的特征

行政违法的特征是行政违法区别于其他性质违法的具体表现,是行政违法本质的外在

表现。与民事违法、刑事违法和违纪行为等相比较,行政违法具有如下特征:

(1) 行政违法的主体是行政法律关系主体。

行政违法的主体首先必须处于行政法律关系之中,也就是说,某种违法行为,只有其主体以行政主体或者行政相对人的资格出现时,才有可能构成行政违法。换言之,不具有行政法律关系主体资格,其行为就不能构成行政违法。值得注意的是,作为行政法律关系一方主体的行政主体,其对行政法律规范所规定的义务之违反,是由其公务员或者从业人员的行为具体构成的。因此,在行政违法和行政责任的构成方面,有关主体的限定性问题显然需要进行相应的理论架构。

(2) 行政违法是违反行政法律规范,侵害法律规范保护的行政关系的行为。

一方面,行政违法是对法律规范的违反,而不是单纯的违纪行为。任何违法,均是对一定法律规范的违反。违反党纪、团纪以及其他社会团体章程的行为一般不构成违法,也不会构成行政违法。当然,随着法制建设的不断深入,某些纪律规范上升为法律规范时,违反该部分纪律规范的违纪行为同时将构成违法行为。另一方面,行政违法既不是违反民事法律规范,也不是违反刑事法律规范,而是违反行政法律规范,从而侵害了行政法律规范所调整和保护的行政关系。违反民事等其他法律规范,侵害该法律规范所保护的其他关系的行为,不能构成行政违法。

(3) 行政违法是一种尚未构成犯罪的行为。

行政违法与犯罪,都是对社会有害的行为,侵犯了受法律规范保护的行政关系或者其他社会关系。但是,二者既有质的区别又有量上的联系和不同。质的区别表现为二者由不同的法律规范(行政法律规范和刑事法律规范)调整,依法被追究不同的法律责任(行政责任和刑事责任)。其量上的联系与不同表现为:一般而言,行政违法与犯罪相比较,其对社会的危害程度轻微,某种行政违法的后果严重,对社会的危害程度大,则可能上升为犯罪。也就是说,只有"情节严重的"行政违法才构成犯罪。因此,社会危害程度的大小、轻重,成为划分犯罪与行政违法的基准。某种行政违法一旦上升为犯罪,就不再由行政法律规范调整,而归为刑事法律规范的调整范围。《行政处罚法》第8条第2款明确规定:"违法行为构成犯罪,应当依法追究刑事责任的,不得以行政处罚代替刑事处罚。"该法第27条第1款规定:"违法行为涉嫌犯罪的,行政机关应当及时将案件移送司法机关,依法追究刑事责任。对依法不需要追究刑事责任或者免予刑事处罚,但应当给予行政处罚的,司法机关应当及时将案件移送有关行政机关。"

(4) 行政违法的法律后果是承担行政责任。

现代国家行政法治的原理要求"有法必依,违法必究",即违反行政法律规范,不履行法定义务或者不依法履行义务,构成行政违法的任何人、任何组织,都必须接受国家的法律制裁,绝不容许游离于法律规范之外的人和组织存在。因此,任何行政违法主体,除了法律规范有特别规定免于追究责任的外[①],都必须对其行政违法行为承担法律责任。并且,行政违法主体所承担的法律责任,既不是民事责任,也不是刑事责任,而是行政责任。

---

① 例如我国《行政处罚法》第33条规定:"违法行为轻微并及时改正,没有造成危害后果的,不予行政处罚。初次违法且危害后果轻微并及时改正的,可以不予行政处罚。当事人有证据足以证明没有主观过错的,不予行政处罚。法律、行政法规另有规定的,从其规定。对当事人的违法行为依法不予行政处罚的,行政机关应当对当事人进行教育。"

二、行政违法的构成要件

行政违法的构成要件,是指行政法律规范所规定的、构成行政违法所必须具备的条件。研究行政违法的构成要件,对于正确认定行政违法行为,正确确认和追究行政责任,具有重要的理论意义和实践意义。

1. 行为主体必须具有行政法律关系主体资格

具备行政法律关系主体资格,是行政违法的重要构成要件之一。如前所述,只有行政法律关系主体的行为才有可能构成行政违法,不具备行政法律关系主体资格者的行为不可能构成行政违法。显然,行为人具有行政法律关系主体资格,是行政违法的前提,是构成行政违法的首要条件。

2. 行政法律关系主体具有相关的法定义务

行政法律关系的内容主要体现在对各主体的权利(权力)、义务(职责)的规定。行政违法是对法定的作为义务和不作为义务的违反。因此,具有相关的法定义务,是构成行政违法的重要条件之一。

行政主体依法享有行政管理的权力,同时负有必须履行职责的义务。然而,不同的行政主体的具体义务并不相同。特定的法律规范所规定的义务,一般要求特定的行政主体及其公务员来履行。某一行政主体及其公务员所负有的义务,并不一定适用于其他行政主体及其公务员。例如,我国《治安管理处罚法》规定的办理治安案件的职责要求,是针对公安机关及其人民警察的;《食品安全法》将食品安全综合协调职责赋予国务院卫生行政部门;等等。职责义务的特定性,也是依法行政原理的内在要求。同样,对于作为行政法律关系另一方主体的行政相对人来说也是如此,只有其违反了相关法规范为其设定的特定义务(法定义务)时,才构成行政违法。例如,纳税是公民的光荣义务,但并非每一个公民都负有纳税的义务,更不是每个公民或者组织都负有同样标准的纳税义务。纳税义务是法定的。所以,要确定行政法律关系主体的某种行为是否构成行政违法,首先必须确认其是否具有相关的法定义务。

3. 行政法律关系主体具有不履行法定义务的行为

行政法律关系主体享有行政法上的权利(权力),同时负有行政法上的义务(职责)。仅有法定的义务,行政违法还只是一种可能性,只有当行政法律关系主体没有履行或者未依法履行相关的义务时,才能构成行政违法。没有不履行法定义务的行为,就不存在行政违法的问题,不可能构成行政违法。也就是说,行政违法必须有违反法定义务的行为存在,仅仅是试图违反法定义务的思想意识活动不构成行政违法。并且,这种行为是违反行政法律规范的、不履行法定义务的作为或者不作为,它侵害了法律规范所保护的行政关系,对社会具有一定的危害性。

4. 行政违法是一种客观存在(行政违法的主观要件)

根据法学原理,行为人在主观上有过错,是构成违法的要件之一。所谓主观过错,是指行为人实施行为时的一种心理状态,包括故意和过失两种形态。将上述一般原理适用于行政违法行为的话,如果某行为违反了行政法律规范的规定,但不是出于行为人的故意或者过失,就不能构成行政违法。这种推论显然是错误的。因为该观点混淆了行政违法的构成要件和对行政违法追究法律责任的要件这两个不同的概念。

行政法律规范是一种客观存在,行政法律关系主体的权利义务当然也是一种客观存在。无论行为人是否意识到,只要其行为违反了行政法律规范,不履行或者不依法履行其应当履行的义务,就构成行政违法行为。构成行政违法但不予追究责任的情形,与考虑行政违法主观要件来决定是否追究以及如何追究行为人责任的情形是不同的。追究该行为的法律责任,应严格按照行政法律规范所规定的责任减免规范酌情处理,甚至可以引入和解或者调解的原理,以形成政府和民众共治的局面。

由于行政违法一般都是比较轻微的违法行为,加上行政法注重效率原则,因此,一般只要行为人实施了违反法定义务的行为,就视其为存在故意或者过失,即具备了过错的要件,因而构成了行政违法,不必再深究其主观因素,法律另有规定的除外。在这层意义上说,我国《行政处罚法》第33条规定"当事人有证据足以证明没有主观过错的,不予行政处罚",亦是在承认行政违法不要求主观过错的一般构成要件的基础上,以"当事人有证据足以证明没有主观过错"为要件,通过个案处理来例外地排除对"没有主观过错"的行政违法行为予以行政处罚。当然,在行政主体与行政主体的公务员之间的关系上,则要考虑是否存在主观过错的问题,即要考虑实施违法行为的公务员是否存在故意或者重大过失,以确定是否要追偿。①

三、行政违法的分类

行政管理活动的复杂多样性以及行政违法主体的多样性,决定了行政违法行为的多种多样性。研究行政违法的分类,归纳各类行政违法行为的特征及其法律意义,对于正确、及时地预防和制裁行政违法行为,正确处理行政争议,维持良好的行政管理秩序,具有重要的意义。根据不同的标准,从不同的角度,行政违法可以进行多种分类。

(一)行政主体的违法和行政相对人的违法

根据行政法律关系主体的不同,首先可以将行政违法分为行政主体的违法和行政相对人的违法。行政主体的违法和行政相对人的违法所引起的责任后果在内容和形式上都有所不同,应当区别对待。行政主体违反行政法律规范的行政管理行为,称为违法行政,与行政相对人的行政违法区别开来。违法行政进而又可以细分为国家行政机关的违法行政、公务员的违法行政、被授权组织的违法行政和受委托组织或者个人的违法行政。

国家行政机关的违法行政,由行政机关自身承担行政责任;公务员的违法行政,造成损害的,由其所属行政机关承担赔偿责任,再由该行政机关对有故意或者重大过失的公务员行使追偿权;被授权的组织的违法行政,由该组织承担行政责任,由行政机关授权的,授权行政机关应负连带责任;受委托的组织或者个人的违法行政,由委托行政机关承担行政责任,再由委托行政机关依据委托关系追究该组织或者个人的相关责任。②

(二)作为行政违法和不作为行政违法

根据方式和状态的不同,行政违法又可以分为作为行政违法和不作为行政违法。作为行政违法是指行政法律关系主体不履行行政法律规范或者行政行为所规定的不作为义务。

---

① 参见我国《国家赔偿法》第24条。
② 参见我国《行政诉讼法》第2条第2款、《最高人民法院关于适用〈中华人民共和国行政诉讼法〉的解释》(法释〔2018〕1号)(以下简称最高人民法院《行政诉讼法解释》)第20条、第24条、第148条、第155条和《国家赔偿法》第31条。

不作为行政违法是指行政法律关系主体不履行行政法律规范或者行政行为所规定的作为义务。不作为行政违法所造成的社会危害往往并不亚于作为行政违法,而人们对不作为行政违法的重视远不如对作为行政违法的重视。划分作为行政违法和不作为行政违法,有助于理解和把握二者的性质,有助于克服在立法、执法及思想认识上的偏颇。

(三) 实质性行政违法和形式性行政违法

根据内容和形式的不同,行政违法可以分为实质性行政违法和形式性行政违法。实质性行政违法,又称实体上的行政违法,是指行政法律关系主体的行为在内容上违反了行政法律规范的实质性要件,具体表现为:(1) 行为主体不合法;(2) 行为超出了行为主体的法定权限;(3) 意思表示不真实;(4) 行为的内容同行政法律规范所规定的目的、原则和规则相悖。形式性行政违法,又称程序上的行政违法,是指行政法律关系主体的行为在形式上违反了行政法律规范的形式性要件,具体表现为:(1) 行为的作出和实施不符合法律规范所规定的程序;(2) 行为的表现形式不符合法律规范所规定的形式。

实质性行政违法所引起的法律后果是依据实体法追究行为主体的惩罚性行政责任,而形式性行政违法所引起的法律后果一般是依据程序法追究行为主体的补救性行政责任,只有在情节严重,将影响实体公正的情况下,才追究其实体法上的责任。实质性行政违法往往被撤销,从其发生时即没有法律效力,而形式性行政违法一般经过有效的补救措施,仍能发生法律效力,有些亦可被撤销。

(四) 内部行政违法和外部行政违法

根据行政的范围,行政违法可分为内部行政违法和外部行政违法。内部行政违法是指行政主体内部在组织、领导、指挥、监督等过程中发生的行政违法行为,如上级行政机关对下级行政机关进行违反其权限规定的指挥、监督等。外部行政违法则是指行政主体和行政相对人在行政管理活动中发生的行政违法行为,如行政机关非法拘留公民,行政相对人不履行行政行为所确定的义务等。

内部行政违法和外部行政违法的救济手段不同。前者限于行政救济,而后者不仅可以采用行政救济,而且还可以借助司法救济。除了以上三种常见分类外,人们对行政违法的分类还有很多,在这里就不一一介绍了。

四、行政不当

(一) 行政不当的概念

行政法上的行政不当也称行政失当,或称不当行政,主要指行政主体所作出的虽然合法但不合理、不适当的行为。① 行政主体的行为,不仅必须符合行政法律规范的规定,而且还必须符合理性。行政主体的不当行为,主要是针对行政裁量权的不合理行使而言的。不合法

---

① 从逻辑上讲,与前述行政违法包括行政主体的行政违法和行政相对人的行政违法相对应,行政不当亦应包括行政主体的不当行为和"行政相对人的不当行为"两种情形,甚至可以将"相对人的行政不当"定义为:行政相对人在从事行政法上的活动时所作出的虽然合法但不合理、不适当的行为,表现为权利享受不当和义务履行不当两种情形。很显然,用"行政不当"这个词来表述这种内容,容易引起概念混乱。在理论上和实务中,对"行政不当"这个概念,一般仅限于从行政主体的角度来把握。至于行政相对人的行为,则只研究其违法问题,强调法定性或者合法性,根据不法行为的法理来抑制其滥用,而不对其行为适当与否作出具体评价。

的行为属行政违法,不合理的行为构成行政不当。

行政违法与行政不当的划分同羁束行为与裁量行为的划分相联系。行政违法既可以针对羁束行为又可以针对裁量行为,但主要是针对羁束行为而言,行政不当则仅针对裁量行为。从广义上讲,行政不当同样是一种行政违法,因为它违反了行政法对合法性和合理性的基本要求。从狭义上讲,行政不当是以行政合法为前提,是与行政违法相并列的一种有瑕疵的行为。为了和前述行政违法相比较,这里采用狭义的行政不当概念。

(二) 行政不当的特征

与行政违法相比较,行政不当具有如下特征:

(1) 行政不当不构成行政违法,它以合法为前提,是合法幅度内的失当,表现为畸轻畸重、显失公正等。

(2) 行政不当只针对裁量行为,而行政违法则是针对羁束行为和裁量行为的。

(3) 行政违法必然引起行政责任,可以引起惩罚性行政责任和补救性行政责任,而行政不当一般只限于引起补救性行政责任。

(4) 行政违法一旦被确认,一般溯及其发生时即无效[①];而行政不当一般只部分影响其效力,也可全部影响其效力。

(三) 行政不当的种类及内容

行政主体的行为所涉及领域的广泛性,决定了行政不当的广泛性。行政不当发生于行政公安管理、财政金融管理等所有行政管理领域。

不当行政同裁量权相联系,其内容包括行政主体在行使裁量权时,不当地赋予权利和不当地科处义务。不当地赋予权利包括权利赋予对象不当和权利赋予量不当两种情形。不当地科处义务同样包括义务科处对象不当和义务科处量不当两种情形。

五、行政违法与行政不当的法律效果

(一) 行政违法的法律效果

1. 对行为本身效力的影响

无论是行政主体的行政行为,还是行政相对人行政法上的行为,要实现预期的法律效力,其前提就是行为合法。行政违法不为法律所承认,不具有法律效力。虽然行政行为具有拘束力、公定力,违法行政行为暂时被推定为合法,能产生一定的事实上的效力,但是,一旦被有权机关确认为违法,其所创立的一切法律关系皆有可能将溯及该行为作出时失去法律效力。行政相对人行政法上的行为也一样,虽然在一定时期内可能产生一定的效力,但是,一旦经有权机关确认为违法,则难以实现其预期的目的。

2. 对行为人责任的影响

既然行政违法是违反行政法律规范的行为,是对法律规范所保护的行政关系的一种直接侵害,那么,行政违法的主体,无论是行政主体还是行政相对人,都必须对其行政违法承担行政责任,接受国家法律的制裁。现代国家行政法治原理不允许任何违法行为人逍遥法外。

---

① 当然,由于保护公共利益的需要以及利益衡量的结果导致一系列受限制的情形也是存在的。例如,我国《行政诉讼法》第74条第1款规定,行政行为依法应当撤销,但撤销会给国家利益、社会公共利益造成重大损害的(第1项),或者行政行为程序轻微违法,但对原告权利不产生实际影响的(第2项),人民法院判决确认违法,但不撤销行政行为。

3. 对法律救济的影响

针对行政违法,有关机关必须予以法律救济,以确保国家行政管理的有序运行。这里的法律救济包括三方面的内容:(1)确认其违法;(2)撤销其行为;(3)予以相应的惩罚。不过,对于行政主体的行政违法和行政相对人的行政违法,其法律救济是不同的。

对于行政主体的行政违法的法律救济,包括权力机关救济、行政救济和司法救济三种情形。权力机关救济,是指国家权力机关确认有关行政主体的行政行为违法并予以撤销。例如,根据我国《宪法》第67条和第104条,国家权力机关有权撤销行政机关不适当的决定和命令。行政救济,即行政机关救济,包括原机关救济和上级机关救济两种情形。任何行政机关发现自己业已作出的行政行为违法,除法律有明文限制规定外,一般都有权撤销或者宣布无效。任何行政机关都有权依照其法定权限撤销下一级行政机关的违法行政行为。司法救济,是指司法机关对行政主体所作的行政行为的合法性进行司法审查,在审理行政案件中,发现行政主体的行为违法,司法机关有权作出撤销判决。

对行政相对人行政违法的法律救济,其内容只限于确认违法、采取行政强制措施或者予以相应的惩罚,不存在撤销的问题。对行政相对人行政违法的救济包括行政救济和司法救济两种情形。前者指行政机关救济,如公安机关裁定处罚违反治安管理行为人,其前提是对行为人行为违法予以确认;后者即人民法院救济,如人民法院作出维持行政机关有关处罚相对人决定的判决,实质上是对相对人行政违法的一种间接确认。

(二)行政不当的法律效果

1. 行政不当的法律效果内容

行政不当所引起的法律效果,在内容上与行政违法不同。

第一,关于不当行政的法律效果,在我国,人民法院对行政行为的监督一般限于审查"是否符合事实以及是否合法",不当行政不能构成法院撤销行政行为的理由,也就是说,不当行政不能导致该行政行为无效。当然,行政相对人有权要求行政机关及其公务员纠正不当行政;权力机关和上级机关有权改变或者撤销同级和下级行政机关的不当行政行为,这种改变和撤销都不具有溯及力,只是对不当行政的纠正,这就使其与法院撤销和权力机关、上级行政机关对违法行政行为的撤销区别开来。

第二,在对责任的效果上,行政不当与行政违法明显不同。行政责任是行政违法的法律后果,两者具有必然的因果关系;而行政不当与行政责任之间并不存在这种必然性。不当行政的责任者以承担补救性行政责任为限,一般并不引起惩罚性行政责任。

2. 对行政不当的法律救济

虽然行政不当不像行政违法那样引起惩罚性行政责任,但是,作为有瑕疵的行为,行政不当同样需要法律救济。

对不当行政的法律救济包括权力机关的救济和行政机关的救济两种类型,一般采取改变或者撤销两种基本方法。对于行政不当,一般不存在司法救济,也不适用确认并宣布无效的方法。只有行政处罚明显不当,或者其他行政行为涉及对款额的确定、认定确有错误的,人民法院才可以判决变更。① 根据我国《宪法》第67条和第104条的规定,国家权力机关有

---

① 参见我国《行政诉讼法》第77条。

权撤销同级行政机关的不适当的决定和命令;根据我国《宪法》第 89 条第 13 项、第 14 项和第 108 条以及有关组织法的规定,原机关和上级机关可以依其职权撤销或者改变不适当的决定和命令。

第二节 行政责任

一、行政责任的概念及特征

(一) 行政责任的概念

责任,是一个内涵和外延均非常广泛的概念,在政治学、管理学、行政学和法学等学科领域得以经常而广泛地使用。一般说来,责任是指在一定条件下行为主体所应尽的义务或者因违反义务而应承担的一定的否定性后果。

随着国家法治建设的进展,国家行政管理逐步纳入法治轨道,行政法上的责任追究,必须严格依法进行,不容有任何恣意妄为。这已成为世界各国依法行政原理的基本内容之一。在现代国家行政法中,所谓的责任,只能是法律责任,而不是道义责任、政治责任或者其他性质的责任。因此,这里的"行政责任"一词,可与"行政法律责任"一词通用。

行政责任的概念有广义和狭义之分。广义的行政责任,是指行政法律关系主体按照行政法律规范的要求在具体的行政法律关系中所应承担的义务,它包括两方面的内容:一是指行政法律关系主体必须依法进行一定的作为或者不作为;二是指行政法律关系主体由于没有履行或者没有正确履行其应履行的义务而引起的一定的否定性的法律后果。狭义的行政责任,是指行政法律关系主体因违反行政法律规范所规定的义务而引起的、依法必须承担的法律责任,即行政违法以及部分行政不当所引起的否定性的法律后果。这里采用狭义说。

(二) 行政责任的特征

1. 行政责任的主体是行政法律关系主体

行政责任主体包括行政主体和行政相对人。行政主体享有行政职权,负有实施行政管理的义务,即作出行政行为并保证其最终实现,是行政主体的行政职责;而行政相对人在享有接受行政主体所提供的服务之权利的同时,还负有诚实地按照行政行为所规定的内容具体履行的义务。因此,行政责任不仅包括与行政职权和行政职责紧密联系的行政主体的法律责任,而且还包括行政相对人的法律责任。

在行政法律关系中,尽管行政主体与行政相对人的法律责任的实现方式和范围是不同的,但都不能脱离行政法律规范的调整。行政主体的行为,仅靠政治监督和社会舆论监督以及其他法律途径等的约束是不够的,还必须依赖于并且主要依赖于严格而完备的行政法律规范的制约;而行政相对人的行为,仅靠社会道德规范以及一般法治观念等的约束也是不够的,还必须靠健全而公正的行政法律规范的具体制约。对于行政主体而言,不依法作出行政行为,不依法实施行政行为,都要承担法律责任;对于行政相对人来说,不能诚实地履行行政法律规范和行政行为所规定的义务,无论是全部不履行、部分不履行,还是不正确履行,都要受到法律的追究。例如,行政处罚,对于行政主体来说,是一种行政行为,是行政职能和行政目的的实现;对于行政相对人来说,是一种因违反行政行为所规定的义务而受到的制裁。若行政主体不依法行使行政处罚权,则必须承担因此而产生的法律责任。

从行政法律关系中所包含的行政权的行使者和行政职责的履行者来看,与行政职权和职责密切相联系的行政法律责任的承担主体,当然包括行政主体及其公务员。虽然行政法的调整对象主要是行政主体和行政相对人之间的行政关系,对于受到行政权和行政行为侵害的行政相对人来说,承担行政责任的是行政主体,而不是公务员。但是,公务员并不因此而不受任何法律责任的追究。在与行政主体的关系上,公务员基于行政职务关系,负有忠实地执行公务的职责,行政责任当然包括公务员的法律责任。

2. 行政责任是行政法律关系主体违反行政法律规范所引起的法律后果

行政法律关系主体应当履行法定职责和义务。行政责任是行政法律关系主体不履行法定职责和义务,违反行政法律规范所引起的法律后果,而不是违反刑事法律规范或者民事法律规范以及其他规范所引起的法律后果。它是以行政法律职责和义务为基础的,没有行政法律职责和义务,也就没有行政责任。

3. 行政责任是行政法上的法律责任

行政责任作为一种法律责任,具有强制性,由有权的国家机关来追究。行政责任是以行政法律规范所规定的职责和义务为基础的,行政法律规范所规定的责任和义务的方式及内容,是追究行政责任的根据。行政责任是对行政违法或者行政不当的救济,与犯罪行为及民事违法行为等的法律后果有着不同的责任承担方式。行政责任与其他法律责任不能相互替代。[①] 完善行政责任制度,是加强行政法制建设的重要组成部分。

(三) 追究行政责任的必要性

现代国家法治行政的原理,要求行政主体必须严格依照法律规范行使行政权,同时要求行政相对人必须严格遵循行政法律规范及行政行为所规定的各项义务。然而,在现实生活中,行政上的违法行为发生的可能性总是存在的。法治行政的原理要求严格监督和控制行政上的违法行为,而控制行政上的违法行为的最有效手段,除健全和完善有关权利义务的规定外,就是追究违法责任。一定社会法律秩序的建立,总是为了确认、保护和发展统治阶级所期望的社会关系和社会秩序。任何违反法律规范的行为,都是对统治阶级利益的侵犯,都是对稳定的社会秩序的破坏,都是不能被允许的。为了恢复被破坏了的法律秩序,要求一切违法行为都必须承担相应的法律责任。因此,无论是行政主体还是行政相对人,都必须承担违法责任。这是法治行政的必然要求。

行政法的目的在于保护国家行政法律秩序,任何公民、法人和其他组织,都必须自觉遵守行政法律规范,在享受法律规定的权利的同时,必须认真履行其应履行的义务。国家行政机关及其公务员,作为国家行政法的执行者,同样不能超越于行政法律规范之上,如果有违法行为,就必须承担违法责任。国家法律的强制力,主要体现在对违法行为的制裁上,即迫使违法者承担违法责任。若违法者可以不承担违法责任,法律的效力就不能保证,法律的严肃性便不复存在,法治国家就将成为空中楼阁。和其他一切法律皆以权利和义务为内容一样,行政法所规定的是行政主体的权力和职责以及行政相对人的权利和义务。行政主体享有行政权,同时必须忠实地履行职责;行政相对人享有行政法上的一系列权利,同时必须诚

---

① 参见我国《行政处罚法》第 27 条、第 82 条。

实地履行义务。行政主体不履行职责,不仅直接形成对行政相对人权利的侵害,而且最终将损害国家和社会的公共利益;行政相对人不履行义务,势必影响行政主体行使行政权,破坏国家行政管理秩序,同样是对国家和社会公共利益的侵犯。所以说,无论行政主体还是行政相对人违反行政法律规范,都将影响真正的法治国家的建立。

从另一角度来看,现代行政是民主行政,民主行政是民主政治的产物,民主政治的标志之一是责任政治,故民主行政必定是责任行政。我国是社会主义国家,国家权力属于人民,行政主体及其公务员负有依法行使国家权力,保护行政相对人的合法权益,维护公共利益的义务;而公民、法人和其他组织负有服从国家权力,协助行政主体执行公务,维护公共利益的义务。从这层意义上讲,也必须对违反行政法律规范的行为追究法律责任。

追究法律责任的具体要求是,行政主体及其公务员必须接受相应的法律监督,渎职、失职和一切违法行为都应受到法律的追究,造成行政相对人合法权益损害的,要依法予以赔偿;行政相对人不履行行政法律规范或者行政行为规定的义务,要依法接受行政强制措施,受到行政处罚等法律制裁。

二、行政责任的构成要件

(一)行政责任的一般构成要件

1. 存在违反行政法律义务的行为

行政法律关系的主体违反行政法律义务,是行政责任产生的前提。不违反法律义务,也就不存在承担相应的法律责任的问题。

2. 存在承担责任的法律根据

根据现代国家法治行政的原理,不仅要求权利义务的法定,而且要求对有关责任的追究也必须是法定的。因此,不仅行政责任的方式须为法律规范所确认,而且行政责任的内容也必须为法律规范所确认。没有法律规范对责任内容的规定,责任的承担也将成为一个难题。

3. 主观过错的要件性问题

从法理学上讲,似乎还应加上主观过错这一要件。但是,实践中,行政领域的违法行为,只要符合法律规范所规定的外在形式,一般就不再过问行为人的主观因素,即可视为主观有过错,法律另有规定的除外。这是行政法的一个特点,或者将其理解为不以主观过错为要件。[①]

(二)行政主体及公务员行政责任的构成要件

1. 违法行政或者不当行政,是行政责任产生的前提条件

依照法律规定行使职权,履行职责,即遵守权限不越权,履行职责不失职,符合法律目的而不滥用职权,遵守法定程序,公正合理地裁断,是行政主体及其公务员应当遵守的法定义务。一旦违反这些义务,则构成违法行政或者不当行政,就可能构成行政责任。

2. 行政责任主体是行政主体及其公务员

具有法律上的权利能力和行为能力,是行为人承担法律责任的条件之一。行政法律责

[①] 如前所述,我国《行政处罚法》第33条第2款规定了个案处理情形。在这种限度内,可以说主观过错成了行政责任的构成要件。

任的承担,也必须具有行政权力能力和行政行为能力。只有依法独立享有行政职权,负有行政职责,并能以自己的名义实施行政权的主体,才具有对违法行政承担行政责任的能力。从行政权的本质来看,行政权归属于国家,因而行政责任的承担者只能是国家。但是,国家是一个抽象的政治实体,其行政权的运用只能依靠行政主体。故违法行政的行政责任主体首先是行政主体。而行政主体的行政权,要依靠具体的自然人即公务员来具体实施。公务员依法取得行使行政权的职务,就应履行相应的义务,否则就要承担法律责任。

3. 只有发生在行政公务行为中的行为才能引起行政责任

如前所述,行政法律责任的主体是行政主体及其公务员,承担责任的前提条件是存在违法行政或者不当行政,而行政行为的违法或者不当,大多是通过公务员付诸具体实施的。因此,谈到承担行政责任,必须严格区分行政主体及其公务员的行为以及其他社会组织的行为的性质。只有在行政主体的行政管理活动中,即公务员执行公务行为中发生的违法或者不当,以及其他社会组织在行政委托情况下发生的违法或者不当行为,才能引起行政责任。①

4. 行政责任的追究须为行政法律规范所确认

依法行政原理要求,不仅行政机关的权力与义务是法定的,承担责任与否、承担何种责任也应当是法定的。为了确保行政主体依法公正地行使行政职权,行政法律规范规定了严格的行政职责。但是,并不是说行政主体实施行政行为必定承担法律责任。根据我国《行政诉讼法》第70条以及其他法律、法规的规定,作为一种否定性的法律后果,只有行政主体及其公务员的行政行为出现下述违法或者不当情形时,才承担法律责任。

(1) 实施行政行为所依据的主要证据不足或者事实不清;

(2) 欠缺行政行为的法律依据或者适用法律、法规错误;

(3) 超越法定权限范围(超越职权);

(4) 缺乏充分的法定理由而拒不履行法定职责;

(5) 违反法定程序和形式;

(6) 违反法定目的而滥用职权;

(7) 行为内容畸轻畸重或者偏轻偏重,明显不当等。

5. 行政责任的成立,并不以损害的存在和主观上的故意或者过失为普遍要件

行政主体承担法律责任,在多数情况下是以给相对人的合法权益造成一定程度的损害为客观前提的。但是,行政相对人合法权益受到一定程度的侵害,只能成为某些包含特定内容的责任方式的特别要件,而不能作为行政责任构成的一般或者普遍要件。从法理上说,行政责任是违法行政或者部分不当行政的必然后果,而行政违法或者不当并不是以相对人合法权益受到一定程度的损害或者侵犯为必须具备的普遍要件。例如,非法免除相对人的义务并不侵害相对人的合法权益。

行政主体的一切行政行为都是由公务员以行政主体的名义具体实施的,作为具体实施者的公务员存在故意或者过失,是对其追究行政责任的前提。但是,不能因为公务员行政责任的构成以存在故意或者过失为要件,进而断定故意或者过失是行政主体对违法行政承担

---

① 如本书第三章第四节所述,在行政救济法层面,许多国家为了更有利于受害人得到救济,往往采取的是外观主义。即公务员的某些非执行公务行为对私人的合法权益造成损害的,只要构成执行公务行为的外观,便对其追究行政赔偿责任。这种情形是行政赔偿结果责任原则的具体体现,与此处有关责任构成要件的探讨是两个不同层面的问题。

法律责任的普遍要件。行政责任是违法行政或者部分不当行政引起的否定性法律后果,只要违法行政或者有关不当行政成立,就必然产生行政责任。至于是否追究行政责任以及以何种形式追究行政责任,属于行政责任的承担方式的问题,并不影响行政责任本身的成立。

(三) 相对人的行政责任的构成要件

行政相对人必须自觉遵守行政法律规范,在享受法律规定的权利的同时,必须认真履行其应履行的义务。任何公民、法人和组织,都可以"相对人"的身份参加行政法律关系。行政机关及其他国家机关同样也可以"相对人"的资格参加行政法律关系。无论是公民、法人,还是国家机关,作为行政相对人,只要不依法行使权利或者不依法履行义务,都是对行政法律规范的违反,即构成行政违法。

行政相对人的行政责任,顾名思义,其主体只能是行政相对人。相对人的行政责任,是相对人违反行政法律规范所引起的否定性法律后果,其违反刑事法律规范、民事法律规范或其他规范的行为,不会引起行政责任的追究问题。① 相对人的行政责任,皆由有关行政法律规范具体规定,没有行政法律规范的明文规定,相对人的行政责任则不能成立。

三、行政侵权责任的概念

行政侵权责任是行政责任的一种,二者既有联系又有区别。行政责任是指行政法律关系主体违反行政法律义务,而依法应当承担的行政法律后果;行政侵权责任则是指行政主体违反行政法律义务,侵犯公民、法人或者其他组织的合法权益,而依法应当承担的法律后果。需要指出的是,行政侵权责任的主体仅限于行政主体,不包括行政相对人;被侵害的对象只限于行政相对人的合法权益,有别于民事侵权责任;行政侵权责任的构成要件,也有别于行政责任的构成要件,除存在行政违法的行为、存在承担责任的法律依据等条件外,还要求有被侵权的事实、行政违法行为与被侵害事实之间存在因果关系。

四、行政责任的追究和免除

(一) 追究行政责任的原则

1. 责任法定原则

责任法定,是指只有法律规范上的明文规定,才能成为确认和追究违法责任的依据,对违法责任的确认和追究,必须严格依法进行,并严格限制类推适用。只有这样,才有利于有效地防止追究责任的任意性,真正实现法治行政。

2. 责任与违法程度相一致原则

责任和违法程度相一致原则,要求适用于违法责任者的法律责任的种类和形式等必须与违法行为所造成的损害后果、违法行为的情节以及违法者的责任能力等相一致,必须根据

---

① 行政相对人的行政责任和民事责任一般不会发生竞合问题,而其行政责任和刑事责任在很多情况下则可能发生竞合的问题,需要确立解决竞合的规则。如我国《行政处罚法》第 8 条规定:"公民、法人或者其他组织因违法行为受到行政处罚,其违法行为对他人造成损害的,应当依法承担民事责任。违法行为构成犯罪,应当依法追究刑事责任的,不得以行政处罚代替刑事处罚。"因此,一旦对构成犯罪的行为予以了行政处罚,就必须按照相应的折抵原则处理。我国《行政处罚法》第 35 条规定:"违法行为构成犯罪,人民法院判处拘役或者有期徒刑时,行政机关已经给予当事人行政拘留的,应当依法折抵相应刑期。违法行为构成犯罪,人民法院判处罚金时,行政机关已经给予当事人罚款的,应当折抵相应罚金;行政机关尚未给予当事人罚款的,不再给予罚款。"

违法行为的程度适用适当的责任形式,选择适当的强度和方式。追究违法行为的责任,目的在于对受到损害的权益给予适当的补救,惩罚违法行为责任者,以达到教育的目的。如果确认违法责任畸轻,遭受损害的权益就得不到有效的补救,对违法责任者也起不到警诫的作用。反之,如果确认违法责任畸重,同样也不能实现追究法律责任的目的。对补救性的违法责任而言,若让行政主体及其公务员承担过重的责任,则国家将受到损失;若让行政相对人承担过重的责任,则容易导致人民对行政的不信任,影响政府在人民群众心目中的形象。对惩戒性的违法责任而言,若惩罚过重,受惩罚者将会产生抵触情绪,不利于良性循环的行政管理秩序的建立和完善。因此,追究行政责任,必须严格遵守责任和违法程度相一致的原则。

3. 补救、惩戒和教育相结合的原则

违法责任的追究,往往表现为对违法责任者的惩罚,其最终目的或者说最重要的目的在于对受损害的权益进行补救,以恢复法治社会的正常秩序。但是,仅靠惩罚或者科处补救性义务,并不一定能有效地控制和防止行政上的违法行为的发生。一定程度的惩罚是必要的,而惩罚的目的是为了教育并使违法责任者更好地履行职责或者义务,最终建立良好的社会法治秩序。所以,在确认和追究违法行为责任时,对责任种类、方式和强度等的选择,都应体现补救、惩罚和教育相结合的原则。[①]

(二) 行政责任的追究

行政责任的追究,是指有权机关根据法律规范的规定和行政责任的构成要件,按法定程序和方式对行政法律关系主体的行政责任进行认定和追究的过程。行政责任的认定和追究,往往是一个相互交错的混合过程。但是,总的说来,认定行政责任是追究行政责任的前提。

行政责任的追究,首先要对行政违法和行政不当予以确认。存在行政违法或者行政不当是构成行政责任的前提条件,也是确认行政主体、公务员及行政相对人该不该承担责任的直接依据。由于行政活动的积极服务职能所具有的因事制宜等特点,决定了行政裁量在现代行政管理活动中的重要性,使得某些不当或者不合理行为成为法律不予追究责任的行为。所以,作为确认行政责任根据的行政不当,一般应是较为明显的不合理、不公正。

一般说来,符合前述行政责任的构成要件,就确认了行为人的行政责任。但是,如前所述,追究行政责任,无论是追究行政主体的责任,还是追究行政相对人的行政责任,都必须有明确的法律依据。法律没有规定则不能追究其行政责任。[②]

(三) 行政责任的免除

在特定情况下,虽然行为人的行为符合行政违法的构成要件,并且在事实上对一定的社会关系造成侵害,但是,因该行为的实施是为了保护更大的合法权益,因而排除其违法性,免除对行政责任的追究。排除行政违法性的行为主要有以下几种:

1. 正当防卫

正当防卫,是为了保护公共利益、本人或者他人的人身及其他权利免受正在进行的侵

---

① 参见我国《行政处罚法》第6条、第33条第3款;《行政强制法》第6条;《治安管理处罚法》第5条第3款;等等。
② 参见我国《公务员法》第15条第2项。公务员享有非因法定事由、非经法定程序,不被免职、降职、辞退或者处分的权利。

害,而对侵害人实施侵害,以迫使其放弃侵害行为的行为。这种行为在客观上是针对现实的侵害行为进行有效的制止,其结果一般是使侵害人的人身权、财产权受到损害;在行为人的主观上,则是为了保护侵害行为所指向的客体不受侵害。

正因为正当防卫是以侵害的方法制止不法侵害的行为,所以其实施必须是针对违法侵害行为,并且是针对正在进行的侵害行为,必须是针对违法行为的实施人作出的未超过必要限度的侵害行为。如果超出了必要限度,就是防卫过度,有失公正,因此,防卫人的行为同样构成行政违法,防卫人应承担行政责任。

2. 紧急避险

紧急避险,是行为人为保护公共利益、本人或者他人的人身及财产等权利免受正在发生的危险,不得已而采取的侵害法律保护的其他公共利益或者他人权益的行为。客观上,行为人损害了一定的合法权益,但保护了更大的合法权益;在主观上,行为人是在衡量权益轻重后,不得已而作出的选择。

因此,紧急避险的成立,必须具备以下要件:(1) 为了使合法权益免受正在发生的危险;(2) 情况紧急,没有其他途径可供选择;(3) 损害的合法权益不得超过保护的合法权益(比例原则)。

3. 利害关系人同意的行为

在一定条件下,行为实施人经有利害关系的人同意取得了原属于该利害关系人的权益,该行为的行政违法性便被排除。这种排除行政违法性的行为的成立必须符合以下要件:(1) 行为实施人必须获得法定授权;(2) 有关权益是受害人能够自由支配的;(3) 利害关系人有自由支配有关权益的能力;(4) 有关权益的得失不应追求任何危害社会的目的。如,某组织获得自愿捐款的行为。

4. 执行有益于社会的职业行为

因执行某项有益于社会的职业行为,需对某些合法权益实施必要的损害,这种损害只要不超出职业要求的范围,就不构成行政违法。如,救护人员因抢救病人而不按交通规则行车的行为。[①] 排除这种行为的行政违法性的条件是:(1) 行为是基于执行符合社会需要的职业要求,该职业的存在得到了法律的保护,而不是危害社会的职业;(2) 执行职业行为应承担谨慎从业的义务,即不能使其损害权益明显大于保护权益(比例原则)。滥用职业特权的,不能免除行为的行政违法性。[②]

5. 在法定范围内行使权力(利)的行为

行为人行使其享有的法定职权,有时虽对一定主体的权益造成一定的损害,但此损害是法律所允许的,不构成行政违法。如医疗机构发现患者患甲类传染病时对病人、病原携带者予以隔离治疗[③];公安干警对违反《治安管理处罚法》的行为人予以行政拘留[④];公民扭送现

---

① 参见我国《道路交通安全法》第53条第1款:"警车、消防车、救护车、工程救险车执行紧急任务时,可以使用警报器、标志灯具;在确保安全的前提下,不受行驶路线、行驶方向、行驶速度和信号灯的限制,其他车辆和行人应当让行。"
② 参见我国《道路交通安全法》第53条第2款:"警车、消防车、救护车、工程救险车非执行紧急任务时,不得使用警报器、标志灯具,不享有前款规定的道路优先通行权。"
③ 参见我国《传染病防治法》第39条。
④ 参见我国《治安管理处罚法》第23—35条、第37—57条、第59—74条。

行犯罪分子到司法机关的行为等,均属于在法定范围内行使权力(利)的行为。当然,该行为以存在法定权力或者权利为前提。超越法定权限、违反法定形式,同样将构成行政违法,行为人应承担行政责任。

(四)行政责任与法定义务的关系

行政责任与法定义务有着极为密切的联系。行政责任是为保证行政法上的义务得以圆满实现而依法设定的;行政法上的义务得以圆满实现,是国家行政管理的需要,是社会公共利益的需要,因而也是行政责任的本质所在。行政责任是行政法上的义务得以圆满实现的强制保障措施。通常情况下,行政法上的义务是借助于行政法律关系主体的自律得以实现的,行政主体和行政相对人遵循行政法律规范中有关权利义务的规定,各自行使权利(力),履行义务(职责),国家行政管理活动呈现良性循环的有序运作。但有时为了确保国家行政管理活动良性循环的有序运作,也必须借助于国家强制力的作用来实现行政法上的义务。行政责任,既以实现行政法上的义务为其存在的目的,又超出义务之外,在规范和作用方式上都有相对独立性。法定义务的示范作用在先,行政责任的强制保障作用在后。而行政责任都是通过一定的承担形式得以实现的。行政责任是对应法定义务的一般概念,在行为人实施某种行为,被法定的有权机关确认为行政违法行为的同时便已产生;而行政责任的承担方式是表现行政责任的具体形态,要在法定的有权机关对某种行为的行政违法性质作出裁定的基础上才能产生。

第三节 行政责任的种类与方式

一、行政主体承担行政责任的方式

(一)行政主体的行政责任的特点

行政责任的承担方式是违反行政法律规范所规定的义务而引起的法律后果的具体表现形态。

从责任的形式看,行政主体的行政责任形式要受到某些限制。由于行政主体是代表国家参与行政法律关系的,因此,适用于自然人和一般法人的许多责任形式,不能适用于行政主体。

从引起责任的原因看,行政主体的行政责任是由其行政管理行为引起的。行政主体以一般民事法律关系主体的身份从事一般民事行为,仅引起民事责任的追究,而不会引起行政责任的追究。

从责任的内容看,行政主体的行政责任以补救为主。现代行政管理的观念认为,管理就是服务,行政主体是为公众服务的。但是,在具体的行政法律关系中,行政主体处于主动的、优越的地位,而行政相对人则处于被动的、弱势的地位,而且,行政主体所拥有的行政权,涉及社会生活的方方面面。因此,行政主体在行政管理过程中的违法或者不当行为,极易侵害相对人的自由、权利和利益。如果对行政相对人遭受的损害不给予补救,那么,行政相对人的权益就难以得到切实保障。诚然,行政主体的行政行为都是由公务员以国家的名义实施的,但若仅仅追究公务员的惩戒性违法责任,行政相对人的实际损害则得不到救济;而由公务员个人完全承担补救责任,既不合理,也不太可能。因为公务员是执行公务而违法,且其薪金往往难于承担全部救济责任,不仅不利于公务员个人,而且也不利于相对人的权益救济。因此,补救性的责任一般由行政主体来承担。

(二)行政主体承担行政责任的具体方式

1. 通报批评

这是行政主体承担的一种惩戒性违法行政责任,主要是通过名誉上的惩罚,对作出违法或者不当行政行为的行政机关及其他行政主体起警诫的作用。通报批评通常由权力机关、上级行政机关或者监察机关以书面形式作出,通过报刊、文件等予以公布。

2. 赔礼道歉,承认错误

当行政主体在行政管理过程中由于管理上的违法或者不当,损害相对人的合法权益时,理应向相对人赔礼道歉、承认错误。赔礼道歉、承认错误,虽然对受损害者的物质损害没有补益,但能使受害者在精神上得到安慰,平息激愤的情绪,淳化行政机关的民主作风,维护行政法治的尊严。承担这种责任一般由行政机关的领导和直接责任人员出面,可以采取口头形式,也可以采取书面形式。这是行政主体所承担的一种最轻微的补救性行政责任。

3. 恢复名誉,消除影响

当行政主体的违法或者不当行政行为造成相对人名誉上的损害,产生不良影响时,一般采取这种精神上的补救性行政责任方式。责任的履行方法有:在大会上公布正确的决定;在报刊上更正处理决定并向有关单位寄送更正决定等。方法的选择取决于相对人名誉受损害的程度和影响的范围。

4. 返还权益

当行政主体剥夺相对人的权益属违法行政时,其行政责任的承担表现为返还权益。权益,即造成的实际损害,既包括财产权益,又包括政治权益。

5. 恢复原状

当行政主体的违法或者不当行为给相对人的财产带来改变其原有状态的损害时,一般由行政机关承担恢复原状的补救性行政责任。

6. 停止违法行为

这是行为上的惩戒性行政责任。对于持续性的违法行政行为,如果行政相对人提出控诉时侵害仍在继续,违法行政责任的追究机关有权责令停止违法行政行为。

7. 履行职务

这是针对行政主体不履行或者拖延履行职务而确立的一种行政责任方式。针对行政主体失职的这种责任形式,既可以由相对人提出申请,也可以由人民法院的判决或者上级行政机关的决定予以确立。

8. 撤销违法的行政行为

当行政主体所作的行政行为具有如下情形之一时,行政主体应承担撤销违法行为的行政责任:主要证据不足的;适用法律、法规错误的;违反法定程序的;超越职权的;滥用职权的。撤销违法包括撤销已完成的行为和正在进行的行为。

9. 纠正不当的行政行为

纠正不当是对行政主体裁量权进行控制的行政责任方式。行政机关对滥用裁量权的不当行政行为要负行政责任,纠正不当的行政行为的具体方法是变更不当行政行为。如《行政诉讼法》第77条第1款规定,行政处罚明显不当,或者其他行政行为涉及对款额的确定、认定确有错误的,人民法院可以判决变更。

10. 行政赔偿

行政赔偿是一种财产上补救性的违法行政责任。行政主体的违法行为造成相对人财产权和人身权等合法权益的损害,应依法承担行政赔偿责任。①

二、公务员承担行政责任的方式

(一) 公务员的行政责任的特点

公务员的行政责任,是指公务员对其违法行为承担的法律后果。如本书第三章第四节所述,根据《公务员法》的规定,我国的公务员包括行政系统的公务员;政党系统的公务员;权力机关系统的公务员;政治协商会议系统的公务员;审判机关系统的公务员;检察机关系统的公务员;法律、法规授权的具有公共事务管理职能的事业单位系统的公务员;等等。这里探讨的是行政系统的公务员的行政责任。

公务员的行政责任有如下特点:

(1) 引起行政责任的行为是公务员违法行使职权的职务行为。

(2) 一般公务员不直接对行政相对人承担行政责任。

(3) 公务员的违法行政责任主要是惩戒性的。

(二) 公务员的行政责任的具体形式

本书第三章第四节已对公务员责任及其救济途径进行了阐述,这里仅就公务员承担行政责任的具体形式进行探讨。

1. 接受批评教育

这是公务员所承担的惩戒性违法行政责任。批评教育的形式主要包括通报批评和狭义的批评教育两种。通报批评,是指由有权机关在会议上或者文件上公布针对具有重大违法违纪行为的公务员予以批评的决定。狭义的批评教育,是指有权机关针对具有情节轻微的违法违纪行为的公务员直接给予批评,教育其改正错误,以后不再犯。前者的目的在于教育有责任的公务员本人的同时也对其他公务员起到警诫的作用,而后者的目的在于教育有责任的公务员本人。例如,我国《公务员法》第61条规定:"公务员因违纪违法应当承担纪律责任的,依照本法给予处分或者由监察机关依法给予政务处分;违纪违法行为情节轻微,经批评教育后改正的,可以免予处分。"可见,狭义的批评教育,既可能是独立的程序,也可能构成予以处分的前置程序。

2. 承担赔偿损失责任(被追偿)

承担赔偿损失责任,是兼有惩罚性和补救性的责任承担方式。公务员的赔偿责任的特点,在于公务员并不直接向受害的行政相对人赔偿,而是先由行政机关承担赔偿责任,

---

① 参见我国《国家赔偿法》第2条、第3条、第4条、第7条。《全国人民代表大会常务委员会关于修改〈中华人民共和国国家赔偿法〉的决定》(2010)规定,致人精神损害的,应当在侵权行为影响的范围内,为受害人消除影响,恢复名誉,赔礼道歉;造成严重后果的,应当支付相应的精神损害抚慰金。

再根据求偿权向有故意或者重大过失的公务员追偿已赔偿的款项的部分或者全部。①

3. 接受行政处分

我国《公务员法》第 61 条前半部分规定，公务员因违纪违法应当承担纪律责任的，依法给予处分。该条所规定的处分，在此处就是行政处分。行政处分是公务员承担违法行政责任的主要形式，是国家行政机关依照行政隶属关系对违法失职的公务员给予的惩戒措施。

行政处分具有如下特点：

（1）行政处分是国家行政法律规范规定的责任形式，在这一点上，与一般的纪律处分区别开来。纪律处分是组织内部依照组织章程、决议等作出的。如前所述，我国《公务员法》将处分定性为"因违纪违法应当承担纪律责任"的形式，其所指的"纪律"主要是该法所明确规定以及其他法律所规定的纪律。②

（2）行政处分的主体是公务员所在的行政机关、上级主管部门或者监察机关。

（3）行政处分是一种内部责任形式。行政处分是国家行政机关对其行政系统内部的公务员实施的一种惩戒，不涉及一般行政相对人的权益。

关于行政处分，我国《公务员法》第 62 条规定了警告、记过、记大过、降级、撤职和开除等 6 种类型，且对相关的程序和救济途径进行了完善。③ 我国《行政机关公务员处分条例》在对前述 6 类处分予以确认的基础上，全面系统地规定了处分的适用、权限、程序和申诉救济等问题。

三、行政相对人承担行政责任的方式

1. 承认错误，赔礼道歉

相对人的行政违法行为被确认后，有关行政机关可以责令其向利害关系人承认错误，并表示歉意，向有关机关作出不再重犯的保证。

2. 接受行政处罚等制裁

行政处罚是一种惩戒性的行政责任追究形式，学术上分为精神罚、财产罚、行为罚和人身罚。根据我国 2021 年修订的《行政处罚法》第 9 条规定，法定的行政处罚包括：警告、通报批评；罚款、没收违法所得、没收非法财物；暂扣许可证件、降低资质等级、吊销许可证件；限制开展生产经营活动、责令停产停业、责令关闭、限制从业；行政拘留；法律、行政法规规定的其他行政处罚。这样，基本上将《行政许可法》和《道路交通安全法》等法律规范所规定的处罚种类全部囊括其中。《行政处罚法》修订之前，法定的行政处罚种类较少，诸如在一定期间禁止从事某种行为或者活动，以及通报批评等，也是作为行政相对人承担违法行政责任的一种形式而被广泛运用。《行政处罚法》的修订，为这些行政责任追究方式提供了法规范依据。

3. 履行法定的义务

相对人因怠于履行法定义务而构成行政违法行为时，行政机关可以责令其依法履行该项义务。如果在法定的期限内仍不履行，又不申请行政复议或者提起诉讼，则可能会被强制

---

① 参见我国《国家赔偿法》第 16 条第 1 款。
② 参见我国《公务员法》第 61 条。
③ 参见本书第三章第四节。

执行。①

4. 恢复原状,返还原物

相对人的行政违法行为系占有他人财物或者公共财物、改变特定对象原有状态的,有关行政机关可责令其返还财物,恢复特定对象的原有状态。

5. 赔偿损失

相对人的行政违法行为给国家、集体或者他人的合法权益造成损害的,应当依法承担赔偿责任。

此外,外国人及外国组织在我国境内活动时,属于我国行政管理相对人,如违反了我国行政管理义务也要承担行政责任。我国行政法中对本国公民、法人和其他组织设定的行政责任承担方式基本适用于外国公民和组织,如警告、罚款、拘留、吊销公安机关发放的许可证、赔偿等。外国人承担行政责任的特殊方式还有附加适用限期出境、遣送出境、驱逐出境、禁止入境等。②

【思考题】

1. 什么是行政违法？有何特征？
2. 行政违法的构成要件有哪些？
3. 简述行政不当的概念及其特征。
4. 什么是行政责任？其特征有哪些？
5. 行政责任的构成要件有哪些？
6. 什么是行政侵权责任？
7. 行政主体承担行政责任的具体方式有哪些？
8. 公务员承担行政责任的具体方式有哪些？
9. 行政相对人承担行政责任的具体方式有哪些？
10. 行政责任的免除有哪些情形？

---

① 参见我国《行政诉讼法》第97条,《行政复议法(修订)(征求意见稿)》第87条和《行政强制法》第2条第3款、第34条、第53条。

② 参见我国《治安管理处罚法》第10条,我国《出境入境管理法》第21条、第58条、第62条、第63条和第64条。

第十一章 行 政 复 议

第一节 行政复议概述

行政复议是监督行政的一种重要形式,是上级国家行政机关对下级国家行政机关的行政活动进行层级监督的一种制度化、规范化的行政行为,也是现代法治社会中解决行政争议的重要机制之一。

一、行政复议的概念及其特点

行政复议,是指国家行政机关在行使其行政管理职权时,与作为被管理对象的行政相对人发生争议,根据行政相对人的申请,由上一级国家行政机关或者法律、法规、规章所规定的其他机关依法对引起争议的具体行政行为进行复查并作出决定的一种行政活动。这一概念具体包括了以下几个方面的含义:

1. 行政复议以行政相对人的申请为前提

行政复议是一种依申请而产生的具体行政行为,它以行政相对人的申请为前提。它不是行政机关依照自己的职权而主动进行的,而是行政机关一种"不告不理"的行为。如果属于行政机关依照自己的职权主动对原具体行政行为进行复查,就不能归属为行政复议的范畴。

2. 行政相对人提出复议申请是因为不服行政机关的具体行政行为

行政复议是行政相对人认为行政机关和行政机关工作人员的具体行政行为侵犯了其合法权益而请求行政机关进行复查并作出裁决予以救济的制度。如果行政相对人对抽象行政行为——国家行政机关制定的行政法规、规章或者是具有普遍约束力的规范性文件不服的,则不能直接申请行政复议。对于规章的审查应当按照法律、行政法规的规定,通过立法监督的程序来办理。对于行政机关发布的具有普遍约束力的规范性文件不服的,不能直接对该规范性文件提起行政复议,而只能在对根据行政机关发布的规范性文件作出的具体行政行为提起行政复议时一并提出对具体行政行为所依据的行政机关发布的规范性文件进行审查。

3. 行政复议机关是依法有履行行政复议职责的国家行政机关

行政复议是国家行政机关的行政行为,是上级国家行政机关对下级国家行政机关的行政行为进行层级监督的行政活动。承担行政复议职责的只能是国家行政机关,因此,国家权力机关、国家监察机关、国家审判机关和国家检察机关等其他国家机关都不能成为行政复议机关。另外,依法不具有行政复议职责的国家行政机关也不能成为行政复议机关。

4. 行政复议是行政机关处理行政争议的活动

行政复议是由国家行政机关来解决行政争议,它是国家行政机关具体行政行为的一部分,行政复议具有国家行政机关履行行政职权的特点。与此同时,由于行政复议必须基于行政相对人申请才能产生,因此,行政复议比其他具体行政行为具有更高的法定程序要求。

5. 行政复议的结果以行政机关的决定表现出来

由于行政复议是由国家行政机关作出的,因此,行政复议结果的表现形式就只能是行政机关的决定(或调解书、意见书),而不是人民法院的判决或裁定。

6. 行政复议受法定期限的限制

行政复议由于涉及行政争议的解决,因此,它受到法定期限的严格限制。这种期限要求包括两个方面的内容:一是行政相对人申请行政复议,必须在法定期限内,一般是在具体行政行为作出后的一定期间作出,逾期申请复议,复议机关不予受理(有法律规定的情形除外);二是复议机关必须在法定期限内作出复议决定,非有法定事由逾期不能作出决定的,则可能成为行政相对人提起行政诉讼的理由。而且,非有法定事由逾期不作出决定的,系属行政复议程序违法。

二、我国行政复议制度的产生与发展

新中国成立以后,我国行政复议制度的建立经历了以下几个阶段:

1. 行政复议的萌芽和初步发展阶段(20世纪50年代)

行政复议制度在新中国成立初期就已经产生。1950年11月15日,政务院批准、财政部发布的《设立财政检查机构办法》第6条规定:"被检查的部门,对检查机构之措施认为不当时,得具备理由,向其上级检查机构,申请复核处理。"

这里的"申请复核处理"[①],实际上就是指"申请复议"。这可以说是我国行政复议制度最早的雏形。其后,行政复议的范围不断扩大。1950年12月15日,政务院公布施行了《税务复议委员会组织通则》和《印花税暂行条例》,第一次在法规中使用了"复议"一词。如《印花税暂行条例》第21条明确规定:被处罚人不服税务机关之处罚,得于15日内提请复议,或向上级税务机关申诉。1951年4月18日政务院公布的《暂行海关法》[②]又将行政复议制度从税务领域扩大到海关领域,并使行政复议制度具有一定的规范性。

20世纪50年代中后期,我国的行政复议制度有了初步发展。这一时期规定行政复议内容的法律、法规主要有:1954年的《国营企业内部劳动规则纲要》,1955年的《农村粮食统购统销暂行办法》,1957年全国人大批准通过的国务院《关于国家行政机关工作人员的奖惩暂行规定》和《治安管理处罚条例》[③]以及《国境卫生检疫条例》[④],1958年的《农业税条例》[⑤]和《工商统一税条例施行细则(草案)》等。从上述法律、法规关于行政复议的规定来看,我国20世纪50年代行政复议制度的特点是:复议决定为终局决定,当事人不得对复议决定提起诉讼。

---

① "申请复核"目前只适用于公务员向行政机关所提出的申诉,而行政相对人向行政复议机关提起的申诉被称为"申请复议"。"申请复议"与"申请复核"是法律、法规所规定的两种不同的行政救济制度,前者适用于外部行政法律关系,后者适用于内部行政法律关系。

② 已于1987年7月1日由《海关法》加以废止。

③ 已被2005年8月28日第十届全国人大常委会第十七次会议通过的《治安管理处罚法》所取代。

④ 1986年12月2日第六届全国人大常委会第十八次会议通过《国境卫生检疫法》,根据2007年12月29日第十届全国人大常委会第三十一次会议《关于修改〈中华人民共和国国境卫生检疫法〉的决定》予以修正。

⑤ 已于2006年1月1日起废止。

2. 行政复议制度受到破坏阶段（20 世纪 60 年代至 70 年代后期）

这一阶段由于受到"左倾"冒进和法律虚无主义的影响，加之十年"文化大革命"给社会主义法制造成的破坏，行政复议制度几乎荡然无存。在二十年间未经清理的法规中仅一例涉及行政复议，即交通部 1971 年发布的《海损事故调查和处理规则（试行）》第 14 条。

3. 行政复议制度恢复和进一步发展阶段（20 世纪 80 年代至今）

党的十一届三中全会以来，行政复议制度作为社会主义法制建设的一项重要内容重新被提上议事日程，并得到迅速发展。据统计，到 1990 年 12 月为止，我国已经有一百多部法律、行政法规规定了行政复议。1990 年国务院《行政复议条例》的制定，标志着我国的行政复议进入了一个新的历史发展阶段。1994 年 10 月 9 日，根据国务院《关于修改〈行政复议条例〉的决定》，《行政复议条例》又进行了一次较为完善的修订工作，较好地适应了我国行政复议工作的需要，推动了行政机关的依法行政。

1999 年 4 月 29 日，第九届全国人大常委会第九次会议通过了《行政复议法》。《行政复议法》是在总结《行政复议条例》实施以来所获得的经验基础上，并结合我国行政复议法制实践中出现的新问题和新情况，从依法行政的基本原则出发而制定的。它确立了我国行政复议的基本法律制度，成为调整国家行政机关与行政相对人之间的又一部行政基本法律。《行政复议法》自 1999 年 10 月 1 日正式生效后，又不断总结行政复议的实践经验，进行了适时修改。根据 2009 年 8 月 27 日第十一届全国人大常委会第十次会议《关于修改部分法律的决定》进行了第一次修正；根据 2017 年 9 月 1 日第十二届全国人大常委会第二十九次会议《关于修改〈中华人民共和国法官法〉等八部法律的决定》进行了第二次修正。2023 年 9 月 1 日第十四届全国人大常委会第五次会议进行了最新修订。最新修订的《行政复议法》全文包括总则、行政复议申请、行政复议受理、行政复议审理、行政复议决定、法律责任、附则共七章 90 条，自 2024 年 1 月 1 日起施行。

截至 2021 年底，全国各级行政复议机关共办理行政复议案件 295.3 万件，其中，立案并审结 244.4 万件，纠正违法或不当行政行为 35 万件，纠错率为 14.3%，在维护群众合法权益、促进社会和谐稳定、加快建设法治政府方面发挥了重要作用。

为了进一步发挥行政复议制度在解决行政争议、建设法治政府、构建社会主义和谐社会中的作用，2007 年 5 月 23 日国务院第 177 次常务会议通过了《行政复议法实施条例》。它最大的特点就是进一步明确和补充了行政复议机构的"行政职责"，细化了行政复议的工作程序，明确了违反行政复议法律、法规规定应当承担的法律责任，进一步健全和完善了行政复议法律制度，并为 2023 年新修订的《行政复议法》提供了丰富的立法经验。

三、行政复议的基本原则

2023 年最新修订的《行政复议法》第 3 条规定：行政复议工作坚持中国共产党的领导。行政复议机关履行行政复议职责，应当遵循合法、公正、公开、高效、便民、为民的原则，坚持有错必纠，保障法律、法规的正确实施。《行政复议法》所规定的上述几项原则是贯彻于行政复议的全过程和各个方面的，因此，它们是行政复议的基本原则。

（一）行政复议工作应当坚持党的领导

行政复议涉及行政相对人的合法权益，因此，行政复议机关的行政复议工作必须坚持党的领导原则。要充分发挥行政复议机关党委党组的作用,对涉及面广、影响大的行政复议案件,行政复议机关的党委党组应当亲自抓,坚持以人民为中心的理念,把维护和保障行政相对人的合法权益放在至关重要的位置,从而提升行政复议机关的复议能力,维护行政复议机关依法办事的形象。

(二)行政复议应当遵循合法原则

行政复议遵循合法原则,是指履行行政复议职责的行政机关,必须严格地按照宪法、法律、法规和规章所规定的职责权限,以事实为依据,以法律为准绳,对行政相对人申请复议的具体行政行为,按法定程序进行审查。根据审查的不同情况,依法作出不同的复议决定:对于合法的具体行政行为,依法予以维持;对于违法或者不当的具体行政行为,依法予以改变或者撤销,并可以责令被申请人重新作出具体行政行为;对于未作出撤销或部分撤销决定的,可以确认行政行为违法。具体而言,行政复议遵循合法的原则包括以下内容:(1)履行行政复议职责的主体应当合法;(2)审理复议案件的依据应当合法;(3)审理复议案件的程序应当合法。

(三)行政复议应当遵循公正原则

依法办事、合情合理是行政复议机关依法进行行政复议活动必须达到的最起码的要求,也就是说,行政复议活动应当具有公正性。行政复议活动不具有公正性,若行政复议机关与被申请人之间"官官相护",通过行政机关自身进行的行政复议活动来监督行政机关依法行政的制度就会失去存在的意义。要做到公正,行政复议机关在处理行政复议案件时就必须充分考虑申请人与被申请人两方面的合法权益,不偏袒任何一方,严格依法办事,不拿原则做交易,对申请人正当合法的权利坚决予以保护,对申请人不合理的要求也要依法予以驳回;对被申请人的违法或者不当的行为或决定必须严格地按照法律、法规、规章的要求处理,做到不故意庇护和放纵违法行为,同时,对被申请人作出的合理的行为和决定应依法坚决予以维护。

(四)行政复议应当遵循公开原则

行政复议制度设立的宗旨就是为了防止和纠正行政机关作出的违法的或者不当的具体行政行为,保护公民、法人和其他组织的合法权益,保障和监督行政机关依法行使职权。由于行政复议机关与被申请人之间存在着行政上的领导与被领导、指导与被指导关系,因此,在行政复议的过程中就必须遵循公开原则。只有行政复议活动公开,才能便于公民、法人和其他组织依法有效地监督行政复议机关的行政复议活动;只有行政复议活动公开,才能保障行政复议机关在处理行政复议案件时依法办事,对受审查的具体行政行为和有关行政机关的决定做到不枉不纵。

(五)行政复议应当遵循高效原则

行政复议是行政机关内部监督的一种方式,在绝大多数场合下,复议机关的复议决定通常不是终局的(法律另行规定为最终裁决的除外),还可能受到法院的司法审查。所以,行政复议既要注意维持公正性,同时又要保证行政效率。这就要求行政复议遵循高效原则。

(六)行政复议应当遵循便民原则

行政复议应当随时考虑到如何使行政相对人行使复议申请权更加便利,即在尽量节省费用、时间、精力的情况下,保证公民、法人或其他组织充分行使行政复议申请权。为此,行政复议机关应当尽可能地为复议申请人提供便利条件,如在复议申请人无能力书写复议申请书的情况下,复议工作人员应当把复议申请人的口述记录下来,请复议申请人签名,形成书面的复议申请材料。在能够通过书面审理解决问题的情况下,尽量不采用其他方式审理行政复议案件,避免复议当事人不必要地耗费时间、财力和精力。

(七)行政复议应当遵循为民原则

以人民为中心是行政机关依法行政的制度目标。行政复议是通过行政机关的内部监督来最大限度地纠正行政机关或行政机关工作人员侵害行政相对人的合法权益的违法行为。行政复议机关往往是被申请人的上级主管机关,具有上下级领导关系和指导关系。行政复议机关必须"有错必纠",不能替被申请人遮遮掩掩或者是"官官相护"。行政复议机关要本着维护行政相对人的合法权益和行政为民的理念,以事实为依据,以法律为准绳,及时和有效地通过行政复议工作来实现行政为民的制度目标。

此外,行政复议除要遵循合法、公正、公开、高效、便民和为民的基本原则之外,根据我国现行《行政复议法》的规定,它还应当遵循以下几项原则:

1. 依法独立行使行政复议权的原则

行政复议权是国家行政机关依法享有的一项专有的行政职权,是行政机关依法行政的重要法律措施,也是"法治行政"的重要标志。行政机关依法独立行使行政复议权的原则包括了三层含义:(1)行政复议权只能由法律、法规、规章规定的国家行政机关(即复议机关)专门享有,其他行政机关、权力机关、监察机关、审判机关和检察机关均不享有行政复议权;(2)行政复议机关行使行政复议权,必须严格依照法律、法规、规章,尤其是《行政复议法》《行政复议法实施条例》的具体规定来行使,这是行政复议活动合法性的基本要求;(3)行政复议机关在其法定职权范围内,依法独立行使行政复议权,不受任何非法干涉。

2. 一级复议原则

一级复议制是我国《行政复议法》确立的基本原则,也就是说对具体行政行为的复议,以上一级国家行政机关的复议决定为终局决定,复议决定书下达后,行政相对人原则上不得再向上级国家行政机关要求复议。例外的情形是,对国务院部门或者省、自治区、直辖市人民政府的具体行政行为不服的,向作出该具体行政行为的国务院部门或者省、自治区、直辖市人民政府申请行政复议。对于国务院部门或者省、自治区、直辖市人民政府作出的行政复议决定不服的,可以向人民法院提起行政诉讼,也可以向国务院申请最终裁决。

3. 对具体行政行为是否合法和适当进行审查的原则

在行政复议中,行政复议机关既要对具体行政机关的合法性进行审查,又要对具体行政行为的适当性进行审查。

行政复议机关对具体行政行为的合法性进行审查,目的就是要监督作出具体行政行为的国家行政机关是否依法行政,在依法行使行政职权的过程中有无超越职权、滥用职权或违反法定程序的情况。行政复议机关对具体行政行为的适当性进行审查,主要是审查作出具体行政行为的国家行政机关所作的具体行政行为是否在法定的自由裁量幅度内,是否合理、适度、公正。保证行政行为的合法性和适当性是依法行政原则的两个重要要件,缺一不可。行政复议机关通过对具体行政行为合法性和适当性的审查,从而达到监督作出具体行政行为的国家行政机关依法行政的目的。

4. 可调解与和解原则

行政复议是解决行政争议的。作为行政争议当事人一方的国家行政机关，其依法履行职责，既是一种权利，又是一种义务。因此，国家行政机关在依法作出某个具体行政行为时，必须确保依法所作出的具体行政行为的合法性和适当性。在行政复议的过程中，对行政机关所作的具体行政行为是否合法和适当，行政复议机关只能作出肯定性或否定性的判断，而不能由行政争议双方当事人自行解决。

2023年新修订的《行政复议法》对行政复议的"可调解原则"作了明确规定，以显示行政复议相对于行政诉讼的"灵活性"和"行政主导作用"。该法第5条规定：行政复议机关办理行政复议案件，可以进行调解。调解应当遵循合法、自愿的原则，不得损害国家利益、社会公共利益和他人合法权益，不得违反法律、法规的强制性规定。第74条第1款还规定：当事人在行政复议决定作出前可以自愿达成和解，和解内容不得损害国家利益、社会公共利益和他人合法权益，不得违反法律、法规的强制性规定。

5. 书面复议原则

实行书面复议制度是行政复议区别于其他法律纠纷处理手段的一个显著特点。书面复议制度是指行政复议机关在审理行政复议案件时，原则上仅就案件的书面材料进行审理的制度。采用书面复议制度，行政复议机关不必传唤申请人和被申请人、证人或者其他复议参加人到复议机关，申请人申请复议时，也可以不亲自递交复议申请书，而是向复议机关邮寄复议申请书，这样可以简化行政复议程序，减轻行政争议双方当事人的负担。但也不排除在某些条件下运用其他的复议方式。例如，2023年新修订的《行政复议法》第50条规定：审理重大、疑难、复杂的行政复议案件，行政复议机构应当组织听证。行政复议机构认为有必要听证，或者申请人请求听证的，行政复议机构可以组织听证。《行政复议法》规定了两种情形的书面复议：一是第49条规定，适用普通程序审理的行政复议案件，行政复议机构应当当面或者通过互联网、电话等方式听取当事人的意见，并将听取的意见记录在案。因当事人原因不能听取意见的，可以书面审理。二是第54条第2款规定，适用简易程序审理的行政复议案件，可以书面审理。

四、行政复议的作用和意义

行政复议制度在我国的最终确立，具有非常重要的现实意义和深远的历史意义，并将对推动国家行政机关依法行政发挥巨大的作用。

（一）行政复议是保护公民、法人和其他组织合法权益的重要法律制度

行政复议制度有助于国家行政机关从内部加强对自身依法行政的约束，通过上级国家行政机关对下级国家行政机关具体行政行为的复议审查，纠正错误的具体行政行为，从而达到维护公民、法人和其他组织的合法权益不受国家行政机关及其工作人员违法行为侵害的目的。

（二）行政复议制度的建立有利于保障和监督行政机关依法行使职权，防止和纠正违法或者不当的具体行政行为

行政复议既是一种解决行政争议的活动，也是上级行政机关对下级行政机关的具体行政行为进行监督的一种活动。因此，行政复议通过其监督作用既可以对违法或不当的具体

行政行为进行纠正,又可以对合法或适当的具体行政行为予以保护和支持。

(三)行政复议制度的确立可以促进社会主义民主政治建设,有利于健全社会主义监督法制

行政复议制度通过行政复议机关接受行政相对人的复议申请,对国家行政机关所作出的具体行政行为的合法性和适当性进行审查并作出复议决定,从法律制度上确立了国家行政机关接受人民监督的原则。一方面扩大了人民监督国家行政机关依法行政的渠道,另一方面又减轻和缓解了人民法院受理行政诉讼案件的负担,对于充分发扬社会主义民主,健全社会主义监督法制具有促进作用。

第二节 行政复议法律关系

行政复议作为国家行政机关的一种具体行政行为,在实施过程中,会产生行政复议机关与复议申请人和被申请人以及其他复议参加人、复议参与人之间的法律关系。建立和健全行政复议制度主要是应当正确地处理行政复议法律关系。

一、行政复议法律关系的概念和特点

行政复议法律关系是指在行政复议中,行政复议机关与复议申请人和被申请人以及其他复议参加人、复议参与人之间,为了解决行政争议,依据行政复议法律规范的规定而形成的权利、义务关系。

作为一种程序性法律关系,它既区别于行政实体法律关系,又有别于在对行政争议进行司法审查中所产生的行政诉讼法律关系,具有自己显著的特点。

1. 行政复议法律关系是由在行政复议过程中发生的诸多法律关系构成的统一体。在行政复议中,既有行政复议机关与当事人(申请人和被申请人)之间产生的行政复议法律关系,又有行政复议机关与其他复议参加人以及复议参与人之间、复议当事人与代理人之间、行政复议机关与第三人之间等行政复议法律关系。其中,行政复议机关与复议当事人之间产生的行政复议法律关系是最重要的行政复议法律关系,它的存在影响着其他行政复议法律关系的存在。

2. 在行政复议法律关系中,行政复议机关始终是行政复议法律关系的一方,并居于主导地位。这一点是行政复议法律关系与行政诉讼法律关系的最重要的区别。在行政诉讼法律关系中,人民法院始终是行政诉讼法律关系的一方,并居于主导地位。

3. 行政复议法律关系是一种监督行政法律关系,它的程序性特点比较明显,因此,不能将行政复议法律关系简单地归结到行政实体法律关系中,而应该将行政复议法律关系看成是一种具有与行政诉讼法律关系相同特性的监督行政法律关系。行政复议法律关系的程序性类似于行政诉讼法律关系的程序性,而与一般行政实体法律关系的程序性具有不同的法律意义。行政复议法律关系的程序性的目的在于解决行政争议,而行政实体法律关系的程序性的目的在于发生行政实体法律关系。

4. 复议当事人在行政复议中的法律地位平等,但双方的复议权利和复议义务并不对等。由于行政复议的基本功能是审查具体行政行为的合法性和适当性,因此,从保障依法行

政的角度出发,复议当事人在行政复议中的法律地位是平等的。复议当事人都有保障和维护国家行政机关依法行政的法律义务,但复议当事人在行政复议中具体的复议权利和复议义务并不完全对等。

二、行政复议法律关系的主体

行政复议法律关系主体是指在行政复议中享有复议权利和承担复议义务的组织和个人,包括行政复议机关、行政复议参加人和其他参与人。

(一)行政复议机关

行政复议机关,是指受理复议申请,依法对具体行政行为进行审查并作出决定的行政机关。行政复议机关在行政复议过程中起主导作用,是行政复议活动的核心。

我国《行政复议法》第4条规定:县级以上各级人民政府以及其他依照《行政复议法》履行行政复议职责的行政机关是行政复议机关。行政复议机关办理行政复议事项的机构是行政复议机构。行政复议机构同时组织办理行政复议机关的行政应诉事项。行政复议机关应当加强行政复议工作,支持和保障行政复议机构依法履行职责。上级行政复议机构对下级行政复议机构的行政复议工作进行指导、监督。

(二)行政复议参加人

行政复议参加人包括当事人(申请人、被申请人)、第三人和复议代理人。

1. 申请人

我国《行政复议法》第14条第1款规定:"依照本法申请行政复议的公民、法人或者其他组织是申请人。"可见,行政复议申请人的资格是相当宽的。

根据我国《行政复议法》第14第2款、第3款的规定,行政复议申请人,其资格在如下情况下可转移:(1)有权申请复议的公民死亡的,其近亲属可以申请复议。(2)有权申请复议的法人或者其他组织终止的,承受其权利的法人或者其他组织可以申请复议。(3)有权申请复议的公民为无民事行为能力人或者限制民事行为能力人的,其法定代理人可以代为申请行政复议。

2. 被申请人

我国《行政复议法》第19条第1款规定:公民、法人或者其他组织对行政行为不服申请行政复议的,作出行政行为的行政机关或者法律、法规、规章授权的组织是被申请人。被申请人包括以下几种情况:由一个行政机关独立作出某项具体行政行为的,该行政机关为被申请人;两个或者两个以上行政机关以共同名义作出具体行政行为的,共同作出具体行政行为的行政机关是共同被申请人;行政机关委托的组织作出具体行政行为的,委托的行政机关是被申请人;作出具体行政行为的机关被撤销的,继续行使其职权的行政机关是被申请人。

3. 行政复议第三人

我国《行政复议法》第16条规定,申请人以外的同被申请行政复议的行政行为或者行政复议案件处理结果有利害关系的公民、法人或者其他组织,可以作为第三人申请参加行政复议,或者由行政复议机构通知其作为第三人参加行政复议。第三人不参加行政复议,不影响行政复议案件的审理。

4. 行政复议代理人

行政复议代理人是指依照我国《行政复议法》，可以代为申请行政复议的人。我国《行政复议法》第14条第3款明确规定：有权申请行政复议的公民为无民事行为能力人或者限制民事行为能力人的，其法定代理人可以代为申请复议。另外第17条第1款也规定，申请人、第三人可以委托一至二名律师、基层法律服务工作者或者其他代理人代为参加行政复议。

（三）行政复议的其他参与人

行政复议的其他参与人，是指除上述复议参加人以外的证人、鉴定人、勘验人和翻译人员等。他们都与被申请复议的具体行政行为和复议结果没有利害关系，他们的复议活动都是围绕着查明事实而进行的，在复议中有一定的法律地位，享有一定的复议权利，承担一定的复议义务。

（四）行政复议委员会

行政复议委员会是2023年新修订的《行政复议法》增设的行政复议处理机制。《行政复议法》第52条对行政复议委员会的性质、组成、功能作了详细规定。该条规定：县级以上各级人民政府应当建立相关政府部门、专家、学者等参与的行政复议委员会，为办理行政复议案件提供咨询意见，并就行政复议工作中的重大事项和共性问题研究提出意见。行政复议委员会的组成和开展工作的具体办法，由国务院行政复议机构制定。审理行政复议案件涉及下列情形之一的，行政复议机构应当提请行政复议委员会提出咨询意见：（1）案情重大、疑难、复杂；（2）专业性、技术性较强；（3）本法第24条第2款规定的行政复议案件；（4）行政复议机构认为有必要。行政复议机构应当记录行政复议委员会的咨询意见。

三、行政复议法律关系的内容

行政复议法律关系的内容，是指行政复议法律关系主体的复议权利（职权）和复议义务（职责），以及引起行政复议法律关系发生变动的法律事实，但核心部分是复议权利（职权）和复议义务（职责）。行政复议法律关系主体的权利义务（职权职责）是由行政复议法律规范予以确认并加以保护的。行政复议法律关系主体不同，享有的复议权利（职权）和承担的复议义务（职责）也不同。

行政复议机关作为行使行政复议职权的机关享有受理权、收集证据权、审理权、裁决权（决定权）等。行政复议机关的职责是遵循合法、公正、公开、高效、便民和为民的原则进行行政复议，保护公民、法人或者其他组织的合法权益，维护和监督行政机关依法行使职权和职责。

当事人、第三人在复议中享有广泛的权利，同时承担法定的义务。在行政复议中，第三人的地位相当于申请人，享有与申请人相同的复议权利，履行相同的复议义务。

行政复议代理人由于代理权的来源不同，他们同被代理人之间的关系也不一样。法定代理人是代理没有复议行为能力的公民进行复议，其地位等同于被代理人；委托代理人只能在被代理人授权的范围内代理当事人行使复议权利，承担复议义务，法律后果由被代理人承担。

证人、鉴定人、勘验人和翻译人员在行政复议中应如实作证，提供符合实际的鉴定书、真实的勘验书和如实的翻译，这既是他们的权利，又是他们的义务。《行政复议法》第15条还规定,同一行政复议案件申请人人数众多的,可以由申请人推选代表人参加行政复议。代表人参加行政复议的行为对其所代表的申请人发生效力,但是代表人变更行政复议请求、撤回行政复议申请、承认第三人请求的,应当经被代表的申请人同意。

四、行政复议法律关系的客体

行政复议法律关系的客体,是指行政复议法律关系主体的权利义务(职权职责)所指向的对象。由于行政复议法律关系主体的身份地位不同,参加复议的目的不同,所享有的权利(职权)和应承担的义务(职责)也不同,因而行政复议机关与其他各个主体间权利义务(职权职责)所指向的对象也就不一样。行政复议法律关系的客体主要分为以下两种情况:(1)就行政复议机关与当事人之间权利义务所指向的对象来说,行政复议法律关系客体就是被申请复议的具体行政行为。(2)就行政复议机关与行政复议参加人以外的其他复议参与人之间权利义务所指向的具体对象来说,行政争议案件的事实和证据是行政复议法律关系的客体。

五、行政复议法律关系的发生、变更和消灭

行政复议的过程就是行政复议法律关系发生、变更和消灭的过程。该法律关系的发生、变更与消灭,其直接原因是出现相关的法律事实,其根据是行政复议法律规范。

(一)行政复议法律关系的发生

行政复议法律关系是基于作为行政相对人的公民、法人或其他组织的申请复议权和行政复议机关的行政复议职权而产生的。因此,如果公民、法人或者其他组织没有申请复议权,行政机关不具有复议职权,那么,行政复议就无从发生。申请人有申请复议权,还必须行使该项权利,向行政复议机关申请复议;不申请复议,行政复议机关就无法审理行政复议案件。申请人申请复议,复议机关审查立案后,才能引起行政复议法律关系的产生;经审查,复议机关认为申请人不具备法律规定的条件,不予受理的,行政复议法律关系还是不能发生。因此,申请人申请复议和行政复议机关立案受理,是引起行政复议法律关系发生的两个法律事实。

(二)行政复议法律关系的变更

行政复议法律关系形成后,还有可能因其主体和客体的变更而发生变更。

行政复议法律关系主体变更而导致行政复议法律关系变更的情况包括:(1)复议机关发现受理的案件不属于自己管辖,移送有管辖权的复议机关。(2)作为申请人的公民死亡或者丧失行为能力,由其近亲属或法定代理人申请复议。(3)作为申请人的法人或其他组织终止,承受其权利的法人或其他组织申请复议。(4)作为被申请人的行政机关被撤销,改由继续行使其职权的行政机关继续参与复议。

作为申请人的法人或其他组织的法定代表人和作为被申请人的行政机关的法定代表人发生更换,在这种情况下,因其复议主体没有变更,故不能视为行政复议法律关系发生变更。

行政复议法律关系客体变更引起行政复议法律关系变更的情况包括:(1)申请人在复议过程中,变更了某些复议请求。(2)作为被申请人的行政机关在行政复议机关作出决定前改变行政行为,但申请人不同意撤回复议申请,从而使复议在客体变更的情况下进行。

（三）行政复议法律关系的消灭

行政复议法律关系的消灭可分为部分消灭和全部消灭。部分消灭是行政复议机关与鉴定人等复议参与人之间的具体复议法律关系的消灭。例如，鉴定人完成了鉴定任务，即退出复议，其复议法律关系也因此消灭。但是这种部分法律关系的消灭，并不影响整个复议法律关系的存在。全部消灭是指行政复议机关与当事人之间的复议法律关系的消灭。因为这是主要的法律关系，一经消灭，其他的法律关系也就失去存在的意义。行政复议法律关系全部消灭包括下列几种情况：

（1）在行政复议机关对行政争议案件作出决定前，申请人撤回复议申请，经复议机关同意并记录在案的；

（2）作为申请人的公民死亡，其又没有近亲属的，行政复议机关认为没有必要继续复议而终止复议；

（3）在行政复议机关对行政争议案件作出决定之前，被申请人改变其所作的具体行政行为，申请人同意并申请撤回复议申请，经复议机关同意并记录在案的；

（4）案件审查完毕，行政复议机关作出决定的。

第三节 行政复议的受案范围和管辖

一、行政复议的受案范围

行政复议的受案范围，是指行政复议机关依照法律、法规、规章的规定可以受理的行政争议案件的范围。和行政诉讼相比，行政复议的受案范围更加宽泛，既包括可以提起行政诉讼的具体行政行为，也包括法律、行政法规、地方性法规及规章规定的可以申请复议的其他具体行政行为。

我国《行政复议法》第11条根据行政争议的不同标的，将行政复议所审查的行政争议案件分为若干种类，具体内容包括：(1) 对行政机关作出的行政处罚决定不服；(2) 对行政机关作出的行政强制措施、行政强制执行决定不服；(3) 申请行政许可，行政机关拒绝或者在法定期限内不予答复，或者对行政机关作出的有关行政许可的其他决定不服；(4) 对行政机关作出的确认自然资源的所有权或者使用权的决定不服；(5) 对行政机关作出的征收征用决定及其补偿决定不服；(6) 对行政机关作出的赔偿决定或者不予赔偿决定不服；(7) 对行政机关作出的不予受理工伤认定申请的决定或者工伤认定结论不服；(8) 认为行政机关侵犯其经营自主权或者农村土地承包经营权、农村土地经营权；(9) 认为行政机关滥用行政权力排除或者限制竞争；(10) 认为行政机关违法集资、摊派费用或者违法要求履行其他义务；(11) 申请行政机关履行保护人身权利、财产权利、受教育权利等合法权益的法定职责，行政机关拒绝履行、未依法履行或者不予答复；(12) 申请行政机关依法给付抚恤金、社会保险待遇或者最低生活保障等社会保障，行政机关没有依法给付；(13) 认为行政机关不依法订立、不依法履行、未按照约定履行或者违法变更、解除政府特许经营协议、土地房屋征收补偿协议等行政协议；(14) 认为行政机关在政府信息公开工作中侵犯其合法权益；(15) 认为行政机关的其他行政行为侵犯其合法权益。

值得注意的是,我国《行政复议法》第12条还规定了某些行政案件不属于行政复议的范围。主要包括:(1)国防、外交等国家行为;(2)行政法规、规章或者行政机关制定、发布的具有普遍约束力的决定、命令等规范性文件;(3)行政机关对行政机关工作人员的奖惩、任免等决定;(4)行政机关对民事纠纷作出的调解。

二、行政复议管辖的概念和种类

(一)行政复议管辖的概念

行政复议管辖,是指行政争议应由哪一类行政职能部门或哪一层级的行政机关具体进行复议并作出决定的权限划分。它是确立行政机关管理行政复议案件的分工和权限的制度,是行政复议制度的重要内容。

行政复议管辖应该符合下列原则:(1)符合行政机关内部领导体制,便于行政机关行使行政复议权;(2)坚持管辖的稳定性和灵活性相结合;(3)特殊争议标的案件,应当由专门复议机构或特定复议机关管辖;(4)行政复议管辖,应做到就近、便民、为民,尽可能方便复议申请人提出申请或参加复议。

(二)行政复议管辖的种类

根据确立行政复议管辖的原则,可以将《行政复议法》和其他法律、法规、规章中所规定的行政复议管辖划分为不同类型。根据行政争议标的性质划分,可以把行政复议分为一般管辖和特殊管辖;根据行政复议机关与原作出具体行政行为机关的关系,可以分为隶属管辖和同级管辖;从行政机关与复议申请人的不同角度,可分为共同管辖与选择管辖;从管辖的灵活性原则来看,可分为越级管辖和提级管辖等。

1. 一般管辖与特殊管辖

一般管辖,是指按照行政机关的上下隶属关系确定行政复议案件由有领导权或指导权的上一级行政机关受理。它包括主管部门管辖和政府管辖两层含义。在主管部门管辖和政府管辖中,对行政复议案件的管辖采取政府管辖与部门管辖并重的原则。[①] 2023年新修订的《行政复议法》对一般管辖作了原则性规定,即对县级以上的地方各级人民政府工作部门的具体行政行为不服申请的复议,由所属同级人民政府或上一级主管部门管辖,法律、法规另有规定的除外。《行政复议法》第24条规定:县级以上地方各级人民政府管辖下列行政复议案件:(1)对本级人民政府工作部门作出的行政行为不服的;(2)对下一级人民政府作出的行政行为不服的;(3)对本级人民政府依法设立的派出机关作出的行政行为不服的;(4)对本级人民政府或者其工作部门管理的法律、法规、规章授权的组织作出的行政行为不服的。除上述规定外,第27条又规定:对海关、金融、外汇管理等实行垂直领导的行政机关、税务和国家安全机关的行政行为不服的,向上一级主管部门申请行政复议。

特殊管辖,是指不适用一般管辖原则,需要特殊对待的行政复议管辖。例如,《行政复议法》第24条第3款、第4款规定:省、自治区人民政府依法设立的派出机关参照设区的市级人民政府的职责权限,管辖相关行政复议案件。对县级以上地方各级人民政府工作部门依

[①] 在我国《行政复议法》制定以前,主要是采取以"条条管辖"(即"部门管辖")为主的原则。但后来经过几年的实践,认为改为"条块结合"更能防止和克服部门保护主义或地方保护主义的弊端,又赋予申请人选择复议机关的权利,真正体现了"便民"原则。

法设立的派出机构依照法律、法规、规章规定,以派出机构的名义作出的行政行为不服的行政复议案件,由本级人民政府管辖;其中,对直辖市、设区的市人民政府工作部门按照行政区划设立的派出机构作出的行政行为不服的,也可以由其所在地的人民政府管辖。第25条第2项、第3项规定,国务院部门管辖下列行政复议案件:对本部门依法设立的派出机构依照法律、行政法规、部门规章规定,以派出机构的名义作出的行政行为不服的;对本部门管理的法律、行政法规、部门规章授权的组织作出的行政行为不服的。

2. 隶属管辖与同级管辖

隶属管辖,是指当事人不服行政机关的具体行政行为而申请复议,由该机关的上级行政机关管辖。属于隶属管辖的行政复议,复议申请人所不服的具体行政行为的作出机关,都是隶属于复议机关的下一级行政机关。隶属管辖主要分为两种:一是上一级主管部门的管辖,二是上一级人民政府的管辖。我国《行政复议法》第24条和第25条对隶属管辖都作了明确规定。

同级管辖,是指对于不服行政机关作出的具体行政行为申请的复议,由同级的行政复议机关管辖。同级管辖主要有同级部门管辖和同级政府管辖。《行政复议法》第24条第2款规定:省、自治区、直辖市人民政府同时管辖对本机关作出的行政行为不服的行政复议案件。第25条第1项规定:国务院部门管辖对本部门作出的行政行为不服的行政复议案件。

3. 共同管辖与选择管辖

共同管辖是指对两个或两个以上行政机关以共同的名义作出的具体行政行为不服申请的复议,由它们共同的上一级行政机关管辖。对此,我国《行政复议法》第19条有相关规定。

选择管辖是指法律、法规、规章规定了两个或两个以上的行政复议机关对同一复议案件都有管辖权的,当事人可以从中选择一个来管辖自己申请的复议。例如,《行政复议法》第28条规定:对履行行政复议机构职责的地方人民政府司法行政部门的行政行为不服的,可以向本级人民政府申请行政复议,也可以向上一级司法行政部门申请行政复议。

4. 越级管辖与提级管辖

越级管辖是指上级复议机关认为有必要直接审理下级复议机关受理的复议案件,可以直接审理。提级管辖指下级复议机关认为自身管辖的行政复议案件应当由上级复议机关直接管辖的,可以申请上级复议机关直接审理。《行政复议法》第38条对越级管辖与提级管辖作了详细规定:上级行政复议机关根据需要,可以审理下级行政复议机关管辖的行政复议案件。下级行政复议机关对其管辖的行政复议案件,认为需要由上级行政复议机关审理的,可以报请上级行政复议机关决定。

第四节 行政复议的程序

行政复议程序是申请人向复议机关申请复议至行政复议机关作出复议决定的各项步骤、形式、顺序和时限的总和。《行政复议法》规定的行政复议程序可以分为普通程序和简易程序。行政复议机关审理认为事实清楚、权利义务关系明确、争议不大的行政案件,可以适用简易程序。《行政复议法》第53条规定了四种可以通过简易程序来审理的行政复议案件,包括:(1)被申请行政复议的行政行为是当场作出;(2)被申请行政复议的行政行为是警告或者通报批评;(3)案件涉及款额3000元以下;(4)属于政府信息公开案件。除前款规定以外的行政复议案件,当事人各方同意适用简易程序的,可以适用简易程序。

行政复议机构在审理过程中,认为案件不宜适用简易程序的,经行政复议机构负责人批准,可以转为普通程序审理。行政复议程序普通程序包括五个组成要素:行政复议的申请、行政复议的受理、行政复议的审理、作出行政复议决定、行政复议的期间和送达。

一、行政复议的申请

在整个行政复议过程中,行政复议的申请是行政复议程序的起点,也是行政复议程序不可缺少的环节。

根据我国《行政复议法》的规定,申请行政复议的构成要件包括:由有权提出复议申请的申请人在法定申请期限内申请复议,申请复议应符合法定的条件,申请复议应符合法定的形式。

1. 申请人在法定申请期限内提出复议申请。我国《行政复议法》第20条规定:公民、法人或者其他组织认为行政行为侵犯其合法权益的,可以自知道或者应当知道该行政行为之日起60日内提出行政复议申请;但是法律规定的申请期限超过六十日的除外。因不可抗力或者其他正当理由耽误法定申请期限的,申请期限自障碍消除之日起继续计算。行政机关作出行政行为时,未告知公民、法人或者其他组织申请行政复议的权利、行政复议机关和申请期限的,申请期限自公民、法人或者其他组织知道或者应当知道申请行政复议的权利、行政复议机关和申请期限之日起计算,但是自知道或者应当知道行政行为内容之日起最长不得超过1年。此外,《行政复议法》第21条还规定:因不动产提出的行政复议申请自行政行为作出之日起超过20年,其他行政复议申请自行政行为作出之日起超过5年的,行政复议机关不予受理。

2. 申请复议应符合法定的条件。申请行政复议一般应当符合下列条件:申请人是认为具体行政行为直接侵犯其合法权益的公民、法人或其他组织;有明确的被申请人;有具体的复议请求和事实根据;属于申请复议范围;属于受理复议机关管辖;法律、法规规定的其他条件。我国《行政复议法》第29条第2款还规定:"公民、法人或者其他组织向人民法院提起行政诉讼,人民法院已经依法受理的,不得申请行政复议。"

3. 申请复议应符合法定的形式。我国《行政复议法》第22条规定:申请人申请行政复议,可以书面申请;书面申请有困难的,也可以口头申请。书面申请的,可以通过邮寄或者行政复议机关指定的互联网渠道等方式提交行政复议申请书,也可以当面提交行政复议申请书。行政机关通过互联网渠道送达行政行为决定书的,应当同时提供提交行政复议申请书的互联网渠道。口头申请的,行政复议机关应当当场记录申请人的基本情况、行政复议请求、申请行政复议的主要事实、理由和时间。申请人对两个以上行政行为不服的,应当分别申请行政复议。

二、行政复议的申请期限

行政复议的申请期限,是指认为自身合法权益受到行政机关或行政机关工作人员所作出的具体行政行为的侵害的公民、法人和其他组织可以向行政复议机关提请行政复议的法定时限,包括起始日期、延续期间(天数)以及节假日是否计算在期限内等。行政复议的申请期限对于行政复议申请人行使行政复议申请权非常重要,申请人只有在法律规定的时限内提出行政复议申请,行政复议机关才予以受理,否则,行政复议机关可以申请人提出行政复议申请已过法定期限为由拒绝受理。

《行政复议法》第20条和第21条对行政复议的申请期限做了详细规定。其中,第20条规定:公民、法人或者其他组织认为行政行为侵犯其合法权益的,可以自知道或者应当知道该行政行为之日起60日内提出行政复议申请;但是法律规定的申请期限超过60日的除外。因不可抗力或者其他正当理由耽误法定申请期限的,申请期限自障碍消除之日起继续计算。行政机关作出行政行为时,未告知公民、法人或者其他组织申请行政复议的权利、行政复议机关和申请期限的,申请期限自公民、法人或者其他组织知道或者应当知道申请行政复议的权利、行政复议机关和申请期限之日起计算,但是自知道或者应当知道行政行为内容之日起最长不得超过1年。第21条又规定:因不动产提出的行政复议申请自行政行为作出之日起超过20年,其他行政复议申请自行政行为作出之日起超过5年的,行政复议机关不予受理。

三、行政复议的受理

行政复议的受理,是指行政复议机关基于审查申请人所提出的复议申请是否有正当理由而决定是否收案和处理。行政复议的受理是行政复议程序的第二阶段。行政相对人不提出行政复议,复议程序就无法进行;如果行政相对人提出行政复议而行政复议机关不予受理,行政复议程序也同样不能继续。

我国《行政复议法》第30条规定:行政复议机关收到行政复议申请后,应当在5日内进行审查。对符合下列规定的,行政复议机关应当予以受理:(1)有明确的申请人和符合本法规定的被申请人;(2)申请人与被申请行政复议的行政行为有利害关系;(3)有具体的行政复议请求和理由;(4)在法定申请期限内提出;(5)属于本法规定的行政复议范围;(6)属于本机关的管辖范围;(7)行政复议机关未受理过该申请人就同一行政行为提出的行政复议申请,并且人民法院未受理过该申请人就同一行政行为提起的行政诉讼。对不符合前述规定的行政复议申请,行政复议机关应当在审查期限内决定不予受理并说明理由;不属于本机关管辖的,还应当在不予受理决定中告知申请人有管辖权的行政复议机关。行政复议申请的审查期限届满,行政复议机关未作出不予受理决定的,审查期限届满之日起视为受理。

行政复议申请有下列情形之一的,行政复议机关应裁决不予受理并告知理由:(1)具体行政行为不涉及复议申请人权益,或者没有具体的复议请求和法律、法规、规章依据及事实依据的;(2)没有明确的被申请人的;(3)不属于申请复议范围和不属于受理复议机关管辖的;(4)复议申请超过法定期限,且无正当理由的;(5)复议申请提出之前,已向人民法院起诉的。如果复议申请书不符合要求,或者应提供的证据材料不充足的,应把复议申请书发还给复议申请人,限期补正。过期未补正的,视为未申请。这是复议申请在程序上法定要求的体现。

我国《行政复议法》第35条规定,公民、法人或者其他组织依法提出行政复议申请,行政复议机关无正当理由不予受理、驳回申请或者受理后超过行政复议期限不作答复的,申请人有权向上级行政机关反映,上级行政机关应当责令其纠正;必要时,上级行政复议机关可以直接受理。

由于行政复议程序与行政诉讼程序具有密切的法律上的联系,我国《行政复议法》对行政复议程序与行政诉讼程序之间的法律连接作了明确的区分,主要包括如下情形:(1)复议前置,即法律、法规、规章规定应当先向行政复议机关申请行政复议。(2)受理优先,即行政复议机关已经依法受理的,不得向人民法院提起行政诉讼。(3)选择适用。我国《行政复议法》还明确了既可以提起复议,也可以提起诉讼的行政案件,一旦提起复议,在复议程序结束前不得提起诉讼或者一旦提起诉讼就不得再提起复议的原则。

四、行政复议的审理

行政复议的审理是行政复议机关对受理的行政争议案件进行合法性和适当性审查的过程,是行政复议程序的核心。没有行政复议机关对行政争议案件的审理,行政争议就不可能得到解决,行政复议机关也无法作出复议决定。行政复议的审理涉及以下几个重要构成要件:审理的期限、审理的内容、审理的方式以及与审理相关的其他问题。

(一)审理的期限

行政复议案件的审理期限,是指行政复议机关自收到复议申请书之日起到作出复议裁决为止的期限。这一期限一般由以下五个时间段构成:(1)行政复议机关自收到复议申请书之日起,对复议申请作出处理的期限。我国《行政复议法》第30条规定,行政复议机关自收到复议申请书后,应当在5日内进行审查,对不符合《行政复议法》规定的行政复议申请,决定不予受理,并书面告知申请人;对符合《行政复议法》规定,但是不属于本机关受理的行政复议申请,应当告知申请人向有管辖权的行政复议机关提出。(2)行政复议机关自受理案件之日起,将复议申请书副本发送被申请人的期限。我国《行政复议法》第48条规定,行政复议机构应当自行政复议申请受理之日起7日内,将行政复议申请书副本或者行政复议申请笔录复印件发送被申请人。被申请人应当自收到行政复议申请书副本或者行政复议申请笔录复印件之日起10日内,提出书面答复,并提交作出行政行为的证据、依据和其他有关材料。(3)被申请人自收到申请书副本之日起,向行政复议机关提交作出具体行政行为的有关材料或证据,并提出答辩的期限。我国《行政复议法》第48条将这一期限确定为10日。(4)行政复议机关对受审查的具体行政行为的依法处理期限。根据我国《行政复议法》第57条规定,行政复议机关在对被申请人作出的行政行为进行审查时,认为其依据不合法,本机关有权处理的,应当在30日内依法处理;无权处理的,应当在7日内转送有权处理的国家机关依法处理。(5)行政复议机关自受理申请到作出复议决定的期限以及可以延长的期限。《行政复议法》第62条规定:适用普通程序审理的行政复议案件,行政复议机关应当自受理申请之日起60日内作出行政复议决定;但是法律规定的行政复议期限少于60日的除外。情况复杂,不能在规定期限内作出行政复议决定的,经行政复议机构的负责人批准,可以适当延长,并书面告知当事人;但是延长期限最多不得超过30日。适用简易程序审理的行政复议案件,行政复议机关应当自受理申请之日起30日内作出行政复议决定。

(二)审理的内容

行政复议是监督行政的一种形式。行政复议机关在审查行政争议案件时,不仅可以对具体行政行为是否合法和适当进行审查,而且还必须全面审查具体行政行为所依据的事实和规范性文件,不受复议申请范围的限制,这是处理行政争议的行政复议制度区别于对行政争议的司法审查制度的显著特点。我国《行政复议法》第13条规定,公民、法人或者其他组织认为行政机关的行政行为所依据的下列规范性文件不合法,在对行政行为申请行政复议时,可以一并向行政复议机关提出对该规范性文件的附带审查申请:(1)国务院部门的规范性文件;(2)县级以上地方各级人民政府及其工作部门的规范性文件;(3)乡、镇人民政府的规范性文件;(4)法律、法规、规章授权的组织的规范性文件。上述所列规范性文件不含规章。规章的审查依照法律、行政法规办理。

(三)审理的方式

关于行政复议的审理方式,我国《行政复议法》第49条明确规定,适用普通程序审理的行政复议案件,行政复议机构应当当面或者通过互联网、电话等方式听取当事人的意见,并将听取的意见记录在案。因当事人原因不能听取意见的,可以书面审理。第50条第1款又规定:审理重大、疑难、复杂的行政复议案件,行政复议机构应当组织听证。第54条第2款规定:适用简易程序审理的行政复议案件,可以书面审理。

(四)复议的证据及举证原则

行政复议必须基于具有行政行为发生的法律事实,包括作出具体行政行为的法律依据和行为发生的客观证明。复议证据对于行政复议案件的审理至关重要。通常,复议证据要比行政诉讼的证据更广,根据《行政复议法》第43条规定,行政复议证据包括:(1)书证;(2)物证;(3)视听资料;(4)电子数据;(5)证人证言;(6)当事人的陈述;(7)鉴定意见;(8)勘验笔录、现场笔录。以上证据经行政复议机构审查属实,才能作为认定案件事实的根据。

关于复议举证原则,《行政复议法》第44条第1款规定:被申请人对其作出的行政行为的合法性、适当性负有举证责任。第2款又规定,有下列情形之一的,申请人应当提供证据:(1)认为被申请人不履行法定职责的,提供曾经要求被申请人履行法定职责的证据,但是被申请人应当依职权主动履行法定职责或者申请人因正当理由不能提供的除外;(2)提出行政赔偿请求的,提供受行政行为侵害而造成损害的证据,但是因被申请人原因导致申请人无法举证的,由被申请人承担举证责任;(3)法律、法规规定需要申请人提供证据的其他情形。

(五)复议中止和终止

我国《行政复议法》对复议中止和复议终止的情形作了明确规定。

复议中止是复议过程中发生了符合法律、法规、规章所规定的条件和情形,需要中止复议活动,中止条件和情况消失后,复议活动继续进行。我国《行政复议法》第39条规定:行政复议期间有下列情形之一的,行政复议中止:(1)作为申请人的公民死亡,其近亲属尚未确定是否参加行政复议;(2)作为申请人的公民丧失参加行政复议的行为能力,尚未确定法定代理人参加行政复议;(3)作为申请人的公民下落不明;(4)作为申请人的法人或者其他组织终止,尚未确定权利义务承受人;(5)申请人、被申请人因不可抗力或者其他正当理由,不能参加行政复议;(6)依照本法规定进行调解、和解,申请人和被申请人同意中止;(7)行政复议案件涉及的法律适用问题需要有权机关作出解释或者确认;(8)行政复议案件审理需要以其他案件的审理结果为依据,而其他案件尚未审结;(9)有本法第56条或者第57条规定的情形;(10)需要中止行政复议的其他情形。行政复议中止的原因消除后,应当及时恢复行政复议案件的审理。行政复议机关中止、恢复行政复议案件的审理,应当书面告知当事人。

复议终止是复议过程中发生了符合法律、法规、规章所规定的条件和情形,需要终止复议活动,对原来审理的复议事项不再进行复议。我国《行政复议法》第41条明确规定:行政复议期间有下列情形之一的,行政复议机关决定终止行政复议:(1)申请人撤回行政复议申请,行政复议机构准予撤回;(2)作为申请人的公民死亡,没有近亲属或者其近亲属放弃行政复议权利;(3)作为申请人的法人或者其他组织终止,没有权利义务承受人或者其权利义务承受人放弃行政复议权利;(4)申请人对行政拘留或者限制人身自由的行政强制措施不服申请行政复议后,因同一违法行为涉嫌犯罪,被采取刑事强制措施;(5)依照本法第39条第1款第1项、第2项、第4项的规定中止行政复议满60日,行政复议中止的原因仍未消除。

复议中止与终止的最大区别在于:复议中止是中止原因消除后,复议活动继续进行;复议终止是出现了终止条件和情形时,不再进行复议。

(六)复议不停止执行

复议期间,具体行政行为原则上不停止执行,但是有下列情形之一的,应当停止执行:(1)被申请人认为需要停止执行;(2)行政复议机关认为需要停止执行;(3)申请人、第三人申请停止执行,行政复议机关认为其要求合理,决定停止执行;(4)法律、法规、规章规定停止执行的其他情形。(《行政复议法》第42条)

五、行政复议的决定

行政复议决定,是指行政复议机关在对具体行政行为的合法性和适当性进行审查的基础上所作出的审查结论。行政复议决定的内容以行政复议决定书的形式表现出来。行政复议决定的形成标志着行政复议机关对行政争议案件的处理终结。

(一)行政复议决定的种类

行政复议决定是行政复议机关通过对行政复议案件的审理,最后对原行政机关的具体行政行为作出维持、变更或者撤销等的决定。根据我国《行政复议法》第五章"行政复议决定"的规定,行政复议决定主要包括以下四种:

1. 决定维持。即行政复议机关认为原行政机关的具体行政行为认定事实清楚,证据确凿,适用依据正确,程序合法,内容适当的,决定维持。《行政复议法》第68条规定:行政行为认定事实清楚,证据确凿,适用依据正确,程序合法,内容适当的,行政复议机关决定维持该行政行为。

2. 决定限期履行。即行政复议机关认为被申请人不履行法定职责的,决定其在一定期限内履行。主要有两种情形:(1)《行政复议法》第70条规定,被申请人不按照本法第48条、第54条的规定提出书面答复、提交作出行政行为的证据、依据和其他有关材料的,视为该行政行为没有证据、依据,行政复议机关决定撤销、部分撤销该行政行为,确认该行政行为违法、无效或者决定被申请人在一定期限内履行,但是行政行为涉及第三人合法权益,第三人提供证据的除外。(2)《行政复议法》第71条规定,被申请人不依法订立、不依法履行、未按照约定履行或者违法变更、解除行政协议的,行政复议机关决定被申请人承担依法订立、继续履行、采取补救措施或者赔偿损失等责任。此外,《行政复议法》第69条还规定,行政复议机关受理申请人认为被申请人不履行法定职责的行政复议申请后,发现被申请人没有相应法定职责或者在受理前已经履行法定职责的,决定驳回申请人的行政复议请求。

3. 决定变更、撤销和部分撤销、责令重新作出行政行为或确认行政行为违法。即行政复议机关认为有下列情形之一的,决定撤销、变更原具体行政行为或确认具体行政行为违法,决定撤销或确认具体行政行为违法的可以责令被申请人重新作出具体行政行为:第一,主要事实不清、证据不足的;第二,适用依据错误的;第三,违反法定程序的;第四,超越或者滥用职权的;第五,具体行政行为明显不当的。(1)关于变更决定,《行政复议法》第63条规定:行政行为有下列情形之一的,行政复议机关决定变更该行政行为:一是事实清楚,证据确凿,适用依据正确,程序合法,但是内容不适当;二是事实清楚,证据确凿,程序合法,但是未正确适用依据;三是事实不清、证据不足,经行政复议机关查清事实和证据。此外,行政复议机关不得作出对申请人更为不利的变更决定,但是第三人提出相反请求的除外。(2)关于撤销和部分撤销、责令重新作出行政行为的决定。《行政复议法》第64条规定:行政行为有下列情形之一的,行政复议机关决定撤销或者部分撤销该行政行为,并可以责令被申请人在一定期限内重新作出行政行为:一是主要事实不清、证据不足;二是违反法定程序;三是适用的依据不合法;四是超越职权或者滥用职权。行政复议机关责令被申请人重新作出行政行为的,被申请人不得以同一事实和理由作出与被申请行政复议的行政行为相同或者基本相同的行政行为,但是行政复议机关以违反法定程序为由决定撤销或者部分撤销的除外。(3)关于确认行政行为违法的决定。《行政复议法》第65条规定,行政行为有下列情形之一的,行政复议机关不撤销该行政行为,但是确认该行政行为违法:一是依法应予撤销,但是撤销会给国家利益、社会公共利益造成重大损害;二是程序轻微违法,但是对申请人权利不产生实际影响。此外,行政行为有下列情形之一,不需要撤销或者责令履行的,行政复议机关确认该行政行为违法:一是行政行为违法,但是不具有可撤销内容;二是被申请人改变原违法行政行为,申请人仍要求撤销或者确认该行政行为违法;三是被申请人不履行或者拖延履行法定职责,责令履行没有意义。

4. 其他性质的决定。《行政复议法》第72条规定:申请人在申请行政复议时一并提出行政赔偿请求,行政复议机关对依照《中华人民共和国国家赔偿法》的有关规定应当不予赔偿的,在作出行政复议决定时,应当同时决定驳回行政赔偿请求;对符合《中华人民共和国国家赔偿法》的有关规定应当给予赔偿的,在决定撤销或者部分撤销、变更行政行为或者确认行政行为违法、无效时,应当同时决定被申请人依法给予赔偿;确认行政行为违法的,还可以同时责令被申请人采取补救措施。此外,申请人在申请行政复议时没有提出行政赔偿请求的,行政复议机关在依法决定撤销或者部分撤销、变更罚款,撤销或者部分撤销违法集资、没收财物、征收征用、摊派费用以及对财产的查封、扣押、冻结等行政行为时,应当同时责令被申请人返还财产,解除对财产的查封、扣押、冻结措施,或者赔偿相应的价款。

(二)行政复议决定的依据

我国《行政诉讼法》规定,人民法院审理行政案件,以法律、行政法规和地方性法规为依据,同时参照国务院部委和地方有立法权的人民政府制定的规章。行政复议应当以什么为依据呢?《行政复议法》确立的总原则是以法律、法规、规章为依据,这就包括了法律、行政法规和地方性法规。由于行政复议机关审查具体行政行为具有内部监督作用,因此,行政复议机关在审查具体行政行为的合法性时就不能简单地引用具体行政行为所赖以作出的法律依据。具体行政行为作出的法律依据可能涉及法律、行政法规、地方性法规、规章以及上级行政机关依法制定和发布的具有普遍约束力的决定、命令,而从依法行政的角度来看,具体行政行为所赖以作出的法律依据也应当具有合法性。因此,根据行政复议机关具有的法定职权的性质,《行政复议法》规定了对具体行政行为所赖以作出的行政机关发布的规范性文件也可以在对具体行政行为提起行政复议时一并提起审查。这一规定显然就涵盖了行政复议机关审理行政复议案件可以引用行政机关发布的决定的情形。这也意味着在某些情况下,行政复议机关仍可以引用不与法律、法规、规章相抵触的行政机关发布的规范性文件来审理行政复议案件。规章作为行政复议机关审理行政复议案件的法律依据,在不与法律、法规相抵触的情况下也是可以引用的。此外,行政复议机关审理民族自治地方的行政复议案件,同时依照该民族自治地方的自治条例和单行条例。《行政复议法》第37条对作出行政复议决定的依据作了明确的规定:行政复议机关依照法律、法规、规章审理行政复议案件。行政复议机关审理民族自治地方的行政复议案件,同时依照该民族自治地方的自治条例和单行条例。

(三)行政复议决定书

行政复议机关在对行政争议案件作出决定后,应当制作行政复议决定书。行政复议决定书一般应当载明下列事项:(1)申请人的姓名、性别、年龄、职业、住址(法人或其他组织的名称、地址、法定代表人或主要负责人的姓名);(2)被申请人的名称、地址、法定代表人的姓名、职务;(3)申请复议的主要请求和理由;(4)复议机关认定的事实、理由,适用的法律、法规、规章和具有普遍约束力的决定、命令;(5)复议结论;(6)不服复议决定向人民法院起诉的期限,或者终局的复议决定,当事人履行的期限;(7)作出复议决定的年、月、日。此外,我国《行政复议法》第75条第1款规定:行政复议机关作出行政复议决定,应当制作行政复议决定书,并加盖行政复议机关印章。

(四)行政复议决定的公开

行政复议决定的公开有利于维护行政相对人的合法权益,同时也有利于教育社会公众监督行政机关依法行政。《行政复议法》第79条第1款明确规定:行政复议机关根据被申请行政复议的行政行为的公开情况,按照国家有关规定将行政复议决定书向社会公开。

(五)行政复议决定的效力

行政复议决定的效力,是指行政复议决定所发生的法律效力。一般说来,行政复议机关应当在收到复议申请书之日起60日内作出行政复议决定,法律规定为终局裁决的行政复议决定书一经送达即发生法律效力;非终局裁决的,申请人在法定起诉的期限届满后,尚未起诉的,即发生法律效力。

(六)行政复议调解书和意见书

2023年新修订的《行政复议法》还规定了行政复议机关审理行政复议案件可以制作调解书和意见书。

1. 行政复议调解书。《行政复议法》第73条规定:当事人经调解达成协议的,行政复议机关应当制作行政复议调解书,经各方当事人签字或者签章,并加盖行政复议机关印章,即具有法律效力。调解未达成协议或者调解书生效前一方反悔的,行政复议机关应当依法审查或者及时作出行政复议决定。

2. 行政复议意见书。《行政复议法》第 76 条规定：行政复议机关在办理行政复议案件过程中，发现被申请人或者其他下级行政机关的有关行政行为违法或者不当的，可以向其制发行政复议意见书。有关机关应当自收到行政复议意见书之日起 60 日内，将纠正相关违法或者不当行政行为的情况报送行政复议机关。

六、行政复议决定的执行

行政复议决定的执行，是指被申请人不履行或者无正当理由拖延履行行政复议决定，或者申请人逾期不起诉又不履行生效的行政复议决定的，由有权机关责令履行、依法强制执行或申请人民法院强制执行。依据我国《行政复议法》第 77 条和其他相关条款，具体包括两种情形：

1. 被申请人怠于履行行政复议决定的，由行政复议机关或上级行政机关责令限期履行，否则其主管和责任人员面临行政处分之风险。生效的行政复议决定书，被申请人逾期不履行的，行政复议机关可以督促履行。《行政复议法》第 77 条第 2 款规定：被申请人不履行或者无正当理由拖延履行行政复议决定书、调解书、意见书的，行政复议机关或者有关上级行政机关应当责令其限期履行，并可以约谈被申请人的有关负责人或者予以通报批评。

2. 申请人逾期不起诉又不履行的，以有无行政强制执行权为界限，由行政机关依法强制执行或者申请人民法院强制执行。《行政复议法》第 78 条规定，申请人、第三人逾期不起诉又不履行行政复议决定书、调解书的，或者不履行最终裁决的行政复议决定的，按照下列规定分别处理：一是维持行政行为的行政复议决定书，由作出行政行为的行政机关依法强制执行，或者申请人民法院强制执行；二是变更行政行为的行政复议决定书，由行政复议机关依法强制执行，或者申请人民法院强制执行；三是行政复议调解书，由行政复议机关依法强制执行，或者申请人民法院强制执行。

七、行政复议中的法律责任

行政复议中的法律责任，是指涉及行政复议机关依法开展行政复议活动的法律责任，这样的法律责任目的是监督行政复议机关认真做好行政复议工作，通过行政复议活动来保障和监督行政机关依法行政，同时又保护公民、法人和其他组织的合法权益不受行政机关作出的违法的或者不当的具体行政行为的侵害。行政复议中的法律责任也包括通过行政复议活动发现行政机关具体行政行为是否违法或者不当，通过对实施了违法或者不当的具体行政行为的行政机关的有关责任人员给予相应的法律制裁，来监督行政机关依法行政。《行政复议法》第六章"法律责任"明确规定了"行政复议机关""行政复议机关工作人员""被申请人"等行政复议参与主体的不同情形的法律责任，以维护行政复议制度的强制性和法律权威。

【思考题】

1. 什么是行政复议？
2. 行政复议的基本原则有哪些？
3. 试述行政复议的意义有哪些？

4. 什么是行政复议法律关系？有何特点？
5. 简述行政复议的受案范围？
6. 申请行政复议应当符合哪些条件？
7. 行政复议决定的种类有哪些？
8. 行政复议的法律依据如何确定？
9. 复议中止与复议终止有何区别？
10. 行政复议决定如何执行？
11. 简述行政复议与行政诉讼的联系与区别？
12. 如何确定行政复议的"归责"原则？

第十二章 行政赔偿与行政补偿

第一节 行政赔偿概述

一、行政赔偿的概念及特征

行政赔偿是指行政机关及其工作人员在行使职权过程中违法侵犯公民、法人或其他组织的合法权益并造成损害,国家对此承担的赔偿责任。行政赔偿是国家赔偿的一种。行政赔偿具有如下特征:

首先,行政赔偿的责任主体是国家,而不是行政机关及其工作人员。实践中,侵权行为是由行政机关及其工作人员实施的,但对此承担赔偿责任的主体却是国家。这是由国家与行政机关及其工作人员之间的法律关系所决定的。行政机关及其工作人员在法律上代表国家实施行政管理活动,其法律后果应归属于国家。

其次,行政赔偿是国家对行政侵权行为所承担的赔偿责任。特定的赔偿责任与特定的侵权行为相对应,行政赔偿是国家对行政管理过程中的侵权行为承担的赔偿责任。行政管理过程中的侵权行为形式很多,只有与行政职权密切相关的侵权行为才构成行政侵权行为,才能引起国家赔偿责任。

再次,行政赔偿是国家对行政机关及其工作人员的侵权行为承担的赔偿责任。行政机关不仅包括中央和地方各级人民政府及其工作部门,还包括法律法规授权的组织、委托的行政机关、共同实施侵权行为的行政机关。工作人员不仅包括具有公务员身份的工作人员,而且包括受行政机关委托执行公务的人员,也包括接受行政机关指使实施违法行为的人员。

最后,行政赔偿是国家对合法权益受到行政侵权行为损害的公民、法人和其他组织承担的赔偿责任。公民、法人和其他组织不局限于具体行政行为所指向的对象,凡是合法权益受行政机关及其工作人员的行为侵害的人都可能成为行政赔偿的请求权人。并且,国家赔偿针对的损害是对公民、法人和其他组织合法权益的侵害。合法权益主要体现为公民、法人和其他组织依法享有的财产权和人身权。当合法权益受到侵犯,国家就应承担赔偿责任。

二、行政赔偿的归责原则

行政赔偿的归责原则与《国家赔偿法》确定的归责原则是一致的。根据《国家赔偿法》的规定,行政机关及其工作人员行使职权给公民、法人和其他组织造成的损失,采用违法归责原则。"违法归责原则不关心行政机关主观上是否存在过错,只要行为被确认为违法,都需要承担行政赔偿责任。"[①] 把握违法归责原则,需要注意以下四个方面的内容:

首先,违法归责原则中的"法"是广义的法,既包括实体法;也包括程序法;既包括法律、

---

① 蒋成旭:《何以"惩戒"行政违法:行政赔偿的功能、定位及其哲学基础》,载《浙江大学学报(人文社会科学版)》2021年第5期。

法规和其他具有普遍约束力的规范性文件,也包括法的基本原则和精神。之所以对违法原则中的"法"作广义理解,是因为国家机关及其工作人员的职权十分广泛,受到多层次多领域法律规范的约束。违反任何层次的规范,都应当被视为违法。此外,在国家管理的很多领域,目前尚无明确的法律规范作为行使权力的依据,为保障受害人及时获得赔偿救济,必须以法律精神和基本原则作为判断职权行为的标准。

其次,违法既包括积极的作为违法,也包括消极的不作为违法。作为违法是指侵权主体以积极的作为方式表现出来的违法情形,例如,行政机关的违法处罚、违法采取强制措施等行为均是作为违法;不作为违法是指侵权主体拒绝履行或拖延履行其承担的职责和义务的违法情形。认定不作为违法应当以法定的或职责确定的义务存在为前提,只有国家机关或国家机关工作人员没有履行法定的或本身职责确定的义务给受害人造成的损害,国家才承担赔偿责任。

最后,违法归责原则既包括法律行为违法,也包括事实行为违法。其中,事实行为违法是指国家机关及其工作人员违法实施的不直接产生法律效果的行为。例如,政府机关提供咨询、实施指导、发布信息等都是事实行为。由于政府提供错误的指导或信息而遭受损害的,虽然政府的行为不是严格意义上的法律行为,而是一项事实行为,但政府仍然应当对此承担赔偿责任。

三、行政赔偿责任的构成要件

我国现行《国家赔偿法》第2条第1款规定:"国家机关和国家机关工作人员行使职权,有本法规定的侵犯公民、法人和其他组织合法权益的情形,造成损害的,受害人有依照本法取得国家赔偿的权利。"据此,行政赔偿责任的构成要件包括以下四个方面:

(一)行政赔偿的主体要件

按照《国家赔偿法》的规定,行政赔偿的主体是行政机关,既包括行使行政职权的各级人民政府及其职能部门或机构,也包括法律、法规授权行使行政管理职能的社会组织。受行政机关委托进行行政管理的组织和个人行使行政职权的行为的后果归属于委托的行政机关。

(二)行政赔偿责任的行为要件

这一构成要件包含了两项内容:第一,国家只对侵权行政主体实施的执行职务的行为承担赔偿责任。所谓执行职务是指国家机关或国家机关工作人员履行或不履行其职责和义务的行为,可以是行使权力的行为,也可以是非权力行为;可以是法律行为,也可以是事实行为;可以是作为行为,也可以是不作为行为。第二,国家只对违法执行职务的行为承担赔偿责任,如果行政机关及其工作人员的合法行为致使公民、法人和其他组织受损的,则承担补偿责任。

(三)行政赔偿责任的损害结果要件

所谓损害,就是国家机关违背对公民、法人所承担的义务而使其受到不利益的结果。《国家赔偿法》在第二章第一节中把侵权损害的范围概括为两种,一是人身权,二是财产权。人身权主要有人身自由权、人格尊严权、婚姻自主权、名誉权、荣誉权、名称权、生命健康权、肖像权、亲属关系中的权利,财产权有继承权、物权、经营自主权、债权、知识产权等。也就是说,当以上权利受到国家机关及其工作人员的损害时,国家应当负赔偿责任。

(四) 损害行为与损害结果之间的因果关系

国家只对直接产生损害的原因事实负赔偿责任。有些特殊的致害原因与损害结果之间缺乏因果联系,国家对此不负赔偿责任,它们主要有以下三类:(1) 受害人的过错。受害人的行为促使损害的发生成为不可避免或加重损害时,国家完全不负赔偿责任或者部分免除赔偿责任。(2) 不可抗力。因不可抗力是不能预见、不可抗拒的,属于当事人意志之外的力量,因此造成的损害与国家机关的行为无任何因果关系,国家对此不承担责任。(3) 第三者介入。当国家机关的行为通过第三者介入产生损害时,这种损害是间接损害,国家不负赔偿责任。

第二节 行政赔偿的范围

行政赔偿范围是指国家对行政机关及其工作人员在行使职权时损害公民、法人和其他组织合法权益而应承担赔偿责任的领域。根据《国家赔偿法》的规定,我国行政赔偿的范围限于侵犯公民、法人和其他组织人身权和财产权的行为。

一、侵犯人身权的行为

《国家赔偿法》规定的行政赔偿的人身权范围比较狭窄,仅限于生命健康权和人身自由权,规定在该法的第3条。

(一) 侵犯人身自由权的行为

1. 违法拘留

行政拘留是公安机关依法对违反行政管理秩序的公民采取限制其人身自由的惩罚措施。行政拘留的合法要件是:(1) 处罚机关合法。行政拘留决定只能由县级以上的公安机关作出,不得由其他行政机关或者公安机关派出所作出。(2) 被处罚人实施了应当给予拘留惩罚的违法行为。(3) 符合法定期限。行政拘留的期限必须在1日以上,合并执行的最长不超过20日。(4) 符合法定程序。关于行政拘留程序,《治安管理处罚法》第四章作了明确的规定,应当依照法定程序执行。

2. 限制人身自由的行政强制措施

行政强制措施是行政机关依法定职责采取强制手段限制特定公民的权利或强制其履行义务的措施。行政强制措施既可以针对财产,也可以施加于人身。我国法律法规规定的限制人身自由的强制措施有:(1) 强制治疗和强制戒毒。这是对卖淫人员和吸毒人员采取的治疗和教育措施,由公安机关实施。(2) 强制传唤。这是公安机关对依法经过两次传唤仍然不到公安机关接受讯问的公民采取的强制性措施。(3) 其他限制人身自由的强制措施。例如,对传染病人的强制隔离,将打架斗殴的人员强制带离现场等。

3. 非法拘禁或者以其他方法非法剥夺公民人身自由

这是指行政拘留和行政强制措施以外的其他非法剥夺人身自由的行为。它的表现有两种情形:(1) 无权限,即没有限制公民人身自由权的行政机关实施的剥夺公民人身自由的行为;(2) 超过法定期限或者条件关押,即享有限制人身自由权的行政机关在法律规定的拘留或限制人身自由的期限和条件之外,剥夺公民人身自由。

（二）侵犯生命健康权的行为

1. 暴力行为

以殴打等暴力手段或唆使他人以殴打等暴力手段造成公民身体伤害或死亡，是最严重的侵犯公民人身权的违法行为。行政机关实施暴力的形式多种多样，可以由公务员实施，也可以唆使他人采取。行政机关及其工作人员实施这种暴力行为造成公民身体伤害或死亡的，受害人都有请求赔偿的权利。

2. 违法使用武器、警械

违法使用武器、警械，有多种表现形式。例如，在不该使用武器、警械的场合使用武器、警械；使用武器、警械程度与被管理者的行为不相应；使用武器、警械的种类上选择错误；使用武器、警械违反法定批准程序，等等。凡是行政机关工作人员在执行公务过程中违法使用武器、警械致公民身体伤害或死亡的，国家都应当承担赔偿责任。

3. 其他造成公民身体伤害或者死亡的违法行为

其他造成公民身体伤害或者死亡的违法行为是《国家赔偿法》的概括式规定，是指除《国家赔偿法》第 3 条列举规定的情况外，行政机关及其工作人员实施的、造成公民生命健康权损害的行为。根据 2022 年 5 月 1 日开始施行的《最高人民法院关于审理行政赔偿案件若干问题的规定》（以下简称《行政赔偿案件若干规定》），这里所指的"其他违法行为"包括两类情形：第一，不履行法定职责行为；第二，行政机关及其工作人员在履行行政职责过程中作出的不产生法律效果，但事实上损害公民、法人或者其他组织人身权、财产权等合法权益的行为。

同时，根据《国家赔偿法》第 35 条的规定，在出现侵犯人身权的情况下，"致人精神损害的，应当在侵权行为影响的范围内，为受害人消除影响、恢复名誉、赔礼道歉；造成严重后果的，应当支付相应的精神损害抚慰金"。

二、侵犯财产权的行为

财产权是公民的基本权利，受到宪法和法律的保护。根据《国家赔偿法》第 4 条，国家对下列侵犯财产权的行为承担赔偿责任：

（一）侵犯财产权的行政处罚

1. 违法罚款

罚款是行政机关依法责令违法行为人承担额外财产负担的处罚形式。行政机关对行政相对人实施罚款处罚必须符合法律、法规规定的要件，不仅罚款的主体、对象、程序要合法，而且其处罚的行为必须严格限制在法定权限范围内。否则，构成违法罚款，由此给相对人造成损害的，国家要承担赔偿责任。

2. 违法没收

没收是指行政机关依法将公民、法人或其他组织的非法所得和非法财物强制无偿收归国家所有的一种处罚形式。《行政处罚法》将没收非法财物和没收违法所得确定为一种独立的处罚种类，但其性质在学理上存在着争议。一种观点认为，非法财物和非法所得并不是公民、法人和其他组织的合法财产权，不是其法律上应当得到的财产，本来就应当没收，没收并没有惩罚的性质，而只是恢复法律秩序的一种措施。另一种观点认为，非法财物和非法所得在行政机关依法没收之前由公民、法人和其他组织控制并且使用，而且非法所得和非法财物与合法的财产权界限难以确定,"非法"还存在一个确认的问题,因此,没收非法所得和没收非法财物具有惩罚的作用,属于行政处罚的范畴。

3. 违法吊销许可证和执照

许可证和执照是行政机关根据公民、法人和其他组织的申请,依法解除禁止,赋予申请人从事某种行为的权利和资格的书面凭证。许可证和执照一经国家行政机关颁发,即具有法律效力,非依法定程序则不得吊销或者废止。对许可证和执照应当作广义理解,凡是行政机关颁发的具有许可性质的文书都应当视为许可证或者执照。吊销许可证或者执照意味着对相对人从事某项活动的资格的剥夺,违法的吊销给行政相对人造成损害的,国家要依法承担赔偿责任。

4. 违法限制开展生产经营活动、责令停产停业、责令关闭、限制从业

限制开展生产经营活动、责令停产停业、责令关闭、限制从业是指行政机关依法命令企业在一定期限内限制开展生产经营活动、停止经营或关闭经营场所的处罚形式。对企业来说是一种比较严重的处罚。行政机关可以通过附条件或者附期限两种方式实施上述处罚。所谓附期限,是指行政主管机关命令受处罚的行政组织在一定的期限内治理、整顿,达到法定的经营条件和标准的,可以在期限届满以后恢复生产经营。所谓附条件,是指行政机关作出行政处罚命令,而不明示期限,由行政机关视其治理、整顿情况,重新作出准予复产复业的决定,或在多次督促仍无效的情况下采取其他措施。

5. 侵犯财产权的其他行政处罚

这是指《国家赔偿法》没有明确的,法律和行政法规在《行政处罚法》规定的处罚种类之外创设的其他行政处罚种类。违法侵犯财产权的其他行政处罚,同样会引发国家赔偿责任。

(二)侵犯财产权的行政强制措施

限制财产权的强制措施主要是查封、扣押、冻结、保全、拍卖。查封是指行政机关对特定的动产或者不动产就地封存,禁止使用或者处分的强制措施。扣押是指行政机关将动产置于自己的控制之下,防止当事人转移或者隐匿的措施。冻结是指行政机关要求银行暂时拒绝当事人使用其存款的强制措施。保全是指行政机关在办理案件的过程中,为了防止有关物品的灭失而采取的固定措施。保全措施形式上可能与其他强制措施相同。违法的财产强制措施主要表现为:行政机关不享有查封、扣押、冻结的行政职权,而实施查封、扣押、冻结等措施;行政机关不按照法律规定的手续采取强制措施;不按照法律规定妥善保管被扣押的财产;行政机关对案外人的财产采取了强制措施;行政机关超越法定期限采取强制措施等。

(三)违法征收、征用财物

征收是指行政机关依据公共利益的需要,在给予公平补偿的情况下,向公民、法人或其他组织征收财物的行为。除了法律规定的正常征收以外,公民、法人或其他组织不再负担任何缴纳义务。实践中,违法征收财物主要表现为乱收费、乱摊派。征用指行政机关在公共利益的目的之下临时取得自然人、法人和其他组织的财产使用权,并且给予一定补偿的行为。违法征收与征用的行为具体来说有不按照法律规定的项目和数额征收费用和劳务;没有法律规定自行设立项目征收财物和费用;征收的目的与相关法律规定的目的相悖。

(四)其他侵犯财产权的违法行为

造成财产损害的其他违法行为,是指《国家赔偿法》第 4 条没有作列举性规定的侵害公

民、法人和其他组织财产权的行为。根据《行政赔偿案件若干规定》,"其他违法行为"包括两类情形:第一,不履行法定职责的行为;第二,行政机关及其工作人员在履行行政职责过程中作出的不产生法律效果,但事实上损害公民、法人或者其他组织人身权、财产权等合法权益的行为。

三、国家不承担赔偿责任的情形

国家不承担赔偿责任的情形是指国家对某些在行政管理过程中发生的损害不承担赔偿责任的事项。依据《国家赔偿法》第5条规定,国家不承担赔偿责任的情形主要有:

(一) 行政机关工作人员实施的与行使职权无关的个人行为

行政机关工作人员具有双重身份,一方面是公务员,另一方面又是公民。行政机关工作人员以公务员身份实施的行为,总是与行政职权具有密切联系,应当视为职务行为、所属行政机关的行为,最终属于国家的行为,一切法律后果应归属于国家。当行政机关工作人员以普通公民的身份从事活动时,行使的是其民事权利或者其他公民权利,并不是行政职权;其目的是为了个人的权益,而不是国家利益;其意思表示是自由的,不受行政法规则的约束;而且,也不具备法律规定的表现形式。因此,公务员以公民的身份实施行为应当视为其个人的行为,由此而造成损害引起的赔偿责任应当由个人负责。

(二) 因受害人自己的行为致使损害发生的

受害人自己的行为致使损害发生或者扩大的,是对自己的侵权,过错在于本人,后果应当由其个人承担。有人认为,《国家赔偿法》作这种规定的根据是"过失相抵"原则。所谓"过失"即过错,包括故意和过失。所谓"相抵"是指受害人过错与国家行政赔偿责任相抵消,在赔偿损失时,减轻或免除国家行政赔偿责任。我们认为,这里不存在过失相抵的问题,更不存在免责的问题,因为,对受害人自己造成的损害,侵权行为的主体不是国家,而是其本人,不具备国家赔偿的构成要件,国家赔偿责任原本就不存在。

(三) 国家不承担赔偿责任的其他情形

对国家不承担赔偿责任的情形,学理上多借鉴民法的有关规定和理论,主要包括以下情形:

1. 不可抗力

根据《国家赔偿法》第2条规定的违法归责原则,确定国家是否承担赔偿责任的最终依据是行政机关及其工作人员行使职权过程中实施的行为是否违法,而不是不可抗力。不可抗力并不是行政机关及其工作人员实施违法行为的正当理由。

2. 紧急避险

紧急避险是指为了使国家利益、公共利益以及本人或他人的人身、财产和其他权利免受正在发生的侵害,不得已采取的损害第三人相对较小的合法权益的行为。

3. 第三人过错

我们认为,在第三人的过错是损害发生的直接原因或者主要原因的情况下,不具备国家赔偿责任的构成要件,不产生国家赔偿问题。如果第三人对损害的发生有过错,行政机关及其工作人员也有过错——违法行为,则应当根据违法行为对损害发生所起的作用的大小,确定国家的赔偿责任。

4. 受害人从其他途径获得补偿

国家赔偿是一种补救性法律责任,其目的是弥补受害人遭受的损害,恢复受害人遭受侵害之前的权利义务状态,而不是增加受害人的收益,因此,受害人已经从其他途径得到补偿的,可以免除国家的赔偿责任。

第三节　行政赔偿请求人和赔偿义务机关

一、行政赔偿请求人

行政赔偿请求人是指依法享有取得国家赔偿的权利,请求赔偿义务机关确认和履行国家赔偿责任的公民、法人和其他组织。根据《国家赔偿法》第 6 条,行政赔偿请求人分为公民、法人和其他组织三种。

(一)公民

公民是指具有特定国家国籍的自然人,包括中国公民和外国公民。对外国公民,我国实行平等原则和对等原则。根据平等原则,外国公民在我国行使国家赔偿请求权的,具有和中华人民共和国公民同等的权利义务,在我国领域内受我国行政机关和工作人员职权行为侵犯造成损害的,也可以请求国家赔偿;根据对等原则,外国人所属国对中国公民的行政赔偿权予以限制或不予保护的,我国将给予同样的限制。

公民作为行政赔偿请求人,分为两种情况:(1)受害的公民本人。受害的公民本人是行政侵权行为的侵害对象,当然可以作为行政赔偿请求人。(2)受害公民死亡的,其继承人和其他有扶养关系的亲属,可以成为赔偿请求人。继承人包括配偶、父母、子女、祖父母、外祖父母、孙子女、外孙子女。其他有扶养关系的亲属是指上述继承人之外与死亡的公民具有扶养或者被扶养关系的亲属。

(二)法人

法人作为行政赔偿请求人,有两种情况:(1)受害的法人。即其合法权益遭受行政侵权行为直接侵害的法人。(2)受害的法人终止的,其权利承受人作为赔偿请求人。"权利承受人"中"人"应当作广义理解,不仅指自然人,也指法人和其他组织。因此,权利承受人既包括受害法人和其他组织终止后承受其权利的法人和其他组织,也包括承受其权利的自然人。

(三)其他组织

其他组织是指没有取得法人资格的社会组织,其范围和种类具体包括:

(1)依法登记领取营业执照的私营独资企业、合伙组织、合伙型联营企业,其中,合伙企业申请赔偿的,应当以核准登记的字号为申请人;

(2)依法登记领取我国营业执照的中外合作经营企业、外资企业;

(3)经民政部门核准登记领取社会团体登记证的社会团体;

(4)法人依法设立并领取营业执照的分支机构,包括中国人民银行、各专业银行设在各地的分支机构,中国人民保险公司设在各地的分支机构;

(5)经核准登记领取营业执照的乡镇、街道、村办企业。

其他组织终止的,承受其权利的自然人、法人和其他组织均有资格向国家提起行政赔偿的请求。

二、行政赔偿义务机关

行政赔偿义务机关是指代表国家处理赔偿请求、参加赔偿诉讼、支付赔偿费用的行政机关。根据《国家赔偿法》第7条规定,确认行政赔偿义务机关的具体情形包括:

(1) 单独的赔偿义务机关。行政机关及其工作人员行使行政职权侵犯公民、法人和其他组织的合法权益造成损害的,该行政机关为赔偿义务机关,这是确认行政赔偿义务机关的一般情况。行政机关以自己的名义发布命令,工作人员负责执行的,是行政机关实施的行为;行政机关没有明确的命令,工作人员在执法过程中根据具体情况自行决定实施侵权行为的,视为该公务员所在的行政机关实施的行为。

(2) 共同赔偿义务机关。两个以上行政机关共同行使行政职权时侵犯公民、法人和其他组织的合法权益造成损害的,为共同赔偿义务机关。这里需要注意的问题是:

第一,作为赔偿义务机关的两个以上行政机关必须都是具有独立主体资格的行政机关。没有独立的主体资格的工作机构,不能作赔偿义务机关。

第二,两个以上的工作人员分属不同的行政机关,在其共同行使职权时侵犯公民、法人和其他组织的合法权益造成损害的,应当以工作人员所在的行政机关为共同赔偿义务机关。

(3) 法律、法规授权的组织。法律、法规授权的组织在行使行政职权时侵犯公民、法人和其他组织的合法权益造成损害的,该组织为赔偿义务机关。法律、法规授权组织中的工作人员在行使职权时侵权致害的,也由该组织作为赔偿义务机关。值得注意的是,这里所说的法律、法规授权,必须是法律、法规和规章明文规定的授权,规章以下的规范性文件授权的视为委托,发生赔偿问题,由委托的行政机关作为赔偿义务机关。

(4) 委托的行政机关。受行政机关委托的组织或者个人在行使受委托职权时侵犯公民、法人和其他组织的合法权益造成损害的,委托的行政机关为赔偿义务机关。委托行政是行政机关根据管理的需要,按照法律规定的条件和范围将自己的行政职权委托给其他组织及个人行使。在委托行政中,受委托的组织及工作人员以委托行政机关的名义对外活动,其行为的后果归属于委托行政机关,当受委托的组织执行职务侵权时,由委托的行政机关作赔偿义务机关,但在赔偿损失后,赔偿义务机关有权责令有故意或者重大过失的受委托的组织或者个人承担部分或者全部赔偿费用。

(5) 行政机关被撤销时的赔偿义务机关。赔偿义务机关被撤销的,继续行使职权的行政机关为赔偿义务机关;没有继续行使其职权的行政机关,撤销该赔偿义务机关的行政机关为赔偿义务机关。为了保证受害人赔偿请求权的实现,法律明确规定致害机关被撤销时的两种情况:一种是有继续行使职权的机关,由后者作赔偿义务机关;另一种是没有继续行使职权的机关,则由撤销该赔偿义务机关的机关为赔偿义务机关。

(6) 经过行政复议的赔偿义务机关。经复议机关复议的,最初造成侵权行为的行政机关为赔偿义务机关,但复议机关的复议决定加重损害的,复议机关对加重的部分履行赔偿义务。

第四节　行政赔偿程序

行政赔偿程序是指受害人依法取得国家赔偿权利、行政机关或者人民法院依法办理行政赔偿事务应当遵守的方式、步骤、顺序、时限等的总称。广义的行政赔偿程序包括行政追偿的程序。如果说行政赔偿是国家向受害人承担的赔偿责任，是对国家的谴责和督促，那么，行政追偿则是公务员个人向国家承担的赔偿责任，是对公务员的谴责和督促。根据《国家赔偿法》第9条第2款的规定，赔偿请求人要求赔偿，应当先向赔偿义务机关提出，也可以在申请行政复议或者提起行政诉讼时一并提出。因此，行政赔偿的程序可以分为单独赔偿程序和一并赔偿程序。

一、单独赔偿程序

根据《行政诉讼法》和《国家赔偿法》的规定，受害人单独提出赔偿请求的，应当先向赔偿义务机关提出，赔偿义务机关拒绝受理赔偿请求、在法定期限内不作出决定或者双方不能达成协议的，受害人可以申请行政复议或者提起行政诉讼。与一并提出赔偿请求的程序相比较，单独提出赔偿请求程序的特点是赔偿义务机关的先行处理程序。先行处理程序是指行政赔偿请求人请求损害赔偿时，先向有关的赔偿义务机关提出赔偿请求，双方就有关赔偿的范围、方式、金额等事项进行自愿协商或由赔偿义务机关决定，从而解决赔偿争议的程序。行政赔偿义务机关受理和处理受害人单独提出的赔偿请求的程序大致如下：

（1）确认加害行为的职权性和违法性。从《国家赔偿法》的规定和实践经验来看，受害人单独提出赔偿请求的，必须以加害行为的职权性和违法性得到确认为前提。确认加害行为的职权性和违法性的途径有：第一，赔偿义务机关自己确认，即实施侵权行为的行政机关书面承认其行为的违法性和职权性；第二，通过行政复议确认，此时，行政复议机关的撤销决定、履行法定职责的决定是确认加害行为违法性的直接根据；第三，通过行政诉讼确认，即人民法院的撤销判决、履行判决和确认判决都是确认加害行为违法性和职权性的根据。

（2）受害人提出赔偿请求。受害人提出赔偿请求应当递交申请书。申请书应具备以下事项：受害人的姓名、性别、年龄、工作单位和住所；具体的要求、事实根据和理由；申请的年、月、日；有关的附件，包括行政复议机关的复议决定书、法院的判决书等文件，医疗证明、证人、照片等有关证据材料或者证据线索。

赔偿请求人书写申请书确有困难的，可以委托他人代书，也可以口头申请，由赔偿义务机关笔录。请求赔偿申请书，应由请求人和代理人签名或盖章后向赔偿义务机关提出。

受害人可以同时提出一个或者数个赔偿请求。数个赔偿请求相互之间应当具有一定的联系，它们或者是因同一侵权行为而产生的多项损害，或者是多种侵权行为实施于一个人产生的多项损害，同时提出，一并解决，可以综合考虑各种因素，合理解决赔偿争议。受害人也可以提出具体的赔偿数额。

（3）赔偿义务机关受理。首先要求赔偿请求人要证明自己与赔偿请求的关系，即如果赔偿请求人不是受害人本人的，应当说明与受害人的关系，并提供相应证明。如在受害人死亡的时候其继承人或者有扶养关系的亲属作为赔偿请求人的时候就需要出具受害人死亡以及自己是其继承人或者具有扶养关系的亲属的相关证明文件才能证明自己具有赔偿请求权。

赔偿请求人当面递交申请书的,赔偿义务机关应当当场出具加盖本行政机关专用印章并注明收讫日期的书面凭证。为了防止赔偿义务机关在程序上故意刁难赔偿申请人,法律还特别规定申请材料不齐全的,赔偿义务机关应当当场或者在5日内一次性告知赔偿请求人需要补正的全部内容。

(4)处理赔偿请求。《国家赔偿法》规定对于行政赔偿的方式、项目以及数额可以采取协商方式。我们认为,我国应当采取协议和决定相结合的模式。而实际上虽然法律没有规定所有的行政赔偿都应当与请求人协商,但是法律规定赔偿义务机关作出赔偿决定,应当充分听取赔偿请求人的意见。这一立法的目的显然是防止行政机关自行作出决定,立法者强制性要求行政机关必须听取赔偿请求人的意见。所以赔偿义务机关应当首先与请求人协商,能够达成协议的,应当以协议的方式结案,但是在两个月的法定期限之内,请求人有权反悔。请求人未在法定期限内反悔的,赔偿协议生效,赔偿义务机关和请求人都应当履行;请求人在法定处理期限内反悔的,赔偿义务机关应当作出赔偿决定。根据《国家赔偿法》第13条规定,赔偿义务机关应当自收到申请之日起两个月内,作出是否赔偿的决定。

(5)制作行政赔偿协议书或者行政赔偿决定书。赔偿义务机关接到赔偿请求后,应当对本案事实进行调查,调查的事项包括:公民、法人或其他组织是否遭受实际损害;公民、法人或其他组织所受到的损害与已确认的违法行为有无因果关系;受害人自己是否具有过错;是否存在第三人的过错。赔偿义务机关应当全面审查、核实相关的证据材料,可以责令赔偿请求人补充有关证据材料。

查明上述事实之后,赔偿义务机关应当与赔偿请求人进行协商。协商不成的,决定对公民、法人或其他组织进行赔偿的具体方式及标准。赔偿义务机关决定赔偿的,应当制作赔偿决定书,并自作出决定之日起10日内送达赔偿请求人。赔偿义务机关决定不予赔偿的,应当自作出决定之日起10日内书面通知赔偿请求人,并说明不予赔偿的理由。说明理由制度体现了立法对赔偿义务机关的限制和规范力度的加大,也是公民的知情权在国家赔偿制度中的具体体现,对赔偿请求人的直接意义有二:一是使其从法律和事实上充分了解赔偿义务机关不予赔偿的根据,从而放弃要求赔偿的做法,使案件得到彻底解决;二是作为赔偿请求人提起诉讼的根据,也是法院监督赔偿义务机关的依据。

二、一并提出赔偿请求的程序

一并提出行政赔偿请求,是指赔偿请求人在申请行政复议或者提起行政诉讼时一并提出赔偿请求。《行政复议法》第29条规定:"申请人在申请行政复议时可以一并提出行政赔偿请求,行政复议机关对符合国家赔偿法的有关规定应当给予赔偿的,在决定撤销、变更具体行政行为或者确认具体行政行为违法时,应当同时决定被申请人依法给予赔偿。"《国家赔偿法》第9条第2款也规定:"赔偿请求人要求赔偿,应当先向赔偿义务机关提出,也可以在申请行政复议或者提起行政诉讼时一并提出。"这种一并提出行政赔偿请求的特点是:将确认行政侵权行为违法与给予行政赔偿两项请求一并提出,行政复议机关或者人民法院通常先对行政侵权行为的违法性予以确认,然后再决定是否予以赔偿。在程序上,一并提出赔偿请求的程序完全适用行政复议程序和行政诉讼程序。此不赘述。

根据《行政赔偿案件若干规定》，法律规定由行政机关最终裁决的行政行为被确认违法后，赔偿请求人可以单独提起行政赔偿诉讼。由此，"对于已被确认违法的行为，继而进行的行政赔偿诉讼则仅需要就赔偿事宜作出判断；各阶段制度分工明确且相互配合，共同形成高效且层级性的权利救济体系。"①

三、行政赔偿请求的时效

根据《国家赔偿法》第 39 条的规定，赔偿请求人请求国家赔偿的时效为两年，自其知道或者应当知道国家机关及其工作人员行使职权时的行为侵犯其人身权、财产权之日起计算，但被羁押等限制人身自由期间不计算在内。根据该条规定，请求人请求国家赔偿的时效为 2 年。首先，从效果上来看，该两年的时效仅仅适用于单独提起的行政赔偿、刑事赔偿以及民事、行政诉讼中的国家赔偿。因为，在一并提出的情况下，国家赔偿的请求实质上是行政复议与行政诉讼的附属，不具有独立的价值，只能适用行政复议（一般是知道作出具体行政行为之日起 60 日内提出）和行政诉讼（一般是知道作出行政行为之日起 6 个月内提出）的时效。其次，这个 2 年时效是行使国家赔偿请求权的时效，而不是诉讼时效。对于单独提起的赔偿请求，2 年时效实际上是请求处理的时效，如果请求人在 2 年内不行使请求权请求赔偿义务机关处理，他就丧失了请求权。最后，赔偿请求人在被羁押期间或者拘留等因人身自由受限而无法申请赔偿，请求人被限制人身自由期间不计入时效内。

四、行政追偿

行政追偿是指国家在向行政赔偿请求人支付赔偿费用之后，依法责令具有故意或重大过失的工作人员、受委托的组织或者个人承担部分或全部赔偿费用的法律制度。行政追偿，能够"强化对违法滥权人员的责任追究，有效惩戒腐败和违法，提高违法用权的成本和风险"②。赔偿义务机关代表国家对行政机关工作人员行使行政追偿权必须具备下列条件：

（1）行政赔偿义务机关已经履行了赔偿责任。行政追偿以国家承担了赔偿责任为前提，这是国家行使行政追偿权的必要条件。虽然国家是否履行其赔偿责任并不是向公务员进行追偿的直接原因，但是，在赔偿义务机关向受害人赔偿之前，国家的赔偿责任尚未最终实现，向公务员追偿因此缺乏法律上的正当性。这正是法律将国家履行赔偿责任作为必要条件规定下来的原因所在。

（2）行政机关工作人员具有故意或者重大过失。把行政追偿限制在故意或重大过失的范围内，主要原因是鼓励工作人员发挥主观能动性和抑制违法行政的平衡问题。现代行政事务错综复杂，技术性和专业性很强，为了保障行政机关的处理与案件的具体情况相适应，不但合法，而且合理，法律通常为工作人员留下了裁量的空间，不可能要求每个工作人员凡事都能作出准确无误的判断，不出现任何偏差。因此，《国家赔偿法》允许工作人员在一定的限度内，出现差错而不负责任。这一方面有利于保护行政机关工作人员的积极性，另一方

---

① 杜仪方：《论我国行政赔偿中的确认违法程序》，载《南开学报（哲学社会科学版）》2023 年第 2 期。
② 陶凯元：《深入学习贯彻党的二十大精神 坚持人民至上 推动新时代国家赔偿审判工作高质量发展》，载《人民司法》2022 年第 31 期。

面,也有利于抑制任意或者不负责任行使职权的问题。如果不问行政机关工作人员有无过错或过错大小,一律予以追偿,则势必损伤行政机关工作人员执行职务的积极性和主动性,最终损害公共利益。

需指出,只要具备上述两个条件,国家就应当行使追偿权。关于追偿权的行使,《国家赔偿法》使用的是"应当"一词,这就要求在具备上述条件的情况下,赔偿义务机关必须行使追偿权,不得放弃。唯有如此,才能防止行政追偿流于形式,真正起到对行政机关工作人员的教育和督促作用。但是,赔偿义务机关在确定追偿的具体数额时,可以考虑行政机关工作人员的经济情况。如果工作人员经济困难,可以减少甚至免除其追偿责任。

第五节 行政赔偿的方式、标准和费用

一、行政赔偿的方式

(一) 金钱赔偿

金钱赔偿,即将受害人的各项损失计算成金额,以金额折抵受损害人的损失。无论是对财产损失,还是对精神损害、人身损害,都可以适用金钱赔偿。支付赔偿金应为本国货币。

根据《国家赔偿法》的规定,金钱赔偿的适用,应当以不能返还财产或恢复原状为前提。不能返还财产或恢复原状主要指以下几种情况:(1)侵犯公民人身自由及生命健康权;(2)侵犯公民、组织的财产权,被侵害的财产已经灭失、拍卖等,恢复原状在事实上已不可能;(3)侵犯公民、组织的财产权,被侵害的财产已被损坏且不能恢复原状或恢复有重大困难;(4)返还财产或恢复原状与法律规范相抵触。

在适用金钱赔偿的方式时,应根据案件的具体情况,分别适用以下原则:(1)国家对于受害人或第三人的过错而产生的损害不予赔偿或减少赔偿总额。(2)受害人因同一赔偿原因所取得的利益,应从赔偿金中扣除。(3)有法定赔偿金额的,适用法律规定的金额,而不按实际计算的数额赔偿。

(二) 返还财产

返还财产,是指国家机关将违法取得的财产返还给受害人的赔偿方式。返还财产,主要适用于以下情形:(1)行政机关违法采用罚款、没收财产等行政处罚;(2)行政机关违反国家规定征收财物、摊派费用;(3)司法机关或行政机关违法适用罚金、没收、追缴等剥夺财产的措施;(4)国家机关违法采取查封、扣押、冻结财产的措施。

需要注意的是,采用返还财产这一赔偿方式,还需要具备以下几个条件:

(1)原财产还存在。如果原财产已经毁损或灭失,返还财产也就无从谈起。如果原物是经过特定化的种类物,例如是一台电视机,但该物已经被损坏,经受害人同意,可赔偿其另外一台价值相当的电视机,如果受害人不同意,则只能给予金钱赔偿。

(2)返还财产比金钱赔偿更为便捷,返还财产是国家赔偿方式中的一种例外,只有在比金钱赔偿更便捷时才适用。如果原财产虽然存在,但被运往外地或下落需要查找时,则用金钱赔偿更为便捷。

(3)返还财产不影响公务的实施。如果原财产已经用于公务活动,返还财产将会影响

到公务的实施,则不应以返还财产的方式赔偿,而应以金钱赔偿。

(三) 恢复原状

恢复原状,是指使相对人受国家机关的违法行为侵害的财产或权利恢复到受损害前的形状、性能或状态的赔偿方式。

恢复原状作为一种赔偿方式,在国家赔偿中的适用限制非常严格,只有在比金钱赔偿更便捷的情况下,才适用此种方式。一般来说,通常适用于以下几种情况:(1)应当返还的财产被损坏,能够恢复原状的,应当恢复原状;(2)查封、扣押、冻结财产的,应当解除查封、扣押、冻结;(3)有可能恢复原状且不违反其他法律规定。而且,恢复原状必须具备以下几个条件:(1)受到损害的财产能够恢复原状。如果财产损害导致物之功能丧失或减弱已经无法恢复时,不能适用恢复原状的赔偿方式。(2)恢复原状比金钱赔偿更便捷易行。恢复原状作为金钱赔偿的一种辅助方式,只有比金钱赔偿更为简便易行时才被采用。如果损害可以用金钱计算,且比恢复原状更简便时,应当适用金钱赔偿的方式。(3)排除了其他赔偿方式的适用。恢复原状是一个十分灵活的概念,其适用的范围又比较广泛,排除妨碍,消除危险,修理、重作、更换等都是恢复原状的内容;只有无法适用金钱赔偿或者恢复原状这种赔偿方式最为便捷时,方可适用恢复原状。

(四) 精神损害赔偿

《国家赔偿法》第 35 条规定,有本法第 3 条或者第 17 条规定情形之一,致人精神损害……造成严重后果的,应当支付相应的精神损害抚慰金。根据本条的规定,国家支付精神损害抚慰金的一个基本前提是造成严重后果,否则仍然适用消除影响、恢复名誉、赔礼道歉等手段作为救济措施。依据《行政赔偿案件若干规定》第 26 条的规定,这里的"造成严重后果"是指下列 4 种情形:(1)受害人被非法限制人身自由超过 6 个月;(2)受害人经鉴定为轻伤以上或者残疾;(3)受害人经诊断、鉴定为精神障碍或者精神残疾,且与违法行政行为存在关联;(4)受害人名誉、荣誉、家庭、职业、教育等方面遭受严重损害,且与违法行政行为存在关联。符合下列 4 种情形的,可以认定为后果特别严重:(1)受害人被限制人身自由 10 年以上;(2)受害人死亡;(3)受害人经鉴定为重伤或者残疾一至四级,且生活不能自理;(4)受害人经诊断、鉴定为严重精神障碍或者精神残疾一至二级,生活不能自理,且与违法行政行为存在关联。

"由于精神损害的程度个别性较强,往往因案而异、因人而异,且与社会发展变化相关度较大"[1],因此计算精神损害赔偿抚慰金的时候必须对精神损害的不同人格利益因素的损害予以区别对待,根据其不同特点,依据不同的计算规则,计算出各项应赔偿的数额,最后酌定总的赔偿金额。具体做法是,区分侵害物质性人格权所造成的精神损害和侵害精神性人格权所造成的精神损害。一般情况下,物质性人格权(如健康权)受侵害所赔偿的抚慰金数额要远远高于精神性人格权(如名誉权)受侵害赔偿的抚慰金数额。

(五) 行政赔偿的其他方式

除上述三种赔偿方式外,《国家赔偿法》还明确规定了其他的赔偿方式,即为受害人消除影响,恢复名誉,赔礼道歉等。

---

[1] 马怀德、张泽宇:《规范行政赔偿案件审理 推动国家赔偿制度发展》,载《法律适用》2022 年第 4 期。

二、行政赔偿的计算标准

(一)人身权损害的计算标准

1. 人身自由权损害赔偿的计算标准

《国家赔偿法》第 33 条规定:"侵犯公民人身自由的,每日赔偿金按照国家上年度职工日平均工资计算。"根据《最高人民法院关于人民法院执行〈中华人民共和国国家赔偿法〉几个问题的解释》第 6 条,这里所规定的"上年度",应当指赔偿义务机关、复议机关或者人民法院赔偿委员会作出赔偿决定时的上年度;复议机关或者人民法院赔偿委员会决定维持原赔偿决定的,按作出原赔偿决定时的上年度执行。国家上年度职工日平均工资数额,应当以职工年平均工资除以全年法定工作日数的方法计算。年平均工资以国家统计局公布的数字为准。

2. 生命健康权损害赔偿的计算标准

《国家赔偿法》第 34 条规定,侵犯公民生命健康权的赔偿金按照下列标准计算:

(1)造成身体伤害的,应当支付医疗费、护理费,以及赔偿因误工减少的收入。减少的收入每日的赔偿金按照国家上年度职工日平均工资计算,最高额为国家上年度职工年平均工资的 5 倍。

(2)造成部分或全部丧失劳动能力的,应当支付医疗费、护理费、残疾生活辅助具费、康复费等因残疾而增加的必要支出和继续治疗所必需的费用,以及残疾赔偿金。残疾赔偿金根据丧失劳动能力的程度,按照国家规定的伤残等级确定,最高不超过国家上年度职工年平均工资的 20 倍。造成全部丧失劳动能力的,对其扶养的无劳动能力的人,应当支付生活费。

(3)造成公民死亡的,应当支付死亡赔偿金、丧葬费,总额为国家上年度职工年平均工资的 20 倍。对死者生前扶养的无劳动能力的人,还应当支付生活费。

(二)财产权损害赔偿的计算标准

根据《国家赔偿法》第 36 条的规定,财产损失赔偿的计算标准如下:

(1)处罚款、罚金、追缴、没收财产或者违法征收、征用财产的赔偿

对于处罚款、罚金、追缴、没收财产侵犯公民、法人和其他组织财产权的,或者违反国家规定,违法征收、征用财产的行为,属于物之失去控制,与之相适应的赔偿是返还财产。这里所说的返还财产,包括金钱及其他财物。《国家赔偿法》第 36 条规定返还执行的罚款或者罚金、追缴或者没收的金钱、解除冻结的存款或者汇款的,应当支付银行同期存款利息。

(2)查封、扣押、冻结财产造成的赔偿

查封、扣押、冻结财产的,应当解除对财产的查封、扣押、冻结,应当返还的财产损坏的,能够恢复原状的恢复原状,不能恢复原状的,国家按照损害程度给付相应的赔偿金。应当返还的财产灭失的,给付相应的赔偿金。所谓"相应的赔偿"是指赔偿的数额应以物的价值计算,严格掌握在实际损失范围内,并且是以受害人失去该财产时为估价日期。《国家赔偿法》第 36 条规定解除冻结的存款或者汇款,应当支付银行同期存款利息。

(3)应当返还的财产损坏的赔偿

应当返还的财产损坏的,能够恢复原状的恢复原状,不能恢复原状的,按照损害程度给付相应的赔偿金。

（4）应当返还的财产灭失的赔偿

应当返还的财产灭失的，给付相应的赔偿金。根据《行政赔偿案件若干规定》第 27 条规定，违法行政行为造成公民、法人或者其他组织财产损害，不能返还财产或者恢复原状的，按照损害发生时该财产的市场价格计算损失。市场价格无法确定，或者该价格不足以弥补公民、法人或者其他组织损失的，可以采用其他合理方式计算。

（5）财产已经拍卖或者变卖的赔偿

国家机关及其工作人员对财产采取违法强制措施后，如果对财产已经进行了拍卖，原物已经不存在或已为他人所有，应给予金钱赔偿。基于拍卖的市场竞价性质可以对被拍卖的财产确定一个相对合理的市场价值，因此对已拍卖财产的赔偿，《国家赔偿法》的规定是给付拍卖所得价款。但是变卖只是双方协商过程，可能会产生财产价值极端减损的情况，因此《国家赔偿法》规定变卖的价款明显低于财产价值的，应当支付相应的赔偿金。

（6）吊销许可证和执照、责令停产停业的损害赔偿

《国家赔偿法》规定，吊销许可证和执照、责令停产停业造成损害的，赔偿停产停业期间必要的经常性费用开支。《行政赔偿案件若干规定》对《国家赔偿法》第 36 条第 6 项规定中"停产停业期间必要的经常性费用开支"予以明确，认为下列五种开支属于"停产停业期间必要的经常性费用开支"：① 必要留守职工的工资；② 必须缴纳的税款、社会保险费；③ 应当缴纳的水电费、保管费、仓储费、承包费；④ 合理的房屋场地租金、设备租金、设备折旧费；⑤ 维系停产停业期间运营所需的其他基本开支。可见，"必要的经常性的费用开支"不包括法人或其他组织在正常情况下，在此期间必定能获得的利益。

（7）财产权其他损害的赔偿

《国家赔偿法》规定，对财产权造成损害的，按照直接损失给予赔偿。《行政赔偿案件若干规定》还对《国家赔偿法》第 36 条第 8 项规定中"直接损失"予以明确，认为下列四种情形属于"直接损失"：① 存款利息、贷款利息、现金利息；② 机动车停运期间的营运损失；③ 通过行政补偿程序依法应当获得的奖励、补贴等；④ 对财产造成的其他实际损失。

三、行政赔偿费用

行政赔偿费用是指国家用于支付行政赔偿金和恢复原状所支出的费用。国家赔偿费用一般由国库支出，但在确定具体用于支付和管理的方式时，既受到财政体制的制约，又要考虑到保证受害人能够得到及时的救济以及防止行政赔偿义务机关不予赔偿或者滥用赔偿等因素。

《国家赔偿法》第 37 条规定："赔偿费用列入各级财政预算。赔偿请求人凭生效的判决书、复议决定书、赔偿决定书或者调解书，向赔偿义务机关申请支付赔偿金。赔偿义务机关应当自收到支付赔偿金申请之日起七日内，依照预算管理权限向有关的财政部门提出支付申请。财政部门应当自收到支付申请之日起十五日内支付赔偿金。赔偿费用预算与支付管理的具体办法由国务院规定。"为此，2011 年开始施行的《国家赔偿费用管理条例》取消了赔偿义务机关先行支付赔偿金的做法，转为由赔偿义务机关受理，向财政部门请求，由财政部门支付；并按照《国家赔偿法》的规定，明确了国家赔偿费用的支付期限，强化了赔偿义务机关的支付义务。

第六节 行政补偿

一、行政补偿的概念与特征

行政补偿是国家机关因合法行为(并未实施违法侵权行为或违约行为)给公民、法人或其他组织权益造成的损害所给予的补偿。

为了正确把握行政补偿的概念,有必要分析其不同于其他救济制度的特征:

第一,行政补偿的前提是国家行政机关及其工作人员依法履行职责的行为导致特定公民、法人和其他组织合法权益受到损害,或者特定个人、组织为维护和增进国家、社会公共利益而使自己的利益受到损失。

第二,行政补偿的主体是国家,而补偿义务机关是国家行政机关或其他行政主体,任何个人均不负有以自己的名义和财产给付行政补偿的义务,且不发生行政追偿问题。

第三,行政补偿的依据是多样性的,除法律、法规和规章以外,也可以是政策或者规范性文件;行政赔偿则必须严格依照法律进行。

第四,行政补偿既可以在实际损失发生之后进行,也可以在实际损失发生之前,依照法律规定或者当事人约定预先进行。

第五,行政补偿以个人、组织所受的直接损失为限,合法权益受损的个人、组织不得根据其受损权益大小或者国家、社会因之避免损失或获益大提出超出其现实损失之外的补偿要求。

第六,行政补偿的数额标准,大多采取"公正""相当""适当"等规定,在许多情况下,法律规定的补偿额往往小于直接损失额。

第七,行政补偿费用一般不单独在国家财政中列支,也不实行集中管理,而是由具体的赔偿义务机关分散管理。

二、行政补偿的程序

(一)行政补偿的行政程序

当行政主体事先知道为了公共利益必须损害私人合法权益时,必须事先进行补偿,否则不得进行损害公民合法权益之行为。另外一些合法的公权力行为给人们带来的损害是不能预料、难以预计的,比如行政机关强制公民接种疫苗,结果导致某人终身瘫痪,警察追捕逃犯误伤无辜公民,这些结果是接种疫苗或追捕逃犯之前未能充分预见的,此时,受损害人享有补偿请求权,可以请求行政机关进行补偿。前者适用主动补偿程序,后者则为应申请程序。

1. 主动补偿程序

一般而言,行政补偿是国家行政机关的合法行为所引起,因此必须先经过行政程序,由行政机关先行处理。主动补偿的程序一般应经过以下几个步骤:

(1)制订补偿方案。行政机关在决定实施某种可能引发行政补偿的行为之前,需要先制订补偿方案。补偿方案中最主要的是以什么标准来实施补偿,通常情况下受到行政行为影响的利益应当以市场价值作为制定补偿标准的基础进行综合性的考量。以房屋征收为例,行政机关在制订补偿方案的时候需要考虑:被征收房屋价值的补偿;因征收房屋造成的搬迁、临时安置的补偿;因征收房屋造成的停产停业损失的补偿。按照《国有土地上房屋征收与补偿条例》第12条第2款规定,在房屋征收决定作出前,征收补偿费用应当足额到位、专户存储、专款专用。若不满足此款规定,则不允许实施征收。制订补偿方案除了需要考虑以上几项因素处,对被征收房屋价值的补偿,不得低于房屋征收决定公告之日被征收房屋类似房地产的市场价格。被征收房屋的价值,由具有相应资质的房地产价格评估机构按照房屋征收评估办法评估确定。对评估确定的被征收房屋价值有异议的,可以向房地产价格评估机构申请复核评估。对复核结果有异议的,可以向房地产价格评估专家委员会申请鉴定。

（2）公布补偿方案。补偿方案需要进行公告,以便于让相关当事人知晓。补偿方案的公布分为两种方式:第一,在正式公布之前的征求意见稿;第二,决定之后的正式补偿方案。以房屋征收程序为例来看,前者由房屋征收部门拟订征收补偿方案,报市、县级人民政府之后,由市、县级人民政府组织有关部门对征收补偿方案进行论证并予以公布,征求公众意见。征求意见期限不得少于30日。市、县级人民政府应当将征求意见情况和根据公众意见修改的情况及时公布。在修改的过程中如果因为旧城区改建需要征收房屋,多数被征收人认为征收补偿方案不符合《国有土地上房屋征收与补偿条例》规定的,市、县级人民政府应当组织由被征收人和公众代表参加的听证会,并根据听证会情况修改方案。当补偿方案确定之后需要进行第二次公布,即公布经过征求意见或者修改之后的正式的补偿方案。涉及需要补偿但当事人对补偿方案不服的,可以对补偿方案提起行政复议或者诉讼。

（3）补偿方式。行政补偿的方式主要分为实物补偿与金钱补偿。如根据《国有土地上房屋征收与补偿条例》第21条第1款规定,在房屋征收中,被征收人可以选择货币补偿,也可以选择房屋产权调换。被征收人选择房屋产权调换的,市、县级人民政府应当提供用于产权调换的房屋,并与被征收人计算、结清被征收房屋价值与用于产权调换房屋价值的差价。因旧城区改建征收个人住宅,被征收人选择在改建地段进行房屋产权调换的,作出房屋征收决定的市、县级人民政府应当提供改建地段或者就近地段的房屋。同时作为补偿的保障措施,根据《国有土地上房屋征收与补偿条例》第18条规定,征收个人住宅,被征收人符合住房保障条件的,作出房屋征收决定的市、县级人民政府应当优先给予住房保障。这种保障措施可以看作是实物补偿的一种辅助措施。

（4）协商。由行政机关与受损害人进行协商,达成补偿协议,有受益方的,则应由三方进行协商。在房屋征收补偿程序中房地产价格评估机构由被征收人协商选定;协商不成的,通过多数决定、随机选定等方式确定。

（5）裁决。达不成协议的,由上级机关或有关机关裁决。如在房屋征收程序中房屋征收部门与被征收人在征收补偿方案确定的签约期限内达不成补偿协议,或者被征收房屋所有权人不明确的,由房屋征收部门报请作出房屋征收决定的市、县级人民政府依照《国有土地上房屋征收与补偿条例》的规定,按照征收补偿方案作出补偿决定,并在房屋征收范围内予以公告。

（6）强制执行。行政机关可以在被补偿人不配合执行补偿决定的时候申请人民法院强制执行。如在房屋征收补偿程序中被征收人在法定期限内不申请行政复议或者不提起行政诉讼,在补偿决定规定的期限内又不搬迁的,由作出房屋征收决定的市、县级人民政府依法申请人民法院强制执行。强制执行申请书应当附具补偿金额和专户存储账号、产权调换房屋和周转用房的地点和面积等材料。

(7) 救济。对行政补偿裁决不服的,应当允许受损害人提起复议,根据《行政复议法》,相对人对行政补偿裁决不服,可以申请行政复议。复议之后如果还不服,还可以提起行政诉讼。如在房屋征收补偿程序中被征收人对补偿决定不服的,可以依法申请行政复议,也可以依法提起行政诉讼。

(8) 档案管理与信息公开。行政机关实施的补偿应当建立相关的档案进行行政信息保存,同时对建立的档案应当公开,以便于利害相关人可以查询。建立信息保管与公开制度是在政府信息公开的大环境之下符合法制发展的一个重大进步。如《国有土地上房屋征收与补偿条例》第29条第1款要求,房屋征收补偿中要求房屋征收部门应当依法建立房屋征收补偿档案,并将分户补偿情况在房屋征收范围内向被征收人公布。房屋征收中与之相关的一些机关的信息也需要公开,如审计机关应当加强对征收补偿费用管理和使用情况的监督,并公布审计结果。

2. 应申请补偿程序

应申请补偿的基本程序如下:(1) 补偿申请的提出。申请应以书面形式提出,申请书中应当写明要求补偿的事实和理由。(2) 审查。补偿义务机关对申请人提出的补偿申请进行审查。(3) 补偿义务机关通知申请人审查结果,并将补偿义务机关拟作出的补偿决定告知申请人,听取申请人的意见。(4) 协商。在听取申请人意见的基础上,就补偿的方式、标准同申请人协商。(5) 达成补偿协议或作出补偿或不予补偿的决定。在协议或决定中应告知申请人所应享有的救济权及其时效。

(二) 行政补偿的司法救济途径

从我国法律规定来看,对行政补偿不服的可以提起行政诉讼。如在房屋征收补偿程序中对于补偿公告中应当载明征收补偿方案和行政复议、行政诉讼权利等事项。因此若被征收人对市、县级人民政府作出的房屋征收决定不服的,可以依法申请行政复议,也可以依法提起行政诉讼。征收的决定以及与征收决定相配套的补偿协议都可以被提起行政诉讼。根据《国有土地上房屋征收与补偿条例》第25条第2款规定,房屋征收部门与被征收人订立补偿协议后,一方当事人不履行补偿协议约定的义务的,另一方当事人可以依法提起诉讼。对于非行政机关的一方来说提起的诉讼就是行政诉讼。而在补偿方案之下所达成的具体补偿决定则更是可以被提起行政诉讼的,《国有土地上房屋征收与补偿条例》第26条第3款规定:"被征收人对补偿决定不服的,可以依法申请行政复议,也可以依法提起行政诉讼。"

行政补偿是国家对合法公权力行使侵害合法权益所承担的法律责任,其补偿决定的作出具有公权力行使的性质,属于行政行为。当事人对之不服,自然应可提起行政诉讼。所以,当受损害人在穷尽了其他救济手段的情况下,认为行政机关应当给予自己行政补偿而不给予行政补偿的,或者行政机关不按照法律规定给予自己行政补偿的,有权依法提起行政诉讼,人民法院应当依法受理。

【思考题】
1. 什么是行政赔偿?
2. 简述行政赔偿责任的构成要件。
3. 简述行政赔偿的范围。
4. 什么是赔偿义务机关?实践中可能成为行政赔偿义务机关的情形有哪些?
5. 什么是行政追偿?
6. 行政赔偿的方式有哪些?
7. 什么是行政补偿?

第十三章　行政诉讼概述

行政诉讼是国家审判机关通过司法程序解决行政争议的一系列活动的总称。在我国，行政诉讼与民事诉讼、刑事诉讼并称为三大诉讼。我国《行政诉讼法》于1989年4月4日由第七届全国人大第二次会议通过，先后在2014年、2017年进行了两次修正。[①] 与此相对应，最高人民法院在1991年、2000年、2015年和2018年公布了四部司法解释。[②] 行政诉讼制度是国家诉讼制度的基本内容之一，是司法制度的一部分。

第一节　行政诉讼的概念[③]

我国《行政诉讼法》第2条第1款规定："公民、法人或者其他组织认为行政机关和行政机关工作人员的行政行为侵犯其合法权益，有权依照本法向人民法院提起诉讼。"第6条规定："人民法院审理行政案件，对行政行为是否合法进行审查。"根据这些法律规定，可以将我国的行政诉讼概念表述为：人民法院依法对行政行为的合法性进行审查的国家司法活动。

这一概念包括下列六个因素：

(1) 行政诉讼的原告是行政相对人。

行政相对人是认为行政机关的具体行为侵犯了自己合法权益的公民、法人或其他组织。行政诉讼的原告只要"认为"自己的权利受到行政行为的侵害即可提起诉讼，至于行政行为是否实际侵害其权益，须经人民法院审理后才能确定。

(2) 行政诉讼的被告只能是作出行政行为的行政机关。

行政诉讼的被告包括行政机关和法律、法规授权的组织。因为行政机关和法律、法规授权的组织实施行政行为时处于行政主体的地位，拥有实现其代表的国家意志的行动，故它无须通过作为原告提起诉讼的方式来实现行政行为。

(3) 行政诉讼的审理主体是人民法院。

依据我国宪法的规定，人民法院是国家的审判机关。它以国家的名义独立行使审判权，不受行政机关、社会团体和个人的干涉。《行政诉讼法》第4条规定："人民法院依法对行政案件独立行使审判权，不受行政机关、社会团体和个人的干涉。人民法院设行政审判庭，审理行政案件。"

[①] 根据2014年11月1日第十二届全国人大常委会第十一次会议《关于修改〈中华人民共和国行政诉讼法〉的决定》第一次修正；根据2017年6月27日第十二届全国人大常委会第二十八次会议《关于修改〈中华人民共和国民事诉讼法〉和〈中华人民共和国行政诉讼法〉的决定》第二次修正。

[②] 1991年最高人民法院印发了《关于贯彻执行〈中华人民共和国行政诉讼法〉若干问题的意见（试行）》的通知；2000年最高人民法院公布了《关于执行〈中华人民共和国行政诉讼法〉若干问题的解释》；2015年最高人民法院公布了《关于适用〈中华人民共和国行政诉讼法〉若干问题的解释》；2018年最高人民法院公布了《关于适用〈中华人民共和国行政诉讼法〉的解释》。

[③] 本节的撰写参考了罗豪才主编：《中国司法审查制度》（北京大学出版社1993年版）第一、二章的相关内容。

(4) 行政诉讼审查的对象是行政行为。

相对于一些西方国家的行政诉讼,我国目前的行政诉讼审查范围比较狭窄,只审查具体行政行为。国家权力机关的立法行为、行政机关的抽象行政行为(包括制定行政法规、规章的行为和发布具有普遍约束力的决定、命令等行为)以及地方权力机关制定地方性法规的行为均不在行政诉讼审查的对象之列。

(5) 行政诉讼的审理依据是法律、行政法规和地方性法规。

在我国,行政诉讼的依据是指人民法院审理行政案件,对行政行为是否合法进行审查与裁判时必须遵循的根据。《行政诉讼法》第63条规定:"人民法院审理行政案件,以法律和行政法规、地方性法规为依据。地方性法规适用于本行政区域内发生的行政案件。人民法院审理民族自治地方的行政案件,并以该民族自治地方的自治条例和单行条例为依据。人民法院审理行政案件,参照规章。"这就是说,人民法院进行行政诉讼的法律依据的体系是统一的,又是多层次的,以宪法为基础,以法律为骨干,包括行政法规、地方性法规、自治条例和单行条例。

(6) 行政诉讼的方式为诉讼程序。

相对于行政复议等其他解决行政争议的方式,诉讼程序有两个明显的特点:

第一,公正、客观的程序保障。行政诉讼所采用的诉讼程序是从立案、受理到审理、判决、执行的整个过程。在这个过程中,原告和被告处于平等的法律地位。在诉讼的不同阶段,当事人均有相应的权利和义务。这些权利和义务设置的目的在于查明事实,正确地适用法律。

第二,判决具有最终的法律效力。行政诉讼机关有权在查清事实的基础上适用法律,作出相应的判决。司法判决具有最终的法律效力。除了行政诉讼机关通过二审或审判监督程序作出变更外,其他任何机关都无权变更,法院的生效判决必须得到执行。

第二节 行政诉讼的作用

(一) 有利于进一步完善我国的宪法体制

根据我国审判权由人民法院统一行使的宪法原则,我国最高权力机关通过制定《行政诉讼法》授权人民法院行使司法审查权,初步建立了我国的行政诉讼制度。这一制度的建立,进一步完善了我国的宪法体制。因为,国家审判权除了具有独立性外,还有普遍性的特点,它不仅包括对公民、法人或其他组织之间争议的审判权,而且也包括对公民、法人或其他组织与行政机关之间行政争议的审判权。行政诉讼制度的确立,扩展、充实了我国国家审判权的原有内容,使之更加完整。

(二) 有利于保障公民的合法权益

我国《宪法》规定:对于任何国家机关和国家工作人员的违法失职行为,任何公民都有权向有关国家机关提出申诉、控告或者检举,因遭受违法侵害受到损失的,有权依法取得赔偿。行政诉讼制度就是一种最为公正、有效的申诉并取得相应救济的制度。受到不法侵害的公民、团体及组织,在通过其他方式不足以维护自己的合法权益时,可以向独立于行政机关的人民法院提起诉讼,凭借具有最终法律效力的国家司法权来维护自己的合法权益。

(三) 有利于促进行政机关依法行政

依法行政是现代国家的基本条件。行政诉讼对依法行政的促进作用主要体现在两个方面。一方面,行政诉讼机关对合法的行政行为以司法判决的形式加以肯定,以国家司法权保障并强化行政机关的合法行政;另一方面,经过公开、公正的程序,纠正违法的行政行为,有利于增加行政机关工作的透明度,教育相关的行政工作人员,并使其他的行政机关及工作人员引以为鉴,促进行政机关及工作人员依法行政。

(四) 有利于提高公民的民主、法治意识

我国历史上曾经长期存在的封建社会,导致了我国公民民主、法治意识的淡薄化。这种状况与社会主义制度的本质,人民民主国家的性质以及市场经济的要求极不适应。国家繁荣、民族振兴有待民族整体素质的提高。而民主与法治意识则是民族整体素质的重要因素。行政诉讼制度赋予行政相对人——公民、法人或其他组织控告国家行政机关及其工作人员的权利,并赋予其与行政主体平等的诉讼法律地位。因此,行政诉讼制度为提高公民的民主、法治意识提供了一种新的、更为直观的形式。

第三节 行政诉讼的宪法依据与理论基础

一、行政诉讼的宪法依据

我国的行政诉讼制度具有明显的宪法依据。概括起来,我国宪法主要在下列三个方面为行政诉讼制度的建立提供了最高法律依据:

(1) 我国宪法确立了公民控告违法、失职的国家机关和国家工作人员的主体资格和权利。

《宪法》第 2 条规定:中华人民共和国的一切权力属于人民。人民依照法律规定,通过各种途径和形式,管理国家事务,管理经济和文化事业,管理社会事务。这就从国家制度上确立了人民当家做主的主人翁地位。为了使这种地位有切实的保障,《宪法》第 41 条又规定:中华人民共和国公民对于任何国家机关和国家工作人员的违法失职行为,有向有关国家机关提出申诉、控告或检举的权利。由于国家机关和国家工作人员侵犯公民权利而受到损失的人,有依据法律规定取得赔偿的权利。宪法的这一系列规定,无疑为后来我国行政诉讼制度中原告的资格和权利的确立提供了根本依据。

(2) 我国宪法规定一切国家机关必须遵守宪法和法律,否则将被追究违法的责任。

《宪法》第 5 条规定:"中华人民共和国实行依法治国,建设社会主义法治国家。""一切国家机关和武装力量、各政党和各社会团体、各企业事业组织都必须遵守宪法和法律。一切违反宪法和法律的行为,必须予以追究。任何组织或者个人都不得有超越宪法和法律的特权。"这一规定,无疑为后来行政诉讼制度中规定行政机关作为被告提供了根本依据。

(3) 我国宪法确立了人民法院独立行使审判权的审判主体地位。

《宪法》第 128 条规定:"中华人民共和国人民法院是国家的审判机关。"第 131 条又规定:"人民法院依照法律规定独立行使审判权,不受行政机关、社会团体和个人的干涉。"再结合第 41 条第 2 款"对于公民的申诉、控告或者检举,有关国家机关必须查清事实,负责处理。

任何人不得压制和打击报复"的规定,我们完全可以认为,现行宪法的上述规定为以后行政诉讼制度中人民法院作为行政诉讼机关提供了依据。

二、行政诉讼的理论基础

在我国,建立行政诉讼制度有着坚实的理论基础。它集中体现在以下四个原则上:

1. 民主原则

社会主义民主是人类历史上最高类型的民主。人民通过人民代表大会来行使国家权力,产生并监督政府。虽然我国封建社会的历史较长,民不敢告官的陋习仍然存在,但毕竟不存在英国所谓"国王不能为非"原则的束缚,也不存在美国"主权豁免原则"的法律障碍。人民是国家的主人、政府工作人员是人民的公仆的观念在我国占据主导和统治地位。因此,在我国建立行政诉讼制度,由公民对行政机关的违法行为提起诉讼,请求人民法院予以审查,既是社会主义民主应当具备的重要内容,又是对社会主义民主的重要保障。

2. 法治原则

社会主义法治既以社会主义民主为基础,又反过来对其加以保障。我国社会主义法治的核心内容是法律面前人人平等,一切国家机关和政党都必须在宪法和法律的范围内活动。法治原则不仅是建立行政诉讼制度的重要依据,而且决定着行政诉讼制度模式的选择。我国人民代表大会统一领导下的一府两院一委的政治体制,决定了我国必须根据我国国情设计一套适合现行政治体制,具有中国特色的行政诉讼模式。这就是在人民法院内设立专门的行政审判庭,适用行政诉讼程序对行政行为进行合法性审查。我国一府两院一委的政治体制,保证了国家可以通过人民代表大会及其常务委员会来协调行政权与司法权的关系,从而既使得审查行政行为成为可能,又保证了行政机关可以独立行使职权。

3. 权力制约原则

根据我国宪法,人民代表大会是国家权力机关,行政机关、监察机关和司法机关均由它产生,对它负责,受它监督。行政机关、监察机关、审判机关、检察机关在人民代表大会的统一领导下,既各司其职、相互配合,又相互监督、相互制约。防止权力滥用和防止腐败的最好办法是以权力制约权力,这已成为一条公理。虽然监督制约行政机关的最深刻的力量存在于人民之中,但若不将这种力量纳入程序化和规范化的轨道,则其或者无法发挥作用,或者陷入无政府状态。而建立具有中国特色的行政诉讼制度,则无疑是我国权力制约机制的一个重要方面。

4. 人权保障原则

我国的《行政诉讼法》是一部重要的人权立法,社会主义人权原则是其重要的理论基础。长期以来,我们一直误将马克思对资本主义人权观念和人权制度的激烈批判当作否定人权本身,因而将社会主义与人权原则对立起来,导致了极大的理论混乱和实践危害。将社会主义制度与保障人权对立起来,既不能客观全面地反映中华人民共和国的发展历史,更不利于推进社会主义民主和法治的进程,同时也给国内外少数敌对分子攻击社会主义制度制造了口实。我国行政诉讼制度的建立,既是社会主义人权理论的成果,也是社会主义人权原则的重要保障;我国的人权制度不仅得到了宪法的原则确认①,而且在越来越多的部门法中得到具体体现②。

第四节 行政诉讼的原则

行政诉讼原则,是指由宪法和法律规定的,反映行政诉讼基本特点,贯穿行政诉讼全过程的,对行政诉讼具有普遍指导意义的行为准则。

由于划分标准不同,行政诉讼原则可以有许多不同的分类。根据基本原则的适用范围,可以分为适用于三大诉讼的一般原则和行政诉讼所特有的原则。

一、行政诉讼与其他诉讼共有的一般原则

这种一般原则是指宪法和法律规定的,在开展行政诉讼、民事诉讼、刑事诉讼中都必须遵循的共同性行为准则。我国《行政诉讼法》第4条至第11条规定的一般基本原则包括:(1)人民法院依法独立行使审判权原则(第4条);(2)以事实为根据,以法律为准绳原则(第5条);(3)合议、回避、公开审判和两审终审原则(第7条);(4)当事人诉讼地位平等原则(第8条);(5)使用本民族语言文字进行诉讼的原则(第9条);(6)辩论原则(第10条);(7)检察监督原则(第11条)。

1. 人民法院依法独立行使审判权原则

人民法院依法独立行使审判权,是我国民事诉讼、刑事诉讼和行政诉讼共有的一项极为重要的原则。它更是一项宪法原则,因为《宪法》第131条对此已有明文确立。它是我国法院审理各类案件应当普遍遵循的基本原则。《行政诉讼法》第4条第1款规定:"人民法院依法对行政案件独立行使审判权,不受行政机关、社会团体和个人的干涉。"这项原则的贯彻实施不仅关系到国家权力的相互制约和监督功能的发挥,而且关系到国家审判机关是否能真正具有权威。特别是在审理行政诉讼案件的过程中,由于行政诉讼的被告是行政机关,如果法院和法官缺乏必要的独立性,就不可能真正公正地审理和裁判案件。至于如何使法院能够真正独立行使审判权,是我国目前和今后诉讼制度改革与其他制度改革中需要进一步解决的。

2. 以事实为根据,以法律为准绳原则

人民法院审理各类案件都应该以事实为根据,以法律为准绳。《行政诉讼法》第5条规定:"人民法院审理行政案件,以事实为根据,以法律为准绳。"必须明确,这里的"以事实为根据",是指以法律事实而非简单的"客观事实"为依据。法院所审理的任何案件的事实,都是在诉讼之前发生的,在实践中是不可能再现和复制的,法院只能根据参与诉讼的各方当事人所提供的证据来推断以前发生的案件事实。法院最终认定的并以此来适用法律的事实,是在经过法庭审理相互质证程序后被法院确定为合法、有效、相互协调一致的证据基础上,推

---

① 2004年3月14日第十届全国人大第二次会议通过的《宪法修正案》第24条规定,《宪法》第33条增加一款,作为第3款:"国家尊重和保障人权。"

② 如2005年全国人大常委会通过的《治安管理处罚法》第5条第2款就明确规定:"实施治安管理处罚,应当公开、公正,尊重和保障人权,保护公民的人格尊严。"可以清楚地看出这里就嵌入了保障人权的内容。

断出来的事实,这种事实,在学理上被称为"法律事实"。所以在实践中,人民法院越来越重视完善证据规则,坚持对证据的质证和直接言词原则。2002年6月4日最高人民法院审判委员会第1224次会议通过了《最高人民法院关于行政诉讼证据若干问题的规定》(法释[2002]21号)。该规定对举证责任分配和举证期限、提供证据的要求、调取和保全证据、证据的对质辨认和核实、证据的审核认定等作了比较详细的规定。

为了更好地执行《最高人民法院关于行政诉讼证据若干问题的规定》,最高人民法院于2004年印发了《行政诉讼证据文书样式(试行)》,规定了33种文书样式。

以法律为准绳,则要求法院正确、全面地适用与案件有关的法律,对行政行为的合法性作出裁判。不过需要注意的是,根据行政诉讼法的规定,这里的"法律",并不局限于最高权力机关制定的法律,还包括行政法规、地方性法规。[①] 当然在司法实践中,法院还会参照规章,甚至考虑法律、法规和规章以外的其他规范性文件在具体案件中的适用力。但是务必注意的是,根据我国《行政诉讼法》立法精神和《立法法》所确立的法的效力位阶,在存在若干规范可以适用的情况下,应以高位阶的法规范为准绳。

3. 当事人诉讼地位平等原则

《行政诉讼法》第8条规定:"当事人在行政诉讼中的法律地位平等。"从抽象意义上讲,行政机关与行政相对人的法律地位是平等的。但在权利义务的具体配置上存在着一种倾斜。法律制度的安排上往往表现出赋予行政机关更多的实现行政管理的手段,行政相对人不服一定的行政行为往往是被动寻求事后救济。同时需要注意的是当事人在行政诉讼中的法律地位平等,虽然说当事人有平等的诉讼权利和诉讼义务,但这并不意味着原告、被告诉讼权利和义务完全对应。从行政诉讼法配置权利义务的角度看,存在着一种反向倾斜。如行政机关只能作为被告而不能作为原告,行政机关只能答辩而不能反诉,行政机关必须为其所作行政行为承担举证责任等。

4. 合议、回避、公开审判和两审终审原则

《行政诉讼法》第7条规定:"人民法院审理行政案件,依法实行合议、回避、公开审判和两审终审制度。"在1989年颁布的《行政诉讼法》中,合议原则是绝对的[②],并不存在民事诉讼中那种独任审判的例外情况。具体审理案件的合议庭通常由3人以上的单数的审判员组成,也可由审判员和人民陪审员组成。最终以少数服从多数的方式决定案件的裁判结果。2014年、2017年修正的《行政诉讼法》第82条规定:"人民法院审理下列第一审行政案件,认为事实清楚、权利义务关系明确、争议不大的,可以适用简易程序:(一)被诉行政行为是依法当场作出的;(二)案件涉及款额二千元以下的;(三)属于政府信息公开案件的。除前款规定以外的第一审行政案件,当事人各方同意适用简易程序的,可以适用简易程序。发回重审、按照审判监督程序再审的案件不适用简易程序。"第83条规定:"适用简易程序审理的行政案件,由审判员一人独任审理,并应当在立案之日起四十五日内审结。"第84条规定:"人

---

① 前面还提到过关于宪法的法律适用问题。我们认为是应该以宪法作为行政诉讼的依据的。
② 在我国1989年《行政诉讼法》制定之初,由于行政诉讼案件的诸多特殊因素,确立合议制原则有其一定的合理性。但是随着行政诉讼案件的大量增加,尤其是行政法官素质的整体提高,法治环境的进一步改善,需要司法机关在保持公正性的同时,提高司法效率。这样客观上也就要求对这一制度进行相应的改革。所以在2014年修正《行政诉讼法》时,增加了简易程序中的独任审判条款。

民法院在审理过程中,发现案件不宜适用简易程序的,裁定转为普通程序。"

回避原则与公正审判联系在一起,只要审判人员、书记员、翻译人员、鉴定人或勘验人,与正在审理的案件有利害关系或者有其他关系可能影响案件公正审理的,都应当适用回避制度。当事人有权要求回避,审判人员和其他有关人员也可以主动申请回避。

公开审判和法院独立行使审判权一样,也是宪法确立的原则。《行政诉讼法》第 54 条第 1 款规定:"人民法院公开审理行政案件,但涉及国家秘密、个人隐私和法律另有规定的除外。"公开原则适用于整个行政案件的审理过程和审判结论。

法院审理行政案件同样适用两审终审制。①

5. 使用本民族语言文字进行诉讼的原则

《行政诉讼法》第 9 条对该原则作出了具体规定。各民族公民都有使用本民族语言、文字进行行政诉讼的权利。这是任何人不得以任何理由予以限制的绝对权利。它同时也是一项宪法权利(见《宪法》第 139 条)。在少数民族聚居或者多民族共同居住的地区,人民法院应当用当地民族通用的语言、文字进行审理和发布法律文书。人民法院应当对不通晓当地民族通用的语言、文字的诉讼参与人提供翻译。

6. 辩论原则

《行政诉讼法》第 10 条规定:"当事人在行政诉讼中有权进行辩论。"当事人的辩论权利,也是不得以任何理由予以限制的基本的诉讼权利,可以由当事人、当事人的法定代理人或者委托代理人自由行使。辩论有口头和书面两种形式。在行政诉讼的一审程序中,必须进行口头辩论,而在二审程序中,则要视具体情况而定。在法院认为事实清楚,可以采取书面审理的情况下,这种辩论就体现为书面形式。在行政诉讼中,当事人有权针对案件事实的有无,证据的真伪,适用法律、法规的正确与否等诸多方面相互进行辩论。这种辩论不仅有利于澄清事实真相、体现争议焦点,还有利于人民法院充分听取当事人在事实和法律问题上的各自立场、观点,作出公正裁判,更为重要的是它体现了对当事人尊严和利益的保护。

7. 人民检察院对行政诉讼实行法律监督的原则

《行政诉讼法》第 11 条规定:"人民检察院有权对行政诉讼实行法律监督。"第 93 条则进一步明确,人民检察院对人民法院已经发生法律效力的判决、裁定,发现违反法律、法规规定的,有权按照审判监督程序提出抗诉。2021 年最高人民检察院通过了《人民检察院行政诉讼监督规则》,就检察院如何在行政诉讼中行使监督权的问题提供了比较详细的规则。对人民检察院在对行政诉讼实行法律监督过程中的回避,受理,立案,审查,对生效行政判决、裁定、调解书的监督,对行政审判程序中审判人员违法行为的监督,对行政案件执行活动的监督,案件管理等内容作出了详尽的规定。

二、行政诉讼的特有原则

行政诉讼的特有原则,是指由法律规定的,开展行政诉讼活动必须遵循的,不同于民事诉讼、刑事诉讼的特殊准则。按照我国《行政诉讼法》的规定,行政诉讼的特有原则包括:(1)

---

① 多年来,学术界有一种观点,认为我国的司法体制改革的内容之一就是应当建立四级三审终审制,将现行的审判监督程序明确规定为一种正常审级。这样可以增强对司法的监督,保持司法公正,也有利于克服目前体制下审判监督程序适用中的种种积弊。

人民法院特定主管原则;(2)对行政行为合法性进行审查原则;(3)被告负举证责任原则;(4)行政诉讼期间行政决定不停止执行原则;(5)不适用调解原则;(6)司法变更权有限原则。

1. 人民法院特定主管原则

人民法院特定主管原则的含义是:人民法院只主管法律规定管辖的那一部分行政案件,它不同于刑事案件、民事案件统归人民法院管辖;法律规定由人民法院主管的行政案件,必须由人民法院管辖。根据这一原则,我国《行政诉讼法》将人民法院主管行政案件的范围作了列举式规定:(1)只主管因具体行政行为引起争议的案件,不管辖因抽象行政行为发生争议的案件;(2)只主管行政机关在管理国家事务时与公民、法人、其他组织发生争议的案件,不管辖行政机关在管理内部事务时发生争议的案件和行政机关内部职权争议的案件;(3)按照国际惯例,政府所为的国家行为,如外交、国防事务,都不属于行政诉讼范围,人民法院不能管辖。

需要注意的是,随着我国社会主义民主与法制的建设进程,人民法院对于行政诉讼的受案范围将越来越宽,也就是说,行政诉讼案件将越来越多,种类将越来越丰富。

2. 对行政行为的合法性进行审查原则

《行政诉讼法》第6条规定:"人民法院审理行政案件,对行政行为是否合法进行审查。"这一原则包括两项内容:(1)行政诉讼中人民法院一般只审查具体行政行为,而不审查抽象行政行为;(2)行政诉讼中人民法院一般只审查具体行政行为的合法性,而不审查具体行政行为的合理性。

行政诉讼中人民法院一般只审查具体行政行为而不审查抽象行政行为。法律作如此规定,主要基于以下几点理由:第一,根据我国宪法和组织法确定的体制,对抽象行政行为的审查权交由权力机关和行政机关系统本身行使;第二,抽象行政行为涉及政策问题,政策问题不宜由法院判断;第三,抽象行政行为涉及不特定的相对人,甚至涉及一个或几个地区乃至全国的公民,其争议不适于通过诉讼途径解决。应当注意,在我国,权力机关和行政机关对抽象行政行为的监督,往往只有原则性规定而缺乏实际操作的程序规则,也少有赋予公民个人、组织启动监督程序的权利。虽然最近这些年来,《行政复议法》和《立法法》有些法律上的规定[①],但也存在不少的问题。这样使得对抽象行政行为的监督整体处于监督不力的状态。尤其是在我国加入WTO后,对抽象行政行为的审查也成为一种必然趋势。所以学术界已经有越来越多的学者主张将部分抽象行政行为纳入行政诉讼的范围[②],并主张对现行《行政诉讼法》进行必要的修改。事实上,2014年《行政诉讼法》修改时,的确将原来条文中的"具体行政行为"修改为"行政行为",删掉了之前的"具体"二字。在第53条第1款规定:"公民、法人或者其他组织认为行政行为所依据的国务院部门和地方人民政府及其部门制定的规范性文件不合法,在对行政行为提起诉讼时,可以一并请求对该规范性文件进行审查。"

行政诉讼中人民法院一般之所以只审查具体行政行为的合法性而不审查其合理性,或者说合理性审查作为例外,主要是考虑到司法权与行政权的相对分工以及司法机关和行政

---

① 见我国《行政复议法》第7条和《立法法》第110条、第112条。
② 如王宝明等:《抽象行政行为的司法审查》,人民法院出版社2004年版。

机关在对待合法性与合理性问题上的相对优势。具体理由是：第一，根据我国宪法，人民法院依法行使审判权，行政机关依法行使行政权。裁定行政行为是否合法的争议属于审判权的范围。确定行政行为在法律范围内如何进行更为适当、更为合理，属于行政机关的自由裁量权，归于行政权的范围。第二，人民法院长期进行审判活动，对适用法律最有经验，对法律问题最能作出正确评价。而行政机关长期进行行政管理活动，对法律范围内如何实施行政行为能更为适当、更为合理、更为有效，最有经验。因此，合法性问题应交由人民法院解决，适当性（即合理性）问题应留给行政机关自身解决。第三，《行政诉讼法》第70条规定了人民法院对于滥用职权、明显不当的行政行为可以撤销；第77条规定了人民法院对明显不当的行政处罚可以直接予以变更，所以法院在有限的范围内依然可以进行合理性审查。

3. 被告负举证责任原则

从《行政诉讼法》的规定可以看出，被告负举证责任，是指作为行政诉讼被告的行政机关负有提供赖以作出行政行为的证据和所依据的规范性文件的责任。法律规定被告负举证责任是依法行政原则在行政诉讼程序上的反映。由于行政诉讼的客体是行政行为，作为被告的行政机关是行政行为的主体，它最清楚其作出行政行为的事实与法律依据；相反，行政相对人不易了解行政行为的依据。因此，被告具有较强的举证能力，在行政诉讼中，应当负举证责任。被告负举证责任原则，既可以促进行政机关依法行政，防止其滥用职权，又可以对行政相对人的合法权益予以保障，使行政相对人不因行政机关滥用权力，自己又无法举证，而得不到实际有效的司法保护。

从行政法角度看，行政机关作出行政行为应有相应的事实和法律依据，才能有效成立，因此，当该行政行为被诉后，行政机关就须证明其行为确实是根据一定的事实和法律作出的符合法律的行为。如果行政机关不能提供证据证明行政行为的事实和法律依据，就可能因此而败诉，承担行政行为被人民法院判决撤销的后果。根据《行政诉讼法》第67条的规定，被告应当在收到起诉状副本之日起15日内向人民法院提交作出行政行为的证据和所依据的规范性文件，并提出答辩状。根据《最高人民法院关于行政诉讼证据若干问题的规定》第1条的规定，被告对作出的具体行政行为负有举证责任，应当在收到起诉状副本之日起10日内，提供据以作出被诉具体行政行为的全部证据和所依据的规范性文件。被告不提供或者无正当理由逾期提供证据的，视为被诉具体行政行为没有相应的证据。此外，根据《行政诉讼法》第35条的规定，在诉讼过程中，被告及其诉讼代理人不得自行向原告、第三人和证人收集证据。

在理解被告负举证责任原则的同时，还需要注意到行政诉讼中的原告也存在负有举证义务的情形。根据《行政诉讼法》第38条的规定，原告对下列事项承担举证责任：在起诉被告不履行法定职责的案件中，原告应当提供其向被告提出申请的证据；在行政赔偿、补偿的案件中，原告应当对行政行为造成的损害提供证据。后来最高人民法院在《关于行政诉讼证据若干问题的规定》第4条、第5条对于行政诉讼过程中原告的举证义务及其要求等内容作出了比较详细的规定。

4. 行政诉讼期间行政决定不停止执行原则

我国《行政诉讼法》第56条第1款规定：诉讼期间，不停止行政行为的执行。在行政诉讼中，当事人争议的行政行为不因原告提起诉讼而停止执行，这是由国家行政管理的特殊性决定的。现代国家的行政管理，要求效率性和连续性，如果行政行为一经当事人起诉即予停止执行，势必破坏行政管理的效率性和连续性，使法律秩序处于不稳定状态。如果遇到起诉情况较多时，甚至会导致行政管理陷入瘫痪，危害社会和公众的利益。但是，此原则也存在例外情况，一是被告认为需要停止执行的。由于作为被告的行政机关对发生争议的案件情况最为了解，在行政管理相对人起诉以后，它们权衡利弊得失认为可能需要停止行政行为的执行。二是人民法院根据原告的申请或依据职权，裁定停止执行。条件是行政行为的执行会给原告造成难以弥补的损失，同时停止执行不违背社会公共利益。三是有关法律、法规规定可以停止执行的。例如，我国 2012 年修正的《治安管理处罚法》第 107 条就规定：被处罚人不服行政拘留处罚决定，申请行政复议、提起行政诉讼的，可以向公安机关提出暂缓执行行政拘留的申请。公安机关认为暂缓执行行政拘留不致发生社会危险的，由被处罚人或者其近亲属提出符合本法第 108 条规定条件的担保人，或者按每日行政拘留 200 元的标准交纳保证金，行政拘留的处罚决定暂缓执行。

不过需要指出的是，在很多国家的法律中都规定了起诉不停止执行的原则。只有在德国的《行政程序法》中规定了停止执行为原则、不停止执行为例外。近年来，我国学术界也有学者呼吁，为了更好地保障行政相对人的合法权益不受侵犯，应当尽快确立停止执行原则，不停止执行只作为例外。2014 年《行政诉讼法》修改时也增加了 4 种但书例外情形：（1）被告认为需要停止执行的；（2）原告或者利害关系人申请停止执行，人民法院认为该行政行为的执行会造成难以弥补的损失，并且停止执行不损害国家利益、社会公共利益的；（3）人民法院认为该行政行为的执行会给国家利益、社会公共利益造成重大损害的；（4）法律、法规规定停止执行的。

5. 不适用调解原则

我国《行政诉讼法》第 60 条规定"人民法院审理行政案件，不适用调解"，即人民法院审理行政案件不得采用调解作为审理程序和结案方式。可以用调解方式结案的只限于特定案件，如关于行政赔偿的诉讼。《行政诉讼法》第 60 条第 1 款但书规定，行政赔偿、补偿以及行政机关行使法律、法规规定的自由裁量权的案件可以调解。最高人民法院 2022 年颁布的《关于审理行政赔偿案件若干问题的规定》第 14 条第 3 款规定：原告在第二审程序或者再审程序中提出行政赔偿请求的，人民法院可以组织各方调解；调解不成的，告知其另行起诉。

《行政诉讼法》之所以确定不适用调解原则，主要是因为，调解在于由法院说服双方当事人互相让步，达到谅解而结束案件。这种方式一般不适用于行政诉讼。因为在行政诉讼中，当事人都不能处分自己的实体权利和义务。在实体法上，行政机关享有的是一种公共权力，行政机关的义务，是为着公共利益必须履行的法定职责，任意处分这种权力和职责，则意味着违法失职；在涉外诉讼中，则意味着可能放弃国家主权。在实体法上，相对人的合法权益，是宪法和法律保护的权益，行政行为侵害了这种受法律保护的权益，如果让相对人作出让步，则无异于让相对人承认侵害合理，甘心承受其损害。如此，行政诉讼制度建立的初衷，即保护公民、法人和其他组织的合法权益，将不能彻底实现。需要指出的是调解不同于协调沟通。法院在审理行政案件过程中，为了排除干扰，则应多做协调和沟通工作，以取得最佳审判效果。为此，我们必须了解 2008 年《最高人民法院关于行政诉讼撤诉若干问题的规定》（法释［2008］2 号）。因为其中所提到的撤诉等往往涉及人民法院所做的各种工作，这些工作实际上是有着协调与调解的功能和作用的。

需要注意的是,近年来,行政法学界开始检讨不适用调解原则的规定。有观点认为在法院的主持下,是可以有条件地适用调解原则的。而且这种规定已经开始在《行政复议法实施条例》等有关行政法规中有所反映了。从有效化解纠纷、解决矛盾的角度而言,行政诉讼中有条件的调解与和解其实是特别值得探讨的。①

6. 司法变更权有限原则

《行政诉讼法》第 77 条第 1 款规定,行政处罚明显不当,人民法院可以判决变更。所谓司法变更权有限原则,是指在通常情况下人民法院不得变更原行政决定,只有在特定的条件与情形下才能变更原行政机关的决定。确立这一原则的理由是:(1) 行政诉讼的实质和核心是审查行政行为的合法性,所以一般情况下对于合法的行政行为予以维持,而对于违法的行政行为则予以撤销。(2) 审判权与行政权有一定的权力分工,分别由司法机关与行政机关行使,而在法定的幅度和范围内,如何酌情选择适用并作出决定属于行政机关的自由裁量权,司法机关一般不得越俎代庖,侵越行政权。(3) 但是,实践中又往往发生行政机关严重滥用自由裁量权的现象,如行政处罚畸轻畸重、显失公正,如果维持该处罚决定则明显有悖行政合理性原则,如果撤销并责成行政机关重新作出行政行为就难免产生行政机关拒绝重新作出或者重新作出的行政行为仍然极不合理的现象,造成行政争议实际上得不到真正解决,相对人的合法权益得不到有效救济。正是基于上述理由,行政诉讼法才规定了行政处罚显失公正的,人民法院可以判决变更。

我们认为,随着民主、法治的发展,为了进一步保障行政相对人的合法权益,控制行政机关滥用自由裁量权,应适当逐步地扩大人民法院在行政诉讼中的司法变更权。如果通过开庭审理,事实问题十分清楚,主要是适用法律法规的问题,则可以考虑由人民法院直接作出变更判决。这样可以减少当事人的诉累,提高诉讼效益,降低社会成本。

【思考题】

1. 如何理解我国行政诉讼的概念?
2. 行政诉讼的作用有哪些?
3. 试述我国行政诉讼的宪法依据与理论基础。
4. 我国行政诉讼的一般原则有哪些?
5. 我国行政诉讼的特有原则有哪些?
6. 如何理解对行政行为的合法性进行审查原则?
7. 如何理解被告负举证责任原则?
8. 如何理解行政诉讼期间行政决定不停止执行原则?

---

① 参阅湛中乐等:《行政调解、和解制度研究》,法律出版社 2009 年版。

第十四章　行政诉讼的受案范围

所谓行政诉讼的受案范围,是指哪些行政行为应当接受人民法院的审查,也就是说,人民法院对哪些行政案件拥有审判权。

我国的行政诉讼受案范围是在吸取了外国立法的有益做法,同时又紧密结合中国实际的基础上,通过主要由《行政诉讼法》进行规定并以其他法律、法规规定作为补充的方式得以确立的。目前,我国的行政诉讼范围应从受案范围和排除范围两个方面来加以完整地理解和把握。

第一节　行政诉讼的受案范围

行政诉讼的受案范围是通过概括式与列举式相结合的立法而得以确定的。我国《行政诉讼法》第2条、第6条作了概括式规定,第12条作了列举式规定。

一、可诉性行政行为

《行政诉讼法》第2条第1款规定:公民、法人或者其他组织认为行政机关和行政机关工作人员的行政行为侵犯其合法权益,有权依照本法向人民法院提起诉讼。这一条规定普遍性地授予公民、法人和其他组织不服行政行为的诉权。《行政诉讼法》第12条具体规定了行政诉讼的受案范围:(1)对行政拘留、暂扣或者吊销许可证和执照、责令停产停业、没收违法所得、没收非法财物、罚款、警告等行政处罚不服的;(2)对限制人身自由或者对财产的查封、扣押、冻结等行政强制措施和行政强制执行不服的;(3)申请行政许可,行政机关拒绝或者在法定期限内不予答复,或者对行政机关作出的有关行政许可的其他决定不服的;(4)对行政机关作出的关于确认土地、矿藏、水流、森林、山岭、草原、荒地、滩涂、海域等自然资源的所有权或者使用权的决定不服的;(5)对征收、征用决定及其补偿决定不服的;(6)申请行政机关履行保护人身权、财产权等合法权益的法定职责,行政机关拒绝履行或者不予答复的;(7)认为行政机关侵犯其经营自主权或者农村土地承包经营权、农村土地经营权的;(8)认为行政机关滥用行政权力排除或者限制竞争的;(9)认为行政机关违法集资、摊派费用或者违法要求履行其他义务的;(10)认为行政机关没有依法支付抚恤金、最低生活保障待遇或者社会保险待遇的;(11)认为行政机关不依法履行、未按照约定履行或者违法变更、解除政府特许经营协议、土地房屋征收补偿协议等协议的;(12)认为行政机关侵犯其他人身权、财产权等合法权益的。除前述规定外,人民法院受理法律、法规规定可以提起诉讼的其他行政案件。

二、可诉性行政行为的特征

可诉性行政行为具有如下特征:

(1) 可诉性行政行为是具有国家行政职权的机关和组织及其工作人员所实施的行为

可诉性行政行为的主体,既包括机关,也包括不具有机关法人资格的组织;既包括具有法定行政职权的机关,也包括法律、法规授权的组织,还包括行使行政职权的工作人员。同时,这些机关、组织或者个人能否成为可诉性行政行为的主体,关键在于其是否具有国家行政职权。用"国家行政职权"来表述,是为了与私权尤其是与一般社会组织和企业内部的行政管理权相区别。因此,如果某一个组织依法不具有国家行政职权,它所实施的行为就不是行政行为,当然就不具有行政诉讼的可诉性。行政机关是当然拥有国家行政职权的组织。非行政机关的组织被法律、法规明确授予国家行政职权的,也拥有国家行政职权。特定的行政主体如果行使了不属于其职权范围内的职权或者其他行政主体的职权,应本着如下精神处理:第一,如果行政主体系依法成立的行政机关,则不论其行使的职权是否在其职权范围内,当事人不服该机关作出的行政行为,均可依法提起行政诉讼。第二,如果行政主体系法律、法规授权而行使行政职权的组织,则应看其所处理的事项是否与所授职权有关,有关的应视为行政行为,无关的则不能视为行政行为。

此外,基于国家行政与非国家公共行政在特征上的相同性,即都具有管理性和公共性,有人主张应当将部分非国家公共行政纳入行政诉讼受案范围。该意见代表了行政诉讼受案范围的一个发展趋势。

(2) 可诉性行政行为是与行使国家行政职权有关的行为

这是可诉性行政行为的内容特征。只要某一行为与行使国家行政职权有关,则该行为就可能是一个可诉的行政行为。根据这个特征,可以排除以下两种不可诉的行为:一是民事行为。行政机关实施的民事行为与国家行政职权无关,不属于行政诉讼受案范围。行政管理相对人的权益受到这些行为的侵犯,可以通过民事诉讼的途径获得救济。二是公职人员的个人行为。公职人员个人行为是相对于其职务行为而言的。个人行为责任自负;职务行为的责任则应由机关承担,至少应首先由机关承担。如果某一行为是实施行政管理目的的一种手段;某一个行为是行使职权过程中的一个附带的结果;某一个行为是行使行政职权的一个必要的环节等,这些行为都应当认定为与行使行政职权有关。

(3) 可诉性行政行为是对相对人的权利义务发生实际影响的行为

行政机关的行为只有在对相对人权益产生实际影响时才具有可诉性。"实际影响"是从正常的法律关系来判断的。如果某个行为作出后不履行就能进入强制执行程序,一般就认为会对权利义务产生影响。

第二节 行政诉讼的排除范围

从完整意义上的行政诉讼受案范围来看,不仅应有肯定性的规定,同时应有排除性的规定,才能正确把握行政诉讼的受案范围。我国《行政诉讼法》在第12条作了直接列举之后,又在第13条中,对不属行政诉讼的范围作了排除规定。这样一来,就使行政诉讼的受案范围更加明确,更加科学,也便于在司法实践中较为准确地划清哪些行政案件不是行政诉讼的受案范围。也就是说,并不是所有的行政案件都可以成为行政诉讼的对象,而只有在法律、法规规定属于行政诉讼的受案范围而又不被排除的情况下,才有可能成为行政诉讼的客体。对法律规定不受行政诉讼的行政行为,即使行政相对人不服,也不能提起诉讼。当然在实践中,可能存在人们对于此问题认识的差异。但是,从发展的角度而言,我们认为,只要不是法律所明确排除(即禁止受理)的行政争议,都应理解为人民法院可以纳入行政诉讼的范围。如1999年北京市海淀区人民法院受理的田永诉北京科技大学案即是最为典型的一例。①

根据我国《行政诉讼法》第13条和《最高人民法院关于适用〈中华人民共和国行政诉讼法〉的解释》第1条、第2条的规定,我国行政诉讼的排除范围具体指下列不受行政诉讼的行为:(1)有关国防、外交等方面的国家行为,即指国务院、中央军事委员会、国防部、外交部等根据宪法和法律的授权,以国家的名义实施的有关国防和外交事务的行为,以及经宪法和法律授权的国家机关宣布紧急状态等行为。(2)行政法规、规章或者行政机关制定、发布的具有普遍约束力的决定、命令(这里的"具有普遍约束力的决定、命令",即指行政机关针对不特定对象发布的能反复适用的规范性文件)。(3)行政机关对行政机关工作人员的奖惩、任免等决定,即指行政机关作出的涉及行政机关工作人员权利义务的决定。(4)法律规定由行政机关最终裁决的行政行为。② 这里的"法律"是指全国人大及其常委会制定、通过的规范性文件。(5)公安机关、国家安全机关等依照刑事诉讼法的明确授权实施的行为。(6)调解行为以及法律规定的仲裁行为。(7)行政指导行为。(8)驳回当事人对行政行为提起申诉的重复处理行为。(9)行政机关作出的不产生外部法律效力的行为。(10)行政机关为作出行政行为而实施的准备、论证、研究、层报、咨询等过程性行为。(11)行政机关根据人民法院的生效裁判、协助执行通知书作出的执行行为,但行政机关扩大执行范围或者采取违法方式实施的除外。(12)上级行政机关基于内部层级监督关系对下级行政机关作出的听取报告、执法检查、督促履责等行为。(13)行政机关针对信访事项作出的登记、受理、交办、转送、复查、复核意见等行为。(14)对公民、法人或者其他组织权利义务不产生实际影响的行为。

客观地讲,我国1989年制定的《行政诉讼法》所确定的行政诉讼受案范围基本上与20世纪80年代的国情相适应。但是随着政治体制改革的进行和经济体制改革的不断深入,我国行政诉讼的受案范围应当进一步扩大。我们认为,除了极少数由法律规定排除行政诉讼的行政行为以外,绝大多数行政行为包括抽象行政行为都应当纳入行政诉讼的范围。正因如此,2014年11月,全国人大常委会对我国《行政诉讼法》作出了必要的修改、补充与完善,对受案范围部分作必要而适当的修改与调整,也是完全符合社会主义法治国家的发展要求和当代社会保障人权的发展潮流与趋势的。

---

① 参见《最高人民法院公报》1999年第4期,第139—143页。
② 关于所谓"法律"规定由行政机关最终裁决的行政行为,事实上由于法律的不断修改与完善,此种情形已经越来越少了。如我国2001年底以前颁行的《著作权法》《专利法》《商标法》中就有一些关于终局裁决的规定。但后来随着中国加入WTO的形势要求和中国社会自身发展的迫切需要,对原来的有关终局裁决全部作了相应的修改,从而使得行政诉讼的范围进一步扩大,最终我国将在更大范围内确立司法最终裁判原则。

【思考题】

1. 可诉性行政行为有哪些？
2. 可诉性行政行为的特征是什么？
3. 不可诉行为有哪些？
4. 案例分析题：公务员张某经常参与赌博。一日，张某因参与赌博被公安机关当场抓获，并被处以15日拘留和1000元罚款。张某所在单位收到公安机关对张某的裁决通知后，经研究作出了对张某予以开除的处分决定。张某不服，分别以公安机关和所在单位为被告向人民法院提起行政诉讼。试问：人民法院是否可以受理张某的起诉？为什么？

第十五章　行政诉讼的管辖

行政诉讼的管辖，是指人民法院之间受理第一审案件的分工和权限，主要分为级别管辖、地域管辖和裁定管辖三种。级别管辖解决法院管辖的纵向分工；地域管辖解决法院管辖的横向分工；裁定管辖是相对法定管辖的另一种分类，它主要包括移送管辖、指定管辖和移转管辖。

第一节　级别管辖

级别管辖是指按照法院的组织系统来划分上下级人民法院之间受理第一审案件的分工和权限。我国人民法院的设置分为四级，即基层人民法院、中级人民法院、高级人民法院、最高人民法院，在每一级法院均设立了行政审判庭来审理行政案件。我国《行政诉讼法》第14条至第17条和最高人民法院的相关司法解释对级别管辖作了较为明确、具体的规定。

一、基层人民法院管辖的第一审行政案件

《行政诉讼法》第14条规定："基层人民法院管辖第一审行政案件。"之所以如此规定，是因为一般情况下，基层人民法院辖区既是原告、被告的所在地，又是行政行为和行政争议的发生地。把大量的行政案件交由基层法院审理，有利于当事人进行诉讼，有利于节省开支，有利于法院调查、取证和审理以及判决、裁定的执行，还有利于人民法院对当事人和广大群众进行法制教育。

二、中级人民法院管辖的第一审行政案件

《行政诉讼法》第15条和《最高人民法院关于适用〈中华人民共和国行政诉讼法〉的解释》(2018)第5—7条对此作了具体规定：(1) 对国务院部门或者县级以上地方人民政府所作的行政行为提起诉讼的案件；(2) 海关处理的案件；(3) 本辖区内重大、复杂的案件；(4) 其他法律规定由中级人民法院管辖的案件。这里"本辖区内重大、复杂的案件"具体指：社会影响重大的共同诉讼案件；涉外或者涉及香港特别行政区、澳门特别行政区、台湾地区的案件；其他重大、复杂案件。

三、高级人民法院管辖的第一审行政案件

高级人民法院管辖本辖区内重大、复杂的第一审行政案件。

四、最高人民法院管辖的第一审行政案件

最高人民法院管辖全国范围内重大、复杂的第一审行政案件。

需要指出的是,根据 2002 年 8 月 27 日《最高人民法院关于审理国际贸易行政案件若干问题的规定》第 5 条规定,第一审国际贸易行政案件由具有管辖权的中级以上人民法院管辖。根据 2002 年 9 月 11 日通过的《最高人民法院关于审理反补贴行政案件应用法律若干问题的规定》第 5 条规定,第一审反补贴行政案件由下列人民法院管辖:被告所在地高级人民法院指定的中级人民法院;被告所在地高级人民法院。根据 2002 年 9 月 11 日通过的《最高人民法院关于审理反倾销行政案件应用法律若干问题的规定》第 5 条规定,第一审反倾销行政案件由下列人民法院管辖:被告所在地高级人民法院指定的中级人民法院;被告所在地高级人民法院。从这些规定可以看出,在审理国际贸易行政案件、反补贴行政案件、反倾销行政案件中,绝大多数情况可能是高级人民法院或者是高级人民法院所指定的中级人民法院作为第一审法院。

第二节 地域管辖

地域管辖又称区域管辖,是指同级法院之间在各自辖区内受理第一审案件的分工和权限。一个具体的行政案件首先应确定级别管辖,然后进一步确定地域管辖。因此,级别管辖是地域管辖的前提,只有在明确级别管辖后才能通过地域管辖进一步落实具体受理案件的法院,最终解决案件管辖问题。根据我国《行政诉讼法》的规定,我国行政案件的地域管辖种类可分为:一般地域管辖、特殊地域管辖、共同地域管辖。

一、一般地域管辖

在行政诉讼中按照最初作出行政行为的行政机关所在地划分案件管辖称作一般地域管辖,也称普通地域管辖。《行政诉讼法》第 18 条规定:"行政案件由最初作出行政行为的行政机关所在地人民法院管辖。经复议的案件,也可以由复议机关所在地人民法院管辖。"根据这一规定,行政案件原则上由最初作出行政行为的行政机关所在地人民法院管辖。之所以如此规定,既是为了便于原告、被告参加诉讼,也是便于人民法院调查、取证,及时作出判决与裁定。

二、特殊地域管辖

在行政诉讼中,根据诉讼标的所在地确定管辖法院的称作特殊地域管辖。《行政诉讼法》第 19 条、第 20 条规定了两种具体情形:(1)对限制人身自由的行政强制措施不服提起的诉讼,由被告所在地或者原告所在地人民法院管辖。这里的"原告所在地",包括原告的户籍所在地、经常居住地和被限制人身自由地。(2)因不动产提起的行政诉讼,由不动产所在地人民法院管辖。法律之所以作如此规定,是因为考虑到在第一种情形下,即不服限制人身自由的行政强制措施案件中,更方便于原告诉讼并确保其诉权的实现;在第二种情形下有利于法院调查、取证,迅速正确地审理行政案件。

如果行政机关基于同一事实既对人身又对财产实施行政处罚或者采取行政强制措施的,被限制人身自由的公民,被扣押或者没收财产的公民、法人或者其他组织对上述行为均不服的,既可以向被告所在地人民法院提起诉讼,也可以向原告所在地人民法院提起诉讼,受诉人民法院可以一并管辖。

三、共同地域管辖

共同地域管辖是指在两个以上人民法院对同一案件都有管辖权的情况下,原告可以选择其中一个法院起诉。共同地域管辖是由一般地域管辖和特殊地域管辖派生的一种补充管辖方式。《行政诉讼法》对下述情况有共同管辖的规定:(1)《行政诉讼法》第18条规定:"行政案件由最初作出行政行为的行政机关所在地人民法院管辖。经复议的案件,也可以由复议机关所在地人民法院管辖。"(2)《行政诉讼法》第19条规定:"对限制人身自由的行政强制措施不服提起的诉讼,由被告所在地或者原告所在地人民法院管辖。"(3)《行政诉讼法》第20条规定:"因不动产提起的诉讼,由不动产所在地人民法院管辖。"如果不动产所在地跨连两个人民法院辖区,就会产生共同管辖问题。出现共同管辖时,两个以上法院都有管辖权,但最终由哪个法院管辖?《行政诉讼法》第21条规定:"两个以上人民法院都有管辖权的案件,原告可以选择其中一个人民法院提起诉讼。原告向两个以上有管辖权的人民法院提起诉讼的,由最先立案的人民法院管辖。"这条规定的目的是为了解决共同管辖中的冲突问题,它将共同地域管辖和当事人选择管辖原则联系在一起。

第三节 裁定管辖

裁定管辖是相对法定管辖而言的,属于管辖的另一种分类。由法律直接规定诉讼管辖法院的,称作法定管辖。上述级别管辖和地域管辖都是法定管辖。不是根据法律直接规定,而是由法院直接作出裁定和决定确定诉讼管辖的,称作裁定管辖。裁定管辖包括移送管辖、指定管辖和移转管辖。

一、移送管辖

移送管辖是指人民法院把已经受理的行政案件移送给有管辖权的人民法院。

我国《行政诉讼法》第22条规定:"人民法院发现受理的案件不属于本院管辖时,应当移送有管辖权的人民法院,受移送的人民法院应当受理。受移送的人民法院认为受移送的案件按照规定不属于本院管辖的,应当报请上级人民法院指定管辖,不得再自行移送。"行政诉讼案件移送必须具备下列条件:(1)移送的法院已经受理了该案;(2)移送法院发现对已经受理的案件没有管辖权;(3)接受移送的法院对该案有管辖权。移送管辖的实质是案件移送,起到纠正管辖错误的作用,而不是管辖权的移送。因此,移送管辖一般只能在同级人民法院之间进行,也不需经上级法院批准。移送管辖的目的是,便于行政相对人起诉,便于人民法院审判,防止人民法院相互扯皮。《最高人民法院关于适用〈中华人民共和国行政诉讼法〉的解释》(2018)第10条第1款、第2款规定:"人民法院受理案件后,被告提出管辖异议的,应当在收到起诉状副本之日起十五日内提出。对当事人提出的管辖异议,人民法院应当进行审查。异议成立的,裁定将案件移送有管辖权的人民法院;异议不成立的,裁定驳回。"

二、指定管辖

行政诉讼中的指定管辖,是指由于特殊原因,或两个人民法院对同一案件的管辖权发生争议,由上级人民法院以裁定方式,决定案件由哪个人民法院管辖的制度。我国《行政诉讼法》分别规定了指定管辖的两种情况:(1)由于特殊原因,有管辖权的法院无法行使管辖权。《行政诉讼法》第23条第1款规定:"有管辖权的人民法院由于特殊原因不能行使管辖权的,由上级人民法院指定管辖。"(2)因为管辖权发生争议引起的指定管辖。管辖权争议有两种情况,或都认为自己有管辖权,或都认为不属于自己管辖。《行政诉讼法》第23条第2款规定:"人民法院对管辖权发生争议,由争议双方协商解决。协商不成的,报它们的共同上级人民法院指定管辖。"

三、移转管辖

移转管辖是指经上级法院决定或同意,对第一审行政案件的管辖权,由下级人民法院移转给上级人民法院,或者由上级人民法院移交给下级人民法院。

在审判实践中,有些行政案件比较疑难、复杂,或者难以排除外来干扰和阻碍,下级法院难以处理,需报请上级人民法院决定,由上级法院审判;有些本属上级法院管辖的案件,但上级法院认为有必要将管辖权下放,交下级法院审理更为妥当。为了解决这方面的问题,我国《行政诉讼法》第24条规定:"上级人民法院有权审理下级人民法院管辖的第一审行政案件。下级人民法院对其管辖的第一审行政案件,认为需要由上级人民法院审理或者指定管辖的,可以报请上级人民法院决定。"

移转管辖与移送管辖的区别:(1)移送管辖一般是在同级人民法院之间进行的,它是地域管辖的一种补充措施,其目的是将没有管辖权的行政案件移送有权管辖的人民法院;而移转管辖适用于有隶属关系的上下级法院之间,它是级别管辖的一种变通措施,其目的是为了在级别管辖方面调整具体案件的管辖权。(2)移送管辖是法院本身对本案没有管辖权而移送有权管辖的人民法院。移转管辖是有权管辖的人民法院经上级人民法院决定或同意,将其受理的行政案件移送无权管辖的人民法院,从而使无权管辖的人民法院取得管辖权。移转管辖是管辖权的转移,必须慎重处理。非经法定人民法院(一般是上级人民法院)的决定或同意不得移转。

【思考题】

1. 基层人民法院管辖的第一审行政案件有哪些?
2. 中级人民法院管辖的第一审行政案件有哪些?
3. 高级人民法院管辖的第一审行政案件有哪些?
4. 最高人民法院管辖的第一审行政案件有哪些?
5. 试述我国行政案件的三种地域管辖类型。
6. 试述我国行政案件的三种裁定管辖类型。

第十六章　行政诉讼参加人

行政诉讼活动是通过行政诉讼进行的。所谓行政诉讼参加人，是指参加诉讼活动，并且在诉讼活动中享有诉讼权利、承担诉讼义务、与诉讼争议或者诉讼结果具有利害关系的人。包括原告、被告、共同诉讼人、第三人、诉讼代理人。

第一节　行政诉讼当事人概述

一、行政诉讼当事人的概念

行政诉讼当事人，是指在发生行政争议后，以自己的名义起诉、应诉或参加诉讼，并受人民法院裁判约束的公民、法人或其他组织和行政主体。

二、行政诉讼当事人的特征

（1）以自己的名义进行诉讼。这是当事人与其他诉讼参与人的重要区别。诉讼代理人不能以自己的名义进行诉讼，因此不是当事人，但其具有类似当事人的诉讼地位。

（2）与案件有直接或间接的利害关系。当事人是为了维护自己的合法权益而进行诉讼的，故案件的处理结果与之有直接或间接的利害关系。与案件没有利害关系的其他诉讼参与人（如证人、鉴定人等）并非当事人。

（3）受人民法院裁判拘束。行政诉讼机关作出裁判后，当事人必须遵守、执行该裁判。有些诉讼参与人（证人、鉴定人等）虽然以自己的名义进行诉讼，但不受本案裁定、判决的拘束，因此不是当事人。

第二节　原　　告

一、原告资格及其转移

原告是指依照《行政诉讼法》向人民法院提起诉讼，引起行政诉讼开始的公民、法人或其他组织。这里，首先涉及原告的资格问题，即不服某行政机关作出的某行政行为时，应具备何种条件，该公民、法人或其他组织才能对其提起行政诉讼。我们认为，行政诉讼的原告应当具备以下条件：

（1）必须是作为行政相对人的公民、法人或其他组织。对某行政主体作出的行政行为而言，并非任何公民、法人或其他组织都可以作为原告提起诉讼。只有在具体行政法律关系中处于行政相对人地位的公民、法人或其他组织才可能成为行政诉讼中的原告。值得特别注意的是，这里的行政相对人不仅指行政行为的直接受领者，如行政处罚中的被处罚人、许可证申请人等；也包括其权益受到行政行为侵害或影响的利害关系人，例如，受被处罚人侵害的人，和因行政机关的批准决定行为而影响其权益的人。

(2) 必须是认为行政行为侵犯其合法权益的行政相对人。行政相对人可以具有原告资格，是指取得原告资格的可能性，倘若要使这一可能性成为现实，还应具备另一条件，即认为行政行为侵犯其合法权益。合法权益主要指公民、法人或其他组织的人身权和财产权，但又并不局限于此。如果是人身、财产权利以外的政治、民主权利等，行政相对人则要根据有关单行法律、法规的规定来决定是否起诉。规定可以起诉的，才能行使起诉权，否则不得行使。这里需要强调的是法条中"认为"这一表述，即法院在决定受理案件的时候并不需要进行实质审查以确定合法权益受到侵害，只需要当事人有理由认为权利受侵害即可。且这一理由只需要达到盖然性、能够产生合理怀疑的要求即可，而无须达到实质性的证明标准。

为了进一步保护行政相对人的合法权益，监督行政机关依法行政，我国《行政诉讼法》第 25 条还规定了原告资格转移的情形：有权提起行政诉讼的公民死亡，其近亲属可以提起诉讼。这里的"近亲属"，包括配偶、父母、子女、兄弟姐妹、祖父母、外祖父母、孙子女、外孙子女和其他具有扶养、赡养关系的亲属。有权提起行政诉讼的法人或其他组织终止，承受其权利的法人或其他组织可以提起诉讼。在上述两种情形下，因转移而获得原告资格的公民、法人或其他组织提起行政诉讼，其诉讼地位即为原告，而非原告的代理人。

二、原告的类别

根据我国《行政诉讼法》的规定，原告有下述八类：(1) 作为行政行为直接对象的公民、法人或其他组织；(2) 不服行政机关复议决定的复议申请人；(3) 受被处罚人侵害的人；(4) 其合法权益因行政行为而受到不利影响的人；(5) 其合法权益因行政不作为而受到不利影响的人；(6) 具有原告资格的公民死亡后，承受其权利的近亲属；(7) 具有原告资格的法人或其他组织终止后，其权利义务的承受者；(8) 同一行政行为所指向的复数相对人主体（共同原告）。

《最高人民法院关于适用〈中华人民共和国行政诉讼法〉的解释》(2018) 对于原告的情形作了若干具体规定（第 12—18 条）：

第 12 条规定，有下列情形之一的属于"与行政行为有利害关系"：(1) 被诉的行政行为涉及其相邻权或者公平竞争权的；(2) 在复议程序中被追加为第三人的；(3) 要求行政机关依法追究加害人法律责任的；(4) 撤销或者变更行政行为涉及其合法权益的；(5) 为维护自身合法权益向行政机关投诉，具有处理投诉职责的行政机关作出或者未作出处理的；(6) 其他与行政行为有利害关系的情形。

合伙企业向人民法院提起诉讼的，应当以核准登记的字号为原告，全体合伙人可以推选代表人，被推选的代表人，应当由全体合伙人出具推选书；未依法登记领取营业执照的个人合伙的全体合伙人为共同原告。不具备法人资格的其他组织向人民法院提起诉讼的，由该组织的主要负责人做诉讼代表人；没有主要负责人的，可以由推选的负责人做诉讼代表人。同案原告为 5 人以上，应当推选 1—5 名诉讼代表人参加诉讼；在指定期限内未选定的，人民法院可以依职权指定。

联营企业、中外合资或者合作企业的联营、合资、合作各方，认为联营、合资、合作企业权益或者自己一方合法权益受行政行为侵害的,可以自己的名义提起诉讼。

农村土地承包人等土地使用权人对行政机关处分其使用的农村集体所有土地的行为不服,可以自己的名义提起诉讼。

非国有企业被行政机关注销、撤销、合并、强令兼并、出售、分立或者改变企业隶属关系的,该企业或者其法定代表人可以提起诉讼。

股份制企业的股东大会、股东会、董事会等认为行政机关作出的行政行为侵犯企业经营自主权的,可以企业名义提起诉讼。

三、原告的诉讼权利与诉讼义务

原告的诉讼权利主要有:(1)起诉权;(2)委托诉讼代理人的权利;(3)提供证据和申请保全证据权;(4)申请回避权;(5)补充、变更诉讼请求权;(6)申请保全财产和申请先予执行权;(7)申请撤诉权;(8)申请强制执行权;等等。与被告权利相比,其中第(1)(5)(7)为原告所独有。

原告的诉讼义务主要有:依法行使诉权,遵守诉讼规则,服从法院指挥,自觉履行已发生法律效力的判决、裁定。

第三节 被 告

一、被告的概念

行政诉讼中的法院通知应诉的行政机关或法律、法规授权的组织,这里涉及被告资格的问题。成为行政诉讼的被告应当具备以下条件:(1)必须是具有诉讼权利能力的行政机关或法律、法规授权的组织;(2)必须是具体行政法律关系中作出行政行为的行政机关或法律、法规授权的组织;(3)必须由人民法院通知其应诉。由于被告资格最终由法院确认,所以只有在法院确认被诉行政机关或法律、法规授权的组织符合前述两个条件,并通知其应诉的前提下,该行政主体才能成为特定行政案件中的被告,获得本案的被告资格。

二、被告的类别

根据我国《行政诉讼法》以及最高人民法院司法解释的有关规定,行政诉讼的被告有下述14类情形:(1)未经行政复议而直接起诉的,作出行政行为的行政机关为被告;(2)复议决定维持原行政行为的,作出原行政行为的行政机关和复议机关是共同被告;(3)经复议改变了原行政行为的,复议机关为被告;(4)复议机关在法定期间内不作复议决定,当事人对原行政行为不服提起诉讼的,应当以作出原行政行为的行政机关为被告;(5)当事人对复议机关不作为不服提起诉讼的,应当以复议机关为被告;(6)两个以上的行政机关作出同一行政行为的,共同作出行政行为的行政机关是共同被告;(7)由法律、法规授权的组织作出行政行为的,该组织为被告;(8)行政机关的内设机构或者派出机构在没有法律、法规或者规章授权的情况下,以自己的名义作出行政行为,当事人不服提起诉讼的,应当以该行政机关为被告;(9)法律、法规或规章授权行使行政职权的行政机关内设机构、派出机构或者其他组织,超出法定授权范围实施行政行为,当事人不服提起诉讼的,应当以实施该行为的机构或者组织为被告;(10)行政机关在没有法律、法规或者规章规定的情况下,授权其内设机构、派出机构或者其他组织行使行政职权的,应当视为委托,当事人不服提起诉讼的,应当以该行政机关为被告;(11)由行政机关委托的组织作出行政行为的,委托的行政机关为被告;(12)如果行政机关被撤销,继续行使其职权的行政机关是被告;(13)当事人不服经上级行政机关批准的行政行为,向人民法院提起诉讼的,应当以在对外发生法律效力的文书上署名的机关为被告;(14)行政机关组建并赋予行政管理职能但不具有独立承担法律责任能力的机构,以自己的名义作出行政行为,当事人不服提起诉讼的,应当以组建该机构的行政机关为被告。

三、被告的诉讼权利与诉讼义务

被告在行政诉讼中享有的诉讼权利主要有:(1)委托诉讼代理人的权利;(2)提供证据和申请保全证据权;(3)申请回避权;(4)申请查阅补正庭审笔录权;(5)申请财产保全权;(6)上诉权;(7)在第一审程序裁判前变更原行政行为权;(8)依法强制执行法院判决、裁定权等。与原告诉讼权利相比,其中第(7)(8)项权利为被告所特有。

被告具有与原告基本相同的诉讼义务,但也有某些特有义务,例如:应诉义务;提供行政行为的证据和所依据的规范性文件的义务;根据法院裁定在行政诉讼过程中停止被诉行政行为执行的义务;以及在相对人起诉要求发给抚恤金的案件中,根据法院裁定先行给付的义务。

第四节 共同诉讼人

一、共同诉讼的概念和构成条件

在行政诉讼中,当事人一方或双方为二人以上的诉讼,称为共同诉讼。原告为二人以上的称为共同原告,被告为二人以上的称为共同被告。共同原告和共同被告统称为共同诉讼人。

共同诉讼必须具备一定的条件。我国《行政诉讼法》第27条规定:"当事人一方或双方为二人以上,因同一行政行为发生的行政案件,或者因同类行政行为发生的行政案件、人民法院认为可以合并审理并经当事人同意的,为共同诉讼。"从此条规定可以看出,共同诉讼的构成条件有:(1)当事人一方或双方必须是二人以上;(2)因同一行政行为发生的行政案件,或者因同样的行政行为发生的行政案件,人民法院认为可以合并审理的。这里包括两种情形:第一种是由于同一行政行为发生的行政案件,即一个行政行为导致数个管理对象不服;第二种是因同样的行政行为发生的行政案件,且人民法院认为可以合并审理的。所谓同样的行政行为指两个以上属于同一种类的行政行为,这些行为依据的法律理由或者事实是类似的,即数个同样的行政行为是可以合并审理的。

二、共同诉讼的种类

共同诉讼可以从不同的角度进行分类。如果按原告、被告的人数分,原告为二人以上的称为积极的共同诉讼;被告为二人以上的,称为消极的共同诉讼。按共同诉讼成立的条件不同,可以分为必要的共同诉讼和普通的共同诉讼。

(1) 必要的共同诉讼。两个以上的原告或被告,因同一个行政行为发生的行政案件,人民法院必须一并进行审理并作出判决的共同诉讼,称为必要的共同诉讼。其特点是:因同一个行政行为而发生;人民法院必须合并审理,无自由裁量是否合并的权利。

(2) 普通的共同诉讼。行政机关因同样的数个行政行为,同二人以上的行政相对人产生行政争议,人民法院认为可以合并审理的,称为普通的共同诉讼。其特点有:因数个同样的行政行为所引起;人民法院认为确有必要合并审理,即有自行决定的权利。那么究竟在什么情况下法院可以决定合并审理呢?最主要的是要看合并审理是否有利于简化诉讼程序,节省时间和费用。此外,还要看这些案件是否发生在同一个人民法院的管辖区之内。

第五节 第 三 人

一、第三人的概念

第三人是指同被诉行政行为有利害关系,在行政诉讼过程中申请参加诉讼或由法院通知参加诉讼的公民、法人或其他组织。

第三人应具备以下条件:(1) 同被诉行政行为有利害关系。所谓有利害关系,是指有法律上的权利、义务关系,包括行政行为使其获得某种权利、减少某种义务,或者使其丧失某种权利、增加某种义务,或使其权益受某种不利影响。(2) 第三人应是行政法律关系的主体。行政法律关系中双方主体有一方是复数的才有产生第三人的可能。(3) 经本人申请或人民法院通知而参加本诉已经开始但未终结的诉讼。

二、第三人的类别

实践中,作为行政诉讼第三人的情况大概有下述 8 类:(1) 行政处罚的被处罚人;(2) 其权益受被处罚人侵犯的受害人;(3) 行政行为的直接相对人;(4) 行政行为涉及或影响其权益的人;(5) 行政裁决的一方当事人;(6) 与行政机关共同作出行政行为的非行政机关组织;(7) 两个行政机关作出了相互冲突的行政行为,其中一个为被告的,另一个可能是第三人;(8) 越权之诉的被越权机关。

在行政诉讼中,第三人位于当事人的地位,从而享有与原告或被告基本相同的诉讼权利和义务。其中对于第三人较为重要的权利是:其在诉讼过程中,有权提出与本案有关的独立的诉讼请求;不服一审判决,有权依法上诉;等等。

第六节 诉讼代理人

一、诉讼代理人的概念和特点

诉讼代理人,是指根据法律规定,由人民法院指定,或者接受当事人、法定代理人的委托,以当事人的名义,在一定权限范围内,代理当事人进行诉讼活动的人。

诉讼代理人具有以下特点:

(1) 只能以被代理人名义进行诉讼活动,而不能以自己的名义进行诉讼活动。
(2) 参加诉讼的目的是维护被代理人的权益,而不是为了自身的权益。
(3) 诉讼代理人在其代理权限范围内实施的诉讼行为,其后果由被代理人承担。
(4) 只能代理当事人一方,而不能在同一诉讼中代理当事人双方。
(5) 必须是有诉讼行为能力的人。

我国《行政诉讼法》规定了诉讼代理人的法律地位。诉讼代理的意义在于,帮助无诉讼行为能力的公民行使诉讼权利,履行诉讼义务;为当事人提供诉讼上的法律帮助;也可以协助人民法院及时、正确地审结行政案件,解决行政纠纷。

二、诉讼代理人的种类

1. 法定代理人

根据法律规定行使代理权代替无诉讼行为能力的公民进行行政诉讼的人,被称为法定代理人。在行政诉讼中,法定代理人只适用于没有诉讼行为能力的公民,即未成年人和精神病人,不适用于法人、组织,更不适用于作为被告的行政机关。

法定代理人是基于一定的身份关系而由法律规定的。法定代理权既不是本人的意思表示,也不是代理人的意思表示,而是取决于法律的规定。

无诉讼行为能力的公民,有时可能有两个以上的法定代理人。为了防止他们互相推诿,影响诉讼,我国《行政诉讼法》第30条规定,法定代理人互相推诿代理责任的,由人民法院指定其中一人代为诉讼。

2. 委托代理人

根据当事人、法定代理人的委托授权而代为诉讼行为的人,被称为委托代理人。根据我国《行政诉讼法》第31条的规定,当事人、法定代理人,可以委托一至二人作为诉讼代理人。

在行政诉讼中,可以做委托代理人的有:律师,社会团体,提起诉讼的公民的近亲属或所在单位推荐的人,经人民法院许可的其他公民。

当事人委托诉讼代理人,应向人民法院提交由委托人签名或者盖章的授权委托书。委托书应当载明委托事项和具体权限,并经人民法院审查同意。公民在特殊情况下无法书面委托的,也可以口头委托。口头委托的,人民法院应当核实并记录在卷;被诉机关或者其他有义务协助的机关拒绝人民法院向被限制人身自由的公民核实的,视为委托成立。当事人解除或者变更委托的,应当书面报告人民法院,由人民法院通知其他当事人。

3. 指定代理人

指定代理人是人民法院指定的代理无诉讼行为能力的人进行行政诉讼活动的人。指定代理一般发生在作为原告的公民无诉讼行为能力,并且无法定代理人代为诉讼,或法定代理人不能行使代理权的情况下,人民法院为了使诉讼得以顺利进行,不得不依法指定代理人代为诉讼。被指定代理诉讼的人可以是律师、当事人所在单位的人或其他公民。指定代理人的地位不完全同于法定代理人,他们对人民法院指定的特定案件行使代理权,只能有条件地处分被代理人的实体权利,处分前通常需经人民法院同意。我国《行政诉讼法》没有关于指定代理的详细规定。

【思考题】

1. 如何理解我国行政诉讼参加人的概念？行政诉讼当事人的特征是什么？
2. 行政诉讼中原告和被告的类别有哪些？
3. 试述行政诉讼中原告的资格转移。
4. 行政诉讼中原告的诉讼权利与诉讼义务有哪些？
5. 行政诉讼中被告的诉讼权利与诉讼义务有哪些？
6. 试述共同诉讼的概念和构成条件。
7. 共同诉讼的种类有哪些？
8. 试述行政诉讼中第三人的概念和类别。
9. 试述行政诉讼中诉讼代理人的概念和特点。
10. 行政诉讼中诉讼代理人的种类有哪些？
11. 案例分析题：甲和乙系邻居,因琐事而争吵,继而互相推打,各有轻微伤,但乙受伤稍重,某县公安局在得到乙的报案后,未作认真查证,偏听偏信,即对甲处以拘留10日的处罚。甲不服,依法申请行政复议。经复议,复议机关作出了将拘留10日改为拘留5日的复议裁决,甲仍不服,依法向法院提起诉讼。法院经审理,认定甲、乙间的纠纷案系民间纠纷而不是治安案件,遂判决如下：(1)撤销被告的处罚决定；(2)甲和乙互相承担对方的医药费。试析：(1)确定本案中行政复议的参加人、复议机关和行政诉讼的当事人；(2)法院的判决是否正确？并说明理由。
12. 案例分析题：某县卫生防疫站认为某饮食店销售的食品不符合卫生标准,决定对其罚款2000元。饮食店不服,依法向人民法院提起行政诉讼。卫生防疫站为避免败诉,告知原告若能撤诉,可以减少罚款数额。在原告表示同意后,将罚款数额改为200元。随后,原告向人民法院申请撤诉。试析：(1)属于事业单位的县卫生防疫站能否作为本案的被告？为什么？(2)如果县卫生防疫站具备本案被告资格,人民法院应否准许原告的撤诉申请？为什么？
13. 案例分析题：某居民区共有居民480户,1999年共发生入室盗窃案30余起,2000年1月20日县公安局决定向每户居民征收治安费100元,由居委会代收。因绝大部分居民不服县公安局的决定,遂委托居委会主任于2000年3月5日向市公安局申请行政复议。经复议,市公安局将县公安局的决定改为治安费按每月每人1元的标准收取。之后仍有350户居民不服复议决定,欲向人民法院提起行政诉讼。其他居民认为掏点钱保平安也值得,居委会主任考虑到同公安局的关系,不再出面。试析:(1)上述复议申请是否超过复议期限?为什么?(2)如何确定本案的管辖法院?(3)如何确定本案的当事人?人民法院对人数众多的行政诉讼如何解决?

第十七章 行政诉讼的证据

证据制度是诉讼程序的核心,它不仅是人民法院正确审理行政案件的基础,也是诉讼结构均衡的调整器。离开了科学的证据制度,任何精巧的诉讼程序设计都会变得毫无意义。行政诉讼性质的特殊性,决定了行政诉讼证据的特点。《行政诉讼法》及《最高人民法院关于行政诉讼证据若干问题的规定》(2002年发布)对行政诉讼证据的种类、被告的举证责任、原告的证明责任、补充证据以及人民法院调取证据的权力和限制等作了明确规定,基本构建起符合我国行政审判要求的证据规则体系。

第一节 证据概述

一、证据的概念

要界定行政诉讼的证据,首先应当界定什么是证据。证据是以各种材料为载体的,各种材料反映了特定的事实,被材料所反映的事实,又可以证明案件事实的存在与否。

鉴于证据本身的复杂性,可以从多方面对证据进行认识和把握:从证据的内容上看,证据是证明案件事实的事实;从证据的形态来看,证据是证明案件事实的有关事实材料;从证据的结果来看,证据是认定案件事实的根据。

二、证据的种类

根据不同的标准,行政诉讼的证据可以划分为不同的种类。

在证据理论上,可以将证据作以下分类:一是原始证据与传来证据;二是言词证据与实物证据;三是本证与反证;四是直接证据与间接证据;五是定案证据与非定案证据;六是法定证据与非法定证据;七是主要证据与次要证据。

根据《行政诉讼法》第33条的规定,法定证据共分为以下八类:书证,物证,视听资料,电子数据,证人证言,当事人的陈述,鉴定意见,勘验笔录、现场笔录。

第二节 行政诉讼的举证责任

一、被告的举证责任

在行政诉讼中,举证责任主要由被诉的行政主体一方承担。《行政诉讼法》第34条规定:"被告对作出的行政行为负有举证责任,应当提供作出该行政行为的证据和所依据的规范性文件。被告不提供或者无正当理由逾期提供证据,视为没有相应证据。但是,被诉行政行为涉及第三人合法权益,第三人提供证据的除外。"

《行政诉讼法》第 36 条规定:"被告在作出行政行为时已经收集了证据,但因不可抗力等正当事由不能提供的,经人民法院准许,可以延期提供。原告或者第三人提出了其在行政处理程序中没有提出的理由或者证据的,经人民法院准许,被告可以补充证据。"

《行政诉讼法》第 37 条规定:"原告可以提供证明行政行为违法的证据。原告提供的证据不成立的,不免除被告的举证责任。"

行政诉讼法规定被告对被诉的行政行为负举证责任,是行政诉讼举证责任的原则和特色,在行政诉讼中具有特殊的意义。

二、原告的举证责任

《行政诉讼法》第 38 条规定:"在起诉被告不履行法定职责的案件中,原告应当提供其向被告提出申请的证据。但有下列情形之一的除外:(一)被告应当依职权主动履行法定职责的;(二)原告因正当理由不能提供证据的。在行政赔偿、补偿的案件中,原告应当对行政行为造成的损害提供证据。因被告的原因导致原告无法举证的,由被告承担举证责任。"

第三节 行政诉讼的证据规则

《行政诉讼法》第 39 条规定:"人民法院有权要求当事人提供或者补充证据。"第 40 条赋予了人民法院调查取证权:"人民法院有权向有关行政机关以及其他组织、公民调取证据。但是,不得为证明行政行为的合法性调取被告作出行政行为时未收集的证据。"为了保证行政主体在行使职权过程中严格依法行政,《行政诉讼法》第 35 条规定:"在诉讼过程中,被告及其诉讼代理人不得自行向原告、第三人和证人收集证据。"

第四节 行政诉讼的证据保全

一、证据保全的概念

证据保全是指在证据可能灭失或以后难以取得的情况下,人民法院根据诉讼参加人的请求或依职权采取措施加以确定和保护的一项诉讼制度。《行政诉讼法》第 42 条规定:"在证据可能灭失或者以后难以取得的情况下,诉讼参加人可以向人民法院申请保全证据,人民法院也可以主动采取保全措施。"

二、证据保全的措施

证据的保全措施包括查封、扣押、拍照、录音、录像、复制、鉴定、勘验、制作询问笔录等方式。对证人证言的保全,一般采用制作证人证言笔录或者进行录音、录像等方法。对物证的保全,一般由人民法院进行勘验,制作勘验笔录,或者绘图、拍照、录像。也可以采取保存原物的方法。对书证的保全,一般可以采用拍照、复制等方法。

【思考题】
1. 试述证据的概念。
2. 我国行政诉讼证据的种类有哪些？
3. 如何理解行政诉讼中被告负举证责任原则？
4. 行政诉讼中原告需要承担的证明责任有哪些？
5. 如何理解行政诉讼的证据规则？
6. 如何理解证据保全的概念？证据保全的措施有哪些？

第十八章 行政诉讼的程序

行政诉讼的审理程序是国家审判机关为解决行政争议,运用司法程序而依法实施的整个诉讼行为及其过程。我国行政诉讼的审理程序包括第一审程序、第二审程序(又称上诉审程序)和审判监督程序(又称再审程序)三种各具特点的程序。但并非每一案件都必须全部经过这三种程序。第一审程序是全部审判程序的基础,没有第一审程序,就不可能有第二审程序、审判监督程序以及审理之后的执行程序。本节关于三种程序中相同的内容将在第一审程序中论述,第二审程序和审判监督程序则突出它们的特殊方面。

第一节 第一审程序

第一审程序是人民法院受理某一行政案件后第一次审理该案适用的程序,它包括开庭前的准备、法庭调查、法庭辩论、合议庭评议和宣告判决等步骤。就目前行政诉讼法的规定而言,行政诉讼中的第一审程序只有普通程序和简易程序,没有特别程序。

一、开庭前的准备

开庭前的准备是开庭审理前的一个重要阶段,是必经的程序。其核心是要弄清当事人双方的基本情况,了解原告诉讼请求的具体内容和所提出的事实根据,初步掌握双方争执的焦点,收集能够证明争议的行政行为是否合法的有关证据,通知与案件有利害关系的诉讼主体参加诉讼,为正式开庭做好准备。

二、开庭审理

人民法院审理第一审行政案件,无论是公开审理还是不公开审理,都要开庭审理。它由一些按先后顺序排列,既各自独立、又相互联结的若干步骤组成,大致可分为:宣布开庭;法庭调查;法庭辩论;合议庭评议;宣告判决。

法庭调查顺序可参照《民事诉讼法》第141条的规定进行,法庭辩论可参照《民事诉讼法》第144条的规定进行。合议庭评议由审判长主持,实行少数服从多数的原则。评议中有不同意见的,应如实记入笔录。但判决或裁定依合议庭多数成员的意见作出。宣判可以当庭进行,也可以定期进行。当庭宣判的,应在10日内发送判决书。定期宣判的,应在宣判后立即发给判决书。

三、第一审程序中需要注意的问题

(1) 第一审行政案件一律实行开庭审理,不能书面审理。不能以案件简单、事实清楚为由不开庭审理。

(2) 开庭审理中的诉讼活动以言词进行。

(3) 除了法律明文规定不公开审理的案件外,应一律公开审理。

(4) 关于审结案件的期限。我国《行政诉讼法》规定,人民法院应当在立案之日起 6 个月内作出第一审判决。有特殊情况需要延长的,由高级人民法院批准,高级人民法院审理第一审案件需要延长的,由最高人民法院批准。

第二节　第二审程序

一、第二审程序的概念

行政案件第二审程序,是指上级人民法院对下级人民法院就第一审行政案件所作的判决或裁定,在其发生法律效力之前,由于上诉人的上诉,对案件进行审理的程序,又可称为上诉审程序或终审程序。正确理解第二审程序的概念,需要把握以下六点：(1) 第二审程序中,有权提起上诉的是第一审程序中的当事人。当事人必须在法定期间内提起上诉,超越法定期间即丧失上诉权。(2) 提起第二审程序的理由通常是上诉人不服第一审判决、裁定,认为该判决或裁定有错误并影响了自己的利益。(3) 行使第二审管辖权的主体是第一审人民法院的上级人民法院。对最高人民法院作出的一审判决、裁定,不得提起上诉。(4) 第二审程序审查的对象是下级人民法院尚未发生法律效力的判决、裁定。(5) 第二审程序的审查方式不一定必须开庭,对事实清楚的案件,可以实行书面审理。(6) 第二审程序作出的判决、裁定具有终审性质,不得再对它提起上诉。

二、第二审程序的特征

第二审程序在审判组织和程序上同第一审程序有许多相同之处,这里仅就第二审程序中独具特点的内容略述如下：

(1) 上诉成立的条件。上诉是一种诉讼法律行为,要使上诉产生预期的法律后果,必须符合法律规定的条件,否则不能成立,也不能引起上诉程序的开始。上诉成立的条件是：第一,上诉人必须具备上诉权利即上诉资格；第二,必须有适格的被上诉人；第三,必须在法律规定的上诉期限内起诉；第四,上诉权必须按照法定方式和要求行使。同时具备上述要件,上诉才能成立,上诉程序才能发生。

(2) 上诉的提起和受理。当事人提起上诉既可以通过原审人民法院提出,也允许当事人直接向第二审人民法院提交上诉状。原审人民法院或者第二审人民法院收到上诉状后,应当在 5 日内将上诉状副本发送其他当事人,对方当事人应当在收到上诉状副本之日起 15 日内提出答辩状。原审人民法院应当在收到答辩状之日起 5 日内将副本发送上诉人。对方当事人不提出答辩状的,不影响人民法院审理。原审人民法院收到上诉状、答辩状,应当在 5 日内连同全部案卷和证据,报送第二审人民法院；已经预收的诉讼费用,一并报送。

(3) 上诉的审理和判决。第二审人民法院对上诉案件的审理,必须全面审查第一审法院认定的事实是否清楚,适用的法律、法规是否正确,有无违反法定程序,不受上诉范围的限制。需要注意的是,在第二审程序中,行政机关不得改变原行政行为。上诉人如因行政机关改变行政行为而申请撤回上诉的,人民法院不予准许。

人民法院审理上诉案件,应根据事实和法律,分情况作出如下判决:第一,原判决认定事实清楚,适用法律、法规正确的,判决驳回上诉,维持原判;第二,原判决认定事实清楚但适用法律、法规错误的,可依法改判;第三,原判决认定事实不清,证据不足,或者由于违反法定程序,可能影响案件正确判决的,裁定撤销原判决,发回原审人民法院重审,也可以在查清事实的基础上直接改判。

(4) 上诉案件的审理期限。我国《行政诉讼法》第88条规定:"人民法院审理上诉案件,应当在收到上诉状之日起三个月内作出终审判决。有特殊情况需要延长的,由高级人民法院批准,高级人民法院审理上诉案件需要延长的,由最高人民法院批准。"

第三节 审判监督程序

一、审判监督程序的概念

当有审判监督权或法律监督权的机关或组织发现人民法院已经发生法律效力的判决、裁定违反法律、法规的规定,确有错误,依法决定由有关人民法院进行再次审理的程序,称为审判监督程序,简称再审程序。

审判监督程序是特殊的诉讼程序和审判程序,它与第一审程序、第二审程序不同,它不属于一个固定的审级,更不是每一个行政案件的必经程序。

与第二审程序相比较,两者的职能和目的都是为了审查、纠正判决和裁定的错误,对法院的审判活动实行监督。但两者之间又有许多区别:(1) 提起的主体不同;(2) 审理的对象不同;(3) 提起的理由不同;(4) 提起的期限不同;(5) 审理的法院不同。

二、审判监督程序的提起

当事人对人民法院已发生法律效力的判决、裁定认为确有错误,可以向原审人民法院或者上一级人民法院提出申诉,当事人申诉并不必然引起审判监督程序,当事人也不是提起审判监督程序的主体。但人民法院可通过受理当事人申诉,发现问题,如确有法律规定需要再审的情况,即可依法提起审判监督程序。

三、审判监督程序的审理

根据审判监督的不同种类,审判监督案件的审理有两种审理程序。一种是原审法院的再审程序,另一种是上级法院提审的审判程序。

(1) 按照审判监督程序决定再审的案件,应当裁定中止原判决的执行。裁定由院长署名,加盖人民法院印章。

(2) 原审人民法院再审时,应另行组成合议庭。原审合议庭成员也不应参加新的合议庭,以防止先入为主,影响再审案件的审判质量和效果。

(3) 对再审案件的审理,根据案件原来的审级不同,可以分别按照第一审程序或第二审程序进行。如果提起再审的案件,原来是第一审的,应按照第一审程序进行审理,对审理后作出的判决、裁定,当事人仍有上诉权。如果提起再审的案件,原来是第二审的,或者是上级人民法院提审的,应按照第二审程序进行审理,审理后作出的判决、裁定是终局的判决、裁定,当事人不得提起上诉。

【思考题】
1. 开庭前的准备工作有哪些?
2. 行政诉讼开庭审理的步骤有哪些?
3. 行政诉讼第一审程序中需要注意的问题有哪些?
4. 试述行政诉讼第二审程序的概念和特征。
5. 上诉成立的条件有哪些?
6. 试述上诉的提起与受理。
7. 试述上诉的审理和判决。
8. 如何理解审判监督程序的概念?
9. 试述审判监督程序的提起和审理。

第十九章 行政诉讼的法律适用

行政诉讼法律适用是指人民法院按照法定程序将法律规范运用于行政案件从而对行政行为的合法性进行审查的专门活动。由于法律规范体系的多重性与复杂性，规范之间难免会发生冲突，因此正确运用法律适用规则对行政审判实践非常重要。《行政诉讼法》第63条、第64条对行政诉讼法律适用作了原则性规定，但法律适用中冲突的解决还必须依据《立法法》等相关法律的规定。

第一节 行政诉讼的法律依据

一、行政诉讼法律依据的概念

行政诉讼的法律依据，是指人民法院在审理行政案件的过程中，对行政行为的合法性进行审查并作出判决所适用的法律、行政法规、地方性法规、自治条例和单行条例。我国《行政诉讼法》第63条第1款、第2款规定："人民法院审理行政案件，以法律和行政法规、地方性法规为依据。地方性法规适用于本行政区域内发生的行政案件。人民法院审理民族自治地方的行政案件，并以该民族自治地方的自治条例和单行条例为依据。"这就是说，人民法院进行行政诉讼的法律依据的体系是统一的，又是多层次的，以宪法为基础，以法律为骨干，包括行政法规、地方性法规、自治条例和单行条例。

二、行政诉讼法律依据的内容

作为行政诉讼依据的法律，包括全国人大制定的基本法律和全国人大常委会制定的非基本法律。广泛地讲，还应当包括宪法。但宪法对行政行为的调整通常是抽象的、间接的。在一般情况下，宪法必须通过具体法律、法规将之具体化，使之成为可直接适用、遵循的行为规范。因此行政机关实施行政行为，通常不是直接根据宪法和适用宪法，而是直接根据具体法律、法规。所以一般来讲，人民法院审查行政行为，也只能直接以法律、法规为依据，而不直接以宪法为依据。

但是，人民法院审查行政行为不直接以宪法为依据并不意味着人民法院的审查可以离开宪法，可以全然不顾及宪法的规定。宪法是国家的根本大法，具有最高的法律效力。任何国家机关、组织和个人都必须遵守宪法。行政机关实施行政行为当然也不能违反宪法。人民法院审查行政机关行政行为的合法性，就包含着该行政行为的合宪性。因为法律、法规是对宪法的具体化。某个具体的法律、法规是否符合宪法，人民法院不能作出发生法律效力的评价和判断，但人民法院在审查行政行为时，认为某一具体法律、法规存在违宪情况，可以报请最高国家权力机关加以审查和确认。宪法虽然不是人民法院行政诉讼的直接标准、具体依据，但它应该是行政诉讼的最高标准与最终依据。

当然在某些特别的情况下，一些行政行为也许没有直接的法律、法规依据，行政机关可能是根据有关行政管理的一般规范性文件作出的。这种情形下，人民法院审查行政行为并不排除以宪法为根据，确定相应行为的合法性。因此，从广义上讲，作为行政诉讼依据的法律，也可以认为是包括宪法的。

综上，我们认为，一般情况下，宪法虽然不是人民法院行政诉讼的直接依据与直接标准，但它应该是也必须是对人民法院的行政诉讼工作具有根本性的指导作用的。而且随着社会的进一步发展，宪法在行政诉讼中的作用和地位应当越来越彰显。

第二节 行政诉讼中的"参照规章"

一、"参照规章"的内涵

我国《行政诉讼法》第63条第3款规定："人民法院审理行政案件，参照规章。"

从以上规定可以看出，《行政诉讼法》赋予了人民法院对是否适用规章以一定限度的裁量权：人民法院可以根据案件的具体情况和对相应规章的鉴别、评价，决定适用或不适用某一规章。这样人民法院进行行政诉讼，既可以不受规章的硬性约束，又可以在一定情况下，有条件地适用规章，尽量避免实践中陷入无据可依的窘境，并保障行政诉讼顺利地进行。

二、判断规章合法性的依据

具体说来，所谓"参照"规章，是指人民法院在进行行政诉讼时对行政行为所适用的规章参酌、鉴定之后，决定是否依照。亦即人民法院对规章的作用、地位和效力不能一概否定或一概肯定，而应该有一个正确的评价、分析。只有在确定了规章的合法性、有效性的前提下，才能决定予以参照。那么人民法院应当从哪些方面来确定该规章的合法性呢？我们认为，人民法院应当主要从以下四个方面来审查判断：第一，制定该规章的行政机关是否有权制定相应的规章，是否存在越权的情形；第二，该规章是否与既有的相应的法律、法规相抵触，或规避了相应法律、法规的规定；第三，该规章是否违背了法律的基本原则或基本法理；第四，该规章的制定是否遵循了法定的规章制定程序。[①] 应当指出的是，人民法院的这种审查和评价是十分有限的。在现行体制下，人民法院认为相应规章违法，只能不适用或拒绝适用该规章，而不能撤销该规章或宣布该规章无效。不过，根据法律的相关规定，人民法院可以向权力机关或相应行政机关提出司法建议，要求撤销或变更相应规章。

可见，"参照规章"既不是无条件地适用规章，也不是一律拒绝适用规章，而是有条件地适用规章。时任全国人大常委会副委员长王汉斌同志在1989年所作的《关于〈中华人民共和国行政诉讼法（草案）〉的说明》中指出："对符合法律、行政法规规定的规章，法院要参照审理，对不符合或者不完全符合法律、行政法规原则精神的规章，法院可以有灵活处理的余

---

① 见2017年12月22日由国务院发布的《规章制定程序条例》。

地。"根据《最高人民法院关于适用〈中华人民共和国行政诉讼法〉的解释》(2018)第100条规定,人民法院审理行政案件,适用最高人民法院司法解释的,应当在裁判文书中援引。人民法院审理行政案件,可以在裁判文书中引用合法有效的规章及其他规范性文件。[①]

第三节 行政诉讼中的规范冲突及其选择适用

一、行政诉讼中行政法律规范的冲突状况

在行政诉讼过程中,人民法院将会遇到法律、行政法规、地方性法规、部门规章和地方政府规章等不同层次和不同部门的行政法律规范形式不相一致的情况,人民法院如果适用不同的规范将会得出不同的结果。这些调整同一行政行为却又彼此矛盾或不一致的状况被称为行政法律规范冲突。

目前行政法律规范冲突大致有如下几种情况:

(1) 不同层级法律效力的行政法律规范之间的冲突。主要表现为较低层次规范与较高层次规范相抵触,即不同层级行政法律规范所确定的权利、义务、职权等在范围和性质方面不相吻合。例如,行政法规与法律,地方规章与行政法规,地方性法规与法律,部门规章与法律、行政法规等相抵触。

(2) 相同层级的行政法律规范之间的冲突。主要表现为不同部门、不同地区相同层级法律规范之间的冲突,如各部委规章之间的冲突,各地方人民政府规章之间的冲突,各地方权力机关地方性法规之间的冲突,各民族自治地方自治条例、单行条例之间的冲突等。

(3) 部门行政法律规范与地方行政法律规范之间的冲突。主要表现为部门规章与地方性法规的冲突,部门规章与地方政府规章之间的冲突。

(4) 不同时期发布的法律文件中的行政法律规范的冲突。主要表现为新法与旧法的不衔接与矛盾,特别法与普通法之间的冲突以及单行法与法典之间的冲突等。

(5) 条约与法律、法规的冲突,最高人民法院司法解释与法律、法规的冲突等。

二、规范冲突的选择适用

由于规范冲突时,选择不同的规范将会得出不同的结果,所以人民法院对具体案件进行审判和适用法律时,必须先确定什么样的规范才是合法、有效的,进而选择适用。我们认为选择适用行政法律规范应当遵循以下原则:

(1) 高层级法律规范优于低层级法律规范;
(2) 新的法律规范优于旧的法律规范;
(3) 特别法的规范优于普通法的规范;
(4) 送请或报送有权机关解释、裁决。

[①] 1991年《最高人民法院关于贯彻执行〈中华人民共和国行政诉讼法〉若干问题的意见(试行)》(法[1991]19号)第70条曾规定:人民法院作出判决或者裁定需要参照规章时,应当写明"根据《中华人民共和国行政诉讼法》第53条,参照××规章(条、款、项)的规定"。

2023年3月,全国人大修改通过的《立法法》有关于法律适用的专门规定(第五章"适用与备案审查")。该法第98—107条对此作出了明确规定:

宪法具有最高的法律效力,一切法律、行政法规、地方性法规、自治条例和单行条例、规章都不得同宪法相抵触(第98条)。

法律的效力高于行政法规、地方性法规、规章。行政法规的效力高于地方性法规、规章(第99条)。

地方性法规的效力高于本级和下级地方政府规章。省、自治区的人民政府制定的规章的效力高于本行政区域内的设区的市、自治州的人民政府制定的规章(第100条)。

自治条例和单行条例依法对法律、行政法规、地方性法规作变通规定的,在本自治地方适用自治条例和单行条例的规定。经济特区法规根据授权对法律、行政法规、地方性法规作变通规定的,在本经济特区适用经济特区法规的规定(第101条)。

部门规章之间、部门规章与地方政府规章之间具有同等效力,在各自的权限范围内施行(第102条)。

同一机关制定的法律、行政法规、地方性法规、自治条例和单行条例、规章,特别规定与一般规定不一致的,适用特别规定;新的规定与旧的规定不一致的,适用新的规定(第103条)。

法律、行政法规、地方性法规、自治条例和单行条例、规章不溯及既往,但为了更好地保护公民、法人和其他组织的权利和利益而作的特别规定除外(第104条)。

法律之间对同一事项的新的一般规定与旧的特别规定不一致,不能确定如何适用时,由全国人民代表大会常务委员会裁决。行政法规之间对同一事项的新的一般规定与旧的特别规定不一致,不能确定如何适用时,由国务院裁决(第105条)。

地方性法规、规章之间不一致时,由有关机关依照下列规定的权限作出裁决:

(1) 同一机关制定的新的一般规定与旧的特别规定不一致时,由制定机关裁决;

(2) 地方性法规与部门规章之间对同一事项的规定不一致,不能确定如何适用时,由国务院提出意见,国务院认为应当适用地方性法规的,应当决定在该地方适用地方性法规的规定;认为应当适用部门规章的,应当提请全国人民代表大会常务委员会裁决;

(3) 部门规章之间、部门规章与地方政府规章之间对同一事项的规定不一致时,由国务院裁决。

根据授权制定的法规与法律规定不一致,不能确定如何适用时,由全国人民代表大会常务委员会裁决(第106条)。

法律、行政法规、地方性法规、自治条例和单行条例、规章有下列情形之一的,由有关机关依照《立法法》第108条规定的权限予以改变或者撤销:(1) 超越权限的;(2) 下位法违反上位法规定的;(3) 规章之间对同一事项的规定不一致,经裁决应当改变或者撤销一方的规定的;(4) 规章的规定被认为不适当,应当予以改变或者撤销的;(5) 违背法定程序的(第107条)。

【思考题】
1. 如何理解行政诉讼法律依据的概念和内容?
2. 行政诉讼中"参照规章"的内涵是什么?
3. 行政诉讼中判断规章合法性的依据是什么?
4. 试述行政诉讼中行政法律规范的冲突状况。
5. 试述行政诉讼规范冲突时的选择适用原则。

第二十章　行政诉讼的裁判与执行

行政诉讼判决是行政诉讼的实体结论,也是行政诉讼中具有决定意义的一个环节。它是通过对被诉行政行为是否合法进行审查所作出的具有法律约束力的判定以及对被诉行政行为的效力作出的权威性处理。除了需要用判决的形式解决实体性法律问题外,还需要用裁定的形式解决行政诉讼中的程序性问题。决定是人民法院在行政诉讼中处理内部关系和外部关系的司法行为。判决是法院审理行政案件和当事人参加诉讼活动的结果之表现形式,裁定和决定则是为取得该种结果而运用的手段。

第一节　行政诉讼判决

一、行政诉讼判决的概念

行政诉讼判决,是指人民法院运用国家审判权,根据查明的事实和法律、法规的规定,依照法定程序,对行政争议中的权利和义务作出的具有权威性的实体判定。这一概念的基本含义是:

(1) 行政诉讼判决的主体只能是人民法院,它是人民法院在行政诉讼中,通过司法程序运用法律实施的审判行为。

(2) 行政诉讼判决的对象是行政争议案件,它是人民法院针对被诉行政行为的合法性作出的实体性结论。

(3) 行政诉讼判决的法律依据是法律、行政法规以及地方性法规等。

(4) 行政诉讼判决对当事人和人民法院都具有拘束力,它是人民法院运用国家审判权作出的权威性判定,非经一定程序不得随意变更或撤销。

二、行政诉讼判决的种类

根据我国《行政诉讼法》第69—78条和《最高人民法院关于适用〈中华人民共和国行政诉讼法〉的解释》(2018)的规定,行政诉讼判决可分为如下几种形式:

(1) 判决驳回诉讼请求。所谓判决驳回诉讼请求是指人民法院经过对行政案件的审理,认为行政行为证据确凿,适用法律、法规正确,符合法定程序的,或者原告申请被告履行法定职责或者给付义务理由不成立的,人民法院判决驳回原告的诉讼请求。

(2) 撤销判决。撤销判决是指人民法院经过对行政行为的审查,认为行政行为有主要证据不足,适用法律、法规错误,违反法定程序,超越职权,滥用职权,明显不当等六种情形之一的,作出对行政行为予以撤销的判决。撤销判决的形式有三种:第一,判决全部撤销;第二,判决部分撤销;第三,判决撤销并同时判决被告重新作出行政行为。

(3) 履行判决。履行判决是指人民法院经过对行政案件的审理,确认被告不履行法定职责的违法行为存在,判决其在一定期限内履行。其具有确认判决的性质。

(4) 给付判决。给付判决是指人民法院经过审理,查明被告依法负有给付义务的,判决被告履行给付义务。

(5) 确认判决。同判决驳回诉讼请求的情形一样,1989年颁布的《行政诉讼法》中原本没有此种判决形式。这一判决形式是最高人民法院于2000年颁布的《关于执行〈中华人民共和国行政诉讼法〉若干问题的解释》中予以确认和规定的。2014年修改的《行政诉讼法》第74条规定:"行政行为有下列情形之一的,人民法院判决确认违法,但不撤销行政行为:(一)行政行为依法应当撤销,但撤销会给国家利益、社会公共利益造成重大损害的;(二)行政行为程序轻微违法,但对原告权利不产生实际影响的。行政行为有下列情形之一,不需要撤销或者判决履行的,人民法院判决确认违法:(一)行政行为违法,但不具有可撤销内容的;(二)被告改变原违法行政行为,原告仍要求确认原行政行为违法的;(三)被告不履行或者拖延履行法定职责,判决履行没有意义的。"第75条规定:"行政行为有实施主体不具有行政主体资格或者没有依据等重大且明显违法情形,原告申请确认行政行为无效的,人民法院判决确认无效。"

(6) 行政赔偿判决。根据《行政诉讼法》《国家赔偿法》《最高人民法院关于审理行政赔偿案件若干问题的规定》和2018年《最高人民法院关于适用〈中华人民共和国行政诉讼法〉的解释》中的相关规定,我们认为,行政赔偿诉讼是行政诉讼的一种特殊形式,而非一般的行政诉讼。行政赔偿判决也应作为行政诉讼判决的一种特殊形式。行政赔偿判决是指人民法院针对当事人一并提起或单独提起的行政赔偿诉讼,经过审理终结后作出的判决。附带应说明的是,由于行政赔偿诉讼中可以实行调解,所以经过调解如果达成协议的,由人民法院制作行政赔偿调解书。《行政诉讼法》第76条规定:"人民法院判决确认违法或者无效的,可以同时判决责令被告采取补救措施;给原告造成损失的,依法判决被告承担赔偿责任。"第78条规定:"被告不依法履行、未按照约定履行或者违法变更、解除本法第十二条第一款第十一项规定的协议的,人民法院判决被告承担继续履行、采取补救措施或者赔偿损失等责任。被告变更、解除本法第十二条第一款第十一项规定的协议合法,但未依法给予补偿的,人民法院判决给予补偿。"

(7) 变更判决。变更判决是指人民法院经过审理,认为行政机关作出的行政处罚明显不当,或者其他行政行为涉及对款额的确定、认定确有错误的,人民法院可以判决变更。

人民法院判决变更,不得加重原告的义务或者减损原告的权益。但利害关系人同为原告,且诉讼请求相反的除外。

第二节　行政诉讼裁定

一、行政诉讼裁定的概念及特征

行政诉讼裁定,是人民法院在行政诉讼过程中,针对行政诉讼的程序性问题所作出的对诉讼参与人发生法律效果的司法意思表示。其含义有四点:(1)作出行政诉讼裁定的主体是人民法院;(2)作出行政诉讼裁定的时间是在司法审理过程中;(3)行政诉讼裁定的内容是程序性问题;(4)行政诉讼裁定的性质是人民法院的一种裁判,是人民法院行使审判权的结果,它同行政诉讼的判决一样,都是人民法院重要的法律文书。

与判决相比,裁定具有以下特征:(1)裁定是人民法院解决程序问题的审判行为,是对程序问题作出的判定。(2)裁定在诉讼的任何阶段都可以作出,哪一个诉讼环节上出现问题,就及时作出裁定,解决发生的程序问题,而不必像判决那样,必须在开庭审理、言词辩论后,在案件审理终结时作出。所以裁定具有很大的灵活性和适应性。(3)由于裁定所解决的是程序问题,因而其法律依据是程序性规范。(4)裁定可以采取书面的形式,也可以采取口头的形式。通常人民法院指挥诉讼的裁定,由审判长、承办审判员口头作出;涉及当事人诉讼权利或对实体权利义务作出临时性、应急性措施的裁定,由合议庭以人民法院的名义书面作出。对书面裁定,《行政诉讼法》和其他法律也没有规定严格的定式。

二、行政诉讼裁定的范围、种类及适用条件

根据我国《行政诉讼法》以及《最高人民法院关于适用〈中华人民共和国行政诉讼法〉的解释》(2018)第101条的规定,行政诉讼裁定的适用范围比较广泛,主要适用于下列范围:(1)不予立案;(2)驳回起诉;(3)管辖异议;(4)终结诉讼;(5)中止诉讼;(6)移送或者指定管辖;(7)诉讼期间停止行政行为的执行或者驳回停止执行的申请;(8)财产保全;(9)先予执行;(10)准许或者不准许撤诉;(11)补正裁判文书中的笔误;(12)中止或者终结执行;(13)提审、指令再审或者发回重审;(14)准许或者不准许执行行政机关的行政行为;(15)其他需要裁定的事项。其中对于第(1)(2)(3)项裁定,当事人可以上诉。

根据不同的标准,裁定可分为以下几种:肯定裁定与否定裁定;口头裁定与书面裁定;驳回起诉裁定、不予受理裁定、停止执行的裁定;等等。

其一,按照裁定的形式可分为口头裁定与书面裁定。口头裁定多为指挥诉讼的方式,指挥当事人及其他诉讼参与人依法定程序进行诉讼。往往适用于审理过程中,对程序事项较为简单而且必须立即作出决定的事项,如延期审理、更换不符合条件的当事人等。口头裁定必须由书记员记入笔录。书面裁定或者涉及当事人的诉讼权利,或者涉及诉讼是否进行。书面裁定一经宣告或者送达,不仅当事人受其约束,作出裁定的人民法院也受其约束,非经法定程序,不得自行撤销或变更。对不予受理或驳回起诉、诉讼期间停止行政行为的执行、中止或终结诉讼程序、补正裁判文书的笔误、采取诉讼保全措施、准予或不准予撤诉、决定再审、撤销原判发回重审、指定管辖、移送管辖或转移管辖权等事项均应作出书面裁定。

其二,按照裁定的内容可分为:不予受理或驳回起诉的裁定、停止执行的裁定、中止或终结诉讼程序的裁定、补正裁判文书的笔误的裁定、采取诉讼保全措施的裁定、准予或不准予撤诉的裁定、先行给付的裁定、撤销原判发回重审的裁定等。

(1)不予受理或驳回起诉的裁定。根据我国《行政诉讼法》及《最高人民法院关于适用〈中华人民共和国行政诉讼法〉的解释》(2018)第69条的规定,人民法院认为有下列情形之一的,应当裁定不予受理;已经受理的,裁定驳回起诉:请求事项不属于行政审判权限范围的,也就是说请求事项为《行政诉讼法》第13条规定的事项或其他不属于法院主管的行政案件的;起诉人无原告诉讼主体资格的;起诉人错列被告且拒绝变更的;法律规定必须由法定或者指定代理人、代表人为诉讼行为,未由法定或者指定代理人、代表人为诉讼行为的;由诉讼代理人代为起诉,其代理不符合法定要求的;起诉超过法定期限且无正当理由的;法律、法规规定行政复议为提起诉讼必经程序而未申请复议的;起诉人重复起诉的;已撤回起诉,无正当理由再行起诉的;诉讼标的为生效判决的效力所羁束的;起诉不具备其他法定要件的。不予受理或驳回起诉的裁定,实际上是认为原告的起诉不合法,不能立案审理,即否定了原告的起诉行为。原告对不受理的裁定或驳回起诉的裁定不服,有权在接到裁定后7日内提起上诉,要求上级法院撤销原裁定。

(2) 停止执行的裁定。《行政诉讼法》第56条确定不停止执行原则的同时,还规定了可停止执行的四种情形:被告认为需要停止执行的;原告或者利害关系人申请停止执行,人民法院认为该行政行为的执行会造成难以弥补的损失,并且停止执行不损害国家利益、社会公共利益的;人民法院认为该行政行为的执行会给国家利益、社会公共利益造成重大损害的;法律、法规规定停止执行的。

(3) 准予或不准予撤诉的裁定。原告提出申请之后,又申请撤回起诉,或在案件宣判之前要求撤诉,人民法院认为依法应准予或不准予其撤诉的,应当适用裁定。

(4) 采取诉讼保全措施的裁定。根据司法解释的规定,人民法院对于因一方当事人的行为或者其他原因,可能使行政行为或者人民法院生效裁判不能或者难以执行的案件,可以根据对方当事人的申请作出财产保全的裁定;当事人没有提出申请的,人民法院在必要时也可以依法采取财产保全措施。也就是说人民法院可以依申请或依职权采取诉讼保全措施。

(5) 先行给付的裁定。根据司法解释的规定,人民法院审理相对人起诉行政机关没有依法发给抚恤金、社会保险金、最低生活保障金等案件,可以根据原告的申请,依法书面裁定先予执行。

(6) 撤销原判、发回重审的裁定。根据《行政诉讼法》第89条的规定,撤销原判发回重审适用于三种情况:原判决认定基本事实不清、证据不足,原判决遗漏当事人或者违法缺席判决等严重违反法定程序的。法律还规定当事人对重审案件的判决、裁定,可以上诉。

(7) 中止或终结诉讼程序的裁定。在行政诉讼进行中,由于发生了一些客观情况,使诉讼不能继续进行,中途停止诉讼后可再恢复的,称为中止诉讼。根据《行政诉讼法》和《最高人民法院关于适用〈中华人民共和国行政诉讼法〉的解释》(2018)第87条的规定,下列情形诉讼中止:原告死亡,须等待其近亲属表明是否参加诉讼的;原告丧失诉讼行为能力,尚未确定法定代理人的;作为一方当事人的行政机关、法人或者其他组织终止,尚未确定权利义务承受人的;一方当事人因不可抗力的事由不能参加诉讼的;案件涉及法律适用问题,需要送请有权机关作出解释或者确认的;案件的审判须以相关民事、刑事或者其他行政案件的审理结果为依据,而相关案件尚未审结的;其他应当中止诉讼的情形。中止诉讼的原因消除后,恢复诉讼。

在行政诉讼中,由于发生特殊原因或者原告撤回诉讼,使诉讼无法继续进行,而应结束诉讼程序的,称为终结诉讼。根据《行政诉讼法》和《最高人民法院关于适用〈中华人民共和国行政诉讼法〉的解释》(2018)第88条第1款的规定,在诉讼过程中,有下列情形之一的,终结诉讼:原告死亡,没有近亲属或者近亲属放弃诉讼权利的;作为原告的法人或者其他组织终止后,其权利义务的承受人放弃诉讼权利的。《最高人民法院关于适用〈中华人民共和国行政诉讼法〉的解释》(2018)第 88 条第 2 款还规定:因本解释第 87 条第 1 款第 1、2、3 项原因中止诉讼满 90 日仍无人继续诉讼的,裁定终结诉讼,但有特殊情况的除外。①

(8)补正裁判文书笔误的裁定。如果判决书有错写、误算、用词不当、遗漏判决原意、文字表达超出判决原意的范围、正本与原本个别地方不符等失误,实践中通常以裁定加以补正。如果判决书遗漏部分诉讼请求、诉讼费用以及涉及当事人实体权利等内容的,应作出补充判决,而不能以裁定为之。

三、行政诉讼裁定的形式

裁定的书面形式,就是行政裁定书。我国行政诉讼法没有规定书面裁定的内容及格式,根据人民法院的行政审判实践,主要由首部、正文和尾部三个部分组成。其中首部应当明确地写出裁定的标题和案件的编号,即"某某人民法院行政裁定书",以及当事人的基本情况、诉讼代理人、案由等。正文主要由事实、理由和裁定三部分组成。尾部一般由审判员、书记员署名,但对案件决定再审的裁定书须由院长署名。任何种类的裁定书,都应加盖人民法院印章。如果法律规定对该种裁定可以上诉,在裁定书尾部应当记明上诉期间及上诉审人民法院。如属于不得上诉的裁定,应记明"对本裁定不得提起上诉"的字样。如果是终审裁定,应记明"本裁定为终审裁定"的字样。

四、行政诉讼裁定的效力

裁定是解决诉讼程序问题的审判行为,就其空间效力而言,一般来说,裁定只对案件参与人发生拘束力,对社会不发生拘束力,只有在特殊情况下,如果裁定涉及当事人以外的单位或个人,如停止执行行政行为的裁定,对所涉及的单位或个人发生相应的拘束力。

就裁定的时间效力而言,因裁定的内容不同而不同。对于不准予上诉的裁定,裁定一经宣布或送达即发生法律效力。对于可以上诉的裁定②,只有在法定上诉期间内当事人不上诉,裁定才发生法律效力。

第三节 行政诉讼决定

一、行政诉讼决定的概念与特点

行政诉讼决定是人民法院对行政诉讼过程中就判决、裁定范围以外涉及诉讼的事项所作的司法行为。这里所讲的涉及诉讼的事项,既不是案件的实体问题,也不是案件的程序问题,但它涉及案件的正常审理和诉讼程序的正常进行,需要以决定的方式及时处理。

与判决和裁定相比,决定具有以下特点:首先,就决定所解决的问题而言,既不同于判决所解决的案件的实体争议问题,也不同于裁定所解决的程序问题,而是旨在解决诉讼过程中

---

① 即指以下情形:原告死亡,须等待其近亲属表明是否参加诉讼的;原告丧失诉讼行为能力,尚未确定法定代理人的;作为一方当事人的行政机关、法人或者其他组织终止,尚未确定权利义务承受人的。

② 可以上诉的裁定包括:不予受理、管辖权异议和驳回起诉。

可能出现的特殊问题。其次,就解决的功能而言,它旨在保证案件的正常审理和诉讼程序的顺利进行,或者为案件审理和正常的诉讼活动创造必要的条件。最后,就决定的效力而言,决定不是对案件的审判行为,不能依上诉程序提起上诉,若当事人不服,只能申请复议。

二、行政诉讼决定的种类及适用范围

我国《行政诉讼法》第24条、第48条、第55条、第92条规定了决定适用的情况,这为人民法院作出各种决定提供了法律依据。决定的适用范围一般有:(1)有关管辖的决定;(2)关于诉讼期限事项的决定;(3)有关回避事项的决定;(4)有关再审案件处理的决定。

上述第一种决定属于有关管辖问题的决定。《行政诉讼法》只在第24条第2款明确规定了此种决定。实际上,此种决定也适用于人民法院根据《行政诉讼法》第22条和《行政诉讼法》第23条确定移送管辖和指定管辖。根据《行政诉讼法》第24条第1款的规定,上级人民法院有权审理下级人民法院管辖的第一审行政案件。上级人民法院确定此种管辖变动,应以决定为之。根据《行政诉讼法》第23条的规定,有管辖权的人民法院由于特殊原因不能行使管辖权的,由上级人民法院指定管辖。人民法院对管辖权发生争议,双方不能协商解决的,由其共同上级人民法院指定管辖。这种指定管辖也应以决定为之。对于上级人民法院作出的有关管辖问题的决定,下级人民法院和当事人都必须服从,不能要求复议。

第二种决定是有关起诉期限延长事项的决定。根据《行政诉讼法》第48条的规定,公民、法人或者其他组织因不可抗力或者其他不属于自身的原因耽误起诉期限的,被耽误的时间不计算在起诉期限内。公民、法人或者其他组织因前款规定以外的其他特殊情况耽误起诉期限的,在障碍消除后的10日内,可以申请延长期限,是否准许由人民法院决定。对公民、法人或者其他组织的此种申请,人民法院应当审查。经过审查,如认定情况属实,则予准许。情况不实,则不予准许。是否准许,均应以决定的形式作出。对此种决定,申请人也不能要求复议,一经决定,即发生法律效力。

第三种决定是有关回避事项的决定。根据《行政诉讼法》第55条的规定,当事人认为审判人员与本案有利害关系或者有其他关系可能影响公正审判,有权申请审判人员回避。审判人员认为自己与本案有利害关系或者有其他关系,应当申请回避。对于此种回避申请,是否准许,人民法院均应以决定为之。院长担任审判长时的回避,由审判委员会决定;审判人员的回避,由院长决定;其他人员的回避,由审判长决定。对于此种有关回避的决定,当事人不服的,可以申请复议。复议期间,被申请回避的人员不停止参与本案的工作。

第四种决定是有关再审案件处理的决定。《行政诉讼法》只在第92条第1款明确规定了此种决定。实际上这种决定也适用于人民法院根据《行政诉讼法》第92条第2款和第93条确定进行再审的情形。根据《行政诉讼法》第92条第2款规定,上级人民法院对下级人民法院已经发生法律效力的判决、裁定,发现违反法律、法规规定的,有权提审或者指令下级人民法院再审。上级人民法院确定提审或者指令再审,应以决定为之。根据《行政诉讼法》第93条规定,人民检察院对人民法院已经发生法律效力的判决、裁定,发现违反法律、法规规定的,有权按照审判监督程序提出抗诉。人民检察院抗诉后,人民法院确定再审,也应该以决定的形式作出。

上述决定都有《行政诉讼法》的明文规定,但在审判实践中也会遇到《行政诉讼法》没有

规定的事项。比如，对妨碍诉讼行为采取强制措施，确定第三人，指定法定代理人，指定鉴定人，确定不公开审理，移送其他机关，以及确认和承担诉讼费用等，这些事项都需要以决定的方式作出处理。我们认为，对于行政诉讼法没有明确规定的事项，人民法院可以根据民事诉讼法的有关规定，采用决定的方式处理。

三、行政诉讼决定的形式

行政诉讼中的决定分为口头决定和书面决定两种形式。从审判实践来看，人民法院对妨害诉讼行为的人作出的罚款和拘留决定、对行政机关拒绝履行判决或裁定的罚款决定，应当采用书面形式。但人民法院对当事人申请回避作出的决定，可以采用口头或书面的形式，实践中一般都采用口头形式。人民法院对妨害诉讼行为的人作出的训诫、责令具结悔过的决定，审判委员会对重大或疑难行政案件的处理决定、对已生效的行政案件的处理决定、对已生效的行政案件的裁判认为应当再审的决定，以及其他处理内部关系的决定，实践中通常只制作笔录，记录在案。

根据人民法院的审判实践，行政诉讼中的决定书由首部、正文和尾部组成。其中，首部应当依次写明：(1) 人民法院的名称和决定书的种类；(2) 案号；(3) 当事人的称谓和自然状况等。正文应写明：(1) 案由；(2) 作出处理决定所依据的事实和理由；(3) 适用的法律；(4) 决定的具体内容。尾部应当写明：(1) 告知决定的效力及救济途径；(2) 署名并加盖印章。

四、行政诉讼决定的效力

决定是人民法院为迅速解决诉讼上或涉及诉讼问题的司法行为，这种行为一经作出，即发生法律效力，具有执行内容的，立即付诸执行。对影响当事人的权利的决定，当事人可以申请复议一次，但不因当事人申请复议而停止决定的执行和影响决定的效力。

决定发生效力后，如果认定事实或者适用法律确有错误，只能由作出决定的人民法院撤销或变更，不能依审判监督程序进行再审，也不能通过上诉程序由上级人民法院予以纠正。

第四节 行政诉讼的执行

一、行政诉讼中的执行

行政诉讼中的执行，是指人民法院和其他国家机关及其工作人员依照法定的程序，运用法定的强制手段，迫使行政诉讼当事人履行人民法院已经发生法律效力的裁判的活动。执行程序是指人民法院和其他的执行主体在行使行政诉讼执行权时必须遵守的一系列原则和制度的总和。

行政诉讼中的执行与民事强制执行相比，具有以下几个特点：

第一，执行依据仅限于人民法院对行政案件作出的判决和裁定，以及申请法院强制执行的行政行为。

第二，对于行政相对人，一般的执行措施都可以适用；而对于行政机关，则主要适用划拨和罚款。

第三,行政诉讼中的执行不排除行政机关的行政强制执行。

二、非诉行政案件的执行

非诉行政案件的执行是指行政相对人对于行政机关已经生效的行政行为,既不履行又不向法院提起行政诉讼,行政机关依法向法院提出执行申请,由法院采取强制措施促使行政行为实施的活动。非诉行政案件的执行分为两大类,第一类是对行政处理决定的执行,第二类是对行政裁决的执行。

非诉行政案件执行的适用范围:一是法律没有赋予行政机关强制执行权,行政机关申请人民法院强制执行的,人民法院应当依法受理。二是法律规定既可以由行政机关依法强制执行,也可以申请人民法院强制执行,行政机关申请人民法院强制执行的,人民法院可以依法受理。

行政机关申请人民法院执行应具备的条件:

（1）行政行为依法可以由人民法院执行；
（2）行政行为已经生效并具有可执行内容；
（3）申请人是作出该行政行为的行政机关或者法律、法规、规章授权的组织；
（4）被申请人是该行政行为所确定的义务人；
（5）被申请人在行政行为确定的期限内或者行政机关另行指定的期限内未履行义务；
（6）申请人在法定期限内提出申请；
（7）被申请执行的行政案件属于受理执行申请的人民法院管辖。

【思考题】

1. 试述行政诉讼判决的形式及其适用条件。
2. 试述行政诉讼裁定的种类及其适用条件。
3. 如何理解行政诉讼裁定的形式和效力？
4. 试述行政诉讼决定的种类及其适用范围。
5. 如何理解行政诉讼决定的形式和效力？
6. 试述行政诉讼中的执行。
7. 试述非诉行政案件的执行。

第二十一章 涉外行政诉讼

涉外行政诉讼是我国行政诉讼的组成部分。《行政诉讼法》以专章规定了涉外行政诉讼的适用对象、权利义务和基本原则,《最高人民法院关于审理国际贸易行政案件若干问题的规定》《最高人民法院关于审理反倾销行政案件应用法律若干问题的规定》和《最高人民法院关于审理反补贴行政案件应用法律若干问题的规定》三个司法解释对三类涉外行政案件的特别诉讼程序作了相应规定。

第一节 涉外行政诉讼概述

一、涉外行政诉讼的概念

涉外行政诉讼是指外国人、无国籍人、外国组织不服我国行政主体作出的行政行为,按照我国行政诉讼法的规定向人民法院提起行政诉讼,或者因与我国行政主体作出的行政行为有法律上的利害关系,依法参加行政诉讼,由我国人民法院依照行政诉讼法审理案件的活动。

二、涉外行政诉讼的特征

第一,涉外行政诉讼的原告必须是外国人、无国籍人、外国组织。第二,争议的行政案件必须发生在我国境内。第三,涉外行政诉讼必须依照我国法律进行。

第二节 涉外行政诉讼的原则

一、平等原则

《行政诉讼法》第99条第1款规定:"外国人、无国籍人、外国组织在中华人民共和国进行行政诉讼,同中华人民共和国公民、组织有同等的诉讼权利和义务。"

涉外诉讼权利平等原则是《行政诉讼法》落实《宪法》规定的必然要求。同时,诉讼权利平等原则是国际上的"国民待遇原则"在诉讼中的反映。

二、对等原则

涉外行政诉讼对等原则是指,如果外国法院对我国公民和组织的行政诉讼权利加以限制,我国便采取相对应的限制措施,以使我国公民和组织在外国享有的行政诉讼权利与外国公民和组织在我国享有的诉讼权利对等。

我国《行政诉讼法》第99条第2款规定,外国法院对中华人民共和国公民、组织的行政诉讼权利加以限制的,人民法院对该国公民、组织的行政诉讼权利,实行对等原则。

第三节 涉外行政诉讼的类型

一、国际贸易行政案件

2002年,最高人民法院通过了《最高人民法院关于审理国际贸易行政案件若干问题的规定》,专门对人民法院如何审理国际贸易行政案件作了全面规定。

适用范围:有关国际货物贸易的行政案件;有关国际服务贸易的行政案件;与国际贸易有关的知识产权行政案件;其他国际贸易行政案件。

法律适用:法律依据包括法律、行政法规以及地方立法机关在法定立法权限范围内制定的有关或者影响国际贸易的地方性法规。

二、反倾销、反补贴行政案件

最高人民法院于2002年分别制定了《最高人民法院关于审理反倾销行政案件应用法律若干问题的规定》和《最高人民法院关于审理反补贴行政案件应用法律若干问题的规定》,从适用范围、当事人诉权、管辖、审查标准和法律适用等方面确定了反倾销、反补贴行政案件的审理规则。

适用范围:对国务院主管部门作出的反倾销、反补贴有关终裁决定不服的行政案件;对国务院主管部门作出的是否征收反倾销税的决定以及追溯征收、退税、对新出口经营者征税的决定不服的行政案件;对国务院主管部门作出的是否征收反补贴税以及追溯征收的决定不服的行政案件等。

【思考题】

1. 试述涉外行政诉讼的概念和特征。
2. 如何理解平等原则?
3. 如何理解对等原则?
4. 试述涉外行政诉讼的类型。
5. 案例分析题:某市A区居民李某在B区开办了达隆公司,经营范围包括移动电话和BP机。B区市场监管局接到举报,李某超出范围经营电脑,经查明属实,遂作出了责令停业整顿1个月,并处2万元罚款的行政处罚决定。李某不服,向某市市场监管局申请复议。某市市场监管局作出了维持停业整顿1个月、变更罚款为1万元的复议决定。李某仍不服,打算起诉并要求行政赔偿。试析:(1)本案中行政诉讼的原告、被告分别是谁?为什么?(2)何地何级法院对此案享有管辖权?为什么?(3)本案中的行政赔偿请求人和行政赔偿义务机关分别是谁?(4)原告能否在提起行政诉讼时一并请求行政赔偿?(5)原告可以申请行政赔偿的范围有哪些?
6. 案例分析题:1998年6月9日,陈某与何某未办理渔业生产捕捞许可证,一起驾船进入禁渔区进行捕捞活动,被县渔政管理部门查扣。县渔政管理部门依据省人大《关于实施

〈中华人民共和国渔业法〉办法》的规定,对陈某、何某作出了没收渔船及船上的渔网等渔具,并处罚款 2000 元的处罚决定。陈某、何某均不服,以该处罚所依据的《办法》与《渔业法》的规定不一致,《渔业法》没有规定可以没收渔船为由,认为适用法律、法规错误,依法向县人民法院提起行政诉讼。试析:(1)地方性法规是否有权增加新的处罚种类?(2)本案中县渔政部门应如何适用法律、法规进行处罚?

7. 案例分析题:某市规划局批准该市的税务机关在某居民小区旁建造了一栋高层办公楼,由于距离过近,致使小区内 30 户居民的住宅无法采光,于是该 30 户居民将市规划局诉至人民法院。试析:(1)规划局的行为该如何认定?(2)该 30 户居民是否有权提起行政诉讼,为什么?(3)如果该 30 户居民有权提起行政诉讼,人民法院应作出何种判决?

后 记

经全国高等教育自学考试指导委员会同意,由法学类专业委员会负责高等教育自学考试《行政法与行政诉讼法》教材的审稿工作。

《行政法与行政诉讼法》自学考试教材由北京大学湛中乐教授担任主编。

参加本教材审稿讨论会并提出修改意见的有北京大学姜明安教授、清华大学于安教授、中共中央党校(国家行政学院)胡建淼教授。全书由湛中乐教授修改定稿。

编审人员付出了大量努力,在此一并表示感谢!

全国高等教育自学考试指导委员会
法学类专业委员会
2023 年 5 月